中国政法大学
CHINA UNIVERSITY OF POLITICAL SCIENCE AND LAW

法大法考
2023年国家法律职业资格考试
通用教材
理论法
（第八册）

叶晓川◎编著

中国政法大学出版社
2023·北京

图书在版编目（CIP）数据

2023 年国家法律职业资格考试通用教材. 第八册, 理论法/叶晓川编著. —北京：中国政法大学出版社，2023.1

ISBN 978-7-5764-0773-0

Ⅰ.①2… Ⅱ.①叶… Ⅲ.①法的理论－中国－资格考试－教材 Ⅳ.①D920.4

中国国家版本馆 CIP 数据核字(2023)第 008933 号

出 版 者　中国政法大学出版社

地　　址　北京市海淀区西土城路 25 号

邮寄地址　北京 100088 信箱 8034 分箱　邮编 100088

网　　址　http://www.cuplpress.com (网络实名：中国政法大学出版社)

电　　话　010-58908285(总编室) 58908433（编辑部）58908334(邮购部)

承　　印　固安华明印业有限公司

开　　本　787mm×1092mm　1/16

印　　张　20.5

字　　数　558 千字

版　　次　2023 年 1 月第 1 版

印　　次　2023 年 1 月第 1 次印刷

定　　价　65.00 元

前　言

Preface

2001 年《中华人民共和国法官法》《中华人民共和国检察官法》《中华人民共和国律师法》修正案相继通过。其中规定，国家对初任法官、检察官和取得律师资格实行统一的司法考试制度，这标志着我国正式确立了统一的司法考试制度，这是我国司法改革的一项重大举措。党的十八大以来，党中央和习近平总书记高度重视司法考试工作。2015 年 6 月 5 日，习近平总书记主持召开中央深化改革领导小组第十三次会议，审议通过了《关于完善国家统一法律职业资格制度的意见》，明确要将现行司法考试制度调整为国家统一法律职业资格考试制度。2017 年 9 月 1 日《全国人民代表大会常务委员会关于修改〈中华人民共和国法官法〉等八部法律的决定》审议通过，明确法律职业人员考试的范围，规定取得法律职业资格的条件等内容，定于 2018 年开始实施国家统一法律职业资格考试制度。这一改革对提高人才培养质量，提供依法治国保障，对全面推进依法治国，建设社会主义法治国家具有重大而深远的意义。

中国政法大学作为国家的双一流重点大学，以拥有作为国家一级重点学科的法学学科见长，其法学师资队伍汇集了一大批国内外知名法学家。他们不仅是法学教育园地的出色耕耘者，也是国家立法和司法战线的积极参与者。他们积累了法学教育和法律实践的丰富经验，取得了大量有影响的科研成果。

国家统一司法考试实施以来，我校专家学者在参与司法考试的制度建设和题库建设中做出了许多贡献，在此期间我校不仅有一批长期参加国家司法考试题库建设和考题命制的权威专家，也涌现出众多在国家司法考试培训中经验丰富和业绩突出的名师。伴随着司法考试改革，我校对法律职业资格考试进行更深入的分析研究，承继司法考试形成了强大的法律职业资格考试研究阵容和师资团队。

2005 年我校成立了中国高校首家司法考试学院。该院本着教学、科研和培训一体化的宗旨，承担着在校学生和社会考生司法考试培训任务。司法考试学院成立后，选拔了一批在司法考试方面的权威专家和名师，精心编写了中国政法大学《国家司法考试通用教材》作为校内学生司法考试课程教学及社会考生培训的通用教材。伴随着 2018 年司法考试改革，我院根据法律职业资格考试内容及大纲对本书进行了全面修订，本书更名为《国家法律职业资格考试通用教材》。

法律职业资格考试中心（原司法考试学院）组织编写的此教材紧扣国家法律职业资格考试大纲，体系完整、重点突出、表述精准，伴随着司法考试的改革，本书以大纲为依托，增加实战案例，更加符合法律职业资格考试要求。全书渗透着编写教师多年的教学经验，体现着国家法律职业资格考试的规律，帮助考生精准把握考试内容。该套教材将会对广大备考人员学习、理解和掌握国家法律职业资格考试的知识内容和应试方法具有积极的引导与促进作用，为考生提高考场实战能力以及未来的从业能力提供有力的支持和帮助。最后，对编写本套教材的各位老师的辛勤付出表示感谢！编委会成员（按姓氏笔画排序）：方鹏、兰燕卓、叶晓川、刘家安、李文涛、杨秀清、邹龙妹、宋亚伟、肖沛权、贾若山。

在此预祝各位考生在国家法律职业资格考试中一举通过。

中国政法大学法律职业资格考试中心

（原中国政法大学司法考试学院）

序 言

Preface

热情是成功的源泉

当今的世界，是我们年轻的一代在操纵，我们充满青春活力，有着热力四射的激情，我们朝着我们该实现的目标努力前进。热情满满的地方总是让人特别有奋斗的念头。越是湍急的水流，我们就越是要逆水行舟。没有什么能阻挡我们年轻一代的脚步，我们大声呼喊：我们年轻，我们法考必过！

无数事实证明，热情是一种太难能可贵的品质了。法考的复习过程中，凭借热情，在释放自身巨大潜在能量的同时，我们还可以激荡一种专属的坚强的个性；凭借热情，可以让枯燥乏味的学习变得生动有趣，使自己充满活力；凭借热情，我们可以感染周围更多的同学，让每个人都把最好的态度和精力投入到复习中去；凭借热情，我们更可以赢得别人的信任和尊重，为自己争取更大的发展空间，获得珍贵的成长机会。

热情是法考的灵魂。我们要从心底喜欢法考，用崇高的使命激励自己，用远大的目标鞭策自己，用成功的期盼引导自己，把复习每个部门法时的心态调整到最佳，用最积极的态度完成法考，永远不给自己留下后悔的机会。即使是一时不大感兴趣的部门法，也要努力把自己的情绪调动起来，在心里不断地鼓励自己：“如果连不喜欢的事情我都能做得如此出色，那么还有什么事情我做不好呢?”这样一来，就连不喜欢不擅长的领域，都会因为你的热情、你的自我鞭策变得简单起来。用热情激发自己的执行力、意志力和创造力，激活自己的智慧、潜能和进取意识。

所以，从现在开始，对法考倾注全部热情吧！拿出百分之一百的热情来对待百分之一的事情，你会收获百分之二百的效益。热情真的会让人事半功倍。不去计较每天一点一滴的复习是多么得微不足道，这一毫一厘，只要热情面对，定会做出一番乾坤。

热情是台永动机，使我们浑身充满了使不完的力量。

热情是法考的动力，是成功的源泉，是幸福的发动机！

叶晓川（@新浪微博：理论法学叶晓川）

目 录

Contents

宪　法

中国法律史

司法制度与法律职业道德

理论法之道

理论法是法学的基础理论，是部门法学或者说是其他实践法学的基础，处于根基地位。很显然，根基不牢，地动山摇。国家统一法律职业资格考试（以下简称“法考”）中，理论法包括习近平法治思想、法理学、宪法学、中国法律史、司法制度和法律职业道德等科目。近几年在客观题的考查中，其分值近 70 分，超过客观题总分的 20%，因此理论法在法考中分量较重。此外，对理论法的理解和运用直接关系到对刑法、民法等部门法的理解和运用。例如，行政法中的行政合法原则与行政合理原则，可以反溯至法理学中的合法与合理的关系原理；刑法中的罪刑法定原则可以反溯至法理学中的法律与自由的关系原理。

一、理论法的特点：重者恒重

通过研究真题，我们可以看出，理论法各学科的考题呈现重者恒重的特点，即重要知识点重复考查。每年的考题在形式上虽然不可能重复，但是考查重点高度一致。综观法考理论法试题，各科的考查重点比较明显：

1. 习近平法治思想：习近平法治思想的形成发展及重大意义；习近平法治思想的核心要义；习近平法治思想的实践要求。

2. 法理学：在法理学中法的本体论和法的运行论两个部分是考查重点，占到考查知识点的绝大部分。具体而言：

（1）法的本体：主要考查法的概念、法的特征、法的本质、法的作用、法的价值、法的要素、法的渊源、法的效力、法律部门与法律体系、法律关系、法律责任等。

（2）法的运行：主要考查与司法有关的问题，如司法和执法的区别、法适用的一般原理、法律解释、法律推理、内部证成和外部证成等。

（3）法的演进：主要考查法系的相关问题，如法的继承与法的移植、两大法系的区别等。

（4）法与社会：主要考查法与道德的相关问题。

【举例】2018～2021 年我国颁布了典型案例，旨在加强保护知识产权和企业家权益的政策，提高司法保护力，发挥典型案例的价值引导和行为规范的作用。对此，下列说法正确的是？（2022 年回忆版，单选）

A. 典型案例有普遍约束力

B. 在我国，党的政策都是正式的渊源

C. 对于最高法院的典型案例，法院审判类似案件时必须参照适用

D. 司法具有政策实施功能

3. 宪法：公民的基本权利；国家机构的职权。

【举例 1】我国《宪法》第二章规定了公民基本权利，宪法权利之所以被称为基本权利，是因为下面哪些理由？（2021 年回忆版，多选）

A. 由《宪法》规定

B. 涉及公民与国家之间的关系

C. 是近现代宪法的目标和价值所在

D. 对公民来说不可或缺

【举例 2】根据宪法和法律，关于国家勋章和国家荣誉称号，下列哪些选项是正确的？（2021 年回忆版，多选）

A. 全国人大常委会可依法予以撤销

B. 是法定的国家最高荣誉

C. 其授予由全国人大常委会决定

D. 国务院可以向全国人大常委会提出授予国家勋章和国家荣誉称号的议案

4. 中国法律史：中国古代和近代的法律思想；西周的礼；战国的《法经》和商鞅变法；《名例律》的形成过程；汉代以后封建法律的儒家化和封建刑制改革；《唐律疏议》的内容；宋代以后皇权强化的法律表现；清末修律的成果；中华民国时期的宪法。

【举例 1】明朝初期总结历朝经验教训，进行了大规模的法制建设。关于明朝初期的立法思想，下列说法正确的是？（2021 年回忆版，单选）

A. 终明一朝均采用“刑乱国用重典”的立法原则

B. 提出“情势世轻世重”，明确依社会情势，按乱世和平世采取或严或宽的刑事政策

C. 提出“明刑弼教”“德主刑辅”并无不同，都强调重刑，为重典治世提供了依据

D. 强调立法注重“简”“朴”，即法律条文既要求高度概括，又要通俗易懂

【举例 2】唐朝时，刘氏取妻夏氏，因夏氏父亲年老失明无人照顾，夏氏请求归家侍父养老，刘氏同意。针对此问题，下列哪一项说法是正确的？（2021 年回忆版，单选）

A. 官府可据此强制婚姻关系解除

B. 夏氏可依据义绝解除婚姻

C. 双方可通过和离解除婚姻

D. 刘氏可通过七出休妻

5. 司法制度和法律职业道德：司法制度；法官职业道德；律师职业道德。

二、时政热点和新增考点必考

法考的一大特点是时政热点和新增考点考查的几率往往非常高。

【举例 1】张某为其轿车购买保险，合同约定保险公司应赔偿该车因火灾发生的损失。后该车发生自燃，保险公司以“自燃”并非“火灾”为由拒赔，张某诉至法院。法院认为，在日常用语中，“自燃”是“火灾”的一种类型，但该保险合同的免责条款明确了“自燃”概念，故该合同中的“自燃”并非“火灾”之义。对此，下列哪些说法是正确的？（2021 年回忆版，多选）

A. 法院对“火灾”和“自燃”两个概念进行了比较解释

B. 法院对“火灾”概念进行了体系解释

C. 法院对“自燃”概念进行了文义解释

D. 法院采用了解释方法适用模式中的冲突模式

本题中法律解释方法的适用模式，是 2021 年法考的新增考点。

【举例 2】关于《香港特别行政区维护国家安全法》，下列说法正确的是？（2021 年回忆版，单选）

A.《国家安全法》是《香港特别行政区维护国家安全法》的立法依据

B. 警务处维护国家安全部门负责人由驻香港特别行政区国家安全公署提名，行政长官任命

C. 香港特别行政区维护国家安全委员会做的决定不受司法复核

D. 香港特别行政区维护国家安全委员会秘书处秘书长由行政长官任命

本题中《香港特别行政区维护国家安全法》，是2021年法考的新增考点。

【举例3】为促进中国（上海）自由贸易试验区的发展，有关部门决定在上海市暂时调整实施行政法规《国际海运条例》部分规定。该决定应由以下哪一主体作出？（2021年回忆版，单选）

A. 上海市人民代表大会

B. 全国人民代表大会及其常务委员会

C. 国务院

D. 上海市人民政府

本题中关于中国（上海）自由贸易试验区的建设，是2021年的时政热点。

【举例4】我国《宪法》明确规定："国家推行计划生育，使人口的增长同经济和社会发展计划相适应。"关于计划生育政策的调整，下列哪一理解是正确的？（2021年回忆版，单选）

A. 该规定属于基本国策条款，国家可以通过政策加以修正

B. 该条文必须经过正式的宪法解释之后，才能进行相应的计划生育政策调整

C. 根据该规定，经济和社会发展是国家计划生育政策调整的客观依据

D. 该条文为计划生育政策的具体措施提供了明确指引

本题中关于计划生育政策的调整，是2021年的时政热点

三、牢牢把握辩证法

辩证法是理论法一个重要的应试技巧，能帮助考生迅速排除错误选项。辩证法反对绝对化，反对片面性，举例说明：

【举例】法谚云：语言是法律精神的体现。对此，下列说法正确的是？（2021年回忆版，多选）

A. 若语言可被翻译，则法律必然可被移植

B. 语言描述法理，法理形成规范

C. 若语言有歧义，法律无效力

D. 语言相同，则法律必然相同

本题A选项中的"必然"和D选项中的"必然"，都犯了绝对化的错误。

习近平法治思想

第一章　习近平法治思想的形成发展及重大意义

【考查频率＊＊＊＊＊】

【重点提示】

1. 习近平法治思想形成发展的逻辑。
2. 习近平法治思想的鲜明特色。
3. 习近平法治思想的重大意义。

【知识框架】

习近平法治思想的形成发展及重大意义
- 习近平法治思想的形成发展
- 习近平法治思想的重大意义

第一节　习近平法治思想的形成发展

一、习近平法治思想形成的时代背景

1. 2020 年中央全面依法治国工作会议明确了习近平法治思想在全面依法治国工作中的指导地位。在我国开启全面建设社会主义现代化国家新征程的重要时刻，明确习近平法治思想在全面依法治国工作中的指导地位，是全面贯彻习近平新时代中国特色社会主义思想，加快建设中国特色社会主义法治体系、建设社会主义法治国家的必然要求。

2. 伟大时代孕育伟大理论，伟大思想引领伟大征程。习近平法治思想是顺应实现中华民族伟大复兴时代要求应运而生的重大理论创新成果，是马克思主义法治理论中国化的最新成果，是全面依法治国的根本遵循和行动指南。习近平法治思想是着眼中华民族伟大复兴战略全局和当今世界百年未有之大变局，顺应实现中华民族伟大复兴时代要求应运而生的重大战略思想。

3. 当今世界正经历百年未有之大变局，新冠肺炎疫情全球大流行使这个大变局加速演进，经济全球化遭遇逆流，保护主义、单边主义上升，世界经济低迷，国际贸易和投资大幅萎缩，国际经济、科技、文化、安全、政治等格局都在发生深刻调整。

4. 我国正处在中华民族伟大复兴的关键时期，中华民族迎来了从站起来、富起来到强起来的伟大飞跃。我国经济正处在转变发展方式、优化经济结构、转换增长动力的攻关期，经济已由高速增长阶段转向高质量发展阶段，经济长期向好，市场空间广阔，发展韧性强大，正在形成以国内大循环为主体、国内国际双循环相互促进的新发展格局，改革发展稳定任务日益繁

重。面对新形势新任务，着眼于统筹国内国际两个大局，科学认识和正确把握我国发展的重要战略机遇期，必须把全面依法治国摆在更加突出的全局性、战略性的重要地位。

5、习近平法治思想从历史和现实相贯通、国际和国内相关联、理论和实际相结合上，深刻回答了新时代为什么要实行全面依法治国、怎样实行全面依法治国等一系列重大问题，为深入推进全面依法治国、加快建设社会主义法治国家，运用制度威力应对风险挑战，实现党和国家长治久安，全面建设社会主义现代化国家、实现中华民族伟大复兴的中国梦，提供了科学指南。

二、习近平法治思想形成发展的逻辑

1. **习近平法治思想是习近平新时代中国特色社会主义思想的重要组成部分**。党的十八大以来，以习近平同志为核心的党中央从坚持和完善中国特色社会主义的全局和战略高度定位法治、布局法治、厉行法治，把全面依法治国纳入“四个全面”战略布局，创造性地提出了关于全面依法治国的系列新理念新思想新战略，领导和推动我国社会主义法治建设取得了历史性成就。

2. **历史逻辑**：习近平法治思想凝聚着中国共产党人在法治建设长期探索中形成的经验积累和智慧结晶，标志着我们党对共产党执政规律、社会主义建设规律、人类社会发展规律的认识达到了新高度，开辟了中国特色社会主义法治理论和实践的新境界。

3. **理论逻辑**：习近平法治思想坚持马克思主义法治理论的基本原则，贯彻运用马克思主义法治理论的立场、观点和方法，继承我们党关于法治建设的重要理论，传承中华优秀传统法律文化，系统总结新时代中国特色社会主义法治实践经验，是马克思主义法治理论与新时代中国特色社会主义法治实践相结合的产物，是马克思主义法治理论中国化的新发展新飞跃，反映了创新马克思主义法治理论的内在逻辑要求。

4. **实践逻辑**：习近平法治思想是从统筹中华民族伟大复兴战略全局和世界百年未有之大变局、实现党和国家长治久安的战略高度，在推进伟大斗争、伟大工程、伟大事业、伟大梦想的实践之中完善形成的，并会随着实践的发展而进一步丰富。

三、习近平法治思想形成发展的历史进程

1. **十八届四中全会**专门研究全面依法治国，出台了《关于全面推进依法治国若干重大问题的决定》。

2. **十九大**提出到2035 **年基本建成法治国家、法治政府、法治社会**。

3. **十九届二中全会**专题研究**宪法修改**，推动宪法与时俱进完善发展。

4. **十九届三中全会**决定成立**中央全面依法治国委员会**，加强党对全面依法治国的集中统一领导。

5. **十九届四中全会**从**推进国家治理体系和治理能力现代化**的角度，对坚持和完善中国特色社会主义法治体系，提高党依法治国、依法执政能力作出部署。

6. **十九届五中全会**对立足新发展阶段、贯彻新发展理念、构建新发展格局的法治建设工作提出新要求。

7. 党的十九届六中全会总结党的百年奋斗重大成就和历史经验，再次强调“法治兴则国家兴，法治衰则国家乱。”2021 年 12 月 6 日，习近平总书记在主持中央政治局第三十五次集体学习时强调：“法治兴则民族兴，法治强则国家强。”

四、习近平法治思想的鲜明特色

1. **原创性**：习近平总书记不断在理论上**拓展新视野、提出新命题、作出新论断、形成新**

概括，为发展马克思主义法治理论作出了**重大原创性贡献**。

2. **系统性**：习近平总书记强调全面依法治国是一个系统工程，注重用**整体联系、统筹协调、辩证统一**的科学方法谋划和推进法治中国建设，科学指出当前和今后一个时期推进全面依法治国十一个重要方面的要求，构成了**系统完备、逻辑严密、内在统一**的科学思想体系。

3. **时代性**：习近平总书记立足中国特色社会主义进入新时代的历史方位，科学回答了新时代**我国法治建设向哪里走、走什么路、实现什么目标**等根本性问题，在新时代治国理政实践中开启了法治中国新篇章。

4. **人民性**：习近平总书记强调法治建设要**为了人民、依靠人民、造福人民、保护人民**，推动把体现人民利益、反映人民愿望、维护人民权益、增进人民福祉落实到全面依法治国各领域全过程，不断增强人民群众获得感、幸福感、安全感。

5. **实践性**：习近平总书记明确提出全面依法治国并将其纳入"四个全面"战略布局，**以破解法治实践难题为着力点**，作出一系列重大决策部署，使社会主义法治国家建设发生历史性变革、取得历史性成就。

第二节　习近平法治思想的重大意义

一、习近平法治思想是马克思主义法治理论同中国实际相结合的最新成果

1. 马克思主义法治理论深刻揭示了法的本质特征、发展规律，科学阐明了法的价值和功能、法的基本关系等根本问题，在人类历史上首次把对法的认识真正建立在科学的世界观和方法论基础上。

2. 习近平法治思想坚持马克思主义法治理论的基本立场、观点和方法，在法治理论上实现了一系列重大突破、重大创新、重大发展，为马克思主义法治理论的不断发展作出了原创性贡献，是马克思主义法治理论中国化的最新成果，是习近平新时代中国特色社会主义思想的重要组成部分，是习近平新时代中国特色社会主义思想的"法治篇"。

二、习近平法治思想是对党领导法治建设丰富实践和宝贵经验的科学总结

1. 新时代，以习近平同志为核心的党中央对我国社会主义法治建设经验进行提炼和升华，提出全面依法治国，进一步明确全面依法治国在统筹推进"五位一体"总体布局和协调推进"四个全面"战略布局中的重要地位。

2. 习近平法治思想以新的高度、新的视野、新的认识赋予中国特色社会主义法治建设事业以新的时代内涵，深刻回答了事关新时代我国社会主义法治建设的一系列重大问题，实现了中国特色社会主义法治理论的历史性飞跃。

三、习近平法治思想是在法治轨道上推进国家治理体系和治理能力现代化的根本遵循

1. 坚持全面依法治国，是中国特色社会主义国家制度和国家治理体系的显著优势。

2. 当前，我们已开启全面建设社会主义现代化国家新征程，要坚持以习近平法治思想为指导，更好发挥法治固根本、稳预期、利长远的保障作用，及时把推动改革、促进发展、维护稳定的成果以法律形式固化下来，推动各方面制度更加成熟、日臻完善，为夯实"中国之治"提供稳定的制度保障。

四、习近平法治思想是引领法治中国建设实现高质量发展的思想旗帜

1. 习近平法治思想从全面建设社会主义现代化国家的目标要求出发，立足新发展阶段、贯彻新发展理念、构建新发展格局的实际需要，提出了当前和今后一个时期全面依法治国的目标任务，为实现新时代法治中国建设高质量发展提供了强有力的思想武器。

2. 要毫不动摇地坚持习近平法治思想在全面依法治国工作中的指导地位，把习近平法治思想贯彻落实到全面依法治国全过程和各方面，转化为做好全面依法治国各项工作的强大动力，转化为推进法治中国建设的思路举措，转化为建设社会主义法治国家的生动实践，不断开创法治中国建设新局面。

【经典真题】

习近平在中央全面依法治国委员会第一次会议的讲话上引用了商鞅立木建信的故事，史籍曰，商鞅推广变法，为取信于民，在城中立一木，移此木至城门可获赏十金，起初无人相信，后提高至赏五十金，方有人移木至城门，并获赏。下面哪一说法最符合该故事所揭示的道理？(2021 年回忆版，单选)〔1〕

A. 法不阿贵，绳不挠曲

B. 善禁者，先禁其身，而后人；不善禁者，先禁人而后身

C. 举直错诸枉，则民服；举枉错诸直，则民不服

D. 天下之事，不难于立法，而难于法之必行

【习题拓展】

1. 2021 年 6 月 26 日，习近平法治思想研究中心在京成立。中共中央政治局委员、中国法学会会长王晨出席成立大会并强调，要坚持以习近平新时代中国特色社会主义思想为指导，深入开展习近平法治思想的研究、阐释和宣介工作，推动将科学理论转化为做好全面依法治国各项工作的强大动力，更好服务党和国家工作大局。对此，下列说法正确的是？〔2〕

A. 党的十九大首次提出了习近平法治思想

B. “深入开展习近平法治思想的研究”表明习近平法治思想具有高度理论性的鲜明特色

C. “以习近平新时代中国特色社会主义思想为指导”表明习近平新时代中国特色社会主义思想是在法治轨道上推进国家治理体系和治理能力现代化的根本遵循

D. “推动将科学理论转化为做好全面依法治国各项工作的强大动力”表明习近平法治思想是引领法治中国建设实现高质量发展的思想旗帜

---

〔1〕 D【解析】商鞅立木建信的故事揭示了要想在大范围内实行某种措施，必须要先“取信于民”，人民是国家的根本。人无信不立，为政者更要说到做到，取信于民，法律和政策才能得到很好地贯彻。“法不阿贵，绳不挠曲”是说法律不偏袒有权有势的人，墨线不向弯曲的地方倾斜，指法律应公平公正，一视同仁。故 A 项错误。“善禁者，先禁其身而后人；不善禁者，先禁人而后身”是说善于用禁令治理社会的人，必然自己首先按禁令要求自己，然后才去要求别人；不善于用禁令治理社会的人，首先要求别人按照禁令去做，然后才去要求自己。引申义为律己足以服人，要以身作则。故 B 项错误。“举直错诸往，则民服；举枉错诸直，则民不服”是说提拔正直的人，安置在邪曲的人之上，人民就服从；提拔邪曲的人，安置在正直的人之上，人民就不服从。指提拔什么人，关系到能否赢得人心。故 C 项错误。“天下之事，不难于立法，而难于法之必行”是说天下的事情，制定法令并不困难，难的是认真切实地贯彻执行。突出说明法律的生命在于实施。故 D 项表述符合题意。

〔2〕 D【解析】2020 年中央全面依法治国委员会工作会议首次提出习近平法治思想，故 A 项错误。习近平法治思想的鲜明特色包括原创性、系统性、时代性、人民性、实践性，故 B 项错误。习近平法治思想是在法治轨道上推进国家治理体系和治理能力现代化的根本遵循，故 C 项错误。2020 年中央全面依法治国委员会工作会议提出，习近平法治思想是引领法治中国建设实现高质量发展的思想旗帜，要把习近平法治思想转化为做好全面依法治国各项工作的强大动力，故 D 项正确。

2. 栗战书指出：当前，世界百年未有之大变局加速演变，国际环境不稳定性不确定性明显上升，我国日益走近世界舞台中央，国内改革发展稳定任务日益繁重，全面依法治国在党和国家工作全局中的地位更加突出、作用更加重大。在这样一个关键的历史时段，习近平法治思想的提出，为深入推进全面依法治国、加快建设社会主义法治国家，运用制度威力应对风险挑战，全面建设社会主义现代化国家、实现中华民族伟大复兴的中国梦，提供了科学的法治理论指导和制度保障。这反映了习近平法治思想具有以下哪些重大意义?〔1〕

A. 是全面依法治国的根本遵循和行动指南

B. 顺应实现中华民族伟大复兴时代要求

C. 回答了新时代为什么要实行全面依法治国

D. 回答了新时代怎样实行全面依法治国

3. 习近平法治思想的提出有其历史进程。党的十八大以来，习近平总书记领导全党开展的一系列工作实践、理论创新，应运而生形成了习近平法治思想。对此，下列说法正确的是?〔2〕

A. 党的十八届四中全会出台了《关于全面推进依法治国若干重大问题的决定》

B. 党的十九大提出到2035年基本建成法治国家、法治政府、法治社会

C. 党的十九届二中全会专题研究宪法修改

D. 党的十九届四中全会决定成立中央全面依法治国委员会

---

〔1〕 ABCD【解析】栗战书的表述反映了习近平法治思想形成和发展的时代背景。习近平法治思想是顺应实现中华民族伟大复兴时代要求应运而生的重大理论创新成果，是马克思主义法治理论中国化的最新成果，是全面依法治国的根本遵循和行动指南。故A项正确。习近平法治思想是着眼中华民族伟大复兴战略全局和当今世界百年未有之大变局，顺应实现中华民族伟大复兴时代要求应运而生的重大战略思想，故B项正确。习近平法治思想从历史和现实相贯通、国际和国内相关联、理论和实际相结合上，深刻回答了新时代为什么要实行全面依法治国、怎样实行全面依法治国等一系列重大问题。故C项、D项正确。

〔2〕 ABC【解析】党的十八届四中全会专门研究全面依法治国，出台了《关于全面推进依法治国若干重大问题的决定》，故A项正确。党的十九大提出到2035年基本建成法治国家、法治政府、法治社会，故B项正确。党的十九届二中全会通过了《中共中央关于修改宪法部分内容的建议》，故C项正确。党的十九届三中全会决定成立中央全面依法治国委员会，党的十九届四中全会通过了《中共中央关于坚持和完善中国特色社会主义制度、推进国家治理体系和治理能力现代化若干重大问题的决定》，故D项错误。

第二章　习近平法治思想的核心要义

【考查频率＊＊＊＊＊】

【重点提示】

习近平法治思想的核心要义在于“十一个坚持”，其中最重要的是：坚持党对全面依法治国的领导；坚持以人民为中心；坚持中国特色社会主义法治道路；坚持依宪治国、依宪执政；坚持在法治轨道上推进国家治理体系和治理能力现代化；坚持建设中国特色社会主义法治体系；坚持依法治国、依法执政、依法行政共同推进，法治国家、法治政府、法治社会一体建设；坚持全面推进科学立法、严格执法、公正司法、全民守法。

【知识框架】

习近平法治思想的核心要义：
- 坚持党对全面依法治国的领导
- 坚持以人民为中心
- 坚持中国特色社会主义法治道路
- 坚持依宪治国、依宪执政
- 坚持在法治轨道上推进国家治理体系和治理能力现代化
- 坚持建设中国特色社会主义法治体系
- 坚持依法治国、依法执政、依法行政共同推进，法治国家、法治政府、法治社会一体建设
- 坚持全面推进科学立法、严格执法、公正司法、全民守法
- 坚持统筹推进国内法治和涉外法治
- 坚持建设德才兼备的高素质法治工作队伍
- 坚持抓住领导干部这个“关键少数”

第一节　坚持党对全面依法治国的领导

一、党的领导是中国特色社会主义法治之魂

1. 党政军民学、东西南北中，党是领导一切的。中国共产党是中国特色社会主义事业的**坚强领导核心，是最高政治领导力量**，各个领域、各个方面都必须坚定自觉坚持党的领导。

2. 坚持党的领导，是**社会主义法治的根本要求**，是党和国家的根本所在、命脉所在，是全国各族人民的利益所系、幸福所系，是全面推进依法治国的题中应有之义。党的领导是我国社会主义**法治之魂**，是我国法治同西方资本主义国家法治**最大的区别**。

二、全面依法治国是要加强和改善党的领导

1. 全面依法治国，必须坚持**党总揽全局、协调各方的领导核心地位**不动摇。

2. 加强和改善党对全面依法治国的领导，是由**党的领导和社会主义法治的一致性**决定的。全面推进依法治国需要**通过法定程序把党的意志转化为国家意志，把党的路线方针政策转化为国家的法律法规**。党带头厉行法治，**把法治作为治国理政的基本方式**，**各级党组织和广大党员带头模范守法**，才能在全社会普遍形成尊法守法风尚，为社会主义法治建设创造浓厚氛围。

三、坚持党的领导、人民当家作主、依法治国有机统一

1. 坚持党的领导、人民当家作主、依法治国有机统一，是对中国特色社会主义法治**本质特征的科学概括**，是对中国特色社会主义民主法治发展规律的本质把握。

2. 坚持党的领导、人民当家作主、依法治国有机统一，**最根本的是坚持党的领导**。**党的领导**是人民当家作主和依法治国的**根本保证**，**人民当家作主**是社会主义民主政治的**本质特征**，**依法治国**是党领导人民治理国家的**基本方式**，三者统一于**我国社会主义民主政治伟大实践**。

3. **人民代表大会制度**是坚持党的领导、人民当家作主、依法治国有机统一的**根本制度安排**。人民代表大会制度是实现党的领导和执政的制度载体和依托，是人民当家作主的根本途径和实现形式。

四、坚持党领导立法、保证执法、支持司法、带头守法

1. 推进全面依法治国，必须把党的领导贯彻落实到全面依法治国全过程和各方面。习近平总书记指出："坚持党的领导，不是一句空的口号，必须具体体现在党领导立法、保证执法、支持司法、带头守法上。一方面，要坚持党总揽全局、协调各方的领导核心作用，统筹依法治国各领域工作，确保党的主张贯彻到依法治国全过程和各方面。另一方面，要改善党对依法治国的领导，不断提高党领导依法治国的能力和水平。"

2. 把党的领导贯彻落实到全面依法治国全过程和各方面，是我国社会主义法治建设的一条基本经验。必须坚持党领导立法、保证执法、支持司法、带头守法，把依法治国基本方略同依法执政基本方式统一起来，把党总揽全局、协调各方同人大、政府、政协、监察机关、审判机关、检察机关依法依章程履行职能、开展工作统一起来，把党领导人民制定和实施宪法法律同党坚持在宪法法律范围内活动统一起来，善于使党的主张通过法定程序成为国家意志，善于使党组织推荐的人选通过法定程序成为国家政权机关的领导人员，善于通过国家政权机关实施党对国家和社会的领导，善于运用民主集中制原则维护中央权威、维护全党全国团结统一。

五、健全党领导全面依法治国的制度和工作机制

1. 加强党对全面依法治国的领导，必须健全党领导全面依法治国的制度和工作机制。习近平总书记强调："要健全党领导全面依法治国的制度和工作机制，推进党的领导制度化、法治化，通过法治保障党的路线方针政策有效实施。"

2. 成立中央全面依法治国委员会，目的就是从机制上加强党对全面依法治国的集中统一领导，统筹推进全面依法治国工作，这既是加强党的领导的应有之义，也是法治建设的重要任务。

3. 健全党领导全面依法治国的制度和体制，完善党制定全面依法治国方针政策的工作机制和程序，加强党对全面依法治国的集中统一领导。充分发挥各级党委的领导核心作用，把法治建设真正摆在全局工作的突出位置，与经济社会发展同部署、同推进、同督促、同考核、同奖惩。各级党委要健全党领导依法治国的制度和工作机制，履行对本地区本部门法治工作的领导责任。党委政法委员会是党委领导和管理政法工作的职能部门，是实现党对政法工作领导的重要组织形式，要带头在宪法法律范围内活动，善于运用法治思维和法治方式领导政法工作，在推进国家治理体系和治理能力现代化中发挥重要作用。

第二节　坚持以人民为中心

一、以人民为中心是中国特色社会主义法治的根本立场

1. 人民群众是我们党的力量源泉，人民立场是中国共产党的根本政治立场。习近平总书记指出："必须牢记我们的共和国是中华人民共和国，始终要把人民放在心中的最高位置，始终全心全意为人民服务，始终为人民利益和幸福努力工作。"

2. 全面依法治国最广泛、最深厚的基础是人民，**推进全面依法治国的根本目的是依法保障人民权益**。

二、坚持人民主体地位

1. 坚持人民主体地位，必须**把以人民为中心的发展思想融入到全面依法治国的伟大实践中**。

2. 坚持人民主体地位，要求**用法治保障人民当家作主**。

三、牢牢把握社会公平正义这一法治价值追求

1. **公平正义是法治的生命线**，是中国特色社会主义法治的内在要求。坚持全面依法治国，建设社会主义法治国家，**切实保障社会公平正义和人民权利，是社会主义法治的价值追求。**

2. 全面依法治国必须紧紧围绕保障和促进社会公平正义，把**公平正义贯穿到立法、执法、司法、守法的全过程和各方面**，紧紧围绕保障和促进社会公平正义来推进法治建设和法治改革，创造更加公平正义的法治环境，努力让人民群众在每一项法律制度、每一个执法决定、每一宗司法案件中都感受到公平正义。

四、推进全面依法治国的根本目的是依法保障人民权益

1. 我们党全心全意为人民服务的**根本宗旨**，决定了必须始终把人民作为一切工作的中心。

2. 推进全面依法治国，必须切实保障公民的**人身权、财产权、人格权和基本政治权利**，保证公民经济、文化、社会等各方面权利得到落实。必须着力解决人民群众最关切的**公共安全、权益保障、公平正义**问题，努力维护最广大人民的根本利益，保障人民群众对美好生活的向往和追求。

第三节　坚持中国特色社会主义法治道路

一、中国特色社会主义法治道路是建设社会主义法治国家的唯一正确道路

1. 道路决定成败。中国特色社会主义法治道路，是社会主义法治建设成就和经验的**集中体现**，是建设社会主义法治国家的**唯一正确道路**。

2. 历史和现实充分证明，中国特色社会主义法治道路，是**唯一正确的道路**。

3. 中国特色社会主义法治道路，根植于我国社会主义初级阶段的**基本国情**，生发于我国改革开放和社会主义现代化建设的**具体实践**，是被实践证明了的符合我国基本国情、符合人民

群众愿望、符合实践发展要求的法治道路，**具有显著优越性**。我国社会主义法治建设之所以能取得举世瞩目的伟大成就，就在于开辟了一条符合我国国情、遵循法治规律的中国特色社会主义法治道路。

4. 在坚持和拓展中国特色社会主义法治道路这个根本问题上，要树立自信、保持定力，必须从我国实际出发，**同推进国家治理体系和治理能力现代化相适应，突出中国特色、实践特色、时代特色**，既不能罔顾国情、超越阶段，也不能因循守旧、墨守成规。要学习借鉴世界上优秀的法治文明成果，但必须**坚持以我为主、为我所用，认真鉴别、合理吸收，不能搞"全盘西化"，不能搞"全面移植"，不能照搬照抄**。

二、中国特色社会主义法治道路的核心要义

1. 坚定不移走中国特色社会主义法治道路，**最根本的是坚持中国共产党的领导**。党的领导是实现全面推进依法治国总目标的最根本保证，必须始终坚持党总揽全局、协调各方的领导核心地位不动摇。

2. **中国特色社会主义制度**是中国特色社会主义法治体系的根本制度基础，是全面推进依法治国的根本制度保障。

3. **中国特色社会主义法治理论**是中国特色社会主义法治体系的理论指导和学理支撑。我们要发展的中国特色社会主义法治理论，本质上是中国特色社会主义理论体系在法治问题上的理论成果。

第四节　坚持依宪治国、依宪执政

一、坚持依法治国首先要坚持依宪治国，坚持依法执政首先要坚持依宪执政

1. 坚持依法治国首先要坚持依宪治国，坚持依法执政首先要坚持依宪执政，这是宪法的地位和作用决定的。习近平总书记强调："宪法是国家的根本法，具有最高的法律效力。党领导人民制定宪法法律，领导人民实施宪法法律，党自身要在宪法法律范围内活动。全国各族人民、一切国家机关和武装力量、各政党和各社会团体、各企业事业组织，都必须以宪法为根本的活动准则，都负有维护宪法尊严、保证宪法实施的职责。任何组织和个人都不得有超越宪法法律的特权，一切违反宪法法律的行为都必须予以追究。"

2. 坚持依宪治国，是推进全面依法治国、建设社会主义法治国家的基础性工作，科学回答了宪法如何更好促进全面建设社会主义现代化国家的关键性问题。

3. 坚持依宪执政，体现了中国共产党作为执政党的执政理念，体现了我们党对执政规律和执政方式的科学把握。

4. 坚持依宪治国、依宪执政，要坚持宪法确定的中国共产党领导地位不动摇，坚持宪法确定的人民民主专政的国体和人民代表大会制度的政体不动摇。习近平总书记指出："党和法、党的领导和依法治国是高度统一的。我们就是在不折不扣贯彻着以宪法为核心的依宪治国、依宪执政，我们依据的是中华人民共和国宪法。"

二、宪法是治国理政的总章程

1. 宪法是国家的根本大法，是治国安邦的总章程，具有最高的法律地位、法律权威、法律效力。习近平总书记指出："宪法是国家的根本法，坚持依法治国首先要坚持依宪治国，坚

持依法执政首先要坚持依宪执政。”

2. 依宪治国、依宪执政是建设社会主义法治国家的首要任务。坚持依宪治国，既强调宪法的根本法地位，又强调在全面依法治国过程中，必须依据宪法精神、宪法原则以及宪法所确定的各项制度推进依法治理。同时，公民的基本权利和义务是宪法的核心内容，宪法是每个公民享有权利、履行义务的根本保证。坚持依宪执政，必须要坚持以人民为中心。

三、全面贯彻实施宪法

全面贯彻实施宪法，切实维护宪法尊严和权威，是维护国家法制统一、尊严、权威的前提，也是维护最广大人民根本利益、确保国家长治久安的重要保障。习近平总书记指出："宪法的生命在于实施，宪法的权威也在于实施。"

四、推进合宪性审查工作

1. 完善宪法监督制度，必须积极稳妥推进合宪性审查工作，加强备案审查制度和能力建设，依法撤销和纠正违宪违法的规范性文件，维护宪法权威。

2. 监督宪法的实施，是宪法赋予全国人大及其常委会的重要职责。

3. 推进合宪性审查工作，必须加强宪法解释工作，积极回应涉及宪法有关问题的关切，努力实现宪法稳定性和适应性的统一。

五、深入开展宪法宣传教育

1. 宪法的根基在于人民发自内心的拥护，宪法的伟力在于人民出自真诚的信仰。

2. 要使宪法真正走入日常生活、走入人民群众。

3. 要抓住领导干部这个"关键少数"。完善国家工作人员学习宪法法律的制度，推动领导干部加强宪法学习，增强宪法意识，带头尊崇宪法、学习宪法、遵守宪法、维护宪法、运用宪法，做尊法学法守法用法的模范。

第五节　坚持在法治轨道上推进国家治理体系和治理能力现代化

一、全面依法治国是国家治理领域一场广泛而深刻的革命

1. 我国社会主义法治凝聚着我们党治国理政的理论成果和实践经验，是制度之治最基本最稳定最可靠的保障。

2. 在法治轨道上推进国家治理体系和治理能力现代化，要提高党依法治国、依法执政能力，推进**党的领导制度化、法治化、规范化**。要**用法治保障人民当家作主，健全社会公平正义法治保障制度，使法律及其实施有效体现人民意志、保障人民权益、激发人民创造力**。要**健全完善中国特色社会主义法治体系**，不断满足国家治理需求和人民日益增长的美好生活需要。要坚持依法治国、依法执政、依法行政共同推进，坚持法治国家、法治政府、法治社会一体建设，更加注重系统性、整体性、协同性。要更好**发挥法治对改革发展稳定的引领、规范、保障作用**，以深化依法治国实践检验法治建设成效，推动各方面制度更加成熟、更加定型，逐步实现**国家治理制度化、程序化、规范化、法治化**。

二、法治是国家治理体系和治理能力的重要依托

1. **法治是治国理政的基本方式**。只有全面依法治国才能有效保障国家治理体系的系统性、规范性、协调性，才能最大限度凝聚社会共识。要更加重视法治、厉行法治，更好发挥法治**固根本、稳预期、利长远**的保障作用，坚持依法应对重大挑战、抵御重大风险、克服重大阻力、解决重大矛盾。

2. 坚持和完善中国特色社会主义制度，推进国家治理体系和治理能力现代化，就是要适应时代变革，不断**健全我国国家治理的体制机制**，不断**完善中国特色社会主义法治体系**，实现**党和国家各项事务治理制度化、规范化、程序化**，提高运用制度和法律治理国家的能力，提高党科学执政、民主执政、依法执政水平。

3. 国家治理体系是在党领导下管理国家的制度体系，包括经济、政治、文化、社会、生态文明和党的建设等各领域的体制机制、法律法规安排，是一整套紧密相连、相互协调的制度构成的体系。

4. 国家治理能力是运用国家制度管理社会各方面事务的能力，是改革发展稳定、内政外交国防、治党治国治军等各个方面国家制度执行能力的集中体现。

三、更好发挥法治固根本、稳预期、利长远的保障作用

1. 全面推进依法治国着眼于实现中华民族伟大复兴中国梦、实现党和国家长治久安的长远考虑。

2. 坚持依法应对重大挑战、抵御重大风险、克服重大阻力、解决重大矛盾。

3. 新冠肺炎疫情就是一场突如其来的重大风险挑战，能不能坚持依法、科学、有序防控至关重要。

四、坚持依法治军、从严治军

1. 依法治军、从严治军，是我们党建军治军的基本方略。

2. 贯彻依法治军战略是系统工程，要统筹全局、突出重点，以重点突破带动整体推进。

五、坚持依法保障“一国两制”实践与推进祖国统一

1. “一国两制”是党领导人民实现祖国和平统一的一项重要制度，是中国特色社会主义的一个伟大创举。

2. 中华人民共和国宪法和特别行政区基本法共同构成特别行政区的宪制基础。

3. 台湾是中国一部分、两岸同属一个中国的历史和法理事实，是任何人任何势力都无法改变的。

六、坚持依法治网

1. 网络空间不是“法外之地”，同样要讲法治。

2. 加快制定完善互联网领域法律法规。

第六节　坚持建设中国特色社会主义法治体系

一、建设中国特色社会主义法治体系是推进全面依法治国的总目标和总抓手

全面推进依法治国涉及立法、执法、司法、普法、守法各个环节、各个方面，必须有一个总揽全局、牵引各方的总抓手，这个**总抓手**就是建设中国特色社会主义法治体系。

二、建设完备的法律规范体系

1. 经过长期努力，**中国特色社会主义法律体系已经形成**，国家和社会生活各方面总体上实现了有法可依。要不断**完善以宪法为核心的中国特色社会主义法律体系，坚持立法先行，坚持立、改、废、释并举，健全完善法律、行政法规、地方性法规**，为全面推进依法治国提供遵循。

2. 要深入推进**科学立法、民主立法、依法立法**，**提高立法质量和效率**，**以良法保善治、促发展**。

三、建设高效的法治实施体系

1. **法治实施体系是执法、司法、守法等宪法法律实施的工作体制机制**。高效的法治实施体系，最核心的是健全宪法实施体系。全面贯彻实施宪法，是建设社会主义法治国家的**首要任务和基础性工作**。

2. 深入推进执法体制改革，完善执法程序，推进综合执法，严格执法责任，建立权责统一、权威高效的行政执法体制。深化司法体制改革，完善司法管理体制和司法权力运行机制，规范司法行为，加强对司法活动的监督，切实做到公正司法。坚持把全民普法和守法作为全面依法治国的长期基础性工作，采取有力措施加强法治宣传教育，不断增强全民法治观念。

四、建设严密的法治监督体系

1. 法治监督体系是由**党内监督、人大监督、民主监督、行政监督、司法监督、审计监督、社会监督、舆论监督**等构成的权力制约和监督体系。

2. 要加强党对法治监督工作的集中统一领导，把**法治监督作为党和国家监督体系的重要内容**，保证行政权、监察权、审判权、检察权得到依法正确行使，保证公民、法人和其他组织合法权益得到切实保障。**加强国家机关监督、民主监督、群众监督和舆论监督**，形成法治监督合力，发挥整体监督效能。**加强执纪执法监督**，坚持把纪律规矩挺在前面，推进执纪执法贯通，建立有效衔接机制。

五、建设有力的法治保障体系

1. 法治保障体系包括**党领导全面依法治国的制度和机制、队伍建设和人才保障**等。

2. 坚持党的领导，把党的领导贯穿于依法治国各领域全过程，是社会主义法治的根本保证。

3. 坚定中国特色社会主义制度自信，坚持走中国特色社会主义法治道路，健全完善中国特色社会主义法治体系，筑牢全面依法治国的制度保障。

4. 大力加强法治工作队伍建设，用习近平法治思想武装头脑，切实提高法治工作队伍思

想政治素质、业务工作能力、职业道德水准，切实提高运用法治思维和法治方式的能力水平，夯实社会主义法治建设的组织和人才保障。

六、建设完善的党内法规体系

1. 党内法规既是管党治党的**重要依据**，也是建设社会主义法治国家的**有力保障**。

2. 必须完善党内法规制定体制机制，完善党的组织法规制度、党的领导法规制度、党的自身建设法规制度、党的监督保障法规制度。要加大党内法规备案审查和解释力度，**注重党内法规同国家法律的衔接和协调**。要完善党内法规制度体系，确保内容科学、程序严密、配套完备、运行有效，形成制度整体效应，强化制度执行力，为提高党的领导水平和执政能力提供有力的制度保障。

第七节　坚持依法治国、依法执政、依法行政共同推进，法治国家、法治政府、法治社会一体建设

一、全面依法治国是一个系统工程

“共同推进、一体建设”是对全面依法治国的工作布局。习近平总书记指出：“全面推进依法治国是一项庞大的系统工程，必须统筹兼顾、把握重点、整体谋划，在共同推进上着力，在一体建设上用劲。”

二、法治国家是法治建设的目标

建设社会主义法治国家，是我们党确定的建设社会主义现代化国家的重要目标。习近平总书记指出，“一个现代化国家必然是法治国家。”

三、法治政府是建设法治国家的主体

全面依法治国，法治政府建设要率先突破。习近平总书记强调：“推进全面依法治国法治政府建设是重点任务和主体工程，对法治国家、法治社会建设具有示范带动作用”。

四、法治社会是构筑法治国家的基础

1. 全面依法治国需要全社会共同参与，需要增强全社会法治观念，必须在全社会弘扬社会主义法治精神，建设社会主义法治文化。习近平总书记强调：“只有全体人民信仰法治、厉行法治，国家和社会生活才能真正实现在法治轨道上运行。”

2. 法治建设既要抓末端、治已病，更要抓前端、治未病。我国国情决定了我们不能成为“诉讼大国”。

3. 加快实现社会治理法治化，依法防范风险、化解矛盾、维护权益，营造公平、透明、可预期的法治环境。

4. 加强法治乡村建设是实施乡村振兴战略、推进全面依法治国的基础性工作。要把政府各项涉农工作纳入法治化轨道，完善农村法律服务，积极推进法治乡村建设。

第八节　坚持全面推进科学立法、严格执法、公正司法、全民守法

一、科学立法、严格执法、公正司法、全民守法是推进全面依法治国的重要环节

1. 党的十一届三中全会确立了有法可依、有法必依、执法必严、违法必究的社会主义法制建设的**“十六字方针”**。

2. 党的十八大把法治建设摆在了更加突出的位置，强调全面推进依法治国，明确提出法治是治国理政的基本方式，**要推进科学立法、严格执法、公正司法、全民守法**。“科学立法、严格执法、公正司法、全民守法”成为指引新时代法治中国建设的**“新十六字方针”**。

二、推进科学立法

1. 法律是治国之重器，良法是善治之前提。越是强调法治，越是要提高立法质量。

2. 要完善立法规划，突出立法重点，坚持立改废并举，提高立法科学化、民主化水平，提高法律的针对性、及时性、系统性。

3. 要完善立法工作机制和程序，扩大公众有序参与，充分听取各方面意见，使法律准确反映经济社会发展要求，更好协调利益关系，发挥立法的引领和推动作用。

三、推进严格执法

1. 执法是行政机关履行政府职能、管理经济社会事务的主要方式。

2. 要加强宪法和法律实施，维护社会主义法制的统一、尊严、权威，形成人们不愿违法、不能违法、不敢违法的法治环境，做到有法必依、执法必严、违法必究。

四、推进公正司法

1. **公正司法是维护社会公平正义的最后一道防线**。各级司法机关要紧紧围绕努力让人民群众在每一个司法案件中都感受到公平正义这个要求和目标改进工作，坚持做到严格司法、规范司法。

2. 要改进司法工作作风，通过热情服务切实解决好老百姓打官司过程中遇到的各种难题，特别是要加大对困难群众维护合法权益的法律援助，加大司法公开力度，以回应人民群众对司法公正公开的关注和期待。

3. 深化司法体制和工作机制改革，加强党对司法工作的领导，确保审判机关、检察机关依法独立公正行使审判权、检察权，**全面落实司法责任制**。

4. **健全公安机关、检察机关、审判机关、司法行政机关各司其职，侦查权、检察权、审判权、执行权相互配合、相互制约的体制机制**。强化诉讼过程中当事人和其他诉讼参与人的知情权、陈述权、辩护辩论权、申请权、申诉权的制度保障，加强对刑事诉讼、民事诉讼、行政诉讼的法律监督。完善人民监督员制度，依法规范司法人员与当事人、律师、特殊关系人、中介组织的接触、交往行为。

五、推进全民守法

1. **法律要发生作用，全社会首先要信仰法律**。习近平总书记指出：“全民守法，就是任何

组织或者个人都必须在宪法和法律范围内活动，任何公民、社会组织和国家机关都要以宪法和法律为行为准则，依照宪法和法律行使权利或权力、履行义务或职责。”

2. 要深入开展法治宣传教育，在全社会弘扬社会主义法治精神，传播法律知识，培养法律意识，在全社会形成宪法至上、守法光荣的良好社会氛围。要突出普法重点内容，落实**“谁执法谁普法”**的普法责任制，努力在增强普法的针对性和实效性上下功夫，不断提升全体公民法治意识和法治素养。

3. 要坚持法治教育与法治实践相结合，广泛开展依法治理活动，提高社会治理法治化水平。要坚持依法治国和以德治国相结合，把法治建设和道德建设紧密结合起来，把他律和自律紧密结合起来，做到法治和德治相辅相成、相互促进。

第九节　坚持统筹推进国内法治和涉外法治

一、统筹推进国内法治和涉外法治是全面依法治国的迫切任务

1. 当今世界正面临百年未有之大变局，国际社会经济发展和地缘政治安全发生深刻变化。国家主权、安全、发展利益是国家核心利益，**切实维护国家主权、安全、发展利益是涉外法治工作的首要任务**。当前，随着我国经济实力和综合国力快速增长，对外开放全方位深化，“一带一路”建设深入推进，我国日益走近世界舞台中央，深度融入全球化进程，维护我国国家利益和公民、法人在境外合法权益的任务日益繁重。

2. 统筹推进国内法治和涉外法治，协调推进国内治理和国际治理，是全面依法治国的必然要求，是建立以国内大循环为主体、国内国际双循环相互促进的新发展格局的客观需要，是维护国家主权、安全、发展利益的迫切需要。这就要求在全面依法治国进程中，必须统筹运用国内法和国际法，加快涉外法治工作战略布局，推进国际法治领域合作，**加快推进我国法域外适用的法律体系建设**，加强国际法研究和运用，提高涉外工作法治化水平，更好地维护国家主权、安全、发展利益，为全球治理体系改革、推动构建人类命运共同体规则体系提供中国方案。

二、加快涉外法治工作战略布局

1. **统筹国内国际两个大局**是我们党治国理政的重要理念和基本经验，统筹推进国内法治和涉外法治，加快涉外法治工作战略布局即是这一理念和经验在法治领域的具体体现。

2. 要**加快形成系统完备的涉外法律法规体系，积极构建更加完善的涉外经济法律体系**，逐步形成法治化、国际化、便利化的营商环境。要**提升涉外执法司法效能**，引导企业、公民在“走出去”过程中更加自觉遵守当地法律法规和风俗习惯，提高运用法治和规则维护自身合法权益的意识和能力。

3. 要**加强反制裁、反干涉和反制“长臂管辖”的理论研究和制度建设**，努力维护公平公正的国际环境。要加大涉外法治人才培养力度，尽快建设一支精通国内法治和涉外法治，既熟悉党和国家方针政策、了解我国国情，又具有全球视野、熟练运用外语、通晓国际规则的高水平法治人才队伍，为我国参与国际治理提供有力人才支撑。

三、加强对外法治交流合作

1. 法治是人类政治文明的重要成果，是现代社会治理的基本手段，既是国家治理体系和

治理能力的重要依托，也是维护世界和平与发展的重要保障。要旗帜鲜明地坚定维护以联合国为核心的国际体系，坚定维护以联合国宪章宗旨和原则为基础的国际法基本原则和国际关系基本准则，坚定维护以国际法为基础的国际秩序。引导国际社会共同塑造更加公正合理的国际新秩序，推动构建人类命运共同体。

2. **积极参与执法安全国际合作**，共同打击暴力恐怖势力、民族分裂势力、宗教极端势力和贩毒走私、跨国有组织犯罪。坚持**深化司法领域国际合作**，完善我国司法协助体制，扩大国际司法协助覆盖面。加强反腐败国际合作，加大海外追赃追逃、遣返引渡力度。

3. 法治是国家核心竞争力的重要内容。**要提高国际法斗争能力**，坚持国家主权平等，坚持反对任何形式的霸权主义，坚持推进国际关系民主化法治化，综合利用立法、执法、司法等法律手段开展斗争，坚决维护国家主权、安全、发展利益。

四、为构建人类命运共同体提供法治保障

1. 党的十八大以来，习近平总书记着眼中国人民和世界人民的共同利益，高瞻远瞩地提出构建人类命运共同体重要理念。这一重要理念已被列为新时代坚持和发展中国特色社会主义的基本方略写入党章和宪法，还被多次写入联合国文件，并正在从理念转化为行动，产生日益广泛而深远的国际影响，成为中国引领时代潮流和人类文明进步方向的鲜明旗帜。

2. 联合国宪章宗旨和原则是处理国际关系的根本遵循，也是国际秩序稳定的重要基石，必须毫不动摇加以维护。

第十节　坚持建设德才兼备的高素质法治工作队伍

一、建设一支德才兼备的高素质法治工作队伍至关重要

1. **全面推进依法治国，必须建设一支德才兼备的高素质法治工作队伍。**习近平总书记指出："研究谋划新时代法治人才培养和法治队伍建设长远规划，创新法治人才培养机制，推动东中西部法治工作队伍均衡布局，提高法治工作队伍思想政治素质、业务工作能力、职业道德水准，着力建设一支**忠于党、忠于国家、忠于人民、忠于法律**的社会主义法治工作队伍，为加快建设社会主义法治国家提供有力人才保障。"

2. 要坚持把法治工作队伍建设作为全面依法治国的**基础性工作**，大力推进法治专门队伍革命化、正规化、专业化、职业化，培养造就一大批高素质法治人才及后备力量。

二、加强法治专门队伍建设

1. **全面推进依法治国，首先必须把法治专门队伍建设好。要坚持把政治标准放在首位，**加强科学理论武装，坚持用习近平新时代中国特色社会主义思想特别是习近平法治思想武装头脑，深入开展理想信念教育，深入开展社会主义核心价值观教育，不断打牢高举旗帜、听党指挥、忠诚使命的思想基础，永葆忠于党、忠于国家、忠于人民、忠于法律的政治本色。

2. **要把强化公正廉洁的职业道德作为必修课**，自觉用法律职业伦理约束自己，信仰法治、坚守法治，培育职业良知，坚持严格执法、公正司法，树立惩恶扬善、执法如山的浩然正气，杜绝办"金钱案""权力案""人情案"。

3. **完善法律职业准入、资格管理制度**，建立法律职业人员统一职前培训制度和在职法官、检察官、警官、律师同堂培训制度。完善从符合条件的律师、法学专家中招录立法工作者、法

官、检察官、行政复议人员制度。

4. 加强立法工作队伍建设。建立健全立法、执法、司法部门干部和人才常态化交流机制，加大法治专门队伍与其他部门具备条件的干部和人才交流力度。加强边疆地区、民族地区和基层法治专门队伍建设。健全法官、检察官员额管理制度，规范遴选标准、程序。加强执法司法辅助人员队伍建设。建立健全符合职业特点的法治工作人员管理制度，完善职业保障体系。健全执法司法人员依法履职免责、履行职务受侵害保障救济、不实举报澄清等制度。

三、加强法律服务队伍建设

1. **法律服务队伍是全面依法治国的重要力量。要加强法律服务队伍建设，把拥护中国共产党领导、拥护社会主义法治作为法律服务人员从业的基本要求，**加强对法律服务队伍的教育管理，引导法律服务工作者坚持正确政治方向，依法依规诚信执业，认真履行社会责任，满腔热忱投入社会主义法治国家建设。

2. 要充分发挥**律师**在全面依法治国中的重要作用，加强律师队伍思想政治建设，完善律师执业保障机制，增强广大律师走中国特色社会主义法治道路的自觉性和坚定性，建设一支拥护党的领导、拥护社会主义法治的高素质律师队伍。

3. **要落实党政机关、人民团体、国有企事业单位普遍建立法律顾问制度和公职律师、公司律师制度，**健全相关工作规则，理顺管理体制机制，重视发挥法律顾问和公职律师、公司律师作用。

4. **要加强公证员、基层法律服务工作者、人民调解员队伍建设，**推动法律服务志愿者队伍建设，建立激励法律服务人才跨区域流动机制，逐步解决基层和欠发达地区法律服务资源不足和人才匮乏问题。

四、加强法治人才培养

1. **全面推进依法治国是一项长期而重大的历史任务，必须坚持以习近平法治思想为指导，立德树人，德法兼修，培养大批高素质法治人才。**高校作为法治人才培养的第一阵地，要充分利用学科齐全、人才密集的优势，加强法治及其相关领域基础性问题的研究，对复杂现实进行深入分析、作出科学总结，提炼规律性认识，为完善中国特色社会主义法治体系、建设社会主义法治国家提供理论支撑。

2. 大力加强法学学科体系、学术体系和话语体系建设，认真总结法学教育和法治人才培养经验和优势，深入研究和解决好为谁教、教什么、教给谁、怎样教的问题，探索建立适应新时代全面依法治国伟大实践需要的法治人才培养机制。要强化法学教育实践环节，处理好法学知识和法治实践教学的关系，将立法执法司法实务工作部门的优质法治实践资源引进高校课堂，加强法学教育、法学研究工作者和法治实务工作者之间的交流。

3. **坚持以我为主、兼收并蓄、突出特色，**积极吸收借鉴世界上的优秀法治文明成果，有甄别、有选择地吸收和转化，不能囫囵吞枣、照搬照抄，努力以中国智慧、中国实践为世界法治文明建设作出贡献。

第十一节　坚持抓住领导干部这个“关键少数”

一、领导干部是全面依法治国的关键

1. **领导干部是全面推进依法治国的重要组织者、推动者、实践者，是全面依法治国的**

关键。

2. 领导干部对法治建设既可以起到关键推动作用，也可能起到致命破坏作用。必须把领导干部作为全面依法治国实践的重中之重予以高度重视，牢牢抓住领导干部这个**“关键少数”**。各级领导干部要对法律怀有敬畏之心，带头依法办事，带头遵守法律，不断提高运用法治思维和法治方式深化改革、推动发展、化解矛盾、维护稳定、应对风险的能力。

二、领导干部要做尊法学法守法用法的模范

1. **尊崇法治、敬畏法律，是领导干部必须具备的基本素质。**

2. **领导干部必须做尊法的模范**，带头尊崇法治、敬畏法律，彻底摒弃人治思想和长官意识，决不搞以言代法、以权压法。**领导干部必须做学法的模范**，深入学习贯彻习近平法治思想，带头了解法律、掌握法律，充分认识法治在推进国家治理体系和治理能力现代化中的重要地位和重大作用。**领导干部必须做守法的模范**，牢记法律红线不可逾越、法律底线不可触碰，带头遵纪守法、捍卫法治。**领导干部必须做用法的模范**，带头厉行法治、依法办事，真正做到在法治之下、而不是法治之外、更不是法治之上想问题、作决策、办事情。

三、领导干部要提高运用法治思维和法治方式的能力

1. 法治思维是基于法治的固有特性和对法治的信念来认识事物、判断是非、解决问题的思维方式。法治方式是运用法治思维处理和解决问题的行为模式。党政主要负责人要履行推进法治建设**第一责任人**职责，统筹推进科学立法、严格执法、公正司法、全民守法。领导干部要守法律、重程序，带头营造办事依法、遇事找法、解决问题用法、化解矛盾靠法的法治环境，善于用法治思维谋划工作，用法治方式处理问题。要牢记职权法定，牢记权力来自哪里、界线划在哪里，做到法定职责必须为、法无授权不可为。

2. **要坚持以人民为中心，牢记法治的真谛是保障人民权益，权力行使的目的是维护人民权益**。要加强对权力运行的制约监督，依法设定权力、规范权力、制约权力、监督权力，把权力关进制度的笼子里。要把法治素养和依法履职情况纳入考核评价干部的重要内容，让尊法学法守法用法成为领导干部自觉行为和必备素质。

四、党政主要负责人要履行推进法治建设第一责任人职责

【习题拓展】

1. 下列说法中，反映习近平法治思想坚持以人民为中心的是？[1]

A. 在某村建立法律顾问制度

B. 就《中华人民共和国社会救助法（草案征求意见稿）》公开征求意见

C. 国务院举行宪法宣誓仪式

D. 在浙江、河北、湖北开展行政备案规范管理改革试点

---

〔1〕 AB【解析】在村（居）建立法律顾问制度，目的在于为群众提供便捷高效的公共法律服务，反映了习近平法治思想坚持以人民为中心的核心要义，故A项正确。就《中华人民共和国社会救助法（草案征求意见稿）》公开征求意见，是让人民参与立法，反映了习近平法治思想坚持以人民为中心的核心要义，故B项正确。国务院举行宪法宣誓仪式反映了依宪治国、依宪执政，故C项错误。开展行政备案规范管理改革试点体现了法治政府建设，故D项错误。

2. 习近平法治思想要求坚持建设中国特色社会主义法治体系，对此下列说法正确的是?[1]

A. 制定《中国共产党党徽党旗条例》

B. 制定《民法典》

C. 遂宁市统一组建乡镇综合行政执法大队

D. 公安机关开展“坚持政治建警全面从严治警”教育整顿

3. 下列说法体现了习近平法治思想要求全面推进科学立法、严格执法、公正司法、全民守法的是?[2]

A. 针对疫情发生后社会反映强烈的滥食野生动物问题，修订《野生动物保护法》

B. 国家市场监管总局在疫情防控期间，对野生动物及其制品非法交易顶格处罚

C. 江西省高级人民法院以“原审判决事实不清，证据不足”，宣告张玉环无罪

D. 博爱县打造全国首个“民法典”主题公园

4. 下列说法反映了习近平法治思想坚持统筹推进国内法治和涉外法治的是?[3]

A. 召开中国法治国际论坛

B. 制定《外商投资法》

C. 国家监察委员会就反腐败与联合国签署合作备忘录

D. 增设高校国际法博士点

5. 下列说法反映了习近平法治思想坚持建设德才兼备的高素质法治工作队伍的是?[4]

A. 江苏省举办经济犯罪司法领域公、检、法、律师同堂培训

B. 招录基层法律工作者参加立法工作

C. 北京市司法局设立公职律师

D. 在某政法大学设立习近平法治思想研究中心

---

[1] ABCD【解析】坚持建设中国特色社会主义法治体系，要求建设完善的党内法规体系，故A项正确。坚持建设中国特色社会主义法治体系，要求建设完备的法律规范体系，故B项正确。坚持建设中国特色社会主义法治体系，要求深入推进执法体制改革，推进综合执法，故C项正确。坚持建设中国特色社会主义法治体系，要求大力加强法治工作队伍建设，故D项正确。

[2] ABCD【解析】科学立法要求强化重点领域立法，疫情期间修订《野生动物保护法》符合科学立法的要求，故A项正确。在疫情防控期间，对野生动物及其制品非法交易顶格处罚体现了严格执法，故B项正确。以“原审判决事实不清，证据不足”，宣告张玉环无罪，体现了疑罪从无，符合公正司法的要求，故C项正确。打造全国首个“民法典”主题公园，目的在于普法宣传，符合全民守法的要求，故D项正确。

[3] ABCD【解析】坚持统筹推进国内法治和涉外法治要求加强国际法研究和运用，故A项正确。坚持统筹推进国内法治和涉外法治要求加快形成系统完备的涉外法律法规体系，故B项正确。坚持统筹推进国内法治和涉外法治要求加强反腐败国际合作，故C项正确。坚持统筹推进国内法治和涉外法治要求加强涉外法治人才培养，增设国际法博士点有利于培养更多涉外法治人才，故D项正确。

[4] ACD【解析】坚持建设德才兼备的高素质法治工作队伍要求建立在职法官、检察官、警官、律师同堂培训制度，故A项正确。坚持建设德才兼备的高素质法治工作队伍要求完善从符合条件的律师、法学专家中招录立法工作者的制度，不包括基层法律工作者，故B项错误。坚持建设德才兼备的高素质法治工作队伍要求落实党政机关、人民团体、国有企事业单位普遍建立法律顾问制度和公职律师、公司律师制度，故C项正确。坚持建设德才兼备的高素质法治工作队伍要求要充分利用高校学科齐全、人才密集的优势，加强法治及其相关领域基础性问题的研究，故D项正确。

第三章　习近平法治思想的实践要求

【考查频率＊＊＊】

【重点提示】

习近平法治思想的实践要求中，最重要的是：正确处理全面依法治国重大关系，包括政治与法治、改革与法治、依法治国与以德治国、依法治国与依规治党之间的关系。

【知识框架】

习近平法治思想的实践要求
- 充分发挥法治对经济社会发展的保障作用
- 正确认识和处理全面依法治国一系列重大关系

第一节　充分发挥法治对经济社会发展的保障作用

一、以法治保障经济发展

1. **厉行法治是发展社会主义市场经济的内在要求，也是社会主义市场经济良性运行的根本保障**。习近平总书记在中央全面依法治国委员会第一次会议上指出："贯彻新发展理念，实现经济从高速增长转向高质量发展，必须坚持以法治为引领。"在中央全面依法治国委员会第二次会议上强调：**"法治是最好的营商环境。"**

2. **要加强党领导经济工作制度化建设，提高党领导经济工作法治化水平，以法治化方式领导和管理经济**。要不断完善社会主义市场经济法律制度，加快建立和完善现代产权制度，推进产权保护法治化，加大知识产权保护力度。要积极营造公平有序的经济发展的法治环境，依法平等保护各类市场主体合法权益，营造各种所有制主体依法平等使用资源要素、公开公平公正参与竞争、同等受到法律保护的市场环境。

二、以法治保障政治稳定

1. **保障政治安全、政治稳定是法律的重要功能**。

2. 在我国政治生活中，党是居于领导地位的，加强党的集中统一领导，支持人大、政府、政协和监察机关、法院、检察院依法依章程履行职能、开展工作、发挥作用，这两方面是统一的。

三、以法治保障文化繁荣

1. 文化是民族血脉和人民的精神家园，是一个国家的灵魂。全国人大常委会决定设立烈士纪念日、中国人民抗日战争胜利纪念日、南京大屠杀死难者国家公祭日，**大力弘扬以爱国主义为核心的伟大民族精神。**

2. **要坚持用社会主义核心价值观引领文化立法**，完善社会主义先进文化的法治保障机制，依法规范和保障社会主义先进文化发展方向，进一步完善中国特色社会主义文化法律制度体系。要深入推进社会主义文化强国建设，加快公共文化服务体系建设，运用法治方式保障人民文化权益，满足人民群众的基本文化需求。要坚持依法治网、依法办网、依法上网，加快网络法治建设，加强互联网领域立法，完善网络信息服务、网络安全保护、网络社会管理等方面的法律法规，依法规范网络行为，促进互联网健康有序发展。

四、以法治保障社会和谐

1. 社会和谐稳定是人民群众的共同心愿，是改革发展的重要前提。

2. **要充分发挥法治作为保障和改善民生制度基石的作用，**加强民生法治保障，破解民生难题，着力保障和改善民生。要更加注重社会建设，推进社会体制改革，扩大公共服务，完善社会管理，促进社会公平正义，满足人民日益增长的美好生活需要。要坚持和完善共建共治共享的社会治理制度，**完善党委领导、政府负责、社会协同、公众参与、法治保障的社会治理体制，**畅通公众参与重大公共决策的渠道，切实保障公民、法人和其他组织合法权益。

3. **要贯彻落实总体国家安全观，加快国家安全法治建设，提高运用法治手段维护国家安全的能力。**切实做好新冠肺炎疫情依法防控工作，抓紧构建系统完备、科学规范、运行有效的疫情防控和公共卫生法律体系，依法保障人民群众生命健康安全。

五、以法治保障生态良好

1. 生态环境是关系党的使命宗旨的**重大政治问题**，也是关系民生的**重大社会问题**。

2. **生态文明建设必须要纳入法治的轨道**，以最严格的制度，最严密的法治，对生态环境予以最严格的保护，对破坏生态环境的行为予以最严厉的制裁，才能遏制住生态环境持续恶化的趋势，保障生态文明建设的持续健康发展。要加大生态环境保护执法司法力度，大幅度提高破坏环境违法犯罪的成本，强化各类环境保护责任主体的法律责任，强化绿色发展法律和政策保障，用严格的法律制度保护生态环境。要建立健全自然资源产权法律制度，完善国土空间开发保护法律制度，完善生态环境保护管理法律制度，加快构建有效约束开发行为和促进绿色发展、循环发展、低碳发展的生态文明法治体系。

第二节　正确认识和处理全面依法治国一系列重大关系

一、政治和法治

1. **正确处理政治和法治的关系，是法治建设的一个根本问题。**

2. 党和法的关系是政治和法治关系的集中反映。

3. **要处理好党的政策和国家法律的关系，两者在本质上是一致的。**党的政策是国家法律的先导和指引，是立法的依据和执法司法的重要指导。要善于通过法定程序使党的政策成为国家意志、形成法律，并通过法律保障党的政策有效实施，从而确保党发挥总揽全局、协调各方的领导核心作用。**党的全面领导在法治领域，就是党领导立法、保证执法、支持司法、带头守法。**

二、改革和法治

1. **法治和改革有着内在的必然联系，二者相辅相成、相伴而生，如鸟之两翼、车之两轮。**必须在法治下推进改革，在改革中完善法治。要发挥法治对改革的引领和推动作用，确保重大改革于法有据，做到在法治的轨道上推进改革，要切实提高运用法治思维和法治方式推进改革的能力和水平，要善于运用法治思维和法治方式想问题、作判断、出措施。

2. **要坚持改革决策和立法决策相统一、相衔接，确保改革和法治实现良性互动。**立法主动适应改革需要，积极发挥引导、推动、规范、保障改革的作用，做到重大改革于法有据，改革和法治同步推进，增强改革的穿透力。

3. 善于通过改革和法治推动贯彻落实新发展理念。

三、依法治国和以德治国

1. **法律是成文的道德，道德是内心的法律。**法是他律，德是自律，需要二者并用、双管齐下。

2. **法安天下，德润人心。中国特色社会主义法治道路的一个鲜明特点，就是坚持依法治国与以德治国相结合**，既重视发挥法律的规范作用，又重视发挥道德的教化作用，这是历史经验的总结，也是对治国理政规律的深刻把握。

3. **要强化道德对法治的支撑作用。**坚持依法治国和以德治国相结合，就要重视发挥道德的教化作用，提高全社会文明程度，为全面依法治国创造良好人文环境。要在道德体系中体现法治要求，发挥道德对法治的滋养作用，努力使道德体系同社会主义法律规范相衔接、相协调、相促进。要在道德教育中突出法治内涵，注重培育人们的法律信仰、法治观念、规则意识，引导人们自觉履行法定义务、社会责任、家庭责任，营造全社会都讲法治、守法治的文化环境。

4. **要把道德要求贯彻到法治建设中。以法治承载道德理念**，道德才有可靠制度支撑。法律法规要树立鲜明道德导向，弘扬美德义行，立法、执法、司法都要体现社会主义道德要求，都要把社会主义核心价值观贯穿其中，使社会主义法治成为良法善治。要把实践中广泛认同、较为成熟、可操作性强的道德要求及时上升为法律规范，引导全社会崇德向善。要坚持严格执法，弘扬真善美、打击假恶丑。要坚持公正司法，发挥司法断案惩恶扬善功能。

5. **要运用法治手段解决道德领域突出问题。**法律是底线的道德，也是道德的保障。要加强相关立法工作，明确对失德行为的惩戒措施。要依法加强对群众反映强烈的失德行为的整治。对突出的诚信缺失问题，既要抓紧建立覆盖全社会的征信系统，又要完善守法诚信褒奖机制和违法失信惩戒机制，使人不敢失信、不能失信。对见利忘义、制假售假的违法行为，要加大执法力度，让败德违法者受到惩治、付出代价。要提高全民法治意识和道德自觉，使全体人民成为社会主义法治的忠实崇尚者、自觉遵守者、坚定捍卫者，争做社会主义道德的示范者、良好风尚的维护者。**要发挥领导干部在依法治国和以德治国中的关键作用，**以实际行动带动全社会崇德向善、尊法守法。

四、依法治国和依规治党

1. **国有国法，党有党规。依法治国、依法执政，既要求党依据宪法法律治国理政，也要求党依据党内法规管党治党。依规管党治党是依法治国的重要前提和政治保障。**只有把党建设好，国家才能治理好。正确处理依法治国和依规治党的关系，是中国特色社会主义法治建设的鲜明特色。

2. **要坚持依法治国与制度治党、依规治党统筹推进、一体建设，注重党内法规同国家法律法规的衔接和协调，**统筹推进依规治党和依法治国，促进党的制度优势与国家制度优势相互转化，提升我们党治国理政的合力和效能，提高党的执政能力和领导水平，促进国家治理体系和治理能力现代化，推动中国特色社会主义事业不断取得新成就。

3. **要完善党内法规体系。党内法规是党的中央组织、中央纪律检查委员会以及党中央工**

作机关和省、自治区、直辖市党委制定的体现党的统一意志、规范党的领导和党的建设活动、依靠党的纪律保证实施的专门规章制度。**党内法规体系是以党章为根本，**以民主集中制为核心，以准则、条例等中央党内法规为主干，由各领域各层级党内法规制度组成的有机统一整体。要从全面依法治国和全面从严治党相统一的高度，科学认识党内法规及其与国家法律的关系，确保党内法规与国家法律的衔接与协调。

4. **坚持依规治党带动依法治国。**只有坚持依规治党，切实解决党自身存在的突出问题，才能使中国共产党始终成为中国特色社会主义事业的坚强领导核心，才能为全面依法治国确立正确的方向和道路，才能发挥好党领导立法、保证执法、支持司法、带头守法的政治优势。只有坚持依规治党，使各级党组织和全体党员牢固树立法治意识、规则意识、程序意识，弘扬宪法精神和党章精神，才能对科学立法、严格执法、公正司法、全民守法实行科学有效的领导，在全面依法治国中起到引领和保障作用。

【习题拓展】

1. 习近平在十九届中央政治局第三十五次集体学习时指出，中国特色社会主义法治体系是中国特色社会主义制度的重要组成部分，必须牢牢把握中国特色社会主义这个定性，坚定不移走中国特色社会主义法治道路，正确处理政治和法治、改革和法治、依法治国和以德治国、依法治国和依规治党的关系，在坚持党的全面领导、保证人民当家作主等重大问题上做到头脑特别清晰、立场特别坚定。对此，下列说法正确的是？[1]

A. 坚定不移走中国特色社会主义法治道路最根本是坚持中国特色社会主义制度

B. 正确处理政治和法治要坚持党领导立法、保证执法、支持司法、带头守法

C. 正确处理依法治国和以德治国的关系必须坚持法律道德化，道德法律化

D. 正确处理依法治国和依规治党的关系要求把党规通过法定程序上升为国家立法

2. 习近平法治思想要求正确处理全面依法治国重大关系，下列说法体现这一要求的是？[2]

A. 中共中央向全国人大常委会提交修宪建议

B. 全国人大授权国务院在自贸区调整法律适用

C. 推广“枫桥经验”

D. 推进产权保护法治化

---

[1] B【解析】坚定不移走中国特色社会主义法治道路最根本是坚持中国共产党的领导，故A项错误。党与法的关系是政治与法治关系的集中反映，党的全面领导在法治领域就是坚持党领导立法、保证执法、支持司法、带头守法，故B项正确。道德对法治具有支撑作用，但二者要求和规范内容不同，要使道德体系和法律体系相衔接，而非把道德法律化，把法律道德化，故C项错误。党规在适用对象，规范内容、制定程序上与国法不同，要善于通过法定程序将党的意志上升为国家意志，而非将党规上升为国家立法，正确处理依法治国和依规治党的关系要求发挥党规和国法的互补性，故D项错误。

[2] ABC【解析】正确处理全面依法治国重大关系要求处理好政治与法治的关系，要善于通过法定程序使党的政策成为国家意志，中共中央向全国人大常委会提交修宪建议体现了政治与法治的协调，故A项正确。正确处理全面依法治国重大关系要求处理好改革与法治的关系，全国人大授权国务院在自贸区调整法律适用体现了重大改革于法有据，故B项正确。正确处理全面依法治国重大关系要求处理好法治与德治的关系，“枫桥经验”是法治与德治的结合，故C项正确。推进产权保护法治化属于以法治保障经济发展的范畴，故D项不正确。

法　理　学

第一章　法的本体

【重点提示】

1. 法的规范性、普遍性、可诉性；
2. 价值判断与事实判断；自由、正义与法的关系；法的价值冲突的解决；
3. 法的规范作用与法的作用的局限性；
4. 法律规则的分类；法律规则与法律原则的区别；
5. 法的正式渊源与非正式渊源的区别；
6. 法的溯及力；
7. 法律关系的分类；
8. 法律责任的竞合；
9. 法律责任与法律制裁的关系。

【知识框架】

- 法的本体
  - 法的概念
    - 法的概念的学说
    - 马克思主义关于法的本质的基本观点
    - 法的特征
    - 法的作用
  - 法的价值
    - 法的价值的含义
    - 法的价值的种类
    - 法的价值冲突及其解决
  - 法的要素
    - 法律规则
    - 法律原则
    - 法律规则与法律原则的适用
    - 法律权利与法律义务
  - 法的渊源
    - 法的渊源的概念
    - 正式的法的渊源与非正式的法的渊源
    - 当代中国法的正式渊源
    - 正式法的渊源的效力原则、备案与审查
    - 当代中国法的非正式渊源

- 法的本体
  - 法律部门与法律体系
    - 法律部门
    - 法律体系
    - 当代中国法律体系
  - 法的效力
    - 法的效力的含义、分类
    - 法的效力的根据
    - 法对人的效力
    - 法的空间效力
    - 法的时间效力
  - 法律关系
    - 法律关系的概念与种类
    - 法律关系主体
    - 法律关系的内容
    - 法律关系客体
    - 法律关系的产生、变更与消灭
  - 法律责任
    - 法律责任的概念
    - 法律责任的竞合
    - 归责与免责
    - 法律制裁

第一节　法的概念【考查频率☆☆☆☆】

一、法的概念的学说

从理论上而言，以道德是否是一个法律系统所不可或缺的要素，法律与道德是否有本质上的必然联系为标准，可以把法学划分为：实证主义法学和非实证主义法学。

（一）实证主义法学

1. 基本立场。

法与道德无必然联系，着眼于“实然法”。

2. 法律实证主义关于法的概念的分类。

法律实证主义者只要求权威性制定和法的实效两个定义的要素，依据对这两个要素的强调次序不同，法律实证主义又划分为：

（1）分析实证主义法学：分析实证主义法学以权威性制定为定义法的概念的首要因素，只要是出于国家立法机关之手就具有法的效力，即“恶法亦法”，代表人物有奥斯丁、哈特等。

（2）法社会学和法律现实主义：认为社会实效是法的首要要素，代表人物有庞德、埃利希。法社会学主张凡在社会生活中对人的行为产生规范约束作用的都可以视为法律，是不是权威性机关制定是次要要素。法律现实主义认为白纸黑字式的法律仅仅是对法官行为的一种预测，只有法官运用并存在于判决之中的才是真正的法律。

（二）非实证主义法学

1. 基本立场。

法与道德有必然联系，着眼于“应然法”。

2. 关于法的概念的分类。

非实证主义法学以内容的正确性作为定义法的概念的一个必要因素，同时也包括社会实效性要素和权威性制定要素。非实证主义法学可分为：

（1）自然法学：将内容的正确性作为法的唯一要素，认为内容不正确的法是恶法，“恶法非法”。

（2）综合法学（第三条道路）：将内容的正确性、权威性制定和法的实效同时作为定义法的概念的要素，代表人物阿列克西。

【经典真题】

“法学作为科学无力回答正义的标准问题，因而是不是法与是不是正义的法是两个必须分离的问题，道德上的善或正义不是法律存在并有效力的标准，法律规则不会因违反道德而丧失法的性质和效力，即使那些同道德严重对抗的法也依然是法。”关于这段话，下列说法正确的是？（2015-1-90）[1]

A. 这段话既反映了实证主义法学派的观点，也反映了自然法学派的基本立场

B. 根据社会法学派的看法，法的实施可以不考虑法律的社会实效

C. 根据分析实证主义法学派的观点，内容正确性并非法的概念的定义要素

D. 所有的法学学派均认为，法律与道德、正义等在内容上没有任何联系

【习题拓展】

1. 2021年1月5日，15岁的某甲故意用开水将同学烫成重伤。同年3月，他在校外向高年级同学收取“保护费”，遭到反抗后将对方捅死。2021年7月30日，当地中级人民法院作出判决，判处某甲有期徒刑17年。当地人民检察院提出抗诉，认为某甲的犯罪行为主观恶性强、社会危害性大、可改造性差，给社会造成了极坏的影响。法院决定改判某甲无期徒刑。关于本案，下列说法错误的是？[2]

A. 考虑到法律的社会实效，的确要对未成年人给予特殊的保护，这体现了非实证主义的观点

B. 之所以要对未成年人给予特殊的保护，是因为这样有利于社会，所以法律内容的决定性因素是利益的需求

C. 法对于社会的主要作用包括分配社会资源，维护社会秩序，而调和社会冲突主要通过道德实现

D. 判决是一个规范性法律文件

2. 欧某的朋友赵某开了一家文印店，其朋友在安装广告牌时，欧某自愿前去帮忙，欧某帮助完之后回家，踏入旱井不幸坠亡。欧某家人认为赵某应当承担责任，要求其赔偿损失。但法院没有予以支持，认为其属于道德范畴，不在法律调整范围。对此，下列说法正确的是？[3]

A. 之所以不适用道德规范，是因为道德规范并不属于法的渊源

B. 法律可以调整所有社会关系，所以我们要补足相关立法，做到有法可依

C. 道德规范在特定情况下也是可以作为司法裁判的理由的

D. 道德规范没有强制性，所以案件无法诉诸道德规范

---

[1] C【解析】题干表述属于典型的实证主义立场，核心意思可概括为“恶法亦法”，故A项错误。社会法学派以社会实效为主，权威性制定为辅，所以应当考虑社会实效，故B项错误。只有非实证主义学派才会强调内容正确性这个要素，故C项正确。实证主义和非实证主义争论的核心在于法律和道德是否存在概念上的必然联系，因此无论哪个流派都不会否认法律和道德、正义在内容上可能会有重合之处，故D项错误。

[2] ABCD【解析】社会法学派强调社会实效，属于实证主义，因此A项错误。法律的决定性因素是物质生活条件，而非利益需求，因此B项错误。调和社会冲突，分配社会资源，维护社会秩序，都是法的社会作用，因此C项错误。判决是非规范性法律文件，因此D项错误。

[3] C【解析】道德规范属于非正式的法的渊源，是属于法的渊源的，因此A项错误。法律的调整范围是有局限性的，并不是所有的行为都是法律所调整的对象，因此B项错误。法律、道德、宗教都是具有强制性的，虽然道德规范不是一种国家强制，但是是一种内在强制，精神强制，也具有强制性，因此D项错误。

第二节　法的特征【考查频率☆☆☆】

一、法是调整人的行为的社会规范

（一）法律与自然法则和技术规范的区别

社会规范是指人与人相处的准则。社会规范是无数思考着的理性的个人行动的结果，是一种文化现象。

自然法则是自然现象之间的联系。因为自然现象的存在与人的思维和行动无关，自然法则不具有文化的意蕴。

技术规范的调整对象是人与自然的关系，是规定人们如何使用自然的力量和生产工具以有效地利用自然的行为准则。

（二）法律与其他社会规范的区别

法律是一种以公共权力为后盾的、具有特殊强制性的社会规范。

习惯、道德、宗教、政党政策等其他社会规范则建立在人们的信仰或确信的基础上，通过内心发生作用。因此，它们不仅是人的行为的准则，也是人的意识、观念的基础。

二、法是公共权力机构制定或认可的具有特定形式的社会规范

法律有习惯法和成文法之分，前者是自发形成的，后者是人为的、自觉创制的。目前，国家形成法律有两种基本方式：

（一）制定

它是指国家立法机关按照法定程序创制规范性文件的活动。通过这种方式创制的法，称为制度法或成文法。

（二）认可

它是指国家通过一定的方式承认其他社会规范（道德、宗教、风俗、习惯等）具有法律效力的活动。

1. 明示认可：国家立法者在制定法律时将已有的不成文的零散的社会规范系统化、条文化，使其上升为法律。

2. 默示认可：立法者在法律中承认已有的社会规范具有法的效力，但却未将其转化为具体的法律规定，而是交由司法机关灵活掌握，如有关“从习惯”“按政策办”等规定。

三、法是具有普遍性的社会规范

法的普遍性包括三种含义：

（一）普遍有效性

在国家权力所及的范围内，法具有普遍效力或约束力。

（二）平等对待性

近代以来，法的普遍性也要求平等地对待一切人，要求法律面前人人平等。

（三）普遍一致性

近代以来的法律虽然与一定的国家紧密联系，具有民族性、地域性，但是法律的内容始终具有与人类的普遍要求相一致的趋向。

四、法是以权利义务为内容的社会规范

法是通过设定权利义务为内容的行为模式的方式，指引人的行为，将人的行为纳入统一的秩序之中，以调节社会关系。由此可见，国家法律与自然法则的另一区别：前者根据人的选择出现不同后果，后者后果的出现不受人的选择的影响。

五、法律是以国家强制力为后盾，通过法律程序保证实现的社会规范

1. 社会规范都具有强制力，没有保证手段的社会规范是不存在的；
2. 法律就一般情况而言是一种最具有外在强制性的社会规范；
3. 国家暴力是一种“合法的”暴力，是有根据的、依程序行使的暴力。

六、法是可诉的规范体系，具有可诉性

法的可诉性是指法律具有被任何人在法律规定的机构（尤其是法院和仲裁机构）中通过争议解决程序（特别是诉讼程序）加以运用以维护自身权利的可能性。

【特别提示】可以从可诉性的角度判断一种规范是否属于法律。

【经典真题】

1. 许某与妻子林某协议离婚，约定8岁的儿子小虎由许某抚养，林某可随时行使对儿子的探望权，许某有协助的义务。离婚后两年间林某从未探望过儿子，小虎诉至法院，要求判令林某每月探视自己不少于4天。对此，下列说法正确的是？（2017－1－89）〔1〕

A. 依情理林某应探望儿子，故从法理上看，法院可判决强制其行使探望权

B. 从理论上讲，权利的行使与义务的履行均具有其界限

C. 林某的探望权是林某必须履行一定作为或不作为的法律约束

D. 许某的协助义务同时包括积极义务和消极义务

2. 法是以国家强制力为后盾，通过法律程序保证实现的社会规范。关于法的这一特征，下列哪些说法是正确的？（2013－1－55）〔2〕

A. 法律具有保证自己得以实现的力量

B. 法律具有程序性，这是区别于其他社会规范的重要特征

C. 按照马克思主义法学的观点，法律主要依靠国家暴力作为外在强制的力量

D. 自然力本质上属于法的强制力之组成部分

【习题拓展】

1. 在柏林墙推倒的前两年，东德一个名叫亨里奇的守墙卫兵，开枪射杀了攀爬柏林墙企

---

〔1〕 BD【解析】探望权属于法律权利，法律权利具有自主性，不能强制执行。故A项错误。权利和义务都要符合法律的规定，不可超越法律的界限。故B项正确。探望权是林某的权利，并非法律义务，因此不构成林某法律上的约束。故C项错误。许某的协助义务包括积极义务和消极义务，积极义务如积极地为探望准备条件，方便探视，消极义务如不干涉、不阻碍对方探望。故D项正确。

〔2〕 ABC【解析】法律规范的存在即预设了具有保证自己得以实现的力量，否则法律将形同虚设，故A项正确。法律的从制定到实施，都具备明显的程序性要求，概括来说，法律是一种程序制度化的体系或者制度化解决问题的程序，而其他社会规范则不具备如此鲜明的程序性特点，故B项正确。法律具备国家强制性，即依赖于监狱、警察、军队等国家的暴力机器保障实施，这与道德等其他社会规范主要依赖行为人的内心自觉或社会非正式强制力量来保障实施形成明显差别，故C项正确。法律依赖国家暴力保障实施，国家强制力与自然力，即台风、地震、海啸等大自然的力量明显不同，故D项错误。

图逃向西德的青年克利斯。在墙倒后对他的审判中，他的律师辩称，他仅仅是实施命令的人，基本没有挑选的权利，罪不在己。而法官则指出："作为警察，不实施上级命令是有罪的，然而打不准是无罪的。作为一个心智健全的人，此时此刻，你有把枪抬高一厘米的权力，这是你应自动承担的良心义务。"这个世界，在法律之外还有良心。当法律和良心抵触时，良心是最高的行动准则，而不是法律。对此，下列说法不正确的是?[1]

A. 法律非实证主义者以内容的正确性作为法的概念的唯一定义要素，认为法律与道德之间存在必然联系

B. 相较于法律，道德因缺乏交涉性，故与程序无关

C. "作为警察，不实施上级命令是有罪的"，说明执法具有被动性

D. "当法律和良心抵触时，良心是最高的行动准则"，表明正义是法的最高价值

2. 下列有关法的说法，正确的是?[2]

A. 权利人所拥有的权利仅仅是一个法律问题

B. 国法一般包括成文法、判例法、不成文法、其他执行国法职能的法

C. 非规范性法律文件任何人都不得违反，因此它具有一定的普遍约束力

D. 法的相对独立性是针对于经济而言的，对政治而言是不存在的，因为两者同属上层建筑

第三节　法的本质【考查频率☆☆】

一、马克思主义关于法的本质的基本观点

法的本质是法的内在联系，是决定法律存在的根据。法的本质的展现过程，反映了法的本质的层次性。

（一）法的本质最初表现为法的正式性（又称法的官方性、国家性）

法的正式性指法是由国家制定或认可的，并由国家强制力保证实施的正式的官方确定的行为规范。法的正式性表明法律与国家权力之间存在密切的联系。

1. 法总是公共权力机关按照一定的权限和程序制定或认可的。
2. 法总是依靠正式的权力机制保证实现的。
3. 法总是借助于正式的表现形式予以公布。

（二）法的本质其次反映为法的阶级性

法的阶级性是指在阶级对立的社会，法所体现的国家意志实际上是统治阶级的意志。

1. 法所体现的国家意志，从表面看，具有一定的公共性、中立性。

---

[1] ACD【解析】非实证主义者都强调内容的正确性，但并非所有流派都认为这是唯一定义要素，如超越自然法和法实证主义的的第三条道路，即以内容的正确性与权威性制定或社会实效要素同时作为法的概念的定义要素，故A项错误。程序是法律的核心，法律的实体内容通过程序选择和决定；而道德的重心在于义务或责任，其义务不对应权利，也不以权利为前提，因此缺乏交涉性，与程序无关，故B项正确。执法具有主动性，司法具有被动性，故C项错误。自由是法的最高价值，故D项错误。

[2] B【解析】权利人所拥有的权利不仅仅是一个法律问题，也是一个道德问题和事实问题，因此A项错误。国法一般包括成文法、判例法、习惯法（不成文法）、其他执行国法职能的法（如教会法），因此B项正确。有普遍约束力是要求针对不特定对象反复适用，非规范性法律文件是针对特定对象的，因此C项错误。法的相对独立性既是相对于经济而言又是相对于政治而言的，因此D项错误。

2. 由于国家形成于阶级矛盾不可调和的历史时期，因此，它必然反映阶级对立时期的阶级关系。法所体现的国家意志实际上只能是统治阶级意志，国家意志就是法律化的统治阶级意志。但是法也要适当体现统治阶级之外的其他阶级的意志。

3. 通过国家意志表现出来的统治阶级意志具有高度的统一性和极大的权威性。

（三）法的本质最终体现为法的物质制约性（社会性）

法的物质制约性是指法的内容受社会存在的制约，其最终也是由一定的社会物质生活条件决定的。

1. 马克思主义法律理论分析社会的特点。

（1）认为法律是社会的组成部分，也是社会关系的反映；

（2）社会关系的核心是经济关系，经济关系的中心是生产关系；

（3）生产关系是由生产力决定的，而生产力是不断发展变化的；

（4）生产力的不断发展最终导致法律在内的整个社会的发展变化。

【特别提示】 物质生活条件是最重要的但并非唯一的法的决定因素。

2. 按照马克思主义法律观，国家不是在创造法律，而是在表述法律。

所以，法的本质存在于国家意志、阶级意志与社会存在、社会物质条件之间的对立统一关系之中。

【经典真题】

近期，无人驾驶汽车在公共交通道路行驶，公众围绕其是否违法、事故后是否担责、如何加强立法进行规制展开讨论，下列说法中正确的是？（2018－1－5）〔1〕

A. 若无人驾驶汽车上路行驶引发民事纠纷被诉至法院，因法无明文规定，法院不得裁判

B. 科技发展引发的问题只能通过法律解决

C. 现行交通法规对无人驾驶汽车上路行驶尚无规定，这反映了法律的局限性

D. 只有当科技发展造成了实际危害后果时，才能动用法律手段干预

【习题拓展】

1. 马克思指出：“作为纯粹观念，自由和平等是交换价值过程中的各种要素的一种理想化的表现，作为法律的、政治的和社会的关系发展了的东西，自由和平等不过是另一次方上的再生产物而已”。根据这段话所表达的马克思主义法学原理，下列说法正确的是？〔2〕

A. 这句话表明法律受到社会物质生活条件的决定性制约

B. 经济基础相似的国家或地区，法律在形式和设置重点上存在差异

C. 国家在创造法律的基础上表述法律

---

〔1〕 C【解析】司法是正义的最后一道防线，法院不得拒绝裁判，故A项错误。法律只是解决社会问题的一种方式，还可以依靠道德等手段，故B项错误。法律对新事物的规定不够详尽或因无法预料而缺乏规定，这反映了法律的局限性，故C项正确。法律对社会发展和人的行为具有指引作用，法律对科技发展的干预分为事前干预和事后干预两种，故D项错误。

〔2〕 ABD【解析】马克思的这句话表明法律受到社会物质生活条件的决定性制约，在这种制约下，法律不能违背社会历史条件，不能违反经济发展规律，而必须承载和反映一定的经济关系，故A项正确。统治阶级意志除了受到物质生活条件的制约外，政治、文化、道德、宗教和历史传统等其他因素也会对统治阶级的意志产生影响，进而影响法律的内容和形式，所以在经济基础相似的国家或地区，法律在形式和设置重点上存在不同程度的差异化，故B项正确。法的本质最终体现为法的社会性即物质制约性，按照这种观点，国家不是在创造法律，而只是在表述法律，故C项错误。法的价值上所谓“自由”，意味着法以确认、保障人的这种行为能力为己任，从而使主体与客体之间能够达到一种和谐的状态，就法的本质来说，它以“自由”为最高的价值目标。故D项正确。

D. 就法的本质而言，法律以“自由”为最高价值目标

2. 下列关于法的本质的说法，哪一选项是正确的?[1]

A. 在讨论“法是什么”的问题上，只有马克思主义法学区分了法的现象与法的本质

B. 在马克思主义法学的看来，道德性、官方性、阶级性构成了法的本质

C. 无论哪一个法学流派都不同程度地涉及对法的本质的探讨

D. 法的本质存在于统治阶级意志与被统治阶级意志的对立统一关系之中

第四节　法的作用与局限性【考查频率☆☆☆☆☆】

一、法的作用泛指法对社会产生的影响

（一）对法的作用的一般理解

1. 法的作用体现在法与社会的相互影响中。社会的生产方式决定法，法也具有相对的独立性。

2. 法的作用直接表现为国家权力的行使。

3. 法的作用本质上是社会自身力量的体现。

（二）法的作用的分类

根据法在社会生活中发挥作用的形式和内容不同，法的作用可以分为规范作用与社会作用。

（三）法的规范作用的种类

1. 指引作用：指法对本人的行为具有引导作用。

（1）对人的行为的指引有两种形式：

个别性指引，即通过一个具体的指示形成对具体的人的具体情况的指引；

规范性指引，即是通过一般的规则对同类的人或行为的指引。

（2）从立法技术上看，法律对人的行为的指引通常采用两种方式：

确定的指引（义务性指引），即通过设置法律义务，要求人们作出或抑制一定行为，使社会成员明确自己必须从事或不得从事的行为界限；

不确定的指引（权利性指引），又称选择的指引，指通过宣告法律权利，给人们一定的选择范围。

2. 评价作用：法律作为一种行为标准，具有判断、衡量他人行为合法与否的评判作用。

3. 教育作用：指通过法的实施使法律对一般人的行为产生影响。这种作用又具体表现为示警作用和示范作用。

4. 预测作用：凭借法律的存在，可以预先估计到人们相互之间会如何行为。

5. 强制作用：指法可以通过制裁违法犯罪行为来强制人们遵守法律。

（四）法的社会作用主要涉及三个领域和两个方向

法的规范作用取决于法的特征，法的社会作用是由法的内容、目的决定的。

---

[1] C【解析】不仅马克思主义法学，而且很多法学流派都区分法的现象和法的本质，可以说这种研究方法是大多数西方法学流派采用的相对通用的方法。故A项错误。马克思主义法学理论认为，法的本质由国家性、阶级性和物质制约性构成，其中并不包括道德性。故B项错误。只能说“统治阶级意志”“被统治阶级的愿望”，绝不能说“被统治阶级意志”。故D项错误。

1. 三个领域。

（1）社会经济生活领域；

（2）政治生活领域；

（3）思想文化领域。

2. 两个方向。

（1）政治职能（阶级统治的职能）；

（2）社会职能（执行社会公共事务的职能）。

（五）法的作用的局限性（反对法律万能论）

1. 法律是以社会为基础的，因此，法律不可能超出社会发展需要“创造”或改变社会；

2. 法律是社会规范之一，必然受到其他社会规范以及社会条件和环境的制约；

3. 法律规制和调整社会关系的范围及深度是有限的，有些社会关系（如人们的情感关系，友谊关系）不适宜由法律来调整，法律就不应涉足其间；

4. 法律自身条件的制约，如语言表达能力的局限。

【特别提示】法与道德、宗教等其他社会规范相比，法具有产生时间最晚、调整范围最小、外在强制性最大、在现代社会中最重要的特征。

【经典真题】

刘某因销售的新型跑步机不符合现行国家强制标准，被以涉嫌销售伪劣产品罪起诉。法院认为该跑步机与传统跑步机有明显区别，相关行业专家认为该跑步机属于创新产品，消费者也普遍反映该产品未造成人身伤害和财产损失，不能套用传统产品的国家强制标准认定为伪劣产品，故判决刘某无罪。对此，下列哪些说法是正确的？（2021 年回忆版，多选）〔1〕

A. 因技术创新而产生的新型法律问题，不能受传统法律规范的约束

B. 本案中新型跑步机不符合现行国家强制标准的情形，体现了法的局限性

C. 法院将法律判断、行业判断与民众认知相结合，保证了判决实质公平性

D. 创新产品不能套用传统产品的国家强制标准，故销售创新产品的行为属于法外空间

【习题拓展】

1. 王某和李某是好朋友，王某生意失败，欠下巨款，意图去盗窃，李某认为盗窃是一种犯罪行为，因而进行劝阻，但没有成功。李某猜测王某盗窃后会坐牢，便从此不与其相处。王某盗窃后被逮捕，后被诉至法院。原本的审判法官是王某的弟弟，其申请了回避。后来王某因盗窃罪被判刑。关于此案，下列说法错误的是？〔2〕

A. 李某认为盗窃罪是一种犯罪行为，这体现了法的评价作用

B. 王某被法院判刑，体现的是法的评价作用

C. 李某猜测王某以后会去坐牢，体现的是法的预测作用

D. 审判法官因为自己是王某的弟弟故而申请回避，体现的是法的指引作用

2. 某市接到一企业报告，员工朱某自称与新冠肺炎确诊病例有密切接触。刚复工的企业

---

〔1〕 ABC【解析】因技术创新而产生的新型法律问题，适用传统法律会导致个案不正义，因此需要运用法律解释、法律漏洞填补等方法进行裁决，以实现个案正义。因此技术创新而产生的新型法律问题，不能受传统法律规范的约束，故 A 项正确。法律并非万能的，具有一定的局限性，本案中新型跑步机不符合现行国家强制标准的情形，体现了法的局限性，故 B 项正确。本案中法院结合法律判断、相关行业专家、消费者的观点对创新产品是否适用传统标准进行论证得出判决，保证了判决的实质公平性，故 C 项正确。法外空间是指不属于法律调整的领域。但销售创新产品的行为属于法律调整的社会关系，因此不属于法外空间，故 D 项错误。

〔2〕 B【解析】王某被法院判刑，体现的是法的强制作用，因此 B 项错误。

被叫停，其余员工均被隔离。经警方核查，朱某系谎称自己与确诊病例有过接触。因为涉嫌编造、故意传播虚假信息罪，朱某被警方采取了刑事强制措施，后被法院依法判刑。关于本案，下列说法正确的是?〔1〕

A. 朱某因其行为被法院依法判刑，体现的是法的强制作用

B. 朱某因其行为被诉诸法律，说明法律调整人的外在行为

C. 本案的判决是以法律事件的发生为根据做出的

D. 朱某与法院之间形成纵向法律关系

第五节　法的价值【考查频率☆☆☆☆】

一、法的价值的含义

（一）法的价值

法的价值是指法这种规范体系（客体）有哪些为人（主体）所重视、珍惜的性状、属性和作用。简而言之，法的价值就是法对人的有用性。

（二）法的价值的意义

1. 同价值的概念一样，法的价值也体现了一种主客体之间的关系。也就是说，它是由人对作为客体的法律的认识。法律无论其内容抑或目的，都必须符合人的需要，这是法的价值概念存在的基础；

2. 法的价值表明了法律对于人们而言所拥有的正面意义，它体现了其属性中为人们所重视、珍惜的部分；

3. 法的价值既包括对实然法的认识，更包括对应然法的追求。

二、法的价值的种类

（一）秩序

1. 社会秩序，是人们社会生活中相互作用的正常结构、过程或变化模式，它是人们相互作用的状态和结果。法学上的秩序是社会秩序的一种。它表明通过法律机构、法律规范、法律权威所形成的一种法律状态。

2. 法律总是为一定秩序服务的。在秩序问题上，法律所存在的问题仅在于法律服务于谁的秩序、怎样的秩序。

3. “秩序”之所以成为法的基本价值之一，是因为：

（1）任何社会统治的建立都意味着一定统治秩序的形成；

（2）秩序本身的性质决定了秩序是法的基本价值；

（3）秩序是法的其他价值的基础。

4. 秩序主要关系到社会生活的形式方面，而难以涉及社会生活的实质方面。

---

〔1〕 ABD【解析】法的强制作用即制裁违法行为，保障法律实施，因此A项正确。法律只调整人的外在行为，不涉及纯粹的思想和内心，因此B项正确。法律事实分为法律事件和法律行为。法律事件是法律规范规定的、与当事人意志无关的，且能够引起法律关系产生、变更、消灭的客观事实。法律行为是以意思表示为要素，依照意思表示内容发生法律效果为目的的行为。本案谎报行为是在行为人意志支配下的行为，不是法律事件，因此C项错误。纵向法律关系是一方当事人可依据职权直接要求他方当事人为或不为一定行为的法律关系，朱某与法院之间是纵向法律关系，因此D项正确。

5. 秩序虽然是法的基础价值，但秩序本身又必须以合乎人性、符合常理作为其目标。即秩序需要符合自由、正义的内在要求。

（二）自由

1. 哲学上的“自由”是指在没有外在强制的情况下，能够按照自己的意志进行活动的能力。

2. 法的价值上的“自由”，即意味着法以确认、保障人的这种行为能力为己任，从而使主体与客体之间能够达到一种和谐的状态。

3. 从价值上而言，法律是自由的保障。就法的本质来说，它以“自由”为最高的价值目标。

4. 自由是人的本性，体现了人性最深刻的需要。

5. 自由是衡量一国法律是否是“真正的法律”以及进步与否的一种评价标准。

6. 自由需要法律的限制。法律限制自由时需要注意以下原则：

（1）伤害原则：伤害他人合法权利时则需要进行限制。

（2）家长主义原则：为免受自身侵害而对其进行限制。

（3）冒犯原则（道德主义原则、公序良俗原则）：法律禁止那些虽不伤害别人但却冒犯别人的行为。

【经典真题】

开发商建衡公司与小红因为未能在合同的规定期限内办理房产证而产生纠纷，小红将建衡公司诉至某人民法院，请求解除双方签订的商品房买卖合同。法院在审理该案件时，认为因延迟办证而形成的解除权的合理期限，现行法律并未作出规定。但为维护商品经济秩序和平衡买卖合同双方利益需要对该期限进行合理限制。对此，法官援引了《合同法解释》中与延迟办证具有一定相似性的因迟延交房形成的解除权的合理期限规定，从而作出相应的判决。下列说法正确的是？（2019 年回忆版，多选）[1]

A. 对于该判决法官运用了类比推理

B. 平衡买卖双方的利益和维护交易秩序稳定，体现了法的价值

C. 本案中存在的法律漏洞属于嗣后漏洞

D. 若需要认定法律漏洞，则需要探究立法目的

（三）正义

“正义”本身是个关系范畴，是一种在涉及利害关系的场合，要求平等地对待他人的观念形态。这一原则，即我们通常所说的“把各人应得的东西归予各人”。从实质内容而言，正义又体现为平等、公正等具体形态。

在法律上如何实现正义这一价值标准：

1. 正义是法的基本标准。法律只有合乎正义的准则时，才是真正的法律。

2. 正义是法的评价体系。正义担当着两方面的角色：

（1）它是法律必须着力弘扬与实现的价值；

（2）它可以成为独立于法之外的价值评判标准，用以衡量法律是“良法”抑或“恶法”。

---

[1] ABD【解析】类比推理是指基于两种情形的相似性而作出相似处理的推理方式，法官基于延迟交房和延迟办证的相似性而作出相应判决的做法，正是类比推理的直接应用，故 A 项正确。平衡买卖双方的利益和维护交易秩序稳定体现了法律对于正义的追求和对秩序的维护，当然体现了法的价值，故 B 项正确。本案中涉及的延迟办证能否导致合同解除的问题，在法律中未有明确规定，显然属于法律漏洞，但这一漏洞在立法之时就已存在，应理解为自始漏洞，并不属于因法律滞后于社会经济发展而导致的嗣后漏洞，故 C 项错误。当出现法律漏洞时，我们需要结合立法目的进行扩张或限缩以期实现法律创设本应实现的目的，故 D 项正确。

3. 正义极大地推动着法律的进化。

（1）正义形成了法律精神上进化的观念源头，使自由、民主、平等、人权等价值观念深入人心；

（2）正义促进了法律地位的提高，它使得依法治国作为正义所必需的制度建构而存在于现代民主政体之中，从而突出了法律在现代社会生活中的位置；

（3）正义推动了法律内部结构的完善，它使得权力控制、权利保障等制度应运而生；

（4）正义也提高了法律的实效。

【经典真题】

1. 关于法律与自由，下列哪一选项是正确的？（2008－1－2）〔1〕

A. 自由是至上和神圣的，限制自由的法律就不是真正的法律

B. 自由对人至关重要，因此，自由是衡量法律善恶的唯一标准

C. 从实证的角度看，一切法律都是自由的法律

D. 自由是神圣的，也是有限度的，这个限度应由法律来规定

2. 林某与所就职的鹏翔航空公司发生劳动争议，解决争议中曾言语威胁将来乘坐鹏翔公司航班时采取报复措施。林某离职后在选乘鹏翔公司航班时被拒载，遂诉至法院。法院认为，航空公司依《合同法》负有强制缔约义务，依《民用航空法》有保障飞行安全义务。尽管相关国际条约和我国法律对此类拒载无明确规定，但依航空业惯例航空公司有权基于飞行安全事由拒载乘客。关于该案，下列哪些说法是正确的？（2016－1－56）〔2〕

A. 反映了法的自由价值和秩序价值之间的冲突

B. 若法无明文规定，则法官自由裁量不受任何限制

C. 我国缔结或参加的国际条约是正式的法的渊源

D. 不违反法律的行业惯例可作为裁判依据

【习题拓展】

政府对处理谣言很是谨慎，稍微不慎就会被冠以侵害自由、侵犯人权的帽子。对有关法的价值，下列说法正确的是？〔3〕

---

〔1〕 D【解析】法律的基本价值包括：自由、正义、秩序和人权。本题考查的是法律的自由价值。法律与自由具有密切关系：（1）法律是自由的保障。“自由”是法律最本质的价值和最高价值，法律必须体现和保障自由。（2）自由是衡量法律是否是“真正法律”的主要标准，任何不符合自由意蕴的法律，都不是真正的法律。（3）自由体现了人性最深刻的需要。法律必须确认、尊重、维护人的自由，以主体的自由作为联结主体之间关系的纽带。（4）自由必须接受法律的限制，任何人行使自由，不得侵害国家、社会、集体和他人的合法权益。由以上原理我们可以得出结论：（1）自由具有至上性和神圣性，但是自由必须受到外在限制，特别是法律的限制。故A项错误、D项正确。（2）自由体现了人的本性，是衡量法律善恶的主要标准，但不是唯一标准，其他标准还有正义、人权等。故B项错误。（3）从应然角度看，法律都应当是自由的法律；但从实证角度看，法律有善恶之分，现实中的法律并不一定都能很好地保障自由，特定时期特定国家的某些法律甚至在不恰当地限制或剥夺自由。故C项错误。

〔2〕 ACD【解析】自由、正义和秩序作为最基本的价值，经常会发生冲突，甚至导致更强的抵牾。本题存在乘客飞行自由和航空公司航空安全之间的冲突，即自由价值和秩序价值的冲突，故A项正确。一般而言，解决价值冲突、进行价值衡量的基本原则有个案中的比例原则、价值位阶原则，法官在案件判决过程中需要进行自由裁量时，也受到各种约束，以实现政治效果、社会效果和法律效果的统一，故B项错误。国际条约虽然不是由我国立法机关直接制定，但是条约生效后，根据条约必须遵守的国际惯例对缔约国的国家机关团体和公民就具有法律上的约束力，因而国际条约也是当代中国法的正式渊源之一，故C项正确。不违反法律的行业惯例可以作为非正式法律渊源，自然可以作为裁判依据，故D项正确。

〔3〕 BD【解析】自由确实是最本质的价值，但是也应当受到合理的限制，因此A项错误。具体案件中各种价值之间的冲突应当用个案中的比例原则予以解决，不考虑具体案件的情况下，应当适用价值位阶原则予以考虑各个价值之间的优先性，因此C项错误。D项正确。

A. 自由是评价法律进步与否的标准，是人性最深刻的需要，因此人的言论不应该受到任何限制

B. 人权是指每个人作为人应该享有的或享有的权利，它是一个历史概念，会随着历史的发展而变化

C. 在各种价值相互冲突时，应当适用价值位阶原则予以解决

D. 限制个人自由的理论基础主要有伤害原则、道德主义原则、家长主义原则

（四）人权

1. 人权的概念

（1）所谓人权，是指每个人作为人应该享有的权利。

（2）人权概念是一个历史概念，它的具体内容与范围总是随着人类历史的发展而变化的。

2. 人权是法的评价标准

（1）人权是人凭自己是人而享有的权利，人之所以为人，既不依赖于国家，更不依赖于国家的法。因此，它在逻辑上是先于国家和法的，在根本上是一种道德权利。

（2）人权在逻辑上先于法律权利，可以作为法的评价标准。人权可以作为判断特定国家的法的善恶的标准。凡是体现人权的精神与内容的法，一般来说是良好的法，是促进与推动社会发展的法。

（3）人们要求和实现自己作为人的权利，永远是推动法的发展与进步的动力。

3. 人权也可以作为法律权利，法能够促进与保证人权的实现

为了尽可能地保证人们在事实上享有与实现人权，人权就必须尽可能地被转化为法律权利。这是因为：

（1）人权在根本上是道德权利，仅仅作为道德权利的人权不能总是保证人们在事实上享有。

（2）人权被转化为法律权利，就可以以国家的强制力作为保证其实现的力量。

【经典真题】

下列关于人权的说法错误的是？（2018－1－7）[1]

A. 人权与法律权利在内容上是一致的

B. 人权的存在和发展是社会经济、文化发展的结果

C. 人权的主体要比公民权的主体宽泛，不仅包括个体人权，还包括集体人权

D. 为了更好地保护人权，人权应当被尽可能地法律化

三、法的价值冲突及其解决

（一）从主体而言，法的价值冲突常常出现于三种场合

1. 个体之间法律所承认的价值发生冲突。

2. 共同体之间的价值发生冲突。

3. 个体与共同体之间的价值冲突。

---

〔1〕 A【解析】人权是自然权利，法律权利是法律上规定的权利，二者在内容上不同，人权范围大于法律权利范围，故A项错误。人权的存在和发展是社会经济、文化发展的结果，人权思想的产生特别与资本主义经济和人本主义思想有密切关系，故B项正确。人权主体包括个体和集体，公民权主体为个人，故C项正确。为了更好地保护人权，人权应当被尽可能地法律化，用实在法加以保护，故D项正确。

（二）由于立法不可能穷尽社会生活的一切形态，在个案中更可能因为特殊情形的存在而使得价值冲突难以避免，因而必须形成平衡价值冲突相关的规则

1. 价值位阶原则：在不同位阶的法的价值发生冲突时，在先的价值优于在后的价值。自由、正义、秩序等基本价值优先于效率、利益等一般价值；在基本价值内部，自由是最高价值，秩序处于价值的基础，其位阶顺序如下：自由、正义、秩序。

（1）一般而言，自由代表了人的最本质的人性需要，它是法的价值的顶端；

（2）正义是自由的价值外化，它成为自由之下制约其他价值的法律标准；

（3）秩序表现为实现自由、正义的社会状态，必须接受自由、正义标准的约束。

2. 比例原则：即使某种价值的实现必须以其他价值的损害为代价，也应当使被损害的价值减低到最小限度。

【经典真题】

《合同法》第一百二十二条规定，“因当事人一方的违约行为，侵害对方人身、财产权益的，受损害方有权选择依照本法要求其承担违约责任或者依照其他法律要求其承担侵权责任。”该条款规定了下列哪一类法律现象的处理原则？（2011－1－11）[1]

A. 法律位阶的冲突　　　　B. 法律责任的免除

C. 法律价值的冲突　　　　D. 法律责任的竞合

【习题拓展】

1. 关于法的价值冲突的解决原则，下列哪一理解是正确的？[2]

A. 自由与自由发生冲突时，可以使用价值位阶原则

B. 秩序与自由发生冲突时，可以使用价值位阶原则

C. 秩序与自由发生冲突时，可以使用个案平衡原则

D. 自由与自由发生冲突时，不得使用比例原则

---

〔1〕 D【解析】解决法律位阶的冲突的基本原则是“上位法优于下位法”，即当两个法律规则发生冲突时，要依据上位法律规则的规定来进行处理。本题只提及了一个规则，并没有涉及两个规则的冲突问题，故A项错误。法律责任的免除是指由于出现法定条件法律责任被部分或全部的免除，其条件包括：时效免责（适用于所有种类的责任）；不诉及协议免责（除自诉案件外不适用于刑事责任）；自首、立功免责（适用于刑事责任）；因履行不能而免责（一般不适用于刑事责任）。很显然，《合同法》第122条的规定也没有涉及责任的免除条件问题，故B项错误。法律价值的冲突是指个体之间、个体与共同体之间、共同体之间在秩序、自由与正义的价值上发生冲突的情形，它包括两个原则：（1）价值位阶原则，指在不同位阶的法的价值发生冲突时，在先的价值优于在后的价值。（2）比例原则，即使某种价值的实现必须以其他价值的损害为代价，也应当使被损害的价值减低到最小限度。本题虽然涉及受损方与违约方之间的利益冲突，但并不涉及价值冲突，因为法律价值的实质是法律所肯定和保护的利益，而在本题中违约方的利益（因违约而获得的利益）显然不是法律所保护的价值，因此谈不上双方间的价值冲突，法律只保护受损方的价值和利益（并赋予受损方以选择的权利），不适用价值冲突的解决原则，故C项错误。法律责任的竞合是指由于某种法律事实的出现，导致两种或两种以上的法律责任产生，而这些责任之间相互冲突的现象。其特点有：（1）数个法律责任的主体为同一法律主体；（2）责任主体实施了一个行为；（3）该行为符合两个或两个以上的法律责任构成要件；（4）数个法律责任之间相互冲突。本题属于典型的法律责任的竞合。故D项正确。

〔2〕 B【解析】只有不同位阶的法的价值发生冲突时，才适用价值位阶原则，但是自由与自由属于同一位阶的价值，因此并不适用价值位阶原则，故A项错误。同一位阶的法的价值之间发生冲突时使用个案平衡原则，但是秩序与自由并不是同一位阶的法的价值，因此并不适用个案平衡原则，故C项错误。适用比例原则的法的价值冲突，不能简单归于同一位阶或不同位阶，故D项错误。换言之，自由与自由冲突时，到底要不要使用比例原则，要看具体情况而定。B项正确。

2. 下列关于法的价值的说法中哪一选项是正确的？[1]

A. “恶法亦法”说明不正义的法律所确立的秩序仍然具有法的价值

B. 当统治阶级选择秩序价值优先时，正义价值和自由价值需接受秩序价值的评判

C. 在秩序问题上，根本就不存在法律是否服务于秩序的问题，所存在的问题仅在于法律服务于谁的秩序、怎样的秩序

D. 价值的有无和大小纯粹是主体的选择，这与价值本身并无关系

【特别提示】 价值判断属于应然性判断，具有主观性；事实判断属于实然性判断，具有客观性。法律运行的各个环节，包括立法、执法、司法、守法、法律监督、法律论证、法律推理、法律解释等，属于价值判断。认定事实作为证据属于事实判断，但是在诉讼中证据的证明力的强弱属于价值判断。

第六节　法的要素【考查频率☆☆☆☆☆】

法律由法律规范组成，法律规范被区分为法律规则与法律原则。法律权利与法律义务是由法律规范规定或指示的。

一、法律规则

法律规则是采取一定的结构形式具体规定人们的法律权利、法律义务以及相应的法律后果的行为规范。

（一）法律规则的逻辑结构

任何法律规则均由假定条件、行为模式和法律后果三个部分构成。

1. 假定条件：指法律规则中有关部门适用该规则的条件和情况的部分，即法律规则在什么时间、空间、对什么人适用以及在什么情境下法律规则对人的行为有约束力的问题。

（1）法律规则的适用条件，即关于该条规则适用的地域范围、时间范围和对象范围。

（2）行为主体的行为条件，即关于适用该规则的法律主体的资格、身份、能力等规定。

2. 行为模式：指法律规则中规定人们如何具体行为之方式的部分。根据行为要求的内容和性质不同，法律规则中的行为模式分为三种：

（1）可为模式：表现为“可以……，有权……”，是关于权利和自由的规定；

（2）应为模式：表现为“应当……，必须……”，是关于积极作为义务的规定；

（3）勿为模式：表现为“禁止……，不可……”，是关于消极不作为义务的规定。

3. 法律后果：指法律规则中规定人们在作出符合或不符合行为模式的要求时应承担相应的结果的部分，是法律规则对人们具有法律意义的行为的态度。

根据人们对行为模式所做出的实际行为的态度不同，法律后果又分为两种：

（1）合法后果，又称肯定式的法律后果；

（2）违法后果，又称否定式的法律后果。

---

[1] A【解析】价值只能是具有正面意义的为人所珍视的属性，失去了正面意义就不存在所谓的价值，因此，“恶法亦法”本身是错误的认识，它更不能说明不正义的法律具有法的价值。故A项错误。在法的价值体系中，只有正义价值才是其他价值的评判标准，自由价值与秩序价值都要接受正义价值的评判。故B项错误。价值是主客观相统一的范畴，这说明价值的有无与大小不仅是主体的选择，也关系到客观的法的价值自身。故D项错误。

【经典真题】

1. 我国《合同法》第155条规定："出卖人交付的标的物不符合质量要求的，买受人可以依照本法第一百一十一条要求承担违约责任。"下列哪一选项符合这一规定的表述？（2018年回忆版，单选）[1]

A. 授权性规则和委任性规则　　B. 命令性规则和准用性规则

C. 授权性规则和准用性规则　　D. 任意性规则和委任性规则

2. 下列关于法律规则、法律原则和法律条文的说法，错误的是？（2018－1－53）[2]

A. 法律规则在逻辑上由假定条件、行为模式和法律后果三部分组成，上述任何一个部分，在具体条文的表述中，均可能被省略

B. 法律条文既可以表达法律规则，也可以表达法律原则，还可以表达规则或原则以外的内容，而规范性条文就是直接表达法律规则的条文

C. 在诉讼过程中，与当事人有利害关系的，应当回避，这是一个法律原则，其行为模式为应为模式

D. 法律规则与法律条文的关系为内容与形式的关系，因此，法律规则既可以通过法律条文来表达，也可以通过法律条文以外的形式来表达，典型如判例和习惯

（二）法律规则与法律条文

1. 从其表述的内容来看，法律条文可以分为规范性条文和非规范性条文：规范性条文是直接表述法律规范（法律规则和法律原则）的条文；非规范性条文是指不直接规定法律规范，而规定某些法律技术内容（如专门法律术语的界定、公布机关和时间、法律生效日期等）的条文。

2. 法律规则是法律条文的内容，法律条文是法律规则的表现形式。并不是所有的法律条文都直接规定法律规则，也不是每一个条文都完整地表述一个规则或只表述一个法律规则。

3. 在立法实践中，通常采取两种不同的方法来明示人们的行为界限，分别以不同的条文规定表现出来。具体而言，大致有以下几类情形：

（1）一个完整的法律规则由数个法律条文表述；

（2）法律规则的内容分别由不同规范性文件的法律条文来表述；

（3）一个条文表述不同法律规则或其要素；

（4）法律条文仅规定法律规则的某个要素或若干要素。

（三）法律规则与语言

1. 一切法律规范都必须以作为"法律语句"的语句形式表达出来的，具有语言的依赖性。

2. 法律规则是通过特定语句表达的，但是，法律人适用法律解决具体案件时，适用的不是语句自身或语句所包含的字和词的本身，而适用的是语句所表达的意义。

3. 解释法律实质上就是要揭穿法律条文的字词所表达的意义。语言的意义具有歧义性和

---

[1] C【解析】授权性规则："出卖人交付的标的物不符合质量要求的，买受人可以依照本法第一百一十一条要求承担违约责任。"这一法条从行为模式的角度，属于以可为模式为内容的授权性规范。准用性规则："买受人可以依照本法第一百一十一条要求承担违约责任"体现其内容不完整，属于需要援引、参考其他法条才能明确其具体内容的准用性规范。故C项正确。

[2] BC【解析】法律规则的逻辑结构三要素，在表述中均可以被省略，在逻辑上缺一不可。故A项正确。规范性条文指的是直接表达法律规范的条文，法律规范包括法律规则和法律原则。故B项错误。C项表述的是法律规则，假定条件、行为模式和法律后果是规则的逻辑结构，只用来描述规则，对于原则不适用，故C项错误。规则和条文的关系为内容与形式的关系，二者可以随意对应，规则可以通过条文来表述，也可以通过条文以外的其他形式，如判例和习惯来表述。条文既可以表达规则这一内容，也可以表达规则以外的其他内容，如法律概念、法律原则等。故D项正确。

模糊性，这就说明了法律为什么需要解释，也表明了法律是开放的而不是封闭的。

4. 表达法律规则的特定语句往往是一种规范语句（也可以是陈述句）。根据规范语句所运用的道义助动词的不同，规范语句可以被区分为命令句（使用道义助动词“必须”“应该”“禁止”）和允许句（使用道义助动词“可以”）。

【经典真题】

1. 《民法总则》第187条规定：“民事主体因同一行为应当承担民事责任、行政责任和刑事责任的，承担行政责任或者刑事责任不影响承担民事责任；民事主体的财产不足以支付的，优先用于承担民事责任。”关于该条文，下列哪一说法是正确的？（2017－1－9）[1]

A. 表达的是委任性规则　　B. 表达的是程序性原则

C. 表达的是强行性规则　　D. 表达的是法律责任的竞合

2. 甲公司派员工伪装成客户，设法取得乙公司盗版销售其所开发软件的证据并诉至法院。审理中，被告认为原告的“陷阱取证”方式违法。法院认为，虽然非法取得的证据不能采信，但法律未对非法取证行为穷尽式列举，特殊情形仍需依据法律原则具体判断。原告取证目的并无不当，也未损害社会公共利益和他人合法权益，且该取证方式有利于遏制侵权行为，应认定合法。对此，下列哪些说法是正确的？（2017－1－58）[2]

A. 采用穷尽式列举有助于提高法的可预测性

B. 法官判断原告取证是否违法时作了利益衡量

C. 违法取得的证据不得采信，这说明法官认定的裁判事实可能同客观事实不一致

D. 与法律规则相比，法律原则应优先适用

3. 据《二刻拍案惊奇》，大儒朱熹作知县时专好锄强扶弱。一日有百姓诉称：“有乡绅夺去祖先坟茔作了自家坟地”。朱熹知当地颇重风水，常有乡绅强占百姓风水吉地之事，遂亲往踏勘。但见坟地山环水绕，确是宝地，遂问之，但乡绅矢口否认。朱熹大怒，令掘坟取证，见青石一块，其上多有百姓祖先名字。朱熹遂将坟地断给百姓，并治乡绅强占田土之罪。殊不知青石是那百姓暗中埋下的，朱熹一片好心办了错案。对此，下列说法正确的是？（2017－1－90）[3]

A. 青石上有百姓祖先名字的生活事实只能被建构为乡绅夺去百姓祖先坟茔的案件事实

B. “有乡绅夺去祖先坟茔作了自家坟地”是一个规范语句

C. 勘查现场是确定案件事实的必要条件，但并非充分条件

D. 裁判者自身的价值判断可能干扰其对案件事实的认定

---

[1] C【解析】该条文明确指出民事主体的财产不足以支付的，优先用于承担民事责任，并没有委托其他机构或者引用其他条文，故为确定性规则。故A项错误。该条文内容明确，它是规则而不是原则。故B项错误。该条文没有规定当事人可以协商变更的内容，因而属于强行性规则。故C项正确。该条文规定民事主体因同一行为应当承担民事责任、行政责任和刑事责任的，民事责任、刑事责任和行政责任之间并非互相排斥的关系，这是责任的聚合而不是责任的竞合。故D项错误。

[2] ABC【解析】法律规则越具体而明确，就越具有可预测性，故A项正确。所谓利益衡量，就是在冲突利益之间选择哪个利益更值得认可、保护。“法院认为……原告取证目的并无不当，也未损害社会公共利益和他人合法权益，且该取证方式有利于遏制侵权行为……”，从而认定原告利益更值得保护，故B项正确。违法取得的证据所证明的事实可能是客观事实，但不得采信，故C项正确。只有出现无法律规则可以适用的情形，法律原则才可以作为弥补“规则漏洞”的手段发挥作用。这是因为法律规则是法律中最具有硬度的部分，最大程度地实现法律的确定性和可预测性，有助于保持法律的安定性和权威性，避免司法者滥用自由裁量权，保证法治的最起码的要求得到实现。故D项错误。

[3] CD【解析】青石上有百姓祖先名字的生活事实，也可以被解释为其他事实，比如青石是暗中埋下的，故A项“只能”错误。规范语句，使用“应当”“可以”等词汇，故B项错误。除了勘查现场外，还应调取其他证据以形成证据链，从而确定案件事实，故C项正确。裁判者对案件事实的认定必然夹杂自身的价值取向，故D项正确。

【习题拓展】

关于法的规范作用，下列说法正确的是?[1]

A. 根据《个人所得税法》的规定甲不得不就工资上缴个人所得税，体现了法的强制作用

B. 法院判决乙构成抢劫罪，体现了法的评价作用

C. 丙不慎将路人推入水中，根据法律规定，其负有救助义务，因此丙积极施救，体现了法的教育作用

D. 丁欲注册成立一家公司，根据法律规定其需向有关部门进行登记，体现了法的预测作用

（四）法律规则的分类

按照不同的分类标准，法律规则可以分为不同类型：

1. 按照规则的内容规定不同，分为：

（1）授权性规则：是指规定人们有权做一定行为或不做一定行为的规则，即规定人们的“可为模式”的规则。

①职权性规则：授予国家机关权力的规则；

②权利性规则：规定主体可以作为或不作为的规则；

③权义复合规则：兼具授予权利、设定义务两种性质的规则。

（2）义务性规则：是指在内容上规定人们的法律义务，即有关人们应当作出或不作出某种行为的规则。

①命令性规则：是指规定人们的积极义务，即人们必须或应当作出某种行为的规则。

②禁止性规则：是指规定人们的消极义务（不作为义务），即禁止人们作出一定行为的规则。

2. 按照规则内容的确定性程度不同，分为：

（1）确定性规则：是指内容本已明确肯定，无须再援引或参照其他规则来确定其内容的法律规则。在法律条文中规定的绝大多数法律规则属于此种规则。

（2）委任性规则：是指内容尚未确定，而只规定某种概括性指示，由相应国家机关通过相应途径或程序加以确定的法律规则。例如，我国《计量法》第32条规定：“中国人民解放军和国防科技工业系统计量工作的监督管理办法，由国务院、中央军事委员会依据本法另行制定。”

（3）准用性规则：是指内容本身没有规定人们具体的行为模式，而是可以援引或参照其他相应内容规定的规则。例如，我国《商业银行法》第17条第1款：“商业银行的组织形式、组织机构适用《中华人民共和国公司法》的规定。”

3. 按照规则对人们行为规定和限定的范围或程度不同，分为：

（1）强行性规则：是指内容规定具有强制性质，不允许人们随便加以更改的法律规则。义务性规则、（授权性规则中的）职权性规则都属于强行性规则。

---

[1] B【解析】法的指引作用是指法作为一种行为规范，为人们提供某种行为模式，指引人们可以这样行为、必须这样行为或不得这样行为，从而对行为者本人的行为产生影响。法的强制作用是指法为保障自己得以充分实现，运用国家强制力制裁、惩罚违法行为。根据《个人所得税法》上缴个人所得税体现了法的指引作用而非强制作用，故A项错误。法的评价作用是指法作为一种社会规范具有判断、衡量他人行为合法或者违法及其程度的作用，故B项正确。法的教育作用是指通过法的实施，法律规范对人们今后的行为发生直接或间接的诱导影响，丙必须救助被其不慎推入水中的路人体现了法的指引作用，故C项错误。法的预测作用是指人们可以根据法律规范的规定，事先估计到当事人双方将如何行为及行为的法律后果，从而对自己的行为作出合理的安排，根据法律规定成立公司前需向有关部门登记体现了法的指引作用，故D项错误。

（2）任意性规则：是指规定在一定范围内，允许人们自行选择或协商确定为与不为、为的方式以及法律关系中的权利义务内容的法律规则。绝大部分权利性规则属于任意性规则。

【经典真题】

“不确定性在法律中受到非难，但极度的确定性反而有损确定性。”对此，下列哪些说法是正确的？（2017－1－59）[1]

A. 在法律中允许有内容本身不确定，而是可以援引其他相关内容规定的规范

B. 借助法律推理和法律解释，可提高法律的确定性

C. 通过法律原则、概括条款，可增强法律的适应性

D. 凡规定义务的，即属于极度确定的；凡规定权利的，即属于不确定的

【习题拓展】

1. 关于法律条文、法律语言和法律规则的说法，下列哪些是正确的？[2]

A. 非规范性条文，没有逻辑结构

B. 法律语句既可以是命令句，也可以是陈述句

C. 法律规则可以只表述假定条件、行为模式和法律后果三者中的某一者

D. 法律条文和法律规则之间存在一一对应的关系

2.《宪法》第49条规定：“婚姻、家庭、母亲和儿童受国家的保护。夫妻双方有实行计划生育的义务。父母有抚养教育未成年子女的义务，成年子女有赡养扶助父母的义务。禁止破坏婚姻自由，禁止虐待老人、妇女和儿童。”关于该条文，下列说法正确的是？[3]

A. 运用了陈述语句来表达法律规则

B. 这个法条规定的义务是一种相对义务，因为有着特定的权利人

C. 此条文属于任意性规则

D. 规定了否定式的法律后果

二、法律原则

法律原则，是为法律规则提供基础、本源的综合性、指导性的价值准则或规范。

（一）法律原则的种类

1. 按照法律原则产生的基础不同分为：公理性原则和政策性原则。

（1）公理性原则，即由法律原理（法理）构成的原则，是由法律上之事理推导出来的法律原则，是严格意义的法律原则，例如法律平等原则、诚实信用原则；

（2）政策性原则是一个国家或民族出于一定的政策考量而制定的一些原则，如我国《宪法》中“国家实行社会主义市场经济”的原则等。

【特别提示】区分公理性原则和政策性原则时，应当明白公理性原则的内容为法律所独有，政策性原则的内容往往是法律之外的内容，如计划生育等。

---

[1] ABC【解析】法律中存在准用性规则。故A项正确。法律原则、概括条款的要求比较笼统、模糊，它只对行为或裁判设定一些概括性的要求或标准（即使是有关权利和义务的规定，也是不具体的），但并不直接告诉应当如何去实现或满足这些要求或标准，故在适用时具有较大的余地供法官选择和灵活应用。故C项正确。规定义务的，也可能是不确定的，即比较笼统、模糊；规定权利的，也可能是确定的，即比较具体而明确。故D项错误。

[2] AB【解析】就逻辑结构的表达而言，法律规则必须以完整表述假定条件、行为模式和法律后果，三者缺一不可，故C项错误。法律条文和法律规则之间不存在一一对应的关系，故D项错误。

[3] B【解析】出现“禁止”这个道义助动词，属于规范语句，因此A项错误。此条文属于强行性规则，因此C项错误。此条文没有法律后果，因此D项错误。

2. 按照法律原则对人的行为及其条件之覆盖面的宽窄和适用范围大小分为：基本原则和具体原则。

（1）基本法律原则是整个法律体系或某一法律部门所适用的、体现法的基本价值的原则，如《宪法》所规定的各项原则；

（2）具体法律原则是在基本原则指导下适用于某一法律部门中特定情形的原则。如《民法》的等价有偿原则。

3. 按照法律原则涉及的内容和问题不同分为：实体性原则和程序性原则。

（1）实体性原则是指直接涉及实体性问题的原则，例如，宪法、民法、刑法、行政法中规定的多数原则；

（2）程序性原则是指直接涉及程序性（诉讼法）问题的原则，如诉讼法中规定的辩护原则、非法证据排除原则、无罪推定原则。

（二）法律原则与法律规则的区别

1. 在内容上，法律规则的规定是明确具体的，其目的是削弱或防止法律适用上的“自由裁量”。法律原则的规定是模糊抽象的，给予法官较大的自由裁量权。

2. 在适用范围上，法律规则只适用于某一类型的行为。而法律原则适用范围比法律规则宽广，因为法律原则可以适用于某一法律部门甚至全部法律体系。

3. 在适用方法上，法律规则是以“全有或全无的方式”应用于个案当中的，即在法律事实确定的基础上，一个法律规则对于本案要么适用，要么不适用。而法律原则的适用则不同，不同强度的原则甚至冲突的原则都可能存在于一部法律之中。比如一件民事案件中无过错责任原则和公平责任原则两个看似矛盾的原则可能同时适用。

（三）法律原则的适用条件

1. 穷尽规则，方得适用法律原则。

（1）法律原则用来补充规则漏洞；

（2）法律规则用来保障法律的确定性与可预测性，避免自由裁量权的滥用。

2. 除非为了实现个案正义，否则不得舍弃法律规则直接适用法律原则。

目的：在规则和原则之间，在安定性与合目的性之间，应首先保障规则和安定性。

3. 没有更强理由，不得径行适用法律原则。

【经典真题】

1. 法谚云：“规则一切皆有例外，例外证明原则”，对这一说法，下面说法正确的是？(2021 年回忆版，单选)[1]

A. 规则乃共通原则，原则系特别规则　　B. 规则有漏洞，原则无歧义

C. 规则具化原则，原则证成规则　　D. 规则是原则的例外

2. 沈某因继承而取得其祖父生前房屋的全部所有权之后，起诉至法院要求其继祖母李某搬离房屋。法院认为，该房屋是李某的唯一住所，李某年事已高且无生源来源，若让其搬离房屋，有违公序良俗。虽然该房尚未登记设立居住权，但根据我国《民法典》规定的居住权的

---

[1] C【解析】法律原则是法律精神的体现，是构成法律规则基础或本源的、对法律规则的制定与实施具有指导作用的基本原理与准则；而法律规则是具体规定人们法律权利、法律义务以及相应法律后果的行为准则。因此规则与原则共通，但原则并非特别规则。故 A 项错误。法律规则具有具体性与明确性，但同时也决定了法律规则只能在明确规定的行为范围内进行法律调整，无法涵盖全部社会关系，具有“漏洞”；法律原则的涵盖面广，具有稳定性，但也会产生歧义。故 B 项错误。法律规则的内容明确具体，只适用于某一类型行为，是对法律原则的具体化，而非全部是法律原则的例外；证成是给一个决定提供充足理由的活动和过程，法律原则是构成法律规则基础或本源的、对法律规则的制定与实施具有指导作用的基本原理与准则，因此原则证成规则。故 C 项正确、D 项错误。

立法目的，应当承认李某享有继续居住的权利，故判决沈某败诉。对此，下列说法正确的是？（2021 年回忆版，多选）〔1〕

A. 法院的判决体现了法律分配正义的个人需要原则

B. 为了证成李某的权利，法院做了目的论扩张

C. 沈某的所有权是普通权利，受到居住权这一基本权利的限制

D. 为了确保判决合目的性，法院考量了公序良俗

【习题拓展】

1. 近年来，家庭教育存在的问题不断凸显，不少父母缺乏正确的成才观，“重智轻德”“重身体健康，轻心理健康”的倾向广泛存在。对此，2022 年 1 月 1 日起施行的《中华人民共和国家庭教育促进法》第二十二条明确规定：“未成年人的父母或者其他监护人应当合理安排未成年人学习、休息、娱乐和体育锻炼的时间，避免加重未成年人学习负担，预防未成年人沉迷网络。”该条规定在一定程度上明确家庭教育的责任，进一步呼应“双减”政策。对此，下列说法不正确的是？〔2〕

A. 《家庭教育促进法》第二十二条规定了否定性法律后果

B. 第二十二条表达的是命令性规则与准用性规则

C. 第二十二条体现了国家政策要求，表达的是政策性原则

D. 第二十二条属于规范语句

2. 下列关于法律原则说法中，哪一选项是错误？〔3〕

A. 我国《宪法》中规定的“依法治国，建设社会主义法治国家”的原则是政策性原则

B. 法律所认可的“杀人偿命，欠债还钱”是公理性原则

C. 宪法所规定的各项原则是具体原则

D. “一事不再理”原则是程序性原则

---

〔1〕 ABD【解析】法律分配正义中的个人需要原则是指一个公平正义的社会应当保证人们在遭遇极端不利的状况时，能够获得社会的调剂和救助，以满足最基本的生存需要，是社会存在和发展所必需的、对社会分配的一种改变。本案中，法院认为该房屋是李某的唯一住所，李某年事已高且无生源来源，应当承认李某享有继续居住的权利，符合法律分配正义中的个人需要原则。故 A 项正确。目的论扩张是一种法律漏洞填补方法，其主要适用于法律规定明显小于规范目的“潜在包含”情形，此时应当结合立法目的扩张规则适用范围，将本该包含的情形包含进来。对于本案法律适用，法院在该房尚未登记设立居住权时，根据我国《民法典》规定的居住权的立法目的，承认李某享有继续居住的权利，属于目的论扩张。故 B 项正确。根据权利所表现的内容与内部结构体系，权利分为普通权利和基本权利。普通权利是普通法中规定的权利，是权利主体在具体的法律关系中享有的具体的权利，反映了权利主体的法律地位。而基本权利是宪法规定的权利，涉及社会生活的基本方面，反映了权利主体的宪法地位。本案中，法院认为李某应继续享有居住的权利，沈某的所有权受到居住权的限制。但《宪法》中并未规定居住权，因此居住权不属于基本权利，故 C 项错误。法院认为若让其搬离房屋，有违公序良俗，后承认李某享有继续居住的权利。可知，法院在做出判决时，考量了公序良俗原则，故 D 项正确。

〔2〕 ABC【解析】否定性法律后果是与行为模式的要求不一致所获得的法律后果，该法律条文中并没有涉及法律后果部分，因此不存在否定性法律后果，故 A 项错误。义务性规则分为命令性规则与禁止性规则，命令性规则是规定积极义务的规则，或者规定“应为模式”的规则，第二十二条表达的是命令性规则；准用性规则是指内容本身没有规定人们具体的行为模式，而是可以援引或参照其他相应内容规定的规则，本条文表达的并非准用性规则，故 B 项错误。该条规定确实体现并响应了国家政策要求，但该条表达的并非法律原则，而是法律规则，故 C 项错误。表达法律规则的特定语句往往是一种规范语句，也可以是陈述句。根据规范语句所运用的助动词的不同，规范语句可以被区分为命令句（使用道义助动词“必须”“应该”“禁止”）和允许句（使用道义助动词“可以”），故 D 项正确。

〔3〕 C【解析】基本法律原则是整个法律体系或某一法律部门所适用的、体现法的基本价值的原则，如宪法所规定的各项原则，故 C 项错误。

三、法律概念

作为命题的法律规范，无论规则还是原则，都是由法律概念组成的。所谓法律概念，是指任何具有法律意义的概念，既包括法律中特有的概念，如“法人”“权利”等，也包括来自日常生活但具备法律意义的概念，如“故意”“过失”等。

（一）法律概念的功能

法律概念作为命题的法律规范的组成部分，其概念会受到法律规范的影响。但是，无论是法律中特有的概念，还是来自日常生活的概念，都具有一定意义的独立性。这种独立性决定了法律概念在法律推理和法律判断中有着重要功能。

1. 首先，法律人将针对不特定主体反复适用的法律规范适用于特定案件事实并获得法律决定或判断的过程中，在许多情况下需要先对法律概念的意义进行确证和具体化。

2. 其次，在这个过程中，特定案件事实符合该法律规范中的法律概念的特征，法律人才能将该法律规范适用于该案件。

3. 最后，法律人运用目的论证获得具体法律决定或判断的过程中，法律概念的语义构成了目的论证的界限。

（二）法律概念的分类

1. 根据概念的功能，分为描述性概念、评价性概念和论断性概念。

（1）描述性概念指描述事实的概念，这些事实可以是自然事实、社会事实（依赖于人们的思维和想法而存在）或制度性事实（某命题不仅取决于发生的行为或事件的存在，而且取决于适用这类行为或事件的规则时，这类命题就属于制度性事实）。含有描述性概念的语句有真假之分。如“酒后驾车”，是否喝酒是有明确的检测标准。

（2）评价性概念是指包含有对事实或者事物的价值判断的概念。含有评价性概念的语句涉及适用者的主观价值判断，没有真假之分。如“善良”“恶意”“重伤”等。

评价性概念因带有各方的价值判断，较为模糊，各方难以达成一致。为了能够在法律上准确适用，在实务中，评价性概念往往会被转化为描述性概念，也即将主观评价客观化。

（3）论断性概念是指基于对某个事实的确认来认定（论断）另一个事实的存在的概念。如《民法典》第18条第2款：“16周岁以上的未成年人，以自己的劳动收入为主要生活来源的，视为完全行为能力人。”这就是典型的论断性概念。

2. 根据概念的定义要素之间的关系不同，分为分类概念和类型概念。

（1）所谓分类概念，指定义要素中不存在可区分层级的要素的概念。所谓可区分层级要素，指该要素内部存在着无数的层级次序，如“红色”包括大红、深红、粉红、浅红等程度不同的层级，且该可分级要素存在着模糊的边界地带。

分类概念的所有定义要素对该概念是必要而且充分的，这些要素可以用“和”“并且”等语词联结，也可能用“或”等语词联结。如“窃取，是指破坏他人对某物的持有并且建立自己对该物的新的持有”。分类概念不存在“可区分层级要素”，其在概念上是封闭的，在适用上“非此即彼”。

（2）所谓类型概念，指定义要素中含有至少一个可区分层级的要素的概念。类型概念具有层级性和边界的不明确性，其在概念上是开放的，具有流动性和极大的弹性，在适用上是“或多或少”的，在多大程度上适用某一类型需要根据具体情境来决定。

分类概念可以被定义，但类型概念不能被定义，只能被描述。如《刑法》第257条，“暴力干涉他人婚姻自由的”，并没有给出任何关于“暴力干涉他人婚姻自由”的组成要素。

3. 根据概念的定义要素是否清晰，分为确定性概念和不确定性概念。这里的清晰，指概念本身的语义构成的清晰。语义构成的不清晰主要包括歧义、模糊和评价的开放性等。

不确定性法律概念又可以区分为描述性不确定性概念和规范性不确定性概念。

描述性不确定性概念涉及对客观对象的描述，它的不确定性是由判断标准的不明确造成，比如“夜晚”，到底几点才算“夜晚”，明确标准后，不确定性即消失。

而规范性不确定性概念，因为涉及适用者的主观评价，本就缺乏客观标准。

四、权利与义务

（一）权利和义务的含义

1. 权利的概念及其特点。

权利指国家通过法律规定对法律关系主体可以自主决定做出某种行为的许可和保障手段。

权利的特点在于：第一，法律权利具有自主性，行为人可以自由选择；第二，法律权利具有利益性，往往可以带来利益；第三，法律权利具有关联性，往往与义务相关；第四，法律权利具有法定性，只有法律加以规定或保护的权利，才属于法律权利。

2. 义务的概念及其特点。

义务是指人们必须履行一定作为或不作为之法律约束。

其特点在于：第一，义务是人们的应然行为或未来行为，具有应然性；第二，义务具有强制履行性。

（二）权利与义务的分类

1. 根据根本法与普通法律规定不同，可分为：基本权利义务与普通权利义务。

（1）基本权利义务是宪法所规定的人们在国家政治生活、经济生活、文化生活和社会生活中的根本权利和义务；

（2）普通权利义务是宪法以外的普通法律所规定的权利和义务。

2. 根据相对应的主体范围不同，可分为：绝对权利义务与相对权利义务。

（1）绝对权利和义务，又称“对世权利”和“对世义务”，是对应不特定的法律主体的权利和义务，比如所有权；

（2）相对权利和义务，又称“对人权利”和“对人义务”，是对应特定的法律主体的权利和义务，比如债权。

3. 根据权利义务主体的性质，可分为：个人权利义务、集体权利义务和国家权利义务。

（三）权利和义务的相互联系

1. 从结构上看，两者是紧密联系、不可分割的。它们的存在和发展必须以另一方的存在和发展为条件。

2. 从数量上看，两者的总量是相等的。

3. 从产生和发展看，两者经历了从浑然一体到分裂对立再到相对一致的过程。社会主义法律制度的建立，实行“权利和义务相一致”的原则，使两者之间的关系发展到了一个新的阶段。

4. 从价值上看，权利和义务代表了不同的法律精神，它们在历史上受到重视的程度有所不同，并且两者在不同国家的法律体系中的地位有主次之分。民主法治社会的法律制度较为重视对个人权利的保护。此时，权利是第一性的，义务是第二性的，义务设定的目的是为了保障权利的实现。即资本主义社会和社会主义社会强调“以权利为本位”。

【经典真题】

1. 许某与妻子林某协议离婚，约定8岁的儿子小虎由许某抚养，林某可随时行使对儿子的探望权，许某有协助的义务。离婚后两年间林某从未探望过儿子，小虎诉至法院，要求判令林某每月探视自己不少于4天。对此，下列说法正确的是？（2017－1－89）[1]

A. 依情理林某应探望儿子，故从法理上看，法院可判决强制其行使探望权

B. 从理论上讲，权利的行使与义务的履行均具有其界限

C. 林某的探望权是林某必须履行一定作为或不作为的法律约束

D. 许某的协助义务同时包括积极义务和消极义务

2. 王甲经法定程序将名字改为与知名作家相同的“王乙”，并在其创作的小说上署名“王乙”以增加销量。作家王乙将王甲诉至法院。法院认为，公民虽享有姓名权，但被告署名的方式误导了读者，侵害了原告的合法权益，违背诚实信用原则。关于该案，下列哪一选项是正确的？（2017－1－10）[2]

A. 姓名权属于应然权利，而非法定权利

B. 诚实信用原则可以填补规则漏洞

C. 姓名权是相对权

D. 若法院判决王甲承担赔偿责任，则体现了确定法与道德界限的“冒犯原则”

【习题拓展】

近年来，随着离婚率的上升和生育率的下降，婚姻和生育成为了社会热点问题。《民法典》第1046条规定：“结婚应当男女双方完全自愿”。《宪法》规定：“夫妻双方有实行计划生育的义务。”关于婚姻和生育问题，下列理解正确的是？[3]

A. 《民法典》第1046条表述了授权性规则

B. 《宪法》对于计划生育义务的表述规定了否定式的法律后果

C. 婚后夫妻相互间享有的权利属于相对权

D. 《宪法》对于计划生育义务的规定属于强行性规则

---

[1] BD【解析】在当代法治国家，情理与法理存在差别。法院作出判决应当依据法律，而不能依据情理。故A项错误。权利的行使与义务的履行都必须根据法律，受到法律的约束，故B项正确。探望权属于权利，不是义务，故C项错误。协助义务的行为方式包括作为和不作为，故D项正确。

[2] B【解析】姓名权是应然权利，也是法定权利。故A项错误。法律原则可以克服法律规则的僵硬性缺陷，弥补法律漏洞，保证个案正义，在一定程度上缓解了规范与事实之间的缝隙，从而能够使法律更好地与社会相协调一致。故B项正确。姓名权是绝对权，不是相对权。C项错误。“法律是最低限度的道德”。但是，“伤害原则”“冒犯原则”都是确定这个限度的方法。伤害原则认为，每个个人在其不伤害到别人的情况下都拥有着自己的一切自由；冒犯原则认为，那些虽不伤害别人但却冒犯别人的行为，法律也应禁止，因为冒犯行为公然侮辱公众的道德信念、道德感情和社会风尚。王甲依照规定改变自己的姓名，并使用改变后的“王乙”，是行使其姓名权的行为，表面看不违法，但违反诚信，从而伤害知名作家王乙的权益，故若法院判决王甲承担赔偿责任，则体现了确定法与道德界限的“伤害原则”。故D项错误。

[3] CD【解析】《民法典》第1046条表述的是结婚自愿原则，而不是规则，因此A项错误。该条文没有规定法律后果，因此B项错误。相对权是指权利主体和义务主体都是特定的，因此C项正确。该条文内容具有强制性，属于强行性规则，因此D项正确。

第七节　法的渊源【考查频率☆☆☆☆☆】

一、法的渊源的概念

（一）法的渊源的含义

法的渊源，是指特定法律共同体所承认的具有法律约束力或具有法律说服力并能够作为法律人的法律决定之大前提的规范或准则来源的那些资料，如制定法、判例、习惯、法理等。

由于社会制度、国体、政体、政治思想、道德、历史与文化传统、宗教、科技发展水平的不同，哪些资料能够作为法的渊源的范围与种类是不同的。即使同一个法律共同体，在不同历史时期，法的渊源的范围与种类也是不同的。

（二）正式的法的渊源与非正式的法的渊源

1. 正式的法的渊源是指具有明文规定的法律效力，并且直接作为法律人的法律决定的大前提的规范来源的那些资料，主要为制定法、成文法。对于正式法源而言，法律人有法律义务适用它们。

2. 非正式的法的渊源则指不具有明文规定的法律效力，但具有法律说服力并能够构成法律人的法律决定的大前提的准则来源的那些资料，如正义标准、理性原则、公共政策、道德信念、社会思潮、习惯、乡规民约、社团规章、权威性法学著作、外国法等。

二、“国法”及其外延

“国法”是指特定国家现行有效的法。其外延包括：成文法、判例法、习惯法（不成文法）、其他执行国法职能的法（如教会法）。

【特别提示】“不成文法”有两种含义：一是指不具有文字形式的习惯法；二是指不具有条文形式的判例法。在日常的用法中，“不成文法”主要指习惯法。

三、当代中国法的正式渊源

1. 宪法。
2. 法律。
3. 行政法规。
4. 地方性法规、民族自治法规、经济特区的规范性文件。
5. 行政规章。
6. 特别行政区的法律。
7. 国际条约、国际惯例。

【经典真题】

1. 国务院，即中央人民政府，是最高国家权力机关的执行机关，最高国家行政机关。根据我国根本法《宪法》以及相关法律的规定，关于国务院，下列哪一项是正确的？（2019 年回

帆版，单选）[1]

A. 有权制定有关行政拘留的规范性文件

B. 国务院司法部与教育部联合制定的规章的效力与地方政府规章的效力相同

C. 领导和管理民政、司法行政、民族事务和监察监督等工作

D. 行政法规的效力高于省级人大制定的法规，因此部门规章的效力高于市级人大制定的法规

2. 关于我国立法和法的渊源的表述，下列选项不正确的是？（2013－1－87）[2]

A. 从法的正式渊源上看，“法律”仅指全国人大及其常委会制定的规范性文件

B. 公布后的所有法律、法规均以在《国务院公报》上刊登的文本为标准文本

C. 行政法规和地方性法规均可采取“条例”“规定”“办法”等名称

D. 所有法律议案（法律案）都须交由全国人大常委会审议、表决和通过

【习题拓展】

关于法的渊源的说法，下列哪些说法是正确的？[3]

A. 正式的法的渊源具有法律约束力，非正式的法律渊源具有说服力

B. 根据授权制定的法规与法律规定不一致时，应适用“上位法高于下位法”的原则

C. 法的正式渊源与非正式渊源的区别标准是有无明文规定和能否直接适用

D. 影响正式的法的渊源的效力的因素主要有三：制定主体、适用范围、制定时间

四、正式法源的效力原则

法的正式渊源的效力等级（法的效力等级）：

（一）一般原则

1. 上位法的效力高于下位法。
2. 在同一位阶的法律之间，特别法优于一般法。
3. 新法优于旧法。

（二）不同位阶之间

1. 宪法至上原则。
2. 法律高于法规原则。
3. 法规高于规章原则。
4. 行政法规高于地方性法规原则。

（三）同一位阶之间

1. 全国性法律优先。

---

〔1〕 B【解析】根据我国《立法法》第8条的规定，犯罪与刑罚，对公民政治权利的剥夺和限制人身自由的强制措施和处罚，以及诉讼和仲裁，属于法律的绝对保留事项，因此只能由全国人大或全国人大常委会制定法律加以规定，国务院的行政法规无权规定上述事项。故A项错误。部门规章与地方政府规章没有高下之分，在发生矛盾的情况下，由国务院裁决。故B项正确。2018年宪法修改创设了监察委员会这一全新的国家机关，专职负责监察工作，原政府部门中的监察部门并入监察委，因此国务院不再领导和管理监察工作。故C项错误。部门规章与地方性法规没有上位法和下位法的关系，二者发生矛盾时，由国务院决定适用地方性法规或由全国人大常委会裁决。故D项错误。

〔2〕 BD【解析】从法的正式渊源看，中国主要是指制定法，其中法律仅指全国人大及其常委会制定的规范性文件，故A项正确。法律一般以《全国人大常委会公报》上的文本为标准文本。故B项错误。我国行政法规的名称，按照2017年12月国务院发布的《行政法规制定程序条例》第5条的规定为“条例”“规定”“办法”。我国的地方性法规，一般也采用“条例”“规则”“规定”“办法”等名称。故C项正确。一般法律案由全国人大常委会审议、表决和通过。但是，特殊的法律案，如基本法律的制定，需要由全国人大审议、表决和通过。故D项错误。

〔3〕 ACD【解析】《立法法》第95条第2款规定，根据授权制定的法规和法律规定不一致，不能确定如何适用时，由全国人大常委会裁决，故B项错误。

2. 特别法优先。

3. 后法优先。

4. 实体法优先。

5. 国际法优先。

6. 省政府规章优先于市政府规章。

7. 法律对同一事项新的一般规定与旧的特别规定不一致时，由全国人大常委会裁决。

8. 行政法规对同一事项新的一般规定与旧的特别规定不一致时，由国务院裁决。

（四）位阶交叉时

1. 自治条例、单行条例对其上位法依法变通时，优先适用前者。

2. 经济特区法规依授权对其上位法做出变通时，优先适用前者。

3. 地方性法规、规章不一致时：

（1）由同一机关制定的新的一般规定与旧的特别规定不一致时，由制定机关裁决。

（2）地方性法规和部门规章对同一事项的规定不一致不能决定如何适用时，由国务院提出意见，国务院如果认为应当适用地方性法规的则适用地方性法规，国务院如果认为应当适用部门规章的，则交由全国人大常委会裁决。

（3）部门规章之间、部门规章与地方政府规章之间不一致时，由国务院裁决。

（4）国务院根据授权制订的法规与法律不一致，不知如何适用时，由全国人大常委会裁决。

【经典真题】

某区质监局以甲公司未依《食品安全法》取得许可从事食品生产为由，对其处以行政处罚。甲公司认为，依特别法优先于一般法原则，应适用国务院《工业产品生产许可证管理条例》（以下简称《条例》）而非《食品安全法》，遂提起行政诉讼。对此，下列哪些说法是正确的？（2017－1－56）〔1〕

A. 《条例》不是《食品安全法》的特别法，甲公司说法不成立

B. 《食品安全法》中规定食品生产经营许可的法律规范属于公法

C. 若《条例》与《食品安全法》抵触，法院有权直接撤销

D. 《条例》与《食品安全法》都属于当代中国法的正式渊源中的“法律”

【习题拓展】

下列关于法的渊源的效力原则的说法中，哪一些表述是不正确的？〔2〕

A. 对同一位阶的法的渊源冲突，应适用宪法至上原则

B. 省、自治区的人民政府制定的规章的效力高于本行政区域内的较大的市的人民政府制定的规章

C. 对位阶交叉的法的渊源而言，若属于同一机关制定，则其新旧冲突由制定机关裁决

D. 根据授权制定的法规与法律规定不一致，不能确定如何适用时，由全国人大常委会裁决

---

〔1〕 AB【解析】一般法和特别法辨析的前提是在同一位阶，而《条例》属于行政法规，《食品安全法》属于法律，两者并不是同一位阶，不能进行比较。故A项正确。公法主要是指调整国家与普通公民、组织之间关系以及国家机关及其组成人员之间关系的法律。《食品安全法》中涉及食品安全经营许可的内容涉及行政管理机关与公民之间的不平等法律关系，涉及行政管理事项和公共利益的保障性问题，因而属于公法，故B项正确。我国法院不具有违宪审查权，无权直接撤销与上位法矛盾的下位法，只能在司法裁判中拒绝适用并向相关机关反映情况。故C项错误。《条例》属于当代中国法正式渊源中的行政法规，而非狭义的法律。《条例》是国务院制定的，《食品安全法》是全国人大常委会制定的。故D项错误。

〔2〕 A【解析】宪法至上原则适用于不同位阶的法的渊源的冲突，在宪法、法律、行政法规、地方性法规这个由高到低的效力序列中，一切下位的规范性文件都不得与宪法相冲突，故A项错误。

五、当代中国法的非正式渊源

（一）非正式渊源适用的条件

1. 正式的法的渊源完全不能为法律决定提供大前提。

2. 适用某种正式的法的渊源会与公平正义的基本要求、强制性要求和占支配地位的要求发生冲突。

3. 一项正式的法的渊源可能会产生出两种解释的模棱两可性和不确定性。

（二）类型

1. 习惯。

能够作为法的非正式的渊源的习惯只是指社会习惯，特别是那些重要的社会事务即为了确保令人满意的集体社会而必须完成的各种事务相关的习惯。社会习惯是共同理性的体现。

2. 判例。

判例在英美法系属于法的正式渊源。在当今的大陆法系，判例的重要性已为大家所承认。在中国，判例的重要性也被人们普遍承认。我国最高人民法院的裁判文书，对各级人民法院的审判工作具有重要的指导作用，同时还可以为法律法规的制定和修改提供参考。

判例之所以在法的适用中具有重要性，是因为它可以弥补制定法的不足：

（1）为将来法官运用该制定法解决具体案件提供了思路、经验和指导；

（2）使制定法的语言的外延和内涵在一定程度上得到厘清，为将来法官适用制定法裁判具体案件提供了帮助。

3. 政策。

在我国，中国共产党的政策属于法的非正式渊源。

【经典真题】

1. 赵某与陈女订婚，付其5000元彩礼，赵母另付其1000元“见面礼”。双方后因性格不合解除婚约，赵某诉请陈女返还该6000元费用。法官根据《婚姻法》和最高法院《关于适用〈婚姻法〉若干问题的解释（二）》的相关规定，认定该现金属彩礼范畴，按照习俗要求返还不违反法律规定，遂判决陈女返还。对此，下列哪一说法是正确的？（2013－1－12）[1]

A. 法官所提及的“习俗”在我国可作为法的正式渊源

B. 在本案中，法官主要运用了归纳推理技术

C. 从法理上看，该判决不符合《婚姻法》第19条“夫妻可以约定婚姻关系存续期间所得的财产”之规定

D. 《婚姻法》和《关于适用〈婚姻法〉若干问题的解释（二）》均属于规范性法律文件

2. 某法院在审理一起合同纠纷案时，参照最高法院发布的第15号指导性案例所确定的“法人人格混同”标准作出了判决。对此，下列哪一说法是正确的？（2017－1－11）[2]

---

〔1〕 D【解析】我国的正式法律渊源主要是指制定法和成文法，而习惯、习俗应当属于非正式渊源。故A项错误。法官运用法律大前提，结合事实小前提，最后得出结论，是典型的三段论，属于演绎推理而不是归纳推理。故B项错误。原《婚姻法》第19条“夫妻可以约定婚姻关系存续期间所得的财产”的适用对象是婚姻关系存续期间获得的财产，而本题中6000元费用是结婚前的财产，并非婚姻关系存续期间获得的财产，故本条不能适用，故C项错误。原《婚姻法》和原最高人民法院《关于适用〈婚姻法〉若干问题的解释（二）》是具有法律约束力的正式法律渊源，其对象具有不特定性，可以被反复适用，故为规范性法律文件，故D项正确。

〔2〕 C【解析】在我国，指导性案例仅供在审判类似案件时参照，不具有应当适用的效力，故A项错误。判决是针对特定当事人作出，故不具有规范性，故B项错误。题干中的“参照”，是类似情况类似处理的类推的适用，故C项正确。在我国，最高法院可发布指导性案例，并非各级法院均可发布，故D项错误。

A. 在我国，指导性案例是正式的法的渊源

B. 判决是规范性法律文件

C. 法官在该案中运用了类比推理

D. 在我国，最高法院和各级法院均可发布指导性案例

【习题拓展】

关于法的渊源的说法，下列哪些说法是正确的?〔1〕

A. 正式的法的渊源具有法律约束力，非正式的法律渊源具有说服力

B. 根据授权制定的法规与法律规定不一致时，应适用“上位法高于下位法”的原则

C. 法的正式渊源与非正式渊源的区别标准是有无明文规定和能否直接适用

D. 影响正式的法的渊源的效力的因素主要有三：制定主体、适用范围、制定时间

第八节　法律部门与法律体系【考查频率☆☆】

一、法律部门

（一）法律部门的含义

1. 法律部门，也称部门法，是根据一定标准和原则所划定的调整同一类社会关系的法律规范的总称。

2. 法律部门离不开成文的规范性法律文件，但二者不是一个概念。

（1）有的法律部门的名称是用该部门基本的规范性法律文件的名称来表述的，如作为一个法律部门的“刑法”和作为一个规范性文件的《刑法》或《刑法典》。但单一的规范性法律文件不能涵盖一个完整的法律部门。

（2）同时，大多数规范性法律文件并非仅仅包含各自法律部门的规范，可能还包含属于其他法律部门的规范。

（二）划分法律部门的标准

一般认为划分法律部门的主要标准是法律所调整的社会关系不同，即调整对象；其次是法律调整的方法。

（三）公法、私法与社会法

1. 公法与私法的划分，最早是由古罗马法学家乌尔比安提出来的。

2. 到目前为止，大陆法系的法学理论中并没有形成普遍可接受的单一的公法与私法的区分标准。但是，这不能否定公私法之分的意义。现在公认的公法部门包括了宪法和行政法等，私法包括了民法和商法等。

3. 随着社会的发展，出现了国家利益和私人利益之外独立的社会利益，“法律社会化”现象出现，形成了一种新的法律部门即社会法，如社会保障法等。

二、法律体系

1. 法律体系，也称为部门法体系，是指一国的全部现行法律规范，按照一定的标准和原则，划分为不同的法律部门而形成的内部和谐一致、有机联系的整体。

---

〔1〕 ACD【解析】《立法法》第95条第2款规定，根据授权制定的法规和法律规定不一致，不能确定如何适用时，由全国人大常委会裁决，故B项错误。

2. 法律体系是一国国内法构成的体系，不包括完整意义的国际法即国际公法。

3. 法律体系是一国现行法构成的体系，反映一国法律的现实状况，它不包括历史上废止的已经不再有效的法律，也不包括尚待制定、还没有生效的法律。

三、当代中国法律体系

当代中国的法律体系，部门齐全、层次分明、结构协调、体例科学，主要由七个法律部门的法律规范构成。

七个法律部门是：宪法及宪法相关法，民商法，行政法，经济法，社会法，刑法，诉讼与非诉讼程序法。

【经典真题】

1. 某区质监局以甲公司未依《食品安全法》取得许可从事食品生产为由，对其处以行政处罚。甲公司认为，依特别法优先于一般法原则，应适用国务院《工业产品生产许可证管理条例》（以下简称《条例》）而非《食品安全法》，遂提起行政诉讼。对此，下列哪些说法是正确的？（2017－1－56）[1]

A. 《条例》不是《食品安全法》的特别法，甲公司说法不成立

B. 《食品安全法》中规定食品生产经营许可的法律规范属于公法

C. 若《条例》与《食品安全法》抵触，法院有权直接撤销

D. 《条例》与《食品安全法》都属于当代中国法的正式渊源中的“法律”

2. “当法律人在选择法律规范时，他必须以该国的整个法律体系为基础，也就是说，他必须对该国的法律有一个整体的理解和掌握，更为重要的是他要选择一个与他确定的案件事实相切合的法律规范，他不仅要理解和掌握法律的字面含义，还要了解和掌握法律背后的意义。”关于该表述，下列哪一理解是错误的？（2017－1－12）[2]

A. 适用法律必须面对规范与事实问题

B. 当法律的字面含义不清晰时，可透过法律体系理解其含义

C. 法律体系由一国现行法和历史上曾经有效的法构成

D. 法律的字面含义有时与法律背后的意义不一致

---

[1] AB【解析】《条例》由国务院制定，属于正式的法的渊源中的行政法规，其效力低于《食品安全法》，甲公司的说法不成立。故A选项正确。公法是调整国家公权力关系的法律规范的总称，食品生活经营许可属于行政许可的范围，属于公法法律规范。故B选项正确。行政法规与法律相抵触，我国法院无权直接撤销，应上报最高人民法院，由最高人民法院书面提请全国人大常委会进行审查，由全国人大常委会审查后向制定机关提出意见。故C选项错误。中国正式渊源中的“法律”，既包括由全国人大制定的基本法律，也包括由全国人大常委会制定的非基本法律。而《条例》由国务院制定，属于行政法规。故D选项错误。

[2] C【解析】法律体系是国内现行法。法律人适用法律的最直接的目标就是要获得一个合理的法律决定，即法律决定具有可预测性和正当性。整体上来说，法律人适用有效的法律规范解决具体个案纠纷的过程在形式上是逻辑中的三段论推理过程，即大前提、小前提和结论。首先要查明和确认案件事实，作为小前提，在诉讼中对应的就是法庭调查；其次要选择和确定与上述案件事实相符合的法律规范，作为大前提，在诉讼中对应的就是法庭辩论；最后以整个法律体系的目的为标准，从两个前提中推导出法律决定或法律裁决，在诉讼中对应的就是最后的评议和宣判。故A项正确。由于法律具有抽象性，需要结合上下文或者其他法条加以明确含义，故通过体系，运用体系解释可以理解其含义。故B项正确。法律体系，也称为部门法体系，是指一国的全部现行法律规范，按照一定的标准和原则，划分为不同的法律部门而形成的内部和谐一致、有机联系的整体。法律体系是一国国内法构成的体系，不包括完整意义的国际法，即国际公法。同时，法律体系不包括历史上废止的已经不再有效的法律，一般也不包括尚待制定、还没有生效的法律。故C项错误。法律不是按表面的字面意思进行判决，而是要探求其背后的意义，两者有时并非一致。故D项正确。

【习题拓展】

下列关于法律体系和法律部门的说法哪些是正确的?[1]

A. 法律部门的名称与其中规范性法律文件的名称并不完全吻合，如刑法部门既包括刑法典，还包括其他的所有刑法法律规范

B. 法律部门的划分是以调整方法为主，调整对象为辅，如刑法部门与民法部门

C. 社会法是介于公法与私法之间的法律

D. 一个法律部门可以包含多个规范性法律文件，但一个规范性法律文件只能属于一个法律部门

第九节　法的效力【考查频率☆☆☆☆】

一、法的效力的含义、分类和法的效力范围

1. 法的效力，即法的约束力，指人们应当按照法律规定的行为模式来行为，且必须予以服从的一种法律之力。

2. 广义的法的效力可以分为规范性法律文件的效力和非规范性法律文件的效力。

（1）规范性法律文件的效力，也叫狭义的法的效力，指法律的生效范围或适用范围，即法律对什么人、什么事、在什么地方和什么时间有约束力。一般法的效力是指狭义的法的效力。

（2）非规范性法律文件的效力，指判决书、裁定书、逮捕证、许可证、合同等的法的效力。非规范性法律文件是适用法律的结果而不是法律本身，因此不具有普遍约束力。

3. 法的效力可以分为四种（或称为四个效力范围）：

（1）对人的效力；

（2）对事的效力；

（3）空间效力；

（4）时间效力。

在这四个效力范围中，对人和对事的效力范围优先于空间与时间的效力范围。

二、法律效力的根据

法的效力的根据和原因十分复杂，一般包括法律本身、道德、利益等经济、伦理、法律、心理、社会方面的根据和原因，尤其是来自于法律（强制力）、道德（主流道德）和社会（守法习惯）方面。

三、法对人的效力

1. 在世界各国的法律实践中先后采用过四种对人的效力的原则：

（1）属人主义（以国籍为依据）：即法律只适用于本国公民，不论其身在何处；

（2）属地主义（以地域为依据）：即法律适用于该国管辖范围内所有人，不论其是否为本国公民；

---

[1] AC【解析】因为法律部门的划分标准是以调整对象为主，调整方法为辅，故B项错误。一个法律部门可以包含多个规范性法律文件，一个规范性法律文件也可以属于多个法律部门，故D项错误。

（3）保护主义（以本国或本国公民利益为依据）：即以维护本国利益作为是否适用本国法律的依据，侵害本国利益者，无论其是哪国人及身在何处，均依本国法予以追究；

（4）混合主义（折中主义）：以属地主义为主，并与属人主义、保护主义相结合。这是近代以来多数国家采用的原则，我国也是如此。

2. 根据我国法律，对人的效力包括两个方面：

（1）对中国公民的效力；

（2）对外国人和无国籍人的效力：

①对在中国领域内的外国人和无国籍人的法律适用问题。外国人和无国籍人在中国领域内，除法律另有规定者外，适用中国法律。

②在中国领域外的外国人和无国籍人的法律适用问题。外国人在中国领域外对中国国家或者公民犯罪，而按《刑法》规定的最低刑为 3 年以上有期徒刑的，可以适用中国刑法，但是按照犯罪地的法律不受处罚的除外。

四、法的空间效力

法的空间效力，指法在哪些地域有效力，适用于哪些地区。一般来说，一国法律适用于该国主权范围所及的全部领域，包括领土、领水及其底土和领空。根据有关国际条约的规定，一国的法律也可以适用于本国驻外使馆、在外船舶及飞机。

【特别提示】一国法律适用于在外船舶和飞机，而不包括国际列车，原因在于国际列车的封闭性不够强，不方便一国行使主权。

五、法的时间效力

法的时间效力，指法何时生效、何时失效以及有无溯及力。

1. 法的生效时间。

（1）自法律公布之日起生效；

（2）由该法律规定其具体生效时间；

（3）规定法律公布后符合一定条件时生效。

2. 法终止生效的时间。

（1）明示的废止：在新法或其他法律文件中明文规定废止旧法。

（2）默示的废止：适用法律中，出现新法与旧法冲突时，适用新法而使旧法事实上被废止。

3. 法的溯及力（“有利”追溯原则）。

法的溯及力，也称法溯及既往的效力，是指法对其生效以前的事件和行为是否适用。如果适用，就具有溯及力；如果不适用，就没有溯及力。

（1）就有关侵权、违约的法律和刑事法律而言，一般以法律不溯及既往为原则。这是因为法律应当具有普遍性和可预测性，人们根据法律从事一定的行为，并为自己的行为承担责任。如果法律溯及既往，就是以今天的规则要求昨天的行为，就等于要求某人承担自己从未期望过的义务，这有违公正。

目前各国采用的通例是“从旧兼从轻”的原则，即新法原则上不溯及既往，但是新法不认为犯罪或者处刑较轻的，适用新法。

（2）在某些有关民事权利的法律中，法律具有溯及力。

【特别提示】法律在有溯及力的场合，大都是为了保护当事人的利益。

【经典真题】

1. 赵某因涉嫌走私国家禁止出口的文物被立案侦查，在此期间逃往A国并一直滞留于该国。对此，下列哪一说法是正确的？（2015－1－13）[1]

A. 该案涉及法对人的效力和空间效力问题

B. 根据我国法律的相关原则，赵某不在中国，故不能适用中国法律

C. 该案的处理与法的溯及力相关

D. 如果赵某长期滞留在A国，应当适用时效免责

2. 陈某与前妻林某婚生子陈某宝（7岁）由林某抚养，林某与王某再婚后，王某擅自将陈某宝改为王某宝。陈某诉至法院，法官认为，陈某宝是无民事行为能力的人，其变更姓名需要由亲生父母同意，故判决林某恢复其子原姓名。对此，下列哪一说法是正确的？（2019年回忆版，单选）[2]

A. 法院判决是规范性法律文件

B. 法院判决体现了法的评价作用

C. 姓名权具有相对性

D. 陈某宝是无民事行为能力的人，不享有任何民事权利

【习题拓展】

1.《民法典》第12条规定："中华人民共和国领域内的民事活动，适用中华人民共和国法律。法律另有规定的，依照其规定。"第1260条规定："本法自2021年1月1日起施行。"对此，下列说法正确的是？[3]

A. 第12条明确了《民法典》的空间效力

B. 根据第12条，发生在我国域外的民事活动不适用《民法典》

C. 第1260条明确了《民法典》的时间效力

D. 根据第1260条，《民法典》无溯及力

2.《全国人民代表大会常务委员会关于〈中华人民共和国香港特别行政区基本法〉附件一第七条和附件二第三条的解释》中规定："上述两个附件中规定的'二〇〇七年以后'，含

[1] A【解析】赵某的走私行为发生在我国领域内，根据属地主义原则，应当适用中国法律，故B项错误。本案不涉及法的溯及力，故C项错误。时效免责，即法律责任经过了一定的期限后而免除。《刑法》第88条第1款规定："在人民检察院、公安机关、国家安全机关立案侦查或者在人民法院受理案件以后，逃避侦查或者审判的，不受追诉期限的限制。"赵某已被立案侦查，故不受追诉期限的限制，即不适用时效免责，故D项错误。

[2] B【解析】法院的判决书只针对案件当事人发生效力，案外人则不需受其约束，因此属于典型的非规范性法律文件，故A项错误。评价作用是指以法律为标准对他人已经做出的行动作出合法或违法的判定，法院通过依法裁判对当事人的行为进行判定直接体现了法律的评价作用，故B项正确。作为人格权一部分的姓名权是典型的绝对权，权利人以外的一般主体都应尊重并负有不侵犯义务，故C项错误。无民事行为能力人是指其从事民事法律行为的范围受限，并不意味着其不享有任何民事权利，这是完全不同的两个概念。无民事行为能力的人法律规定可以实施纯获利的行为，故D项错误。

[3] AC【解析】《民法典》第12条表明其采用属地原则，确立了其空间效力，故A项正确。根据第12条的准用性条款，《民法典》对于发生在我国域外的民事活动并非不适用，根据有关国内法和国际法规定当适用我国法律时，《民法典》仍有效力，故B项错误。第1260条规定了《民法典》生效时间，明确了其时间效力，故C项正确。第1260条并未排除《民法典》的溯及力，根据《立法法》的规定，《民法典》一般不具有溯及既往的规定，但当溯及既往有利于当事人时，并不排除有利追溯，故D项错误。

二○○七年。”关于该解释，下列说法不正确的是?[1]

A. 香港基本法仅仅体现香港同胞的意志

B. 该解释与香港基本法具有同等效力

C. 该解释属于非正式解释

D. 全国人民代表大会开会期间，香港代表团能向全国人大提出解释该法律的要求

第十节　法律关系【考查频率☆☆☆☆☆】

一、法律关系的概念与种类

法律关系是在法律规范调整社会关系的过程中所形成的人们之间的权利和义务关系。

（一）法律关系的性质和特征

1. 法律关系是根据法律规范建立的一种社会关系，具有合法性。

（1）法律规范是法律关系产生的前提；

（2）法律关系不同于法律规范调整或保护的社会关系本身；

（3）法律关系是法律规范的实现形式，是法律规范的内容（行为模式及其后果）在现实社会生活中得到的具体贯彻。法律关系是人与人之间的合法关系。

2. 法律关系是体现意志性的特殊社会关系。

法律关系像法律规范一样必然体现国家的意志。破坏了法律关系，其实也违背了国家意志。但特定法律主体的意志对于法律关系的建立与实现也有一定的作用。

3. 法律关系是特定法律关系主体之间的权利和义务关系。

法律关系是以法律上的权利、义务为纽带而形成的社会关系。没有特定法律关系主体的实际的法律权利和法律义务，就不可能有法律关系的存在。

【经典真题】

甲、乙分别为某有限责任公司的自然人股东，后甲在乙知情但不同意的情况下，为帮助妹妹获取贷款，将自有股份质押给银行，乙以甲侵犯其股东权利为由向法院提起诉讼。关于本案，下列哪一判断是正确的?（2011－1－12）[2]

---

[1] ACD【解析】《香港基本法》体现全国人民的意志，因此A项错误。全国人大常委会的解释和被解释的法律具有同等效力，因此B项正确。全国人大常委会所作的解释是立法解释，属于正式解释，因此C项错误。提出法律解释要求的主体包括国务院、中央军委、最高法院、最高检察院、全国人大专门委员会、省级人大常委会，香港代表团无权提出法律解释要求。法律解释要求应当向全国人大常委会提出，不能向全国人大提出法律解释要求。因此D项错误。

[2] B【解析】法律关系可以依据不同的标准进行分类：（1）根据法律关系产生的依据、执行的职能和实现规范的内容不同，分为调整性法律关系与保护性法律关系。前者基于合法行为产生，不需适用法律制裁即前者属于规则的肯定性法律后果；后者基于违法行为而产生，必须适用法律制裁（后者为规则的否定性法律后果）。（2）法律主体在法律关系中的地位不同，分为纵向（隶属）的法律关系和横向（平权）的法律关系。前者是不平等主体之间形成的法律关系，法律主体处于不平等的地位，法律主体之间的权利与义务具有强制性，既不能随意转让，也不能任意放弃；后者是平等主体之间形成的法律关系，权利义务的内容具有一定的任意性。（3）根据法律主体的多少及其权利义务是否一致，可以分为单向（单务）法律关系、双向（双边）法律关系与多向（多边）法律关系。单向（单务）法律关系是存在单向的权利义务关系的法律关系，双向（双边）法律关系是指在特定的双方法律主体之间，存在着两个密不可分的单向权利义务关系，而多向（多边）法律关系又称“复合法律关系”或“复杂的法律关系”，是三个或三个以

A. 担保关系是债权关系的保护性法律关系

B. 债权关系是质押关系的第一性法律关系

C. 诉讼关系是股权关系的隶属性法律关系

D. 债权关系是质押关系的调整性法律关系

(二) 法律关系的种类

1. 按照法律关系产生的依据、执行的职能和实现规范的内容不同，分为：

(1) 调整性法律关系：是基于人们的合法行为而产生的，执行法的调整职能的法律关系，调整性法律关系不需要适用法律制裁。

(2) 保护性法律关系：是由于违法行为而产生的，旨在恢复被破坏的权利和秩序的法律关系，它们执行着法的保护职能，需要适用法律制裁。

2. 按照法律主体在法律关系中的地位不同，分为：

(1) 纵向的法律关系：是指在不平等的法律主体之间所建立的权力服从关系。具有强制性，不能随意转让和任意放弃。

(2) 横向的法律关系：是指平等法律主体之间的权利义务关系。具有一定程度的任意性。

3. 按照法律主体的多少及其权利义务是否一致，分为：

(1) 单向（单务）法律关系：是指权利人仅享有权利，义务人仅履行义务，两者之间不存在相反的联系。是法律关系体系中最基本的构成要素。比如赠与法律关系。一切法律关系均可分解为单向的权利义务关系。

(2) 双向（双边）法律关系：是指在特定的双方法律主体之间，存在着两个密不可分的单向权利义务关系，如租赁合同关系。

(3) 多向（多边）法律关系：又称“复合法律关系”或“复杂的法律关系”，是三个或三个以上相关法律关系的复合体，其中既包括单向法律关系，也包括双向法律关系（如行政法中的人事调动关系）。

4. 按照相关的法律关系作用和地位的不同，分为：

(1) 第一性法律关系（主法律关系）：是人们之间依法建立的不依赖其他法律关系而独立存在的或在多向法律关系中居于支配地位的法律关系。

(2) 第二性法律关系（从法律关系）：是由第一性法律关系产生的、居于从属地位的法律关系。如在调整性和保护性法律关系中，前者是第一性法律关系（主法律关系）；在实体和程序法律关系中，前者是第一性法律关系。

上相关法律关系的复合体，其中既包括单向法律关系，也包括双向法律关系。(4) 根据相关的法律关系作用和地位的不同，可以分为第一性法律关系（主法律关系）与第二性法律关系（从法律关系）。前者是指不依赖于其他法律关系而独立存在的或在多向法律关系中居于支配地位的法律关系，后者是指由此产生的、居于从属地位的法律关系。一般而言，调整性法律关系是第一性法律关系，保护性法律关系是第二性法律关系；实体法律关系是第一性法律关系，程序性法律关系是第二性法律关系。本题涉及 (1)、(2)、(4) 三种分类。在本题中，存在着多个法律关系：一是甲乙之间因享有股份而形成的准物权关系，二是甲向银行借款而与后者形成的债权（债务）关系，三是甲将自有股份质押给银行形成的担保关系（质押关系），四是乙起诉甲（侵权之债）而形成的诉讼关系。除去第一种关系题中没有提及外，债权关系属于调整性法律关系、横向（平权）的法律关系、第一性法律关系（主法律关系）；担保关系（质押关系）属于调整性法律关系、横向（平权）的法律关系、相对于债权关系的第二性法律关系（从法律关系）；诉讼关系属于保护性法律关系、横向法律关系、第二性法律关系（从法律关系）。故 A 项、C 项错误，B 项正确。甲与银行间的债权关系是一种调整性法律关系，但并非是相对于质押关系而言的。在上述四种法律关系的分类中，只有第 (4) 种第一性法律关系（主法律关系）与第二性法律关系（从法律关系）是具有相互依赖性和相对性而言的，而前三种分类的类型都是独立存在的。故 D 项错误。

【经典真题】

孙某的狗曾咬伤过邻居钱某的小孙子，钱某为此一直耿耿于怀。一天，钱某趁孙某不备，将孙某的狗毒死。孙某掌握了钱某投毒的证据之后，起诉到法院，法院判决钱某赔偿孙某600元钱。对此，下列哪一选项是正确的？（2008－1－7）[1]

A. 孙某因对其狗享有所有权而形成的法律关系属于保护性法律关系

B. 由于孙某起诉而形成的诉讼法律关系属于第二性的法律关系

C. 因钱某毒死孙某的狗而形成的损害赔偿关系属于纵向的法律关系

D. 因钱某毒死孙某的狗而形成的损害赔偿关系中，孙某不得放弃自己的权利

【习题拓展】

下列关于法律关系的说法中哪一说法是正确的？[2]

A. 法律关系建立的前提是法律事实

B. 法律关系只包括合法的社会关系，而不包括非法的社会关系

C. 不同的法律事实可能引起同一法律关系变更

D. 单向的权利义务不可能成为法律关系

二、法律关系主体

（一）法律关系主体的含义和种类

在中国，根据各种法律的规定，能够参与法律关系的主体包括以下几类：

1. 公民（自然人）。

包括中国公民、居住在中国境内或在境内活动的外国公民和无国籍人。

2. 机构和组织（法人）。

包括各种国家机关、企事业组织、各政党和社会团体。

3. 国家。

在特殊情况下，国家可以作为一个整体成为法律关系主体。例如，国家作为主权者是国际公法关系的主体，可以成为外贸关系中的债权人或债务人；国家可以直接以自己的名字参与国内的法律关系（如发行国库券），但在多数情况下则由国家机关或授权的组织作为代表参与法律关系。

（二）权利能力和行为能力

1. 权利能力。

（1）权利能力，又称权义能力（权利义务能力），是指能够参与一定的法律关系，依法享有一定权利和承担一定义务的法律资格。

（2）公民的权利能力可以从不同角度进行分类：

①根据享有权利能力的主体范围不同，可以分为一般权利能力（基本的权利能力）和特

---

[1] B【解析】保护性法律关系是由于违法行为而产生的、旨在恢复被破坏的权利和秩序的法律关系。保护性法律关系的一方主体是国家，另一方主体是违法者或犯罪者（典型的保护性法律关系是刑事法律关系）。孙某对其狗享有所有权而形成的法律关系属于调整性法律关系。故A项错误。第二性法律关系依附于第一性法律关系、居于从属地位。从题干看，孙某的起诉行为形成的诉讼法律关系属于第二性法律关系。故B项正确。纵向法律关系是指法律主体之间建立的上下级管理关系，横向法律关系是指法律主体之间建立的平等的权利义务关系。原告与被告之间形成的民事赔偿关系，属于横向法律关系。故C项错误。由于钱某和孙某之间的损害赔偿关系属于横向的法律关系，法律主体地位平等，权利义务具有一定程度的任意性，因此，权利人当然可以放弃自己的权利。故D项错误。

[2] C【解析】因为法律规范是法律关系的前提，法律关系依照法律规范而建立，故A项错误。法律关系是法律规范所调整的社会关系，它与社会关系的合法与否无关，故B项错误。就内容而言，法律关系就是法律所调整的权利义务关系，而一切法律关系都可以分解为单向的权利义务关系，故C项正确、D项错误。

殊权利能力（只授予某些特定的法律主体）。

②按照法律部门的不同，可以分为民事权利能力、政治权利能力、行政权利能力、劳动权利能力、诉讼权利能力等。这其中既有一般权利能力（如民事权利能力），也有特殊权利能力（政治权利能力、劳动权利能力）。

（3）法人的权利能力没有上述的类别。一般而言，法人的权利能力自法人成立时产生，至法人注销时消灭。其范围是由法人成立的宗旨和业务范围决定的。

2. 行为能力。

（1）确定公民有无行为能力，其标准有二：

①能否认识自己行为的性质、意义和后果；

②能否控制自己的行为并对自己的行为负责。

（2）公民的行为能力也可以进行不同的分类，根据其内容不同分为权利行为能力、义务行为能力和责任行为能力。

（3）公民的行为能力问题，是由法律予以规定的。世界各国的法律，一般都把本国公民划分为完全行为能力人、限制行为能力人和无行为能力人。

（4）法人组织也具有行为能力，但与公民的行为能力不同，表现在：

①公民的行为能力有完全与不完全之分，而法人的行为能力总是有限的，由其成立宗旨和业务范围所决定；

②公民的行为能力和权利能力并不是同时存在的，法人的行为能力和权利能力却是同时产生和同时消灭的。

【经典真题】

某软件公司研发人工智能写作系统，将此系统命名为小 k，该公司写作团队利用这个系统自动生成一篇文章，署名“小 k”。罗某未经许可将该文章署上自己的姓名发表，软件公司知道以后诉至法院。法院认为原告权利应受保护，故判决罗某败诉。本案中关于人工智能写作技术的影响，正确的是？（2021 年回忆版，不定项）[1]

A. 扩大了法律调整的社会关系范围　　B. 产生了法律关系主体的新型种类

C. 扩展了法律关系客体的表现形式　　D. 提升了法律关系主体的权利能力

【习题拓展】

王某因为要和妻子外出打工，将自己的老母亲交给好朋友赵某照料，从没有支付过赡养费，赵某顾及友情，而赵某妻子不愿意，她向王某索要赡养费，王某拒绝了。法院认为王某老母亲应当由王某照料，赵某夫妇无法定照料义务，却一直承担着老母亲的赡养责任，判决王某支付赡养费若干。关于此案，下列说法正确的是？[2]

A. 王某对于自己母亲的照顾是天经地义的，因此承担着绝对义务

B. 王某老母亲是民事诉讼法律关系的主体之一

---

[1] C【解析】法是调整人的行为的社会规范，法律关系是法律规范在调整社会关系过程中所形成的人与人的权利义务关系，主要涉及法律关系主体、内容、客体。本案中，法律调整的著作权侵权案件并未扩大法律调整的社会关系范围，故 A 项错误。对于本案而言，法律关系主体为某软件公司与罗某，并未产生新型种类，故 B 项错误。一般来说，法律关系的客体为物、人身、精神产品、行为结果，本案中的客体表现为新型智力成果，扩展了法律关系客体的表现形式，故 C 项正确。法律关系主体的权利能力，是指能够参加一定的法律关系，依法享有一定权利和承担一定义务的法律资格。就本案某软件公司与罗某而言，并未提升法律关系主体的权利能力，故 D 项错误。

[2] D【解析】绝对义务对应不特定的权利人，相对义务对应的是特定的义务人，本案中王某作为赡养义务人，属于相对义务，因此 A 项错误。在本案中，老母亲既不是原告，也不是被告，在诉讼法律关系中并非权利的享有者和义务的承担者，所以并非该民事诉讼法律关系的主体，因此 B 项错误。纵向法律关系中法律主体地位不平等，存在权力服从关系，而王某和李某之间是横向法律关系，因此 C 项错误。D 项正确。

C. 王某要向赵某支付赡养费，他们之间形成纵向法律关系

D. 判决在王某和赵某之间形成法律权利与法律义务关系

三、法律关系的内容

1. 法律关系的内容就是法律关系主体之间的法律权利和法律义务。

2. 法律关系主体的权利和义务与作为法律规范内容的权利和义务虽然都具有法律属性，但它们所属的领域、针对的法律主体以及它们的法的效力还是存在一定的差别：

（1）所属的领域不同。

作为法律规范内容的权利和义务是有待实现的法律权利和法律义务，即“应有的”法律权利和义务，属于可能性领域；法律关系主体的权利和义务是法律关系主体在实施法律的活动过程中所实际享有的法律权利和正在履行的法律义务，即“实有的”法律权利和义务，属于现实性领域。

（2）针对的主体不同。

法律上规定的权利和义务所针对的是一国之内的所有不特定的主体；而法律关系主体的权利和义务所针对的主体是特定的，即在某一法律关系中的有关主体。

（3）法的效力不同。

法律上规定的权利和义务由于针对的是不特定的主体，因而属于“一般化的法律权利和法律义务”，其具有一般的、普遍的法的效力；而法律关系主体的权利和义务由于针对的是特定的法律主体，故属于“个别化的法律权利和法律义务”，其仅对特定的法律主体有效，不具有普遍的法的效力。

【特别提示】法律关系主体的权利和权利能力的联系与区别：

1. 联系：权利以权利能力为前提，是权利能力这一法律资格在法律关系中的具体反映。

2. 区别：①任何人具有权利能力，并不必然表明他可以参与某种法律关系，而要能够参与法律关系，就必须要有具体的权利；②权利能力包括享有权利和承担义务这两方面的法律资格，而权利本身不包括义务在内。

四、法律关系客体

（一）法律关系客体的概念

法律关系客体是指法律关系主体之间权利和义务所指向的对象，是一定利益的法律形式。

（二）法律关系客体的种类

由于权利和义务类型的不断丰富，法律关系客体的范围和种类有不断扩大和增多的趋势。

1. 物。

法律意义上的物是指能为法律关系主体支配的、并在生产上和生活上被需要的客观实体。

（1）物理意义上的物要成为法律关系客体，须具备以下条件：

①应得到法律之认可；

②能为人类所认识和控制；

③能够给人们带来某种物质利益，具有经济价值；

④须具有独立性。

（2）有几种物不得进入国内商品流通领域，成为私人法律关系的客体：

①人类公共之物或国家专有之物，如海洋、山川、水流、空气；

②文物；

③军事设施、武器；

④危害人类之物（如毒品、假药、淫秽书籍等）。

2. 人身。

人身是由各个生理器官组成的生理整体（有机体）。人身不仅是人作为法律关系主体的承载者，而且在一定范围内也可成为法律关系的客体。

(1) 活人的（整个）身体，不得视为法律上之“物”，不能作为物权、债权和继承权的客体。

(2) 权利人不得对自己的人身进行违法或有伤风化的活动，不得滥用人身，或自贱人身和人格。

(3) 对人身行使权利必须依法进行，不得超出法律授权的界限，严禁对他人人身非法强行行使权利。

(4) 人身（体）部分的法律性质：

①当人身之部分尚未脱离人的整体时，即属人身本身；

②当人身之部分自然地从身体分离，已成为与身体相脱离的外界之物时，亦可视为法律上之“物”；

③当该部分已植入他人身体时，即为他人人身之组成部分。

3. 精神产品。

精神产品是人通过某种物体（如书本、砖石、纸张、胶片、磁盘）或大脑记载下来并加以流传的思维成果，也被称为智力成果、无体财产。

4. 行为结果。

即义务人完成其行为所产生的能够满足权利人利益要求的结果。

(1) 物化结果。即义务人的行为（劳动）凝结于一定的物体。

(2) 非物化结果。即义务人的行为仅表现为一定的行为过程，直至终了，最后产生权利人所期望的结果（或效果）。

（三）实际的法律关系

实际的法律关系有多种，而多种多样的法律关系就有多种多样的客体，即使在同一法律关系中也有可能存在两个或两个以上的客体。例如买卖法律关系的客体不仅包括“货物”，而且也包括“货款”。

（四）多向法律关系

多向（复合）法律关系之内的诸单向关系有主次之分，因此其客体也有主次之分。其中，主要客体决定次要客体，次要客体补充说明主要客体。

【经典真题】

赵某在行驶中的地铁车厢内站立，因只顾看手机而未抓扶手，在地铁紧急制动时摔倒受伤，遂诉至法院要求赔偿。法院认为，《侵权责任法》规定，被侵权人对损害的发生有过失的，可以减轻经营者的责任。地铁公司在车厢内循环播放“站稳扶好”来提醒乘客，而赵某因看手机未抓扶手，故存在重大过失，应承担主要责任。综合各种因素，判决地铁公司按40%

的比例承担赔偿责任。对此，下列哪些说法是正确的？（2017－1－57）[1]

A. 该案中赵某是否违反注意义务，是衡量法律责任轻重的重要标准

B. 该案的民事诉讼法律关系属第二性的法律关系

C. 若经法院调解后赵某放弃索赔，则构成协议免责

D. 法官对责任分摊比例的自由裁量不受任何限制

【习题拓展】

男子陈某与女子刘某登记结婚，婚后二人因原发性不孕症、外院反复促排卵及人工授精失败，在某市医院进行体外受精胚胎移植助孕手术，并获得受精胚胎4枚（尚未移植）。后夫妻二人因车祸死亡，遗留受精胚胎4枚。死者双方的父母因受精胚胎的监管权和处置权发生争议，陈某父母诉至人民法院。该医院作为诉讼第三人参与诉讼，并宣称胚胎属于特殊的物，涉及人性伦理问题，不能成为继承标的。为此，一审法院以"有违社会伦理和道德""合同履行不能"等法律规定为由，判决驳回陈某父母的诉讼请求。二人不服一审判决，随后上诉至该市中级人民法院。二审法院认为，"伦理""情感"等道德因素构成公民权利的基本组成部分，上诉人在不违反法律、公序良俗和他人利益的前提下，可以获得4枚受精胚胎的监管权和处置权。对此，下列说法不正确的是？[2]

A. 胚胎涉及伦理和情感，因此属于法律关系客体中的精神产品

B. 车祸导致陈某和刘某死亡，车祸属于法律行为

C. 法律的内容归根到底是由科技水平决定的

D. 法官重视"伦理""情感"，表明道德属于我国法律体系的重要组成部分

五、法律关系的产生、变更和消灭

（一）法律关系产生、变更与消灭的条件

1. 法律关系的形成、变更和消灭，需要具备一定条件：法律规范和法律事实。

2. 所谓法律事实，就是法律规范所规定的、能够引起法律关系产生、变更和消灭的客观情况或现象。

（1）纯粹的心理现象不能看作是法律事实；

（2）法律事实是由法律规定的、具有法律意义的事实。

【特别提示】一个客观情况能否成为法律事实，关键就是看其能否引起法律关系的产生、变更与消灭。

（二）法律事实的种类

1. 法律事件：法律事件是法律规范规定的，不以当事人的意志为转移而引起法律关系形成、变更或消灭的客观事实。法律事件又分成社会事件（如社会革命、战争等）和自然事件（如人的生老病死、自然灾害）两种。

2. 法律行为：善意行为、合法行为能够引起法律关系的形成、变更和消灭。恶意行为、

---

〔1〕 ABC【解析】《侵权责任法》规定，被侵权人对损害的发生有过失的，可以减轻经营者的责任。故A项正确。该案的民事诉讼法律关系是基于赵某与地铁公司之间的实体法律关系而产生的。故B项正确。协议免责，是指受害人与加害人在法律允许的范围内协商同意的免责。故C项正确。法官行使自由裁量权必须遵循合法、合理、公正、审慎等原则。故D项"不受任何限制"的说法错误。

〔2〕 ABCD【解析】胚胎属于法律关系客体中的物，而不是精神产品，故A项错误。车祸不以当事人意志为转移，属于法律事件，而不是法律行为，故B项错误。法律的内容归根到底是由一定社会物质生活条件决定，而不仅仅由科技水平决定，故C项错误。法律体系由法律部门组成，故D项错误。

违法行为也能够引起法律关系的形成、变更和消灭。

3. 在研究法律事实问题时，还有两种复杂的现象：

（1）同一个法律事实（事件或者行为）可以引起多种法律关系的产生、变更和消灭。

（2）两个或两个以上的法律事实引起同一个法律关系的产生、变更或消灭。在法学上，人们常常把两个或两个以上的法律事实所构成的一个相关的整体称为“事实构成”。

【特别提示】

1. 对于同一法律事实，对不同的人而言既可能是法律事件，也可能是法律行为。关键在于看该事实是否以当事人的意志为转移，如杀人案件，对于杀人者而言就是法律事实，对于受害者的家属而言就是法律事件。

2. 同一个法律事实可以引起多种法律关系的产生、变更和消灭，如，工伤致死，不仅可以导致劳动关系、婚姻关系的消灭，而且也导致劳动保险合同关系、继承关系的产生；两个或两个以上的法律事实引起同一个法律关系的产生、变更或消灭，如，房屋买卖，除了双方当事人签订买卖协议外，还须向房管部门办理登记过户手续方有效力，相互之间的关系也才能够成立。

【经典真题】

张某到某市公交公司办理公交卡退卡手续时，被告知：根据本公司公布施行的《某市公交卡使用须知》，退卡时应将卡内200元余额用完，否则不能退卡，张某遂提起诉讼。法院认为，公交公司依据《某市公交卡使用须知》拒绝张某要求，侵犯了张某自主选择服务方式的权利，该条款应属无效，遂判决公交公司退还卡中余额。关于此案，下列哪一说法是正确的？（2015－1－12）〔1〕

A. 张某、公交公司之间的服务合同法律关系属于纵向法律关系

B. 该案中的诉讼法律关系是主法律关系

C. 公交公司的权利能力和行为能力是同时产生和同时消灭的

D. 《某市公交卡使用须知》属于地方规章

第十一节　法律责任与法律制裁【考查频率☆☆☆】

一、法律责任的概念

（一）法律责任的含义和特点

法律责任，是指行为人由于违法行为、违约行为或者由于法律规定而应承受的某种不利的法律后果。

与道义责任或其他社会责任相比，法律责任有两个特点：

（1）法律责任的最终依据是法律；

（2）法律责任具有国家强制性。

---

〔1〕 C【解析】张某与公交公司的地位平等。故A项错。在实体和诉讼法律关系中，实体法律关系是主法律关系，诉讼法律关系是从法律关系。故B项错。公交公司是法人。法人的民事权利能力和民事行为能力，从法人成立时产生，到法人终止时消灭。故C项正确。地方政府规章只能由省、自治区、直辖市和设区的市、自治州、不设区的地级市的人民政府制定。某市公交公司公布施行的《某市公交卡使用须知》显然不是地方规章。故D项错误。

【特别提示】法律责任的产生有三个前提：违法行为、违约行为、法律规定。所谓法律规定主要指无过错责任和公平责任。

（二）法律责任与权力、权利、义务的关系

1. 法律责任与权力有着密切的联系。

（1）责任的认定、归结与实现都离不开国家司法、执法机关的权力（职权）；

（2）责任规定了行政权力的界限以及越权的后果。

2. 法律责任与法定权利与义务也有密切的联系。

（1）法律责任规范着法律关系主体行使权利的界限，以否定的法律后果来防止不当行使权利或者滥用权利；

（2）在权利受到妨碍，以及违反法定义务时，法律责任又成为救济权利、强制履行义务或追加新义务的依据；

（3）法律责任通过否定的法律后果成为权利、义务得以顺利实现的保证。

二、法律责任的竞合

（一）法律责任竞合的含义

法律责任的竞合，是指由于某种法律事实的出现，导致两种或两种以上的法律责任产生，而这些责任之间相互冲突的现象。

法律责任竞合既可发生在同一法律部门内部，如民法上侵权责任和违约责任的竞合，也可发生在不同的法律部门之间，如民事责任、行政责任和刑事责任等之间的竞合。

（二）法律责任竞合的特点

1. 数个法律责任的主体为同一法律主体。

2. 责任主体实施了一个行为。

3. 该行为符合两个或两个以上的法律责任构成要件。

4. 数个法律责任之间相互冲突。即当责任主体的数个法律责任既不能被其中之一所吸收，也不能并存，而如果同时追究，显然有悖于法律原则与精神时，就认为发生法律责任间的冲突，产生竞合。

（三）法律责任竞合的产生原因

由于法律规范的抽象性以及社会关系的复杂性，不同的法律规范在调整社会关系时可能会产生一定的重合，使得一个行为同时触犯了不同的法律规范，面临数种法律责任，从而引起法律责任的竞合问题。

（四）法律责任竞合的处理

对于不同法律部门间法律责任的竞合，一般来说，应按重者处之。如果相对较轻的法律责任已经被追究，再追究较重的法律责任应适当考虑折抵。

目前在实践中，法律责任的竞合较多的是指民事上的侵权责任与违约责任的竞合。根据我国《民法典》第186条的规定，因当事人一方的违约行为，损害对方人身权益、财产权益的，受损害方有权选择请求其承担违约责任或者侵权责任。

【经典真题】

1. 下列构成法律责任竞合的情形是？（2014－1－91）[1]

A. 方某因无医师资格开设诊所被卫生局没收非法所得，并被法院以非法行医罪判处3年有期徒刑

B. 王某通话时，其手机爆炸导致右耳失聪，可选择以侵权或违约为由追究手机制造商法律责任

C. 林某因故意伤害罪被追究刑事责任和民事责任

D. 戴某用10万元假币购买一块劳力士手表，其行为同时触犯诈骗罪与使用假币罪

2. 中学生小张课间打篮球时被同学小黄撞断锁骨，小张诉请中学和小黄赔偿1.4万余元。法院审理后认为，虽然2被告对原告受伤均没有过错，不应承担赔偿责任，但原告毕竟为小黄所撞伤，该校的不当行为也是伤害事故发生的诱因，且原告花费1.3万余元治疗后尚未完全康复，依据公平原则，法院酌定被告各补偿3000元。关于本案，下列哪一判断是正确的？（2012－1－12）[2]

A. 法院对被告实施了法律制裁

B. 法院对被告采取了不诉免责和协议免责的措施

C. 法院做出对被告有利的判决，在于对案件事实与规范间关系进行了证成

D. 被告承担法律责任主要不是因为行为与损害间存在因果关系

【习题拓展】

某花式篮球表演队与甲篮球馆签订了一个表演比赛的合同，合同约定花式篮球表演队所有正式人员参加表演，一共费用是五万元整，但因球队主力吴某的缺席，导致很多慕名而来的观众退票，篮球馆损失了十几万，篮球馆向法院起诉花式篮球表演队，要求赔偿损失。法院判决认为，花式篮球表演队对于吴某时间档期不足早已知晓，涉嫌违约，应当依法赔偿。对于本案，下列说法错误的是？[3]

A. 法院的判决是规范性法律文件，具有法律效力

B. 该案件中存在多种法律关系

---

[1] BD【解析】法律责任竞合的特点在于：(1) 一个法律事实；(2) 导致两种责任；(3) 这两种责任之间有冲突，不能同时并存。A项中，没收非法所得与判处刑罚之间并没有冲突，不属于法律责任竞合；B项中，一个法律事实导致了两种冲突的法律责任，当事人只能择一，属于法律责任竞合；C项中，刑事责任和民事责任是可以并存的，并无冲突，不属于法律责任竞合；D项是典型的想象竞合，属于法律责任竞合，应当择一重罪处罚。

[2] C【解析】法律制裁是指由特定国家机关对违法者依其法律责任而实施的惩罚措施。法律制裁的对象是违法者。本题中，被告对原告受伤没有过错，没有违法行为，被告承担的法律责任属于“公平责任”，属于“补偿”性质而不属于“惩罚”性质，因此不属于法律制裁。故A项错误。法律责任的免除，也称免责，是指法律责任由于出现法定条件被部分或全部地免除，主要情形包括：时效免责、不诉及协议免责、自首立功免责以及履行不能免责。其中，不诉免责是指，如果受害人及有关当事人不向法院起诉，行为人的法律责任就实际上被免除；协议免责是指受害人与加害人在法律允许范围内协商同意的免责。本题中，小张已经向法院提起了侵权诉讼，不存在“不诉及协议”情形。故B项错误。C项和D项考查法律责任的构成要件：(1) 主体，是指违法违约主体或其他承担法律责任的主体；(2) 过错，即主观上的故意或过失。但是公平责任和无过错责任不要求“过错”；(3) 行为，即违法和违约行为，但公平责任和无过错责任不要求“违法和违约行为”；(4) 损害事实，即人身、财产、精神等方面的损害；(5) 因果关系，即违法行为与损害事实有因果关系。C项中，法院对损害事实进行了查明，并对被告的行为与损害事实的因果关系进行了论证，依据法律中的“公平责任”作出判决，即法院将法律规范中的“公平责任”与案件事实中的“损害后果、因果关系”对接起来，进行了法律证成。故C项正确。在本题中，由于法院认为小黄的冲撞行为和学校的不当行为是该伤害事故发生的诱因，法院遂依据公平原则酌定被告各补偿3000元。法院的这一行为旨在说明：被告承担法律责任的主要原因是行为与损害之间存在因果关系。故D项错误。

[3] A【解析】规范性法律文件具有普遍性，可以反复多次适用，而判决只是针对特定主体，属于一种非规范性法律文件，因此A项错误。B项、C项、D项正确。

C. 花式篮球表演队对篮球馆进行赔偿所形成的是保护性法律关系

D. 对于法官作出判决所依赖的理由的证成属于外部证成

三、归责与免责

（一）法律责任的归责原则

1. 法律责任的归结，也叫归责，是指由特定国家机关或国家授权的机关依法对行为人的法律责任进行判断和确认。

2. 在我国，归责的原则主要可以概括为：责任法定原则、公正原则、效益原则和合理性原则，即合法、公正、有效、合理的归责原则。

3. 公正原则要求在追究法律责任方面：

（1）对任何违法、违约的行为都应依法追究相应的责任；

（2）责任与违法或损害要相均衡；

（3）公正要求综合考虑行为人承担责任的多种因素，做到合理地区别对待；

（4）公正要求在追究法律责任时依据法律程序追究法律责任，非依法律程序不得追究法律责任；

（5）坚持公民在法律面前一律平等。

（二）法律责任的免责条件

法律责任的免除，也称免责，是指法律责任由于出现法定条件被部分或全部地免除。我国主要存在以下几种免责形式：

1. 时效免责。

2. 不诉及协议免责。

3. 自首、立功免责。

4. 不可抗力、正当防卫、紧急避险免责。

5. 人道主义免责。

【经典真题】

王某因张某家的燃气爆燃而受伤，将张某及燃气公司告上法庭。燃气公司称，自己已经将安全用气方法告知张某，故不担责。法院认为燃气公司具有更强的安全风险判断能力，应承担更高的安全保障义务，燃气公司在安装燃气设备时已发现严重安全隐患，应立即采取有效措施消除隐患。故判处燃气公司担15%的责任，其余责任由张某承担。对此，下列说法正确的是？（2021年回忆版，单选）[1]

A. 判决燃气公司担15%的责任，实际上是对张某的责任部分免除

B. 对于责任的公正分配，应与行为人所承担的具体义务一致

C. 张某和燃气公司的责任出现了竞合

D. 法院判处燃气公司担15%的责任属于对燃气公司的法律制裁

【习题拓展】

名动一时的昆山龙哥一案以于某正当防卫结案，据介绍，昆山警方根据侦查查明的事实，并听取检察机关意见和建议，依据《刑法》第20条第3款"对正在进行行凶、杀人、抢劫、

[1] B【解析】就本案而言，张某与燃气公司对王某的受伤承担各自相应的责任，因此燃气公司承担的责任并非是对张某责任的部分免除。故A项错误。法律责任是行为人由于违法行为、违约行为或者由于法律规定而应承受的某种不利的法律后果。对于责任的的公正分配，应与行为人所承担的具体义务一致，故B项正确。法律责任竞合的特点为数个法律责任的主体为同一法律主体，而本案中张某与燃气公司属于不同主体，承担不同责任，不属于法律责任竞合，故C项错误。法律责任不一定会导致法律制裁。因此D项错误。

强奸、绑架以及其他严重危及人身安全的暴力犯罪，采取防卫行为，造成不法侵害人伤亡的，不属于防卫过当，不负刑事责任”之规定，认定于某的行为属于正当防卫，不负刑事责任，公安机关依法撤销于某案件。“龙哥”的行为属于刑法意义上的“行凶”，其对于某的不法侵害是一个持续的过程。警方称，根据《刑法》第20条第3款规定，判断“行凶”的核心在于是否严重危及人身安全。司法实践中，考量是否属于“行凶”，不能苛求防卫人在应急反应情况下作出理性判断，更不能以防卫人遭受实际伤害为前提，而要根据现场具体情景及社会一般人的认知水平进行判断。关于本案，下列说法正确的是？〔1〕

A. 警方所引用的《刑法》第20条第3款是一条确定性规则

B. 因为警察是行政人员，警察对于行凶的解释是一种行政解释

C. 于某的行为属于免责事由

D. 警方认定于某的行为不构成犯罪体现了法的评价作用

四、法律制裁

法律制裁，是指由特定国家机关对违法者依其法律责任而实施的强制性惩罚措施。是责任人被动承担法律责任的一种方式。

与上述法律责任的种类相对应，可以将法律制裁分为刑事制裁、民事制裁、行政制裁和违宪制裁。

【特别提示】法律责任不同于法律制裁，有法律责任未必有法律制裁，但无法律责任必定无法律制裁。

【习题拓展】

赵某自有车辆正常停放在某小区停车位，后被高空坠物砸坏车后挡风玻璃，因无法确定实际侵权人，赵某要求某物业公司及某小区某栋楼全体业主承担损害赔偿责任。后经查明，法院认为涉案车辆后挡风玻璃破碎由某小区内房屋装修掉落的水泥块引起，侵权发生时，某小区内仅有某栋1302室正在装修，故侵权人应推定为该室业主。因本案能够确定具体侵权人，故对赵某要求某物业公司及该小区某栋楼其余业主共同承担赔偿责任的诉讼请求不予支持。关于本案，下列说法不正确的是？〔2〕

A. 法官处理本案依据的是正式的法律渊源

B. 追究民事责任，最重要的归责原则是责任自负原则

C. 该业主在承担法律责任的基础上，必然导致法律制裁

D. 某物业公司及该小区某栋楼其余业主之间存在法律责任的竞合

---

〔1〕 ACD【解析】在我国，行政执法人员或者处理具体案件的人员在日常执法、司法过程中所作的解释属于非正式解释，因此B项错误。免责有时效免责，不诉免责，自愿协议免责，自首、立功免责，不可抗力、正当防卫、紧急避险免责，人道主义免责，等等，因此C项正确。警方认定于某的行为不构成犯罪体现了法的评价作用，D项正确。

〔2〕 BCD【解析】法官处理高空坠物案件，依据是《民法典》的规定，《民法典》是正式的法律渊源，故A项正确，不当选。法律责任的归责原则主要有责任法定原则、公正原则、效益原则、责任自负原则，而追究民事责任，最重要的归责原则是公正原则，故B项错误。法律制裁是指特定国家机关依照法定职权与程序对应该承担法律责任的主体依其法律责任而实施的强制性惩罚措施。但法律责任不一定必然导致法律制裁，因为责任人可以主动承担与履行责任，就本案而言，该业主有可能主动承担责任，故C项错误。法律责任的竞合是指一个法律主体的同一个法律行为导致两种或两种以上的法律责任的产生，而且这些法律责任之间是冲突的，故D项错误。

第二章　法的运行

【重点提示】

1. 司法与执法的区别；
2. 法的发现与法的证成；
3. 法律推理的种类和具体运用；
4. 内部证成和外部证成；
5. 法律解释的方法与位阶；
6. 法律漏洞的填补。

【相关法条】

1. 《立法法》；
2. 《各级人大常委会监督法》。

【知识框架】

- 法的运行
  - 立法
    - 立法和立法体制
    - 立法程序
  - 法的实施
    - 执法
    - 司法
    - 守法
    - 法律监督
  - 法适用的一般原理
    - 法适用的目标
    - 法的发现与法的证成
    - 内部证成与外部证成的区分
  - 法律推理
    - 法律推理的概念和特点
    - 演绎法律推理、归纳法律推理、类比法律推理、设证法律推理
  - 法律解释
    - 法律解释的概念
    - 法律解释的方法
    - 法律解释方法的适用模式与位阶
    - 当代中国的法律解释体制
  - 法律漏洞的填补

第一节　立法【考查频率☆☆☆】

一、立法的定义

（一）立法的含义

立法是指一定的国家机关依照法定职权和程序，制定、修改和废止法律和其他规范性法律

文件及认可法律的活动，是将一定阶级的意志上升为国家意志的活动，是对社会资源、社会利益进行第一次分配的活动。广义的立法与法律制定同义，其权力体制包括国家立法权、地方立法权、行政立法权、授权立法权，狭义上的立法仅仅指享有国家立法权的立法机关的活动。

立法是国家的重要政治活动。《立法法》是规范国家立法活动的重要法律，是“管法的法”。

（二）立法的特点

1. 立法是以国家的名义进行的活动。

2. 立法是一项国家职能活动，其目的是为了实现国家和社会生活的有效调整。

3. 立法是以一定的客观经济关系为基础的人们的主观意志活动，并且受其他社会因素的影响。

4. 立法是产生具有规范性、国家强制性的普遍行为规则的活动。

5. 立法是依照法定职权和程序进行的专门活动。

6. 立法是对有限的社会资源进行制度性的分配，是对社会资源的第一次分配，反映了社会的利益倾向性。

（三）立法的原则

1. 合法性原则。

法律制定的依据、权限、程序必须遵循宪法和法律的规定。包括主体合法、内容合法和程序合法。

2. 科学性原则。

法律制定必须从实际出发，尊重客观规律，总结借鉴与科学预见相结合。《立法法》第6条规定：“立法应当从实际出发，适应经济社会发展和全面深化改革的要求，科学合理地规定公民、法人和其他组织的权利与义务、国家机关的权力与责任。法律规范应当明确、具体，具有针对性和可执行性。”

3. 民主性原则。

法律制定必须从最大多数人的最根本利益出发。程序具有民主性，包括主体民主、活动民主和过程公开。《立法法》第36条规定：“列入常务委员会会议议程的法律案，法律委员会、有关的专门委员会和常务委员会工作机构应当听取各方面的意见。听取意见可以采取座谈会、论证会、听证会等多种形式。法律案有关问题专业性较强，需要进行可行性评价的，应当召开论证会，听取有关专家、部门和全国人民代表大会代表等方面的意见。论证情况应当向常务委员会报告。法律案有关问题存在重大意见分歧或者涉及利益关系重大调整，需要进行听证的，应当召开听证会，听取有关基层和群体代表、部门、人民团体、专家、全国人民代表大会代表和社会有关方面的意见。听证情况应当向常务委员会报告。常务委员会工作机构应当将法律草案发送相关领域的全国人民代表大会代表、地方人民代表大会常务委员会以及有关部门、组织和专家征求意见。”

4. 公开性原则。

体现人民的意志，发扬社会主义民主，坚持立法公开，保障人民通过多种途径参与立法活动。

【经典真题】

1. 法谚云：“习惯在于自觉遵守，而法律在于强制服从”，关于法律和习惯的说法，下列

选项正确的是？（2020 年回忆版，单选）〔1〕

A. 法律不被公布则不能生效 B. 法律不被遵守则不具有强制力

C. 习惯不具有强制力 D. 习惯具有成文性

2. 我国《立法法》明确规定："宪法具有最高的法律效力，一切法律、行政法规、地方性法规、自治条例和单行条例、规章都不得同宪法相抵触。"关于这一规定的理解，下列哪一选项是正确的？（2016－1－22）〔2〕

A. 该条文中两处"法律"均指全国人大及其常委会制定的法律

B. 宪法只能通过法律和行政法规等下位法才能发挥它的约束力

C. 宪法的最高法律效力只是针对最高立法机关的立法活动而言的

D. 维护宪法的最高法律效力需要完善相应的宪法审查或者监督制度

二、立法体制

（一）立法体制概述

1. 立法体制包括立法权限的划分、立法机关的设置和立法权的行使等各方面的制度，主要为立法权限的划分。

2. 根据享有立法权的主体和形式的不同，立法权可以划分为国家立法权、地方立法权、行政立法权、授权立法权等。

3. 立法体制的性质是与国家的性质相一致的，立法体制的形式则是与国家的结构形式和管理形式密切联系的。

（二）我国的立法体制

1. 当代中国是单一制国家，根据我国宪法规定，我国的立法体制是一元性的立法体制，全国只有一个立法体系。

2. 我国的立法体制同时又是多层次的：

（1）在我国，根据宪法的规定，全国人民代表大会及其常委会行使国家立法权，制定法律；

（2）国务院制定行政法规，国务院下属的部委制定行政规章，省、直辖市的人民代表大会及其常委会制定地方性法规；

（3）民族自治地方的人民代表大会制定自治条例和单行条例；

（4）省、自治区的人民政府所在地的市和经国务院批准的较大的市和其他设区的市、自治州的人民代表大会及其常务委员会制定地方性法规；

（5）省、自治区、直辖市人民政府及省、自治区的人民政府所在地的市和经国务院批准的较大的市和其他设区的市、自治州的人民政府制定规章；

（6）特别行政区实行的制度（包括立法制度），由全国人民代表大会以法律进行规定。

---

〔1〕 A【解析】公布是立法程序中最后也是最重要的程序，公布是法律生效的必要程序，法律不公布，不能生效。故 A 项正确。法律只要经过完整的立法程序则成为有效的立法，就享有法律的强制力。不被公众遵守并不否认法的当然具有的国家强制力。故 B 项错误。任何规范都有保证自己实现的力量，只不过，法律的强制力是一种国家强制力。习惯的强制力往往来自社会舆论、个人自觉等主观因素，并不是没有强制力。故 C 项错误。习惯虽可以被文字记录，但是否具有成文形式却并非其能够存续的关键，一般认为，习惯法也是不成文法最重要的表现形式之一。故 D 项错误。

〔2〕 D【解析】"法律效力"中的"法律"指的是"规范性法律文件"（法理学的知识点），而第二处"法律"指的是全国人大或全国人大常委会制定的规范性法律文件的总称，两者并不相同，A 项错误。宪法的效力具有直接性，不仅成为立法的基础，同时对立法行为与依据宪法进行的各种行为产生直接的约束力，B 错误。在整个法律体系中宪法效力是最高的，这意味着它不仅针对全国人大的立法而言，也针对其他有权立法主体的立法活动而言，C 错误。宪法审查或者监督制度是维护宪法最高效力的重要途径，D 正确。本题可采用排除法。

【特别提示】立法方式包括制定、修改、废止三种方式，制定又分为制定与认可两种方式。

（三）国家立法权

1. 主体是中央国家权力机关。全国人大及其常委会拥有制定法律的权力，有在立法体系中居于基础和主导地位的最高立法权。

2. 类型。

（1）全国人大：制定和修改刑事、民事、国家机构的和其他事项的基本法律。

（2）全国人大常委会：制定和修改除应当由全国人民代表大会制定的法律以外的其他法律；在全国人大闭会期间，对全国人大制定的法律进行部分补充和修改，但是不得同该法律的基本原则相抵触。

3. 只能制定法律的事项：

（1）国家主权的事项；

（2）各级人民代表大会、人民政府、人民法院和人民检察院的产生、组织和职权；

（3）民族区域自治制度、特别行政区制度、基层群众自治制度；

（4）犯罪和刑罚；

（5）剥夺公民政治权利、限制人身自由的强制措施和处罚；

（6）税种的设立、税率的确定和税收征收管理等税收基本制度；

（7）对非国有财产的征收、征用；

（8）民事基本制度；

（9）基本经济制度以及财政、海关、金融和外贸的基本制度；

（10）诉讼和仲裁制度；

（11）必须由全国人民代表大会及其常务委员会制定法律的其他事项。

（四）地方立法权

1. 主体是有权的地方国家权力机关。

省级的人大及其常委会、设区的市的人大及其常委会、自治州人大及其常委会制定地方性法规；自治区、自治州、自治县人大制定自治条例与单行条例。

2. “设区的市”的立法权限。

（1）只能制定城乡建设与管理、环境保护、历史文化保护等方面的事项；

（2）之前已经制定的地方性法规继续有效；

（3）享有立法权的设区的市制定地方性法规的具体步骤和时间由省级人大常委会根据情况决定。

3. 规定本行政区域特别重大事项的地方性法规，应当由人民代表大会通过。

（五）行政立法权和授权立法权

1. 行政立法权的主体是国家行政机关。

（1）中央行政立法权：国务院制定行政法规，部委制定部门规章。

（2）地方行政立法权：省、设区的市、自治州人民政府制定地方政府规章。

2. 授权立法权的主体是《立法法》授权的特定国家机关。包括授权制定行政法规、经济特区法规。

（1）授权决定应当明确授权的目的、事项、范围、期限以及被授权机关实施授权决定应当遵循的原则等。

（2）授权的期限不得超过5年，但是授权决定另有规定的除外。

（3）被授权机关应当在授权期限届满的6个月以前，向授权机关报告授权决定实施的情况，并提出是否需要制定有关法律的意见；需要继续授权的，可以提出相关意见，由全国人民代表大会及其常务委员会决定。

【习题拓展】

下列关于立法、司法、执法和法律监督的说法，正确的选项是?[1]

A. 立法民主表现在立法机关充分考虑公众的意见

B. 司法就是运用法律的抽象规定作出法律决定的过程

C. “有法可依、有法必依、执法必严、违法必究”中的“执法”是狭义的执法

D. 法律监督体系包括新闻舆论监督和公民的法律监督

三、立法程序

立法程序，是指特定的国家机关制定、修改和废止法律和其他规范性法律文件及认可法律的法定步骤和方式。

我国的《立法法》对全国人民代表大会及其常务委员会的立法程序基本规定为四个步骤，即法律议案的提出、法律议案的审议、法律议案的表决和通过、法律的公布。其他的立法程序一般参照进行。

（一）法律议案的提出

1. 法律议案与法律草案不同。

（1）法律议案是指有关立法的建议，内容一般比较原则、概括，但也可以比较具体，可以只提立法主旨和理由，也可以附有法律草案。法律草案内容比较具体、系统、完整。

（2）提出法律议案并不等于提出法律草案。提出法律议案时是否附法律草案由提案人自主决定。如果提案人不附法律草案，可由立法机关的有关部门委托一定的机关或个人起草法律草案，也可以组织专门的人员负责起草法律草案。

2. 在我国，根据宪法和法律的规定，下列个人或组织享有向最高国家权力机关提出法律议案的提案权：

（1）全国人大代表和全国人大常委会的组成人员。依照法律规定，全国人大代表30人以上或一个代表团可以提出法律议案。全国人大常委会委员10人以上可以向全国人大常委会提出法律议案。

（2）全国人大主席团、全国人大常委会可以向全国人大提出法律议案。全国人大各专门委员会可以向全国人大或全国人大常委会提出法律议案。

（3）国务院、中央军委、国家监察委员会、最高人民法院、最高人民检察院可以向全国人大或全国人大常委会提出法律议案。

（二）法律议案的审议

法律议案的审议是指立法机关对已经列入议事日程的法律议案正式进行审查和讨论。

1. 我国全国人大代表对法律议案的审议，一般经过两个阶段：

（1）由全国人大有关专门委员会进行审议，其中包括对法律议案的修改、补充；

（2）立法机关全体会议的审议。

---

[1] A【解析】B项错误，司法是运用法律的具体规定而作出法律决定的过程。C项错误。“有法可依、有法必依、执法必严、违法必究”中的“执法”是广义的执法。D项错误。新闻舆论监督和公民的法律监督属于社会法律监督体系，而非国家法律监督体系。

2. 评估制度。

（1）提请常务委员会会议审议通过的法律案，在法律委员会提出审议结果报告前，常务委员会工作机构可以组织开展评估工作。评估情况由法律委员会在审议结果报告中予以说明。

（2）列入常务委员会会议议程的法律案，应当在常务委员会会议后向社会公布，征求意见，但是经委员长会议决定不予公布的除外；时间不少于30日。

（3）全国人大有关的专门委员会、常务委员会工作机构可以组织对有关法律或者法律中有关规定进行立法后评估。评估情况应当向常务委员会报告。

3. 审查方式由被动审查到被动审查与主动审查并行。

有关的专门委员会和常务委员会工作机构可以对报送备案的规范性文件进行主动审查。

4. 法律案审议的结果有以下几种：

（1）提付表决；

（2）搁置；

（3）终止审议。

（三）法律议案的表决和通过

法律议案的表决和通过是立法机关以法定多数对法律议案所附法律草案表示最终的赞同，从而使法律草案成为法律。这是法的制定程序中具有决定意义的一个步骤。

提出法律草案表决稿后，由主席团提请全国人大全体会议表决或由委员长会议提请常务委员会全体会议表决。委员长会议可以决定将个别意见分歧较大的重要条款提请常务委员会会议单独表决。委员长会议根据单独表决的情况，可以决定将法律草案表决稿交付表决，也可以决定暂不付表决，交法律委员会和有关的专门委员会进一步审议。对多部法律中涉及同类事项的个别条款进行修改，一并提出法律案的，经委员长会议决定，可以合并表决，也可以逐个表决。

通过法律议案的方式，有公开表决和秘密表决两种。公开表决包括举手表决、起立表决、口头表决、行进表决、记名投票表决等各种形式。我国自1985年3月起主要采取秘密表决。

宪法的修改由全国人民代表大会以全体代表2/3以上的多数通过。法律案由全国人大全体代表或者全国人大常委会全体组成人员的过半数通过。

（四）法律的公布

法律的公布是立法程序中的最后一个步骤，它是法律生效的前提。我国宪法规定，中华人民共和国主席根据全国人民代表大会和全国人民代表大会常务委员会的决定，公布法律。我国通过的法律由国家主席签署主席令予以公布。法律签署公布后，及时在全国人民代表大会常务委员会公报和中国人大网以及在全国范围内发行的报纸上刊载。在常务委员会公报上刊登的法律文本为标准文本。

【经典真题】

1. 关于我国立法和法的渊源的表述，下列选项不正确的是？(2013－1－87)[1]

A. 从法的正式渊源上看，"法律"仅指全国人大及其常委会制定的规范性文件

B. 公布后的所有法律、法规均以在《国务院公报》上刊登的文本为标准文本

C. 行政法规和地方性法规均可采取"条例"、"规定"、"办法"等名称

D. 所有法律议案（法律案）都须交由全国人大常委会审议、表决和通过

2. 实施依法治国方略，要求各级领导干部善于运用法治思维思考问题，处理每项工作都要依法依规进行。下列哪一做法违反了上述要求？(2014－1－3)[2]

A. 某市环保部门及时发布大型化工项目的环评信息，回应社会舆论质疑

B. 某市法院为平息来访被害人家属及群众情绪签订保证书，根据案情承诺加重处罚被告人

C. 某市人大常委会就是否在地方性法规中规定"禁止地铁内进食"举行立法听证

D. 某省推动建立涉法涉诉信访依法终结制度

3. 完善以宪法为核心的中国特色社会主义法律体系要求推进科学立法和民主立法。下列哪一做法没有体现这一要求？(2015－1－3)[3]

A. 在《大气污染防治法》修改中，立法部门就处罚幅度听取政府部门和专家学者的意见

B. 在《种子法》修改中，全国人大农委调研组赴基层调研，征求果农、种子企业的意见

C. 甲市人大常委会在某社区建立了立法联系点，推进立法精细化

D. 乙市人大常委会在环境保护地方性法规制定中发挥主导作用，表决通过后直接由其公布施行

---

[1] BD【解析】在我国，法的正式渊源包括宪法、法律、行政法规、地方性法规、自治法规等。此处的"法律"，应作狭义理解，即指全国人大及其常委会制定的规范性文件。A项正确。《立法法》第58条第2、3款规定："法律签署公布后，及时在全国人民代表大会常务委员会公报和中国人大网以及在全国范围内发行的报纸上刊载。在常务委员会公报上刊登的法律文本为标准文本。"《立法法》第71条规定："行政法规签署公布后，及时在国务院公报和中国政府法制信息网以及在全国范围内发行的报纸上刊载。在国务院公报上刊登的行政法规文本为标准文本。"《立法法》第79条规定："地方性法规、自治区的自治条例和单行条例公布后，及时在本级人民代表大会常务委员会公报和中国人大网、本地方人民代表大会网站以及在本行政区域范围内发行的报纸上刊载。在常务委员会公报上刊登的地方性法规、自治条例和单行条例文本为标准文本。"《立法法》第86条规定："部门规章签署公布后，及时在国务院公报或者部门公报和中国政府法制信息网以及在全国范围内发行的报纸上刊载。地方政府规章签署公布后，及时在本级人民政府公报和中国政府法制信息网以及在本行政区域范围内发行的报纸上刊载。在国务院公报或者部门公报和地方人民政府公报上刊登的规章文本为标准文本。"B项错误。行政法规名称多用"条例"，亦用"办法""实施细则"等名称。地方性法规可称为"条例""规定""办法"等，但必须冠以省、自治区、直辖市和较大的市的名称。C项正确。《立法法》第7条第1款规定："全国人民代表大会和全国人民代表大会常务委员会行使国家立法权。"全国人大及其常委会都可依法审议、表决和通过有关法律案。D项错误。

[2] B【解析】依法治国是法治国家对政府行政活动的基本要求，深入贯彻实施依法治国基本方略，要求坚持科学立法、严格执法、公正司法、全民守法以及监督制约。选项A正确。及时公布相关信息，以回应社会舆论质疑，符合依法治国的要求。选项B错误。是否给予处罚，给予怎样的处罚必须严格按照案件事实与法律规定，这里为了平息被害人亲属和其他群众的情形而加重被告人处罚的做法，不符合法律的相关规定。另外，在未判决之前，保证加重处罚也不妥当，违背了依法治国的要求。法院应当依法裁判，合理对待民意。选项C正确。就"禁止地铁内进食"举行立法听证，听取群众意见，是坚持开门立法、民主立法的表现，符合依法治国的要求。选项D正确。涉法涉诉信访依法终结制度，是指对涉法涉诉信访事项，已经穷尽法律程序的，依法作出的判决、裁定为终结决定。对在申诉时限内反复缠访缠诉，经过案件审查、评查等方式，并经中央或省级政法机关审核，认定其反映问题已经得到公正处理的，除有法律规定的情形外，依法不再启动复查程序。对信访采取法律程序进行终结，体现了以法治思维解决矛盾的要求，该做法符合依法治国的要求。

[3] D【解析】设区的市、自治州的地方性法规须报省、自治区的人民代表大会常务委员会批准，由本级人大常委会发布公告予以公布，D项错误。

【习题拓展】

医生往往因惧怕医疗事故侵权诉讼而对病人采取很多不必要的救治措施，即所谓“防御性医疗”。《医学界》杂志的调查显示，85%以上的医生承认自己采取过防卫性医疗策略。《卫生经济研究》杂志编辑叶向明表示，民事诉讼法对于医疗事故“举证责任倒置”的规定本意是要保护患者，但实际上导致了不符合医疗伦理道德的治疗方案泛滥。对于“防御性”医疗，下列说法正确的是?〔1〕

A. 生命权、健康权是我国宪法和法律明文规定的法定权利

B. 在医疗侵权纠纷案件中的民事诉讼法律关系属于从法律关系

C. 立法技术影响立法质量，医疗事故侵权诉讼立法需要一定的立法预测技术、立法规划技术和立法表达技术，可以适当移植国外的先进立法

D. 医疗事故的“举证责任倒置”本意是方便患者的事后维权，却反而催生了医疗行为当中的防御性医疗，这表明法律不能解决一切问题，有时甚至事与愿违

四、法律的审批与备案

（一）事先审查

1. 设区的市的地方性法规。

设区的市的地方性法规须报省、自治区的人民代表大会常务委员会批准后施行。省、自治区的人民代表大会常务委员会对报请批准的地方性法规，应当对其合法性进行审查，同宪法、法律、行政法规和本省、自治区的地方性法规不抵触的，应当在4个月内予以批准。省、自治区的人民代表大会常务委员会在对报请批准的设区的市的地方性法规进行审查时，发现其同本省、自治区的人民政府的规章相抵触的，应当作出处理决定。

除省、自治区的人民政府所在地的市，经济特区所在地的市和国务院已经批准的较大的市以外，其他设区的市开始制定地方性法规的具体步骤和时间，由省、自治区的人民代表大会常务委员会综合考虑本省、自治区所辖的设区的市的人口数量、地域面积、经济社会发展情况以及立法需求、立法能力等因素确定，并报全国人民代表大会常务委员会和国务院备案。

2. 自治条例和单行条例。

自治区的自治条例和单行条例，报全国人民代表大会常务委员会批准后生效。自治州、自治县的自治条例和单行条例，报省、自治区、直辖市的人民代表大会常务委员会批准后生效。自治条例和单行条例可以依照当地民族的特点，对法律和行政法规的规定作出变通规定，但不得违背法律或者行政法规的基本原则，不得对宪法和民族区域自治法的规定以及其他有关法律、行政法规专门就民族自治地方所作的规定作出变通规定。

（二）改变或者撤销的规定

《立法法》第97条规定，改变或者撤销法律、行政法规、地方性法规、自治条例和单行条例、规章的权限：

1. 全国人民代表大会有权改变或者撤销它的常务委员会制定的不适当的法律，有权撤销全国人民代表大会常务委员会批准的违背宪法和本法第75条第2款规定的自治条例和单行条例；

2. 全国人民代表大会常务委员会有权撤销同宪法和法律相抵触的行政法规，有权撤销同宪法、法律和行政法规相抵触的地方性法规，有权撤销省、自治区、直辖市的人民代表大会常

---

〔1〕 BCD【解析】我国宪法和法律中并未明文规定生命权和健康权，因此A项错误。从法律关系是指由第一性法律关系产生的、居于从属地位的法律关系，诉讼法律关系属于从法律关系，因此B项正确。C项、D项是正确的。

务委员会批准的违背宪法和本法第75条第2款规定的自治条例和单行条例；

3. 国务院有权改变或者撤销不适当的部门规章和地方政府规章；

4. 省、自治区、直辖市的人民代表大会有权改变或者撤销它的常务委员会制定的和批准的不适当的地方性法规；

5. 地方人民代表大会常务委员会有权撤销本级人民政府制定的不适当的规章；

6. 省、自治区的人民政府有权改变或者撤销下一级人民政府制定的不适当的规章；

7. 授权机关有权撤销被授权机关制定的超越授权范围或者违背授权目的的法规，必要时可以撤销授权。

【特别提示】《立法法》第97条关于改变或者撤销的规定：

1. 领导关系：本级人大对本级人大常委会、上级人民政府对下级人民政府、本级人民政府对本级人民政府的工作部门，进行“适当性”监督，可以“改变或者撤销”。

2. 监督关系：本级人大常委会对本级人民政府、上一级人大常委会对下一级人大及其常委会、授权机关对被授权机关，只能“撤销”。

（三）审查要求

国务院、中央军事委员会、最高人民法院、最高人民检察院和各省、自治区、直辖市的人民代表大会常务委员会认为行政法规、地方性法规、自治条例和单行条例同宪法或者法律相抵触的，可以向全国人大常委会书面提出进行审查的要求。

（四）标准文本及备案机关

1. 行政法规：在国务院公报上刊登的行政法规文本为标准文本；报全国人大常委会备案。

2. 省、自治区、直辖市人大及其常委会制定的地方性法规：在本级人大常委会公报上刊登的文本为标准文本；报全国人大常委会和国务院备案。

3. 设区的市、自治州的人大及其常委会制定的地方性法规：在本级人大常委会公报上刊登的文本为标准文本；由省人大常委会报全国人大常委会和国务院备案。

4. 自治州、自治县制定的自治条例和单行条例：在本级人大常委会公报上刊登的文本为标准文本；由省人大常委会报全国人大常委会和国务院备案。

5. 部门规章：在国务院公报或者部门公报上刊登的规章文本为标准文本；报国务院备案。

6. 省级地方政府规章：在本级人民政府公报上刊登的规章文本为标准文本；报国务院和省级人大常委会备案。

7. 设区的市、自治州的地方政府规章：在国务院公报或者部门公报和地方人民政府公报上刊登的规章文本为标准文本；报国务院、设区的市的人大常委会、省级政府、省级人大常委会备案。

8. 授权立法：报授权决定规定的机关备案。

9. 司法解释、特别行政区法律：报全国人大常委会备案。

【经典真题】

1. 根据我国《立法法》的规定，下列哪些主体既可以向全国人民代表大会，也可以向全

国人民代表大会常务委员会提出法律案？（2008－1－63）[1]

A. 国务院　　B. 中央军事委员会

C. 全国人民代表大会各专门委员会　　D. 三十人以上全国人民代表大会代表联名

2. 党的十八届四中全会《决定》明确指出："完善以宪法为核心的中国特色社会主义法律体系。"据此，下列哪些做法是正确的？（2015－1－66）[2]

A. 建立全国人大及其常委会宪法监督制度，健全宪法解释程序机制

B. 健全有立法权的人大主导立法工作的体制，规范和减少政府立法活动

C. 探索委托第三方起草法律法规草案，加强立法后评估，引入第三方评估

D. 加快建立生态文明法律制度，强化生产者环境保护的法律责任

【习题拓展】

2022年5月25日北京市第十五届人民代表大会常务委员会第三十九次会议通过了《北京中轴线文化遗产保护条例》。对此，下列说法正确的是？[3]

A. 该《条例》与文旅部规章不一致，不能确定如何适用的，由国务院裁决

B. 国务院有权改变该《条例》

C. 该会议可以由北京市人大常委会副主任主持

D. 会议期间，甲某等6名常委会委员可以联名向常委会提出书面质询案，就中轴线文化保护工作向市政府质询

---

〔1〕 ABC【解析】《立法法》第14条规定："全国人民代表大会主席团可以向全国人民代表大会提出法律案，由全国人民代表大会会议审议。全国人民代表大会常务委员会、国务院、中央军事委员会、最高人民法院、最高人民检察院、全国人民代表大会各专门委员会，可以向全国人民代表大会提出法律案，由主席团决定列入会议议程。"《立法法》第26条规定："委员长会议可以向常务委员会提出法律案，由常务委员会会议审议。国务院、中央军事委员会、最高人民法院、最高人民检察院、全国人民代表大会各专门委员会，可以向常务委员会提出法律案……"第27条规定："常务委员会组成人员十人以上联名，可以向常务委员会提出法律案……"由此可知，国务院、中央军事委员会、最高人民法院、最高人民检察院、全国人民代表大会各专门委员会，既可以向全国人民代表大会，也可以向全国人大常委会提出法律案。A项正确，B项正确，C项正确。

〔2〕 CD【解析】全国人大及其常委会的宪法监督制度已经存在，A项应将"建立"改为"健全"。全国人大及其常委会宪法监督制度。A项错误。政府立法活动要规范但是不可以任意减少。B项错误。完善立法机制要求明确立法权力边界，从体制机制和工作程序上有效防止部门利益和地方保护主义法律化。对部门间争议较大的重要立法事项，由决策机关引入第三方评估，充分听取各方意见，协调决定，不能久拖不决。故C正确。完善中国立法体系，加强重点领域立法，其中举措之一在于用严格的法律制度保护生态环境，加快建立有效约束开发行为和促进绿色发展、循环发展、低碳发展的生态文明法律制度，强化生产者环境保护的法律责任，大幅度提高违法成本。建立健全自然资源产权法律制度，完善国土空间开发保护方面的法律制度，制定完善生态补偿和土壤、水、大气污染防治及海洋生态环境保护等法律法规，促进生态文明建设。故D正确。

〔3〕 CD【解析】《立法法》第95条第1款第2项规定："地方性法规与部门规章之间对同一事项的规定不一致，不能确定如何适用时，由国务院提出意见，国务院认为应当适用地方性法规的，应当决定在该地方适用地方性法规的规定；认为应当适用部门规章的，应当提请全国人民代表大会常务委员会裁决。"故A项错误。《立法法》第97条第1款规定："国务院有权改变或者撤销不适当的部门规章和地方政府规章。"该《条例》为地方性法规，国务院无权改变或撤销，故B项错误。《地方各级人民代表大会和地方各级人民政府组织法》第51条第1款规定："常务委员会会议由主任召集并主持，每两个月至少举行一次。遇有特殊需要时，可以临时召集常务委员会会议。主任可以委托副主任主持会议。"故C项正确。《地方各级人民代表大会和地方各级人民政府组织法》第53条第1款规定："在常务委员会会议期间，省、自治区、直辖市、自治州、设区的市的人民代表大会常务委员会组成人员五人以上联名，县级的人民代表大会常务委员会组成人员三人以上联名，可以向常务委员会书面提出对本级人民政府及其工作部门、监察委员会、人民法院、人民检察院的质询案。质询案必须写明质询对象、质询的问题和内容。"故D项正确。

第二节　法的实施【考查频率☆☆☆☆】

一、法的实施的概念

（一）法的实施

1. 法的实施，是指人们在社会生活中实际实行法，使法从应然状态到实然状态的过程和活动。

2. 法律实施包括执法、司法、守法和法律监督。

（二）法的实效与实现

1. 法的实效是法律被人们实际实行的状态和程度，侧重于结果。

2. 法的实现是指法的要求在社会生活中被转化为现实。法的实现是将法的实施的过程性与法的实效的结果性结合的一个概念。

3. 法的实现包括三个要素。

（1）法的要求。

法律规范规定了人们的行为模式，体现着法对人们行为的要求。

（2）法的实施。

法律规范为人们的行为提供了一种抽象的、一般的要求，要将这种抽象具体化，必须要通过法的实施，使法在实际生活中为人们所遵守和实行。

（3）法的实效。

法的实效是法为人们实际上所遵守和实行的状态或程度。

二、执法

（一）执法的含义

执法，又称法的执行。广义的执法，是指所有国家行政机关、司法机关及其公职人员依照法定职权和程序实施法律的活动。狭义的执法，则专指国家行政机关及其公职人员依法行使管理职权、履行职责、实施法律的活动。

（二）执法的特点

1. 执法是以国家的名义对社会进行全面管理，具有国家权威性。

（1）在现代社会，为了避免混乱，大量法律的内容是有关各方面社会生活的组织与管理，从经济到政治、从卫生到教育，从公民的出生到公民的死亡，都需要有法可依；

（2）根据法治原则，为了防止行政专横，专司社会管理的行政机关的活动必须严格依照立法机关根据民意和理性事先制定的法律来进行。

2. 执法的主体，是国家行政机关及其公职人员。

3. 执法具有国家强制性，行政机关执行法律的过程同时也是行使执法权的过程。

4. 执法具有主动性和单方面性。

（三）执法的基本原则

1. 依法行政的原则。这是现代法治国家行政活动的一条最基本的原则。

2. 讲求效能的原则。

3. 公平合理的原则。

【习题拓展】

关于司法和执法，下列哪一说法是不正确的?[1]

A. 司法启动的前提是案件的发生　　B. 执法具有主动性、单向性

C. 司法和执法的程序要求是一样的　　D. 广义的执法包含司法

三、司法

（一）司法的含义

司法，又称法的适用，通常是指国家司法机关根据法定职权和法定程序，具体应用法律处理案件的专门活动。

（二）司法的特点

1. 司法是由特定的国家机关及其公职人员按照法定职权实施法律的专门活动，具有国家权威性。在中国，司法权包括审判权和检察权。

2. 司法是司法机关以国家强制力为后盾实施法律的活动，具有国家强制性。

3. 司法是司法机关依照法定程序、运用法律处理案件的活动，具有严格的程序性及合法性。

4. 司法必须有表明法的适用结果的法律文书，如判决书、裁定书和决定书等。

【特别提示】人民法院和人民检察院作为我国行使司法权的专门机关，独立行使司法权，不受任何行政机关、社会团体和个人的干涉。

（三）司法与执法的区别

1. 主体不同。

司法是由司法机关及其公职人员适用法律的活动，执法是由国家行政机关及其公职人员来执行法律的活动。

2. 内容不同。

司法活动的对象是案件；执法是以国家的名义对社会进行全面管理，内容远比司法广泛。

3. 程序性要求不同。

司法活动有严格的程序性要求；执法活动虽然也有相应的程序规定，但程序性规定没有司法活动那样严格和细致。

4. 主动性不同。

司法活动具有被动性，案件的发生是引起司法活动的前提，司法机关（尤其是审判机关）不能主动去实施法律，只有在受理案件后才能进行适用法律的专门活动；执法则具有较强的主动性，对社会进行行政管理的职责要求行政机关应积极主动地去实施法律，而并不基于相对人的意志引起和发动。

---

[1] C【解析】C项错误。司法的程序性要远比执法严格。

【经典真题】

关于司法的表述，下列哪些选项可以成立？（2007－1－54）[1]

A. 司法的依据主要是正式的法律渊源，而当代中国司法原则“以法律为准绳”中的“法律”则需要作广义的理解

B. 司法是司法机关以国家名义对社会进行全面管理的活动

C. 司法权不是一种决策权、执行权，而是一种判断权

D. 当代中国司法追求法律效果与社会效果的统一

【习题拓展】

1. 关于法律证成，下列哪一判断是不正确的？[2]

A. 法律证成指涉及规范问题而不涉及语言问题

B. 法律证成可以是对法律事实作出是或否的判断

C. 外部证成是指对前提的证成，这里的前提既包含大前提，也包含小前提

D. 内部证成并非在任何情况下都需要外部证成

2. 广州某地警方通报：2月21日早上7时许，群众在某小区游乐场内发现一具女婴尸体。警方接报后，迅速派员到场处置并开展调查。经查，警方查明死亡女婴父亲涂某和母亲张某有涉案嫌疑，目前已被警方控制。据嫌疑人供述，死亡女婴为早产儿并患有先天性疾病，两人商量后，遂将女婴捂口鼻致死，随后将尸体埋于该小区游乐场内。涂某与张某以故意杀人罪被依法起诉判刑。关于本案，下列说法正确的是？[3]

A. 引起涂某和张某的刑事法律责任的事实是婴儿死亡

B. 婴儿也是拥有生命权的，生命权是一种绝对权利

C. 涂某与张某对于婴儿的抚养义务包括积极义务也包括消极义务

D. 法官对被告人的定罪判刑运用了内部证成和外部证成

（四）当代中国司法的要求和原则

1. 严格依法办事，有法必依，执法必严，违法必究，是依法治国，建设社会主义法治国家的必然要求。

2. 司法原则。

（1）司法公正原则。

---

〔1〕 ACD【解析】司法的原则包括“司法公正，公民在法律面前一律平等，以事实为根据、以法律为准绳”三大原则。“广义的法律”主要指我国法的正式渊源，包括宪法、法律、行政法规、地方性法规等规范性法律文件；“狭义的法律”专指全国人大及其常委会制定的规范性法律文件。“以事实为根据、以法律为准绳”含义是：（1）以事实为根据，是指司法机关审理一切案件，只能以与案件有关的事实作为根据；（2）以法律为准绳，是指要严格依照法律规定办事，坚持法制统一性的要求，根据我国的“法律渊源”适用法律。由此可见，“以法律为准绳”中的“法律”指的是“法律渊源”，即广义的法律。故A项正确。司法与执法的区别包括：（1）主体不同。司法主体是司法机关及其公职人员；执法主体是国家行政机关及其公职人员（还有授权机关及被委托机关）。（2）范围不同。司法的对象是案件，具有特定性；执法是以国家的名义对社会进行全面管理。故B项错误。（3）程序要求不同。司法活动有严格的程序性要求；执法活动的程序性规定没有司法活动那样严格和细致。（4）主动性不同。司法权是判断权，具有被动性；执法权属于执行权，具有较强的主动性。故C项正确。在当代中国，任何法律实践活动都要追求法律效果与社会效果的统一，也就是，法律实践活动既要遵守法律的规定，追求法律的可预测性和确定性，实现法律效果；又要合理行使自由裁量权，追求法律的可接受性，实现社会效果。故D项正确。

〔2〕 A【解析】A项错误。法律证成既涉及规范问题也涉及事实问题和语言问题。

〔3〕 BCD【解析】引起徐某和张某的刑事法律责任的事实是杀人行为，因此A项错误。生命权的义务主体是不特定的，因此是一种绝对权利，因此B项正确。徐某与张某对于婴儿的抚养义务，既包括作为，也包括不得为某些行为，因此包括积极义务和消极义务，因此C项正确。法官对被告人的定罪判刑，既需要证明结论，也需要证明前提，因此运用了内部证成和外部证成，因此D项正确。

它既包括实质公正，也包括形式公正，其中以程序公正为重点。

①公正司法是法的精神的内在要求；

②公正对司法的重要意义也是由司法活动的性质决定的；

③司法机关公正司法，是其自身存在的合法性基础。

（2）公民在法律面前一律平等原则。

①在我国，法律对于全体公民，不分民族、种族、性别、职业、社会出身、宗教信仰、财产状况等，都是统一适用的，所有公民依法享有同等的权利并承担同等的义务；

②任何权利受到侵犯的公民一律平等地受到法律保护，不能歧视任何公民；

③在民事诉讼和行政诉讼中，要保证诉讼当事人享有平等的诉讼权利，不能偏袒任何一方当事人；在刑事诉讼中，要切实保障诉讼参加人依法享有的诉讼权利；

④对任何公民的违法犯罪行为，都必须同样地追究法律责任，依法给予相应的法律制裁，不允许有不受法律约束或凌驾于法律之上的特殊公民，任何超出法律之外的特殊待遇都是违法的。

要在法治实践中充分贯彻这项原则需要：

①应坚决反对封建特权思想，与违背社会主义平等原则的封建残余作不懈的斗争；

②要看到我国这一平等原则与资产阶级的法律面前人人平等原则的区别与联系；

③要看到适用法律的平等原则与我国社会主义法治的性质是一致的；

④在司法工作中，必须忠实于事实，忠实于法律，忠实于人民，严格依法办事，决不能看人办案，因人而异。

（3）以事实为根据、以法律为准绳原则。

①以事实为根据，就是指司法机关审理一切案件，都只能以与案件有关的客观事实为根据，而不能以主观臆想为依据；

②以法律为准绳，要严格依照法律规定办事，切实做到有法必依、执法必严、违法必究；

③为了贯彻这项原则，在司法工作中应重证据，重调查研究，不轻信口供；严格依照实体法和程序法的规定，正确处理依法办事与坚持党的政策指导的关系。

（4）司法机关依法独立行使职权。

①司法权的专属性，即国家的司法权只能由国家各级审判机关和检察机关统一行使，其他任何机关、团体和个人都无权行使此项权力；

②行使职权的独立性，即人民法院、人民检察院依照法律独立行使自己的职权，不受任何行政机关、社会团体和个人的非法干涉；

③行使职权的合法性，即司法机关审理案件必须严格依照法律规定，正确适用法律，不得滥用职权，枉法裁判。

要贯彻司法机关依法独立行使职权的原则，需要解决好以下几个问题：

①要正确处理司法机关与党组织的关系；

②在全社会进行有关树立、维护司法机关权威，尊重、服从司法机关决定的法制教育；

③积极推进司法改革，从制度上保证司法机关依法独立行使审判权和检察权。

四、守法

（一）守法的含义

守法，指公民、社会组织和国家机关以法律为自己的行为准则，依照法律行使权利、履行义务的活动。守法，不仅包括消极、被动的守法，还包括根据授权性法律规范积极主动地去行使自己的权利。即守法是履行义务和行使权利的统一。

（二）守法的构成

守法的构成要素有：守法主体、守法范围、守法内容等。

1. 守法的主体。

我国《宪法》明确规定，一切国家机关和武装力量、各政党和各社会团体、各企业事业组织、个人都必须遵守宪法和法律。

2. 守法的范围。

在我国，它不仅包括宪法和法律，而且包括与宪法和法律相符合的行政法规、地方性法规、行政规章等。

3. 守法的内容。

包括行使法律权利和履行法律义务。

【经典真题】

王某向市环保局提出信息公开申请，但未在法定期限内获得答复，遂诉至法院，法院判决环保局败诉。关于该案，下列哪些说法是正确的？（2016－1－60）〔1〕

A. 王某申请信息公开属于守法行为　　B. 判决环保局败诉体现了法的强制作用

C. 王某起诉环保局的行为属于社会监督　　D. 王某的诉权属于绝对权利

【习题拓展】

现行刑法与治安管理处罚法对引诱、容留、介绍他人卖淫都有规定，但是现行刑法及其司法解释、治安管理处罚法都没有对“卖淫行为”作出具体界定，也没有明文将“打飞机”等色情服务列入“卖淫”之列。甲地法院认为组织妇女进行“打飞机”“胸推”等服务，不构成犯罪。理由是最高人民法院未将手淫、“胸推”等行为列入卖淫行为中，法无明文规定不为罪。公安部的“批复”不是法律，也不是行政法规，也不属于部门规章，只是一个“批复”，不能作为认定罪与非罪的法律依据。既然关于手淫是否属于卖淫没有法律依据，那么根据刑法“法律明文规定为犯罪行为的，依照法律定罪处刑；法律没有明文规定为犯罪行为的，不得定罪处刑”的规定，法院作出这样的判决是正确的。乙地法院认为法律不应该是僵死的文字，而是具有生命，随时空因素变化而变化的行为规范。如果固守狭隘的性行为理论，一味强求必须是性器官的结合，无视其他学科对性行为的认识，是机械地执行法律。对此，下列说法错误的是？〔2〕

A. 对于“卖淫行为”的解释属于一种外部证成

B. 乙地法院在面对现有法律的漏洞时，采用的方法是目的论扩张

C. 乙地法院灵活执行法律也是一种守法的表现

D. 各省、自治区、直辖市、设区的地级市的人民代表大会常务委员会可以提请全国人大

---

〔1〕 ABC【解析】守法，简言之就是指遵守法律，具体而言包括两种：履行法定义务和依法行使权利。本题中王某申请信息公开，这是在依法行使权利。故A项正确。法的规范作用主要包括指引、评价、预测、教育和强制等五类。其中强制作用在于制裁或惩罚违法和犯罪行为，这种规范作用的对象是违法者的行为。本题中，法院判决环保局败诉，环保局因违法行为承担法律责任，体现出了法律的强制作用。故B项正确。需要说明的是，判决环保局败诉，还体现出了法的评价作用。法律监督分为国家监督和社会监督。国家监督是指有关国家机关依照法定职权和程序，对立法、执法和司法活动进行的监督；社会监督是指由公民、法人或其他组织对法律活动所进行的监督。本题中，王某起诉环保局属于公民个人发起的法律监督，因此属于社会监督。故C项正确。法律权利分为相对权利和绝对权利。考试中区分绝对权利和相对权利的技巧是：看能不能找到双方当事人，能找到的就属于相对权利，否则就属于绝对权利。本题中，王某行使诉权需要存在特定的被告人，因此诉权属于相对权。故D项错误。

〔2〕 D【解析】能提出法律解释要求的主体有六个主体：国务院、中央军事委员会、最高人民法院、最高人民检察院、全国人大各专门委员会和各省、自治区、直辖市的人民代表大会常务委员会，没有设区的地级市人大常委会。因此D项错误。其他选项正确。

常委会对法律规定不明确的内容进行解释

五、法律监督

（一）含义

1. 狭义上的法律监督，是指特定国家机关依照法定权限和法定程序，对立法、司法和执法活动的合法性所进行的监督。

2. 广义的法律监督，是指由所有国家机关、社会组织和公民对各种法律活动的合法性所进行的监督。

（二）法律监督的构成

一般来说，实现法律监督必须具备下列五个要素：

1. 法律监督的主体是指由谁来实施监督。在我国，监督主体具有广泛性和多元性。

2. 法律监督的客体是指监督谁或者说谁被监督。在我国，所有国家机关、政党、社会团体、社会组织、大众传媒和公民既是监督的主体，也是监督的客体。

3. 法律监督的内容包括与监督客体行为的合法性有关的所有问题。

4. 法律监督的权力与权利是指监督主体监视、察看、约束、制约、控制、检查和督促客体的权力与权利。

5. 法律监督的规则包括法律监督的实体规则与程序规则两部分。

上述五个要素缺一不可，共同构成一个完整的法律监督机制。

（三）法律监督体系

1. 国家法律监督体系。

国家机关的监督，包括国家权力机关、行政机关和司法机关的监督。这类监督具有国家强制力和法的效力，是我国法律监督体系的核心。

2. 社会法律监督体系。

社会监督，即非国家机关的监督，指由各政党、各社会组织和公民依照宪法和有关法律，对各种法律活动的合法性所进行的监督。由于这种监督具有广泛性和人民性，因此在我国的法律监督体系上具有重要的意义。根据社会监督的主体不同，可以将它分为以下几种：

（1）中国共产党的监督；

（2）社会组织的监督；

（3）公民的监督；

（4）法律职业群体的监督；

（5）新闻舆论的监督等。

【特别提示】

1. 国家法律监督体系是我国法律监督体系的核心。

2. 人民检察院是我国的专门法律监督机关。

第三节　法适用的一般原理【考查频率☆☆☆☆】

一、法适用的目标

（一）目标：获得合理的法律决定

（二）“合理”的判断标准

1. 可预测性。

（1）这是形式法治的要求。法律决定的可预测性程度越高，人们有效地安排和计划自己的生活的可能性越大。

（2）实现途径：应该尽量避免武断和恣意，将法律决定建立在既存的一般性的法律规范的基础上，并按照一定的方法适用法律规范。

2. 正当性。

（1）这是实质法治的要求。法律决定的正当性程度越高，人们安排和计划自己满意的生活的可能性越大。

（2）正当性是指按照实质价值或某些道德考量，法律决定是正当的或正确的。这里的实质价值或道德主要是指法治国家的宪法规定的、该国公民都承认的、法律保障与促进的实质价值，例如我国《宪法》规定了人权、自由和平等。

（3）法律人保障正当性的特殊要求：通过运用特定法律人共同体所普遍承认的法学方法保证其法律决定与实质价值或道德的一致性。

（三）可预测性与可接受性之间的紧张关系

1. 紧张关系的实质：这种紧张关系是形式法治与实质法治之间的紧张关系的一种体现。

2. 一般解决方法：从作为整体的法治来说，它要求做法律决定的人应该努力在可预测性和正当性之间寻找最佳的协调。但是，对在一个特定的时间段内的特定国家的法律人来说，法律决定的可预测性具有初始的优先性。因为对于特定国家的法律人来说，首先理当崇尚的是法律的可预测性，即法律决定的可预测性通常具有优先性。

【经典真题】

1. 关于法的适用，下列哪一说法是正确的？（2015－1－15）[1]

A. 在法治社会，获得具有可预测性的法律决定是法的适用的唯一目标

B. 法律人查明和确认案件事实的过程是一个与规范认定无关的过程

C. 法的适用过程是一个为法律决定提供充足理由的法律证成过程

D. 法的适用过程仅仅是运用演绎推理的过程

2. 某国跨国甲公司发现中国乙公司申请注册的域名侵犯了甲公司的商标权，遂起诉要求乙公司撤销该域名注册。乙公司称，商标和域名是两个领域的完全不同的概念，网络域名的注

---

〔1〕 C【解析】法律人适用法律的最直接的目标就是要获得一个合理的法律决定。在法治社会，所谓合理的法律决定就是指法律决定具有可预测性和正当性。选项A错误。法律人查明和确认案件事实的过程不是一个纯粹的事实归结过程，而是一个在法律规范与事实之间的循环过程，即目光在事实与规范之间来回穿梭。选项B错误。法律人在适用法律的过程中，无论是依据一定的法律解释方法所获得的法律规范即大前提，还是根据法律所确定的案件事实即小前提，都是用来向法律决定提供支持程度不同的理由。在这个意义上，法律适用过程也是一个法律证成的过程。因为“证成”往往被定义为给一个决定提供充足理由的活动或过程。选项C正确。法律人在适用过程中经常运用的推理，除了演绎推理，还有归纳推理、类比推理、设证推理等。选项D错误。

册和使用均不属中国《商标法》的调整范围。法院认为，两国均为《巴黎公约》成员国，应当根据中国法律和该公约处理注册纠纷。法院同时认为，对驰名商标的权利保障应当扩展到网络空间，故乙公司的行为侵犯了甲公司的商标专用权。据此，下列表述正确的是？（2008－1－92）〔1〕

A. 法律应该以社会为基础，随着社会的发展而变化

B. 科技的发展影响法律的调整范围，而法律可以保障科技的发展

C. 国际条约可以作为我国法的渊源

D. 乙公司的辩称和法院的判断表明：法律决定的可预测性与可接受性之间存在着一定的紧张关系

二、法的发现与法的证成

（一）概念

1. 法的发现

法的发现是指特定法律人的心理因素与社会因素引发或引诱其针对特定案件作出某个具体的决定或判断的实际过程。所谓心理因素与社会因素主要指法律人的直觉、偏见、情感、利益立场、社会阶层、价值偏好等。

2. 法的证成

法的证成是指法律人将其实际上所做的决定或判断进行合理化的证明和证成以保证该决定或判断是理性的、正当的或正确的。

（二）二者关系

1. 虽然法的发现与法的证成是两种不同性质的过程，但是，它们并不是两个先后各自独立发生的过程，而是同一个过程的不同层面。

2. 在法律人将现行有效的法律规范适用于特定案件事实获得法律决定或判断的过程中，法的发现与法的证成这两个层面是相对分离的。

3. 在法律人的日常法律工作中，其针对待决案件，往往是先有法律结论或判断，然后寻找作为结论的理由的法律规范。这样的现象或事实导致了某些法学家或法学流派，如现实主义法学，强调法的发现而贬低法的证成，认为法的发现是法律人作法律决定或判断的“真实过程”，法的证成只是法律人伪装其法律决定或判断是理性证成的外衣，只是起到“事后的包装功能”。这样的观点就意味着法的发现具有优先性。

4. 但是，我们认为，如果从法律人的法律决定或判断应该而且必须具有合理性即可预测性与正当性的角度看，相比法的发现而言，法的证成具有优先性。这是因为法的证成能够保证法律人的法律适用目标的实现。具体理由如下：第一，法的发现过程中影响法律人作法律决定或判断的心理与社会因素是无法进行规范地控制、检验与评价的；第二，法的发现过程中影响法律人作法律决定或判断的心理与社会因素对法律人作法律决定或判断来说并不具有普遍必

〔1〕 ABCD【解析】法律应该以社会为基础，随着社会的发展而变化。A 项正确。科技发展对一些传统法律领域提出新问题，使传统法律部门面临着种种挑战，要求各个法律部门的发展不断深化。国家可以运用法律管理科技活动，确立国家科技事业的地位以及国际间竞争与合作的准则，保障科技的发展。B 项正确。在中国，法的正式渊源中包括国际条约、国际惯例。C 项正确。

法律人适用法律的最直接的目标就是要获得一个合理的决定，在法治社会，所谓合理的决定就是法律决定具有可预测性和正当性。正当性也就是可接受性。可预测性是形式法治的要求，正当性是实质法治的要求。法律决定的可预测性和可接受性之间存在着一定的紧张关系，这种紧张关系实质上是形式法治与实质法治之间的紧张关系的一种体现。对特定的一个时间段内特定的国家的法律人来说，法律决定的可预测性具有初始的优先性。D 项正确。

然性。

三、内部证成与外部证成的区分

（一）“证成”的含义

证成是给一个决定提供充足理由的活动或过程。在这个意义上，法律适用过程也是一个法律证成的过程。

（二）内部证成与外部证成的含义

从法律证成的角度看，法律人的法律决定的合理性取决于两个方面：一是法律决定是按照一定的推理规则从前提中推导出来的；二是推导法律决定所依赖的前提是合理的、正当的。从上述的视角出发，法律证成可分为内部证成和外部证成。

1. 内部证成。

（1）法律决定必须按照一定的推理规则从相关前提中逻辑地推导出来（不质疑前提）。

（2）关涉的只是从前提到结论之间推论是否是有效的，而推论的有效性或真值依赖于是否符合推理规则或规律。

（3）内部证成保证了结论是从前提中逻辑地推导出来，它对前提是否是正当的、合理的没有任何保障。

2. 外部证成。

（1）对法律决定所依赖的前提的证成。

（2）关涉的是内部证成中所使用的前提本身的合理性，即对前提的证成。

（三）内部证成与外部证成的关系与作用

1. 内部证成的过程愈来愈清楚地显示：到底什么样的前提需要从外部来加以证成，从而使那些可能仍然隐而不彰的前提条件必须明确地予以表达。这样做，就提高了识别错误和批判错误的可能性。

2. 在内部证成中越多地展开逻辑推导步骤越是能够尽可能地将法律决定中的问题清楚地凸显出来，越是能够更加逼近问题之核心。相反，如果在内部证成中展开的推导步骤越少，导致推导的跨度非常大，那么，这些步骤的规范性内涵就不会清晰地显现出来。

3. 在法律适用中，内部证成和外部证成是相互关联的。外部证成是将一个新的三段论附加在论证的链条中，这个新的三段论是用来支持内部证成中的前提。

4. 外部证成的过程中也必然地涉及内部证成，也就是说对法律决定所依赖的前提的证成本身也是一个推理过程，亦有一个内部证成的问题。因此，法律人在证成前提的过程中也必须遵循一定的推理规则。法律推理或法律适用在整体框架上是一个三段论，而且是大三段论套小三段论。

【经典真题】

1. 王某幼年被亲生父母抛弃，后被李某抚养成人。王某为自己购买一份意外死亡险，指定受益人为其法定继承人后，王某意外死亡。李某要求保险公司支付保险金，保险公司以李某未办理收养手续为由拒付，李某诉至法院，法院认为王某死亡时，并无其他法定继承人，将年事已高的李某作为保险受益人，保障其基本生存条件，符合公序良俗原则和王某真实意愿，故

判决李某胜诉。对此，下列说法正确的是？（2021 年回忆版，多选）[1]

A. 法院通过目的论扩张的方式，确认了李某的权利

B. 该判决将人权作为重要的价值评价标准

C. 推定王某的真实意愿，属于外部证成

D. 在民法的各项原则中，公序良俗原则处于最高的效力位阶

2. 王某在未依法取得许可的情况下购买氰化钠并存储于车间内，被以非法买卖、存储危险物质罪提起公诉。法院认为，氰化钠对人体和环境具有极大毒害性，属于《刑法》第 125 条第 2 款规定的毒害性物质，王某未经许可购买氰化钠，虽只有购买行为，但刑法条文中的“非法买卖”并不要求兼有买进和卖出的行为，王某罪名成立。关于该案，下列说法正确的是？（2016－1－89）[2]

A. 法官对“非法买卖”进行了目的解释

B. 查明和确认“王某非法买卖毒害性物质”的过程是一个与法律适用无关的过程

C. 对“非法买卖”的解释属于外部证成

D. 内部证成关涉的是从前提到结论之间的推论是否有效

【习题拓展】

有关法的发现与法的证成，下列说法错误的是？[3]

A. 法的发现是指特定法律人的心理因素与社会因素引诱他针对特定案件作出某个具体的决定或判断的实际过程

B. 法的证成是指法律人将其实际上所做的决定或判断进行合理化的证明和证成以保证该决定或判断是理性的、正当的或正确的

C. 在法律人将现行有效的法律规范适用于特定案件事实获得法律决定或判断的过程中，法的发现和法的证成是浑然一体的

D. 从法律人的法律决定或判断应该而且必须具有合理性即可预测性和正当性的角度看，相比法的发现而言，法的证成具有优先性

---

[1] ABC【解析】目的论扩张是一种法律漏洞填补方法，其主要适用于法律规定明显小于规范目的“潜在包含”情形，此时应当结合立法目的扩张规则适用范围，将本该包含的情形包含进来。本案中，对于保险公司的主张，法院将年事已高的李某作为保险受益人，保障其基本生存条件，符合公序良俗原则和王某真实意愿，符合目的论扩张的意图，故 A 项正确。法院在论证中将李某的基本生存条件作为考虑因素，符合将人权作为重要的价值评价标准，故 B 项正确。法律的外部证成是对法律决定所依赖的前提的证成，关涉的是对内部证成中所使用的前提本身的合理性，法院推定王某的真实意愿，属于外部证成，故 C 项正确。公序良俗作为一个弹性条款，是配合各种具体的法律规则对民事活动起调控作用，在性质上属于授权性规定，目的是在遇有损害国家利益、社会公共利益和道德秩序的行为，而又缺乏相应的禁止性法律规定时，法院可以直接适用公序良俗原则判定该行为无效，但在直接依据公序良俗原则进行裁判时应审慎适用，不宜做不合法律的扩大解释，其具体适用有相应的限制条件，因此公序良俗原则在民法各项原则中并非优先适用，并非处于最高效力位阶。故 D 项错误。

[2] ACD【解析】“非法买卖”从字面上应该包括“购买加出售”，而事实上，“购买”就具有严重后果了，因此，根据现实需要，可以把购买还没有出售行为解释为“买卖”，属于客观目的解释。故 A 项正确。查明和确认“王某非法买卖毒害性物质”的过程是与法律不可分割的过程。故 B 项错误。法律证成可分为内部证成和外部证成，法律决定必须按照一定的推理规则从相关前提中逻辑地推导出来，属于内部证成；对法律决定所依赖的前提的证成属于外部证成。本题中，对“非法买卖”的解释属于对大前提的证明，属于外部证成。故 C 项正确。内部证成关涉的是从前提到结论之间推论是否是有效的，外部证成关涉的是对内部证成中所使用的前提本身的合理性，即对前提的证立。故 D 项正确。

[3] C【解析】在法律人将现行有效的法律规范适用于特定案件事实获得法律决定的过程中，法的发现和法的证成是相对分离的，因此 C 项错误。其他选项正确。

第四节　法律推理【考查频率☆☆☆☆☆】

一、法律推理的概念

（一）定义

法律推理是指法律人从一定的前提推导出法律决定的过程。

（二）特点

1. 法律推理是以法律以及法学中的理或理由为基础的。即只有那些受过了法学教育掌握这些“理由”的法律人才能够进行法律推理。

2. 法律推理要受现行法律的约束。即现行法律是法律推理的前提和制约法律推理的条件。

3. 法律推理是一种寻求正当性证明的推理。自然科学研究中的推理是一种寻找和发现真相和真理的推理。法律推理的核心主要是为行为规范或人的行为是否正确或妥当提供正当理由。

二、法律推理的种类

法律人在法律适用中经常运用的推理主要有以下几种：

（一）演绎推理

1. 定义：从大前提和小前提中必然地推导出结论或结论必然地蕴含在前提之中的推论。演绎推理是从一般到个别的推论，经典的方法是三段论。大前提是代表整体的命题，小前提是代表整体中局部的人或事。

2. 推论规则：

（1）一个有效的三段论必须正好包含了三个词，而且每个词在整个推论中都是在同一个意义下被使用的。

（2）在一个有效的三段论中，至少要有一个前提中的词是周延的。

（3）在一个有效的三段论中，在前提中不周延的词，在结论中也不会是周延的。

（4）没有任何拥有否定前提的三段论推论是有效的。

（5）如果一个有效的三段论推论中，有一个前提是否定的，那么其结论必定是否定的。

（6）没有任何一个具有特称结论的有效三段论推论可以拥有两个全称前提。

3. 法律适用中演绎推理的一般模式：

大前提——法律规范；

小前提——案件事实；

因此，得出结论（法律裁判）。

（二）归纳推理

1. 定义：从个别到一般的推论。

2. 推论规则：归纳推理的结论是或然性的，它的可靠性程度完全依赖于推论人所列举的事例的数量及其分布范围。

（1）被考察对象的数量要尽可能得多；

（2）被考察对象的范围要尽可能得广；

（3）被考察对象之间的差异要尽可能得大。

3. 法律人在法律适用中运用归纳推理必须遵守下列规则：

（1）他或她所举事例或案例具有足够的代表性；

（2）累计经验中的事例或案例的数量越多越好。

4. 法律适用中归纳推理的一般模式：

案例 1 具体情况；

案例 2 具体情况；

案例 3 具体情况；

……

因此，此类的案件具有共同性。

（三）类比推理

1. 定义：从个别到个别的推论。具体来说，类比推理是根据两个或两类事物在某些属性上是相似的，从而推导出它们在另一个或另一些属性上也是相似的。

类比推理所得到的结论也是或然性的，即既可能为真也可能为假。

2. 推理形式：

A（类）事物具有 a、b、c、d 等属性；

B（类）事物也具有 a、b、c 属性；

因此，B（类）事物也具有 d 属性。

3. 结论具有说服力的标准：

（1）重要性或相关性的判断；

（2）类比推论的可接受性与被分析的情况的数量成正比；

（3）可接受性依赖于正相似与负相似的数量。

4. 法律适用中类比推理的运用规则。法律人在运用类比推理时，为了保障他或她的结论的可接受性，就必须：尽可能地多分析情况；尽可能地寻找相似性与不同性。

（四）反向推理

又叫“反面推论”，这种推理的思考方式在于，明确地说出某事（应当）是什么就意味着另一件不同的事（应当）不是什么。换言之，反向推理将一个法律规范解释为，它只适用于它明确规定的情形。罗马法谚“明示其一即否定其余”“例外证实了非例外情形中的规则”，就体现了这种推理。有关公权力的规定与“例外规定”多使用此种推理。

通常有两类情形会较多运用反向推理：

1. 高度重视法律安定性或确定性价值的法律规范。例如，上面提到的针对特定国家机关的职权性规范，还有针对公民的义务性规范等。在刑法领域，由于“罪刑法定”这一准则的存在，也往往需要对刑法条款进行反向推理，只有在某个条款所规定的构成要件全部得到满足时才可能发生相应的法律后果。

2. 例外条款。例外条款由于其本身的性质要作严格推理，不能任意扩大，否则就将危及与例外相对的规则。

（五）当然推理

当然推理指的是由某个位阶更高法律规范的效力推导出某个位阶更低的法律规范的效力。换言之，它指的是“如果较强的规范有效，那么较弱的规范就必然更加有效”。当然推理包括两种形式：

1. 举轻以明重。例如：我国《宪法》第 10 条第 3 款规定，国家为了公共利益的需要，可以依照法律规定对土地实行征收或者征用并给予补偿。如果国家“连”进行合法征收都要给予补偿，那么，在国家权力违法侵害财产时“更加”要给予赔偿了。

2. 举重以明轻。例如，假如故意协助他人自杀不受刑事处罚，那么就可以推导出，出于过失促使他人自杀同样不受刑事处罚。

（六）设证推理

1. 定义：设证推理是指从所有能够解释事实的假设中优先选择一个假设的推论。

2. 推理形式：

待解释现象 C；

如果 H，则 C；

所以，H。

3. 设证推理的规则：

首先，要求推论人必须形成一些假定背景以及相关的感性事实，即具有待解释现象所属领域的知识。设证推论开始于将不熟悉的事实（新奇事实）与熟悉的事实（背景事实）相并列。

其次，为了保证设证推理的结论的可靠性，推论人必须尽可能将待解释现象的理论上的所有可能的原因寻找出来。

最后，推论人必须尽可能地使推论结论与待解释现象之间的关系是一种单一的因果关系。

4. 法律适用中的设证推理不可放弃。设证推理是一种效力很弱的推论，但是它在法律适用的过程中是不可放弃的。即法律人在其工作过程中必然会运用到设证推理。原因在于：

（1）任何法律人在听到或看到一个案件事实后，马上就会凭自己的“法感”或“法的前理解”假设一个对该案件的处理结果；

（2）然后根据这个假设寻找法律；

（3）最后确定一个合理的、有效的法律决定。

5. 法律适用中的设证推理规则。设证推理的推论结论是不确定的，这是因为法律人在做假设时，法律人的前理解发挥着作用，而前理解既可对也可错。法律人在运用设证推理时必须清醒认识到假设是开放的、可修正的，必须尽可能地寻找法律上和法学上所允许的所有可能的解决方案，然后在这所有可能的解决方案中确定一个法律上和法学上所认可的最佳方案。

【经典真题】

1. 朱男和吕女结婚前，给了吕女母亲一笔钱款。后朱男与吕女离婚，朱男未向吕母要求返还，吕女向其母索要该钱无果后诉至法院。法院经调查风俗习惯后认定该钱款系朱男婚前向吕母支付的彩礼，而非赠与吕女的财产。法律规定只有给付彩礼方有权请求接受方返还彩礼，而吕女无权向其母亲索要该笔彩礼，故吕女败诉。对此，以下正确选项有哪些？（2021 年回忆版，多选）〔1〕

A. 法院在适用返还彩礼相关规定时，进行了反向推理

B. 在认定该笔款项性质时，法院以当地习俗为大前提

C. 法院在查明习俗的过程，属于法的发现

---

〔1〕 ABCD【解析】反向推理将法律规范解释为，它只适用于它明确规定的情形。即“明示其一即否定其余”或“例外证实了非例外情形中的规则”。本案中，法官认为法律规定只有给付彩礼方有权请求接受方返还彩礼，而吕女无权向其母亲索要该笔彩礼。案例中的事实与法律规定的事实不相符，所以法律规定的法律效果不能适用于案例中的事实，属于反向推理。故 A 项正确。依据《民法典》第 10 条规定：“处理民事纠纷，应当依照法律；法律没有规定的，可以适用习惯，但是不得违背公序良俗。”本案中法官依据当地风俗习惯认定该笔款项的性质，故 B 项正确。法的发现，指特定法律人的心理因素与社会因素引发他针对特定案件做出某个法律决定的实际过程，这是法律人获得法律决定的事实过程。法的发现将心理因素、社会因素与法律决定之间的关系视为因果关系而进行处理。这里的心理因素与社会因素主要是指法律人的直觉、情感、利益立场、社会阶层、价值偏好等。因此法院查明习俗的过程，属于法的发现，故 C 项正确。涵摄是指确定生活事实与法律规范之间的关系的思维过程，将事实涵摄于法律规范，就是检验事实是否满足法律规范的事实构成并因此产生该规范所规定的法律后果。因此就本案整个推理过程而言，法院采用了涵摄的方法，故 D 项正确。

D. 整个推理过程，法院采用了涵摄的方法

2. 李某驾驶摩托车与高某驾驶的出租车相撞，李某死亡。交警部门认定高某、李某承担事故的同等责任。在交警部门主持下，高某与死者李某之妻达成调解协议，由高某赔偿李某家属各项费用12.2万元，双方永无纠葛。不久，李某之妻发现自己已有身孕，并在7个月后生下女儿小鑫。李某之妻依据全国人大制定的《民法通则》第一百一十九条，将受偿主体确定为死者生前“扶养”的人的规定，向高某索要女儿抚养费。高某根据国务院制定的《道路交通事故处理办法》第三十七条，将受偿主体确定为死者生前“实际扶养”的人为由，拒绝做出赔偿。对此，下列说法错误的是？(2018年回忆版，多选)〔1〕

A. 根据特别法优于一般法的原则，本案应当优先适用《道路交通事故处理办法》

B. 双方当事人及律师关于本案法律适用问题的辩论，属于外部证成

C. 法官对本案案件事实的确定过程，是一个纯粹的事实判断的过程

D. 李某之妻和高某的举动，均显现了法律的指引作用

3. 涂某被何某侮辱后一直寻机报复，某日携带尖刀到何某住所将其刺成重伤。经司法鉴定，涂某作案时辨认和控制能力存在，有完全的刑事责任能力。法院审理后以故意伤害罪判处涂某有期徒刑10年。关于该案，下列哪些说法是正确的？(2015-1-58)〔2〕

A. “涂某作案时辨认和控制能力存在，有完全的刑事责任能力”这句话包含对事实的认定

B. 法院判决体现了法的强制作用，但未体现评价作用

C. 该案中法官运用了演绎推理

D. “涂某被何某侮辱后一直寻机报复，某日携带尖刀到何某住所将其刺成重伤”是该案法官推理中的大前提

4. 新郎经过紧张筹备准备迎娶新娘。婚礼当天迎亲车队到达时，新娘却已飞往国外，由其家人转告将另嫁他人，离婚手续随后办理。此事对新郎造成严重伤害。法院认为，新娘违背诚实信用和公序良俗原则，侮辱了新郎人格尊严，判决新娘赔偿新郎财产损失和精神抚慰金。关于本案，下列哪些说法可以成立？(2014-1-52)〔3〕

A. 由于缺乏可供适用的法律规则，法官可依民法基本原则裁判案件

B. 本案法官运用了演绎推理

C. 确认案件事实是法官进行推理的前提条件

---

〔1〕 AC【解析】特别法优于一般法是同一位阶的法律渊源冲突解决原则，本案中《民法通则》和《道路交通事故处理办法》一个是基本法律，一个是行政法规，显然属于不同位阶。故A项错误。双方当事人及律师关于本案法律适用问题的辩论，属于对法律渊源的辩论（围绕大前提展开），是典型的外部证成。故B项正确。案件事实是法官在法律规范的立场下，通过“目光在事实与规范之间的往返流转”所得到的结果，案件事实本身就带有鲜明的规范性立场和裁判者价值判断，所以注定不是一个单纯的事实判断过程。故C项错误。指引作用主要体现为依法办事，显然李某之妻和高某的行为均是依法而为，都属于接受了法律的指引。故D项正确。

〔2〕 AC【解析】对于徐某作案时辨认和控制能力的判断是对于事实情况的认定，A项正确；法院对徐某进行判决事实上就是一种价值评价，B项错误；演绎推理也称为三段论推理，是从大前提和小前提中必然地推导出结论的推论。本题中大前提是《刑法》第二百三十四条有关故意伤害罪的规定，小前提是“徐某携带尖刀将何某刺成重伤”，该案中法官运用了演绎推理，C项正确；大前提是法律规定，D选项的内容属于小前提，D项错误。

〔3〕 ABC【解析】就适用条件而言，通常情况下，穷尽法律规则，方得适用法律原则。毁弃婚约的后果在我国民法中并未有明文规定，但诚实信用和公序良俗原则是我国民法的基本原则，在无法律规定的情况下，可依基本原则裁判案件。A项正确。我国是成文法国家，采用演绎推理的推论方式。演绎推理是从大前提和小前提中必然地推导出结论的推论，成文法国家一般采取演绎推理的方式，大前提是法律，小前提是案件事实，结论是判决。B项正确。确认案件事实是法官进行推理的小前提。C项正确。法官作出裁判，无论是依据法律规则，还是依据法律原则，都需要进行说理，也就是提供裁判理由。D项错误。

D. 只有依据法律原则裁判的情形，法官才需提供裁判理由

【习题拓展】

1. 以下关于法律推理和法律解释的说法，哪一表述是正确的?[1]

A. 法官认为原告的诉讼请求不合理并判决原告败诉的情况下，法官的法律推理不是寻求合理的法律决定的推理

B. 法律推理是运用“三段论”即依据既定法律规定，结合案件事实作出法律决定的过程

C. 立法机关在法律缺失的情况下，可以依据学理作出法律解释，这是学理解释

D. 法律解释的方法是约定俗成的产物

2. 李某盗取虚拟货币转卖获利。法官甲认为，依据《刑法》的规定，李某的行为符合盗窃罪的构成要件，构成盗窃罪；法官乙认为，虚拟货币不属于法律意义上的财物，因此李某的行为不构成盗窃罪。对此，下列观点中正确的有?[2]

A. 法官甲的推理属于归纳推理

B. 虚拟货币属于法外空间，不应当由法律规制

C. 虚拟货币不应当成为法律关系的客体

D. 法官审理本案时需要进行必要的法律论证

第五节　法律解释【考查频率☆☆☆☆☆】

一、法律解释的概念

法律解释是指一定的人或组织对法律规范的说明与阐述，是法律实施的一个重要前提。

（一）特点

1. 法律解释的对象是法律规定和它的附随情况。

2. 法律解释与具体案件密切相关：

（1）法律解释往往由有待处理的案件所引起；

（2）法律解释需要将条文与案件事实结合起来进行；

（3）法律解释的主要任务就是要确定某一法律规定对某一特定的法律事实是否有意义。

3. 法律解释具有一定的价值取向性：这是指法律解释的过程是一个价值判断、价值选择的过程。

4. 法律解释受解释学循环的制约：

在法律解释中，解释者要理解法律的每个用语、条文和规定，需要以理解该用语、条文和规定所在的制度、法律整体乃至整个法律体系为条件；而要理解某一法律制度、法律整体乃至

---

[1] D【解析】凡是法律推理都是为了获得一个合理的法律决定，法官的法律推理也不例外。故 A 项错误。唯有演绎推理是运用三段论即依据既定法律规定，结合案件事实得出法律决定的过程。故 B 项错误。凡法定的国家机关所作解释皆为有权解释，立法司法和行政机关所作解释分别对应立法解释司法解释和行政解释，它们都是有权解释和非学理解释。故 C 项错误。

[2] D【解析】法官甲根据《刑法》的规定认定李某的行为构成盗窃罪，从法律推理的角度分析，法官甲是将法律规则的一般规定运用到具体案件的一种推理形式，是从一般到特殊的推理，因而是演绎推理，而非归纳推理，因此 A 项错误。虚拟货币属于法律漏洞，而不是属于法外空间，因此 B 项错误。虚拟货币可以成为法律意义上的物，而物可以成为法律关系的客体，因此 C 项错误。由于出现了虚拟货币是否属于法律意义上的财物的争论，因此，法官在审理案件时，有必要通过价值判断对此争论予以论证，使裁判具有说服力，因此 D 项正确。

整个法律体系，又需要以理解单个的用语、条文和规定为条件。

（二）法律解释的种类

法律解释由于解释主体和解释效力的不同可以分为：正式解释与非正式解释。

1. 正式解释，通常也叫法定解释，是指由特定的国家机关、官员或其他有解释权的人对法律作出的具有法律上约束力的解释。

2. 非正式解释，通常也叫学理解释，一般是指由学者或其他个人及组织对法律规定所作的不具有法律约束力的解释。

非正式解释在法律适用、法学研究、法学教育、法制宣传以及法律发展方面有着很重要的意义。

> **【特别提示】**正式解释的结果具有法律上的约束力，是指普遍的约束力，即能够针对不特定主体反复适用，因此，其解释结果属于规范性法律文件。

二、法律解释的方法

（一）法律解释的方法

法律解释的方法是法律人在进行法律解释时所必须遵循的特定法律共同体所公认的规则和原则。法律解释的方法大体上可以被归纳为：文义解释、目的解释、历史解释、比较解释、体系解释、目的解释等几种方法。

1. 文义解释，也称语法解释、文法解释、文理解释。这是指按照日常的、一般的或法律的语言使用方式清晰地描述制定法的某个条款的内容。

2. 立法者的目的解释，又被称为主观目的解释，是指根据参与立法的人的意志或立法资料揭示某个法律规定的含义，或者说将对某个法律规定的解释建立在参与立法的人的意志或立法资料的基础之上。

3. 历史解释是指依据历史上立法时争议的草案、表决意见、记录等历史文件所反映的事实来对某个法律规定进行解释。

4. 比较解释是指根据外国的立法例和判例学说对某个法律规定进行解释。

5. 体系解释，也称逻辑解释、系统解释。这是指将被解释的法律条文放在整部法律中乃至整个法律体系中，联系此法条与其他法条的相互关系来解释法律。

6. 客观目的解释，根据法律自身的目的所做的解释。力求回到法律本身的含义，客观解释说认为法律从制定之日就是有自己的目的，解释就是找到这个目的。

（二）法律解释方法的功能

1. 语义学解释和立法者意图或目的解释实质上使法律适用者在做法律决定时严格地受制于制定法，使法律适用的确定性和可预测性得到最大可能的保证。

2. 历史解释和比较解释容许了法律适用者在做法律决定时可以参酌历史的法律经验和其他国家或社会的法律经验。

3. 体系解释有助于特定国家的法秩序免于矛盾，从而保障法律适用的一致性。

4. 客观目的解释可以使法律决定与特定社会的伦理与道德要求相一致，从而使法律决定具有最大可能的正当性。

三、法律解释方法的适用模式与位阶

（一）法律解释方法的适用模式

法律解释方法有三种适用模式，即单一模式、累积模式与冲突模式。

1. **单一模式**是指法律人针对特定案件事实对特定法律文本或法的渊源进行解释时忽略了其他法律解释方法而只适用一种法律解释方法。从法律证成的角度看，单一模式是法律人将一个主要的法律解释方法作为证成法律解释结果的唯一理由或首要理由。一般来说这个模式中的那个主要的法律解释方法就是语义学法律解释方法，也就是说，该方法能够产生证成法律解释结果的唯一决定性理由。

2. **累积模式**是指法律人针对特定案件事实同时适用两种以上的法律解释方法对特定法律文本或法的渊源进行解释，而且在最终意义上得到了相同的解释结果。从法律证成的角度来看，法律人运用几种不同的法律解释方法证成对某个法律文本或法的渊源的解释结果，而且所有的这些法律解释方法在最终的分析意义上都支持对该法律文本或法的渊源的相同解释结果。

3. **冲突模式**是指法律人针对特定案件事实同时适用两种以上的法律解释方法对特定法律文本或法的渊源进行解释而得到至少两个相互对立、冲突的解释结果，而且这些解释结果证成了不同的法律决定。由此可见，冲突模式的适用中存在两个层面的操作：一方面，法律人运用不同的相互独立的法律解释方法证成各自的相互对立的法律解释结果；另一方面，法律人必须运用其他论据证成哪一法律解释结果具有优先性。因此，冲突模式运用的关键和根本之处不在于法官或法律适用者运用不同的相互独立的法律解释方法证成不同的法律解释结果，而在于证成哪一个法律解释结果具有优先性，即解决冲突问题。这就必然涉及法律解释方法的位阶问题。

（二）法律解释方法的位阶

通常的位阶顺序：1. 语义学解释；2. 体系解释；3. 立法者意图或目的解释；4. 历史解释；5. 比较解释；6. 客观目的解释。

【特别提示】上述位阶关系不是绝对的、固定不变的，而是初步性的、可以被推翻的。只是要想推翻上述解释位阶，法律人必须提供更强的理由，并予以充分地论证。

【经典真题】

1. 张某为其轿车购买保险，合同约定保险公司应赔偿该车因火灾发生的损失。后该车发生自燃，保险公司以“自燃”并非“火灾”为由拒赔，张某诉至法院。法院认为，在日常用语中，“自燃”是“火灾”的一种类型，但该保险合同的免责条款明确了“自燃”概念，故该合同中的“自燃”并非“火灾”之义。对比，下列哪些说法是正确的？（2021 年回忆版，多选）〔1〕

A. 法院对“火灾”和“自燃”两个概念进行了比较解释

B. 法院对“火灾”概念进行了体系解释

---

〔1〕 BCD【解析】比较解释是指根据外国的立法判例和判例学说对某个法律规定进行解释。本案中法院对“火灾”和“自燃”的解释并非运用比较解释方法。故 A 项错误。体系解释是将被解释的法律条文放在整部法律乃至整个法律体系中，联系此法条与其他法条的相互关系来解释法律。本案中，法院对“自燃”的解释，联系了日常用语中“自燃”的概念，以及该保险合同的免责条款中“自燃”的概念，明确了该合同中的“自燃”并非“火灾”之义，故 B 项正确。文义解释是指按照日常的、一般的或法律的语言使用方式描述制定法的某个条款的内容。本案中，法院认为，在日常用语中，“自燃”是“火灾”的一种类型，这属于文义解释。故 C 项正确。法律解释方法适用模式中的冲突模式是法律人针对特定案件事实同时适用两种以上的法律解释方法对特定法律文本或法的渊源进行解释而得到至少两个相互对立、冲突的解释结果，而且这些解释结果证成了不同的法律决定。此模式运用的关键和根本之处不在于法官或法律适用者运用不同的相互独立的法律解释方法证成不同的法律解释结果，而在于证成哪一个法律解释结果具有优先性，即解决冲突问题。就本案而言，法院认为，在日常用语中，“自燃”是“火灾”的一种类型，但该保险合同的免责条款明确了“自燃”概念，故该合同中的“自燃”并非“火灾”之义，法院就“自燃”概念判定哪种解释具有优先性，解决冲突问题，故 D 项正确。

C. 法院对“自燃”概念进行了文义解释

D. 法院采用了解释方法适用模式中的冲突模式

2. 法谚有云：“法官是会说话的法律”，关于此法律谚语的理解，下列选项正确是？（2020年回忆版，单选）[1]

A. 法律不经法官，则无从解释

B. 法律不经解释，则不可适用

C. 法律不经裁判，不产生义务

D. 法律不经适用，不具效力

3. 依《刑法》第180条第4款之规定，证券从业人员利用未公开信息从事相关交易活动，情节严重的，依照第1款的规定处罚；该条第1款规定了“情节严重”和“情节特别严重”两个量刑档次。在审理史某利用未公开信息交易一案时，法院认为，尽管第4款中只有“情节严重”的表述，但仍应将其理解为包含“情节严重”和“情节特别严重”两个量刑档次，并认为史某的行为属“情节特别严重”。其理由是《刑法》其他条款中仅有“情节严重”的规定时，相关司法解释仍规定按照“情节严重”、“情节特别严重”两档量刑。对此，下列哪些说法是正确的？（2017－1－60）[2]

A. 第4款中表达的是准用性规则

B. 法院运用了体系解释方法

C. 第4款的规定可以避免法条重复表述

D. 法院的解释将焦点集中在语言上，并未考虑解释的结果是否公正

4.《全国人民代表大会常务委员会关于〈中华人民共和国刑法〉第一百五十八条、第一百五十九条的解释》中规定：“刑法第一百五十八条、第一百五十九条的规定，只适用于依法实行注册资本实缴登记制的公司。”关于该解释，下列哪一说法是正确的？（2016－1－13）[3]

A. 效力低于《刑法》

B. 全国人大常委会只能就《刑法》作法律解释

C. 对法律条文进行了限制解释

D. 是学理解释

【习题拓展】

1. 齐某是某小学班主任，其在担任班主任期间，利用午休、晚自习及宿舍查寝等机会，在学校办公室和教室等处多次对被害女童甲、乙实施奸淫、猥亵，并以带甲女童外出看病为由，将其带回家中强奸。齐某还在女生集体宿舍等地多次猥亵被害女童丙、丁、戊，猥亵被害女童己、庚。法官对“猥亵”“强奸”等词进行了进一步的说明，认为齐某的行为严重侵害了这些儿童的心理健康和身体健康，并根据《最高人民法院、最高人民检察院、公安部、司法部

---

〔1〕 B【解析】法官并非法律解释的唯一主体，特定的国家机关可以作出正式解释，社会公众和包括法官在内的法律人也可以对法律作出非正式解释。故A项错误。法律在现实的司法审判中，只有经过法官的解释才能够真正作用于案件裁判，产生直接影响当事人具体权利义务关系的司法判决。故B项正确。立法活动可以直接设定人们的法律义务，执法行为也可以在现实的社会生活中通过行政处罚等方式对行政相对人产生具体的义务。故C项错误。现代社会中，法律的效力有无和高低取决于其制定主体本身的权威性，司法审判只是对有效法律规范的具体适用而已，并不是使得法律有效的原因。故D项错误。

〔2〕 ABC【解析】法院采用的解释方法不是文义解释，而是体系解释。文义解释的特点是将解释的焦点集中在语言上，而不顾及根据语言解释出的结果是否公正、合理。但体系解释关注到单一条文在整部法律中与其他条文的关系，故潜在地考虑解释结果的正当性，故D项错误。

〔3〕 C【解析】全国人大常委会的法律解释同法律具有同等效力，故A项错误。法律解释权属于全国人大常委会。据此，全国人大常委会对包括刑法在内的所有法律均有解释权，故B项错误。该解释对《刑法》第158条、第159条的适用范围作了严格限制，故C项正确。全国人大常委会对法律的解释属于正式解释，不是学理解释，故D项错误。

关于依法惩治性侵害未成年人犯罪的意见》规定的从严处罚情节、社会危害性以及刑法第二百三十六条第三款有关"情节恶劣"的规定，认定原审被告人齐某犯强奸罪和猥亵儿童罪，判决齐某无期徒刑、剥夺政治权利终身。关于本案，以下说法错误的是？[1]

A. 本案中，法官运用了体系解释方法

B. 法官作出判决运用了类比推理

C. 本案判决是规范性法律文件

D.《最高人民法院、最高人民检察院、公安部、司法部关于依法惩治性侵害未成年人犯罪的意见》与法律具有同等效力

2. 有时法律的字面含义和法律背后的意义并不一致，对于这一现象，下列说法错误的是？[2]

A. 如果法律人针对特定案件事实同时适用文义解释和立法者的目的解释，得出了一致的结论，这种情况属于法律解释方法适用的单一模式

B. 如果法律人针对特定案件事实同时适用文义解释和立法者的目的解释，得出了相互冲突的解释结果，此时就涉及到法律解释方法的位阶问题

C. 全国人大常委会享有解释宪法与法律的权力

D. 某法院在解释法律时参考了一位学者的观点，这位学者对于法律的解释是非正式解释

四、当代中国的法律解释体制："一元多级"

1. 一元：法律解释权属于全国人民代表大会常务委员会。

2. 多级：除全国人大常委会的法律解释外还存在着其他类型的法定法律解释。

（1）凡属于法院审判工作中具体应用法律、法令的问题，由最高人民法院进行解释。凡属于检察院检察工作中具体应用法律、法令的问题，由最高人民检察院进行解释。最高人民法院和最高人民检察院的解释如果有原则性的分歧，报请全国人民代表大会常务委员会解释或决定。

（2）不属于审判和检察工作中的其他法律、法令如何具体应用的问题，由国务院及主管部门进行解释。

（3）凡属于地方性法规条文本身需要进一步明确界限或作补充规定的，由制定该地方性法规的人民代表大会常务委员会进行解释。凡属于地方性法规如何具体应用的问题，由同级的地方人民政府进行解释。

【经典真题】

1.《最高人民法院关于适用〈中华人民共和国合同法〉若干问题的解释（二）》第十九条规定："对于合同法第七十四条规定的'明显不合理的低价'，人民法院应当以交易当地一般经营者的判断，并参考交易当时交易地的物价部门指导价或者市场交易价，结合其他相关因素

---

〔1〕 BCD【解析】体系解释，是指把不同法律规范相结合来解释，因此A项正确。法官根据有关规定作出判决，是演绎推理，因此B项错误。判决是非规范性法律文件，因此C项错误。立法解释与法律具有同等效力，但《最高人民法院、最高人民检察院、公安部、司法部关于依法惩治性侵害未成年人犯罪的意见》不是立法解释，而仅仅是一个指导意见，因此D项错误。

〔2〕 A【解析】A项中的情况属于法律解释方法适用的累积模式，而不是单一模式，因此A项错误。法律解释方法的适用模式中，如果是冲突模式，需要解决冲突问题，这就必然涉及法律解释方法的位阶问题。因此B项正确。根据《宪法》第67条，全国人大常委会享有解释宪法与法律的权力，因此C项正确。学者对法律的解释不具有普遍的法律约束力，属于非正式解释，因此D项正确。

综合考虑予以确认。”关于该解释，下列哪些说法是正确的？（2015－1－60）[1]

A. 并非由某个个案裁判而引起

B. 仅关注语言问题而未涉及解释结果是否公正的问题

C. 具有法律约束力

D. 不需报全国人大常委会备案

2. 2005年8月全国人大常委会对《妇女权益保障法》进行了修正，增加了“禁止对妇女实施性骚扰”的规定，但没有对“性骚扰”予以具体界定。2007年4月，某省人大常委会通过《实施（中华人民共和国妇女权益保障法）办法》，规定“禁止以语言、文字、电子信息、肢体等形式对妇女实行骚扰”。关于该《办法》，下列哪一选项可以成立？（2007－1－5）[2]

A.《办法》对构成“性骚扰”具体行为所作的界定，属于对《妇女权益保障法》的立法解释

B.《办法》属于《妇女权益保障法》的下位法，按照法律高于法规的原则其效力较低

C.《办法》属于对《妇女权益保障法》的变通或补充规定

D.《办法》对“性骚扰”进行了体系解释

第六节 法律漏洞的填补【考查频率☆☆】

一、法律漏洞的概念

大部分法律适用活动只涉及法律解释，但有时仅靠解释无法为案件裁判提供答案。因为立法者的理性是有限的，他无法预见到将会发生的一切情形并事先事无巨细地予以规定。此时，对于应由法律进行调整的事实就缺乏明文规定。但在相关案件发生后，很多时候（主要为民事领域）法官又不能以“法无明文规定”为由拒绝审理案件。著名的《拿破仑民法典》第4条就规定，“法官借口没有法律或法律不明确、不完备而拒绝裁判时，得依拒绝裁判罪而追诉之”。此时，法官就将面对着需要自行填补的法律漏洞。

所谓漏洞，指的是违反计划的不圆满性。相应地，法律漏洞指的就是违反立法计划（规范目的）的不圆满性。换言之，也就是关于某个法律问题，法律依其规范目的应有所规定，却未设规定。法律漏洞不同于法外空间。漏洞不是简单的缺失状态，而必须是不合目的的、或者说依其目的被评价为不好的缺失状态。例如，花瓶和花盆上可能都存在一个洞，但花盆有洞是合乎目的的，而花瓶有洞却是不合乎目的的，只有后者才被认为是“漏洞”。同理，法律规范的

---

[1] AC【解析】司法解释并非是为个案的解决，也已经不再是“解释”一词的原意，不能把司法解释简单地归结为对法律条文的说明的“文义解释”，还包括解释者根据立法目的及自己对正义价值的认识，对法条内容作进一步修改、完善和补充。AC正确。B选项的规定不仅仅关注了语言问题，对于解释结果也进行了关注。B项错误。“两高”司法解释要报全国人大常委会备案。D项错误。

[2] B【解析】在我国，立法解释权属于全国人大常委会。《立法法》第45条第2款规定：“法律有以下情况之一的，由全国人民代表大会常务委员会解释：（1）法律的规定需要进一步明确具体含义的；（2）法律制定后出现新的情况，需要明确适用法律依据的。”该《办法》由某省人大常委会制定，不属于立法解释。A项错误。《办法》是由某省人大常委会制定的，属于地方性法规，而《妇女权益保障法》是由全国人大常委会制定的，属于法律。因此，《办法》属于《妇女权益保障法》的下位法，按照法律高于法规的原则其效力较低。B项正确。《办法》将《妇女权益保障法》中的“禁止对妇女实施性骚扰”具体界定为“禁止以语言、文字、电子信息、肢体等形式对妇女实行骚扰”，属于对“性骚扰”进行的文义解释，不属于“变通或补充规定”。C项错误。体系解释也称系统解释，是指将被解释的法律条文放在整部法律中乃至整个法律体系中，联系此法条与其他法条的相互关系来解释法律。D项错误。

缺失可能是合乎目的的，也可能不是合乎目的的。合乎目的的缺失被称为“法外空间”，也就是本就不应由法律来调整的领域。任何社会，即使是法治社会，都存在一些法律不能调整、无须调整或不宜调整的社会关系或领域，如友谊和爱情。对于这些社会关系，法律一般让位于道德、习惯或其他社会规范去处理。法律的这种不圆满状态并不违反立法计划，因为立法者原本就没有对这些事项予以规定的意图或计划，因而不属于漏洞。只有在不属于法外空间的事项上法律没有规定时，才有漏洞可言。当然“法内空间”和“法外空间”之间的界限并非总是清楚的、确定的，它们之间的界限有时是存在争议的。

所以，是否存在法律漏洞并不是简单的事实判断，毋宁说是需要评价性的认定。关键即在于确定立法计划或规范目的，而这需要使用历史解释和目的论解释的方法来求得。

二、法律漏洞的分类

对于法律漏洞，可以从不同的角度进行分类。

1. 根据法律对于某个事项是否完全没有规定，法律漏洞可分为全部漏洞和部分漏洞。如果被判断为有被规范之需要的问题根本就未被法律规范，那就出现了全部漏洞。相反，如果被判断为有被规范之需要的问题虽已为法律所规范但并不完全，则为部分漏洞。全部漏洞也可称为“立法空白”。对于某个事项，究竟是出现了部分漏洞还是全部漏洞，需要从法律体系出发作整体性判断。某个法律事实是否有法律上的依据来加以调整，并不能由单个法条或规范出发作出判断，而通常是由一群法条或规范所交织起来的体系所规定。假如从体系出发对某个应该调整的事项缺乏任何调整则为全部漏洞，如果体系的不同部分已对此事项规定了部分调整要素，只是不完整，则为部分漏洞。从这个角度看，漏洞属于法律体系的残缺（残缺式体系违反），全部漏洞属于全部残缺式体系违反，而部分漏洞属于部分残缺式体系违反。

2. 根据漏洞的表现形态，可以将法律漏洞分为明显漏洞和隐藏漏洞。明显漏洞是指关于某个法律问题，法律依其规范目的或立法计划，应积极地加以规定却未设规定。隐藏漏洞是指关于某个法律问题，法律虽已有规定，但依其规范目的或立法计划，应对该规定设有例外却未设例外。明显漏洞的例子是，在我国《侵权责任法》出台前，网络侵权行为就已长期存在，但立法却没有提供任何有关其民事责任的法律规定。隐藏漏洞的例子是，我国《公司法》第3条规定，公司是企业法人，有独立的法人财产，享有法人财产权。公司以其全部财产对公司的债务承担责任。该条规定是为了确保公司的独立人格与财产，但它没有考虑到，当关联公司的财产无法区分，丧失独立人格时，就丧失了独立承担责任的基础，而应当由关联公司相互之间对外部债务承担连带责任，才能保护债权人利益。因此，该条没有将关联公司人格混同的情形作为例外区分出来，属于隐藏漏洞。

3. 根据漏洞产生的时间，可以将法律漏洞分为自始漏洞和嗣后漏洞。自始漏洞是指法律漏洞在法律制定时即已存在。嗣后漏洞是指在法律制定和实施后，因社会客观形势的变化发展而产生了新问题，但这些新问题在法律制定时并未被立法者所预见以致没有被纳入法律的调控范围，由此而构成法律漏洞。以立法者在立法时对法律规定的欠缺是否已有认知为标准，又可将自始漏洞分为明知漏洞与不明知漏洞。明知漏洞是指立法者在制定法律时，已意识到法律的规定存在不完善或缺漏，但却有意不作规定，而将这一问题保留给其他机关或部门来决定。这么做或是出于立法时的政治、经济和社会情势，或是出于立法技术之考量。由于这种有意的沉默属于法政策上的考量，因此也可被称为“法政策漏洞”。如《行政处罚法》在行政处罚的决定程序中，对立案程序、对听证如何召集和由谁主持等具体问题未作规定，而交由司法解释或行政处罚法的实施细则等予以规定。不明知漏洞是立法者在制定法律时或是因疏忽或认知能力的限制没有意识到法律规定存在欠缺，或是对应予规定的事项误认为已予规范而致形成法律漏洞。

三、法律漏洞的填补方法

无论是部分漏洞还是全部漏洞、自始漏洞还是嗣后漏洞，都可以要么是明显漏洞，要么是隐藏漏洞。填补明显漏洞和隐藏漏洞的方法分别是目的论扩张和目的论限缩。

1. 目的论扩张。是指法律规范的文义所未能涵盖某类案件，但依据其规范目的应该将相同的法律后果赋予它，因而扩张该规范的适用范围，以将它包含进来。目的论扩张面对的是法律之“潜在包含”的情形，也即是法律文义所指的范围窄于规范目的所指的范围，或者说立法者“词不达意”的情形。它的意旨在于将原本不为规范文义所涵盖的案件类型包含进该规范的适用范围之内，或者说逾越语义，将该规范的法律后果扩张适用于规范明文规定的案件类型之外。法官在进行目的论扩张时，必须做到两个方面：一是提出理性论据来证立待扩张适用之法律规范的规范目的或者说立法计划为何；二是必须证明逾越文义的某类案件与规范文义已包含的案件类型可以为同一个规范目的所涵盖，或者赋予逾越文义之案件以相同法律后果为此一规范目的所必须。目的论扩张有别于法律解释中的扩张解释。目的论扩张是将原本未被规范文义所涵盖的案件类型择取其合乎规范目的的部分包括在内，使所包含的案件类型逾越文义，故而属于漏洞填补的方法。而扩张解释则是因为文义失之过狭，不足以表示出立法意旨，所以扩张语词之意义，以期正确适用，属于法律解释中文义解释的一种情形。

2. 目的论限缩。是指虽然法律规范的文义涵盖了某类案件，但依据其规范目的不应该赋予它与文义所涵盖的其他情形相同的法律后果，因而限缩该规范的适用范围，以将它排除出去。目的论限缩面对的是法律之“过度包含”的情形，也即是法律文义所指的范围宽于规范目的所指的范围，或者说立法者“言过其实”的情形。目的论限缩的基本法理，在于非相类似之事件，应作不同之处理，可将不符合规范目的之部分排除在外，使剩余的法律意义更为准确。它的意旨在于将原为法律文义所涵盖的案件类型剔除其不合规范目的的部分，使之不在该法律适用范围之内。法官在进行目的论限缩时，要完成两方面的任务：一是提出理性论据来证立待限缩适用之法律规范的规范目的或者说立法计划为何；二是必须证明规范文义已包含的某类案件类型与其余案件类型不为同一规范目的所涵盖，或者法律规范的目的与其文义所包含的某类案件并不兼容。目的论限缩有别于法律解释中的限缩解释。目的论限缩是将不符合规范目的的案件类型积极地剔除出规范的适用范围之外，而限缩解释则是因为文义过于宽泛，消极地将文义局限于其核心部分，以期正确适用。目的论限缩适用在添加限制性的规范，而限缩解释则在采取较窄的文义限缩规范的适用范围。在实务上，如文义可切割，直接分类而不损及其核心意义时，多采限缩解释，若不能将文义予以切割分类，则一般采取目的论限缩。

【经典真题】

1. 王某幼年被亲生父母抛弃，后被李某抚养成人。王某为自己购买一份意外死亡险，指定受益人为其法定继承人后，王某意外死亡。李某要求保险公司支付保险金，保险公司以李某未办理收养手续为由拒付，李某诉至法院，法院认为王某死亡时，并无其他法定继承人，将年事已高的李某作为保险受益人，保障其基本生存条件，符合公序良俗原则和王某真实意愿，故

判决李某胜诉。对此，下列说法正确的是？（2021年回忆版，多选）〔1〕

A. 法院通过目的论扩张的方式，确认了李某的权利

B. 该判决将人权作为重要的价值评价标准

C. 推定王某的真实意愿，属于外部证成

D. 在民法的各项原则中，公序良俗原则处于最高的效力位阶

2. 开发商建衡公司与小红因为未能在合同的规定期限内办理房产证而产生纠纷，小红将建衡公司诉至某人民法院，请求解除双方签订的商品房买卖合同。法院在审理该案件时，认为因延迟办证而形成的解除权的合理期限，现行法律并未作出规定。但为维护商品经济秩序和平衡买卖合同双方利益需要对该期限进行合理限制。对此，法官援引了合同法解释中与延迟办证具有一定相似性的因迟延交房形成的解除权的合理期限规定，从而作出相应的判决。下列说法正确的是？（2019年回忆版，多选）〔2〕

A. 对于该判决法官运用了类比推理

B. 平衡买卖双方的利益和维护交易秩序稳定，体现了法的价值

C. 本案中存在的法律漏洞属于嗣后漏洞

D. 若需要认定法律漏洞，则需要探究立法目的

3. 某商场促销活动时宣称："凡购买100元商品均送80元购物券。对因促销活动产生的纠纷，本商场有最终解释权。"刘女士在该商场购买了1000元商品，返回800元购物券。刘女士持券买鞋时，被告知鞋类商品2天前已退出促销活动，必须现金购买。刘女士遂找商场理论，协商未果便将商场告上法庭。关于本案，下列哪一认识是正确的？（2012－1－14）〔3〕

A. 从法律的角度看，"本商场有最终解释权"是一种学理解释权的宣称

B. 本案的争议表明，需要以公平正义去解释合同填补漏洞

C. 当事人对合同进行解释，等同于对合同享有法定的解释权

D. 商场的做法符合"权利和义务相一致"的原则

---

〔1〕 ABC【解析】目的论扩张是一种法律漏洞填补方法，其主要适用于法律规定明显小于规范目的"潜在包含"情形，此时应当结合立法目的扩张规则适用范围，将本该包含的情形包含进来。本案中，对于保险公司的主张，法院将年事已高的李某作为保险受益人，保障其基本生存条件，符合公序良俗原则和王某真实意愿，符合目的论扩张的意图，故A项正确。法院在论证中将李某的基本生存条件作为考虑因素，符合将人权作为重要的价值评价标准，故B项正确。法律的外部证成是对法律决定所依赖的前提的证成，关涉的是对内部证成中所使用的前提本身的合理性，法院推定王某的真实意愿，属于外部证成，故C项正确。公序良俗作为一个弹性条款，是配合各种具体的法律规则对民事活动起调控作用，在性质上属于授权性规定，目的是在遇有损害国家利益、社会公共利益和道德秩序的行为，而又缺乏相应的禁止性法律规定时，法院可以直接适用公序良俗原则判定该行为无效，但在直接依据公序良俗原则进行裁判时应审慎适用，不宜做不合法律的扩大解释，其具体适用有相应的限制条件，因此公序良俗原则在民法各项原则中并非优先适用，并非处于最高效力位阶。故D项错误。

〔2〕 ABD【解析】类比推理是指基于两种情形的相似性而作出相似处理的推理方式，法官基于延迟交房和延迟办证的相似性而作出相应判决的做法，正是类比推理的直接应用，故A项正确。平衡买卖双方的利益和维护交易秩序稳定体现了法律对于正义的追求和对秩序的维护，当然体现了法的价值，故B项正确。本案中涉及的延迟办证能否导致合同解除的问题，在法律中未有明确规定，显然属于法律漏洞，但这一漏洞在立法之时就已存在，属于自始漏洞，并不属于因法律滞后于社会经济发展而导致的嗣后漏洞，故C项错误。当出现法律漏洞时，我们需要结合立法目的进行扩张或限缩以期实现法律创设本应实现的目的，故D项正确。

〔3〕 B【解析】某商场促销活动时宣称的"本商场有最终解释权"，是学理解释，属于非正式解释或无权解释，因此"学理解释权"的说法是错误的。故A项错误。哪些商品以及这些商品何时参加促销，某商场与刘女士约定不清而发生争议。若任由某商场确定，显然有损刘女士的权益，故需要以公平正义去解决双方的纠纷，故B项正确。所谓法定解释，是指具有解释权的人作出的具有普遍法律约束力的解释。当事人不享有法定解释权，故C项错误。"权利和义务相一致"原则，要求当事人享有权利时，必须履行与此相关的义务，不能仅行使权利而不履行义务。商场拒绝刘女士持券买鞋，显然是不履行促销义务，故D项错误。

【习题拓展】

杨某在任建设领导小组副组长兼指挥部总指挥期间，得知某市街道将列入拆迁和旧村改造范围后，决定在该村购买旧房，利用其职务便利，在拆迁安置时骗取非法利益。最高人民检察院《关于人民检察院直接受理立案侦查案件中立案标准的规定（试行）》，对贪污罪中的“利用职务上的便利”解释为：“利用职务上主管、管理、经手公共财物的权力及方便条件。”既包括利用本人职务上主管、管理公共财物的职务便利，又包括利用职务上有隶属关系的其他国家工作人员的职务便利。杨某符合贪污罪中“利用职务上的便利”条件，构成贪污罪。关于贪污罪中对“利用职务上的便利”解释，下列说法正确的是?〔1〕

A. 最高检对法律进行解释的行为属于正式解释

B. 该解释对刑法条文做了目的论扩张

C. 该解释体现并运用了体系解释方法

D. 该规定和刑法本身具有同等效力

---

〔1〕 A【解析】正式解释也称法定解释，是指由特定的国家机关、官员或其他有解释权的人对法律作出的具有法律上约束力的解释。最高检对贪污罪中的“利用职务上的便利”的解释是司法解释，属于正式解释，故A项正确。目的论扩张适用于法律规定明显小于规范目的“潜在包含”情形，应当结合立法目的扩张规则适用范围，将本该包含的情形包含进来。目的论扩张属于法律漏洞填补的方法，而非法律解释方法，故B项错误。体系解释，也称逻辑解释、系统解释，是指将被解释的法律条文放在整部法律中乃至整个法律体系中，联系此法条与其他法条的相互关系来解释法律，利用逻辑中的矛盾律来支持或反对某个解释结果。上述司法解释实际上是就贪污罪中“利用职务上的便利”的外延而作出的解释，题干中并没有体现出体系解释的应用，故C项错误。全国人大常委会所做的立法解释与法律具有同等效力，但该规定属于司法解释，效力低于法律，故D项错误。

第三章　法的演进

【重点提示】

1. 法系理论；
2. 法治理论。

【知识框架】

- 法的发展论
  - 法的起源
    - 法产生的根源与标志
    - 法与原始社会规范的主要区别
    - 法产生的一般规律
  - 法的发展
    - 法的历史类型
    - 法的继承
    - 法的移植
  - 法的传统
    - 法的传统的含义
    - 中国古代法的传统
    - 现代中国法律文化的渊源
    - 法律意识
    - 西方国家两大法系
  - 法的现代化
    - 法的现代化的标志
    - 当代中国法治现代化的历史进程与特点
  - 法治理论
    - 法治
    - 法治国家与社会主义法治国家

第一节　法的起源【考查频率☆】

一、法的起源的各种学说及其与法的本质学说之间的关系

（一）神创说

这一学说认为法是神为人类创造的。比如奥古斯汀提出：“秩序和安排来源于上帝的永远的正义和永恒的法律，即神法；人法服从神法，是从神法派生出来的。”

（二）暴力说

这一学说认为法是暴力斗争的结果，是暴力统治的产物。比如韩非子提出：“人民众而财货寡，事力劳而供养薄，故民争。”

（三）契约说

自然状态→缔结契约→放弃、让与部分自然权利→组成政府，这最初的契约是法律。17、18世纪的古典自然法学者大部分都主张此学说。

（四）发展说

1. 人的能力发展说。社会关系开始复杂，因而需要法。

2. 精神发展说。比如黑格尔就认为绝对精神在自然界产生之前就已存在，绝对精神发展到自然界阶段，才有了人类，人类精神的发展产生法。

（五）合理管理说

许多法社会学者持此说。如塞尔茨尼克认为，一个群体的法律秩序，是基于合理性管理的需要而发展起来的。

法的起源的各种学说及其与法的本质学说之间存在内在的一致和对应关系。

二、法产生的过程与标志

马克思主义认为，法不是从来就有的，也不是永恒存在的，而是人类社会发展到一定历史阶段才出现的社会现象。法是随着生产力的发展、社会经济的发展、私有制和阶级的产生、国家的出现而产生的，经历了一个长期的渐进的过程。

（一）法产生的三大根源

1. 私有制和商品经济的产生是法产生的经济根源。法是为了维护某种所有制、调整一定经济关系和秩序的需要而产生的。

2. 阶级的产生是法产生的阶级根源。法是为了维护和调整一定阶级关系的需要而产生的，它是阶级矛盾不可调和的表现和产物。

3. 社会的发展是法产生的社会根源。社会的发展，文明的进步，需要新的社会规范来解决社会资源有限与人的欲求无限之间的矛盾，解决社会冲突，分配社会资源，维持社会秩序。

（二）法产生的三大标志

1. 特殊公共权力系统即国家的产生。

2. 权利和义务观念的形成。权利和义务的分离，首先表现为财产归属上有了“我的”“你的”“他的”之类的区别；其次，在利益（权利）和负担（义务）的分配上出现了不平等，即出现了特权；再次，在享有权利履行义务上出现了明显的差别。

3. 法律诉讼和司法的出现。法律诉讼和司法的出现，标志着公力救济代替了私力救济，文明的诉讼程序取代了野蛮的暴力复仇。

（三）法与原始社会规范的主要区别

1. 法与原始社会规范都是一定社会经济基础之上的上层建筑，两者有着许多共同点：

（1）都属于社会规范；

（2）都要求人们普遍遵守，并且有一定的约束力；

（3）都根源于一定的社会物质生活条件，由各自的经济基础所决定；

（4）都是调整一定社会关系和社会秩序的重要手段。

2. 两者又有根本的区别：

（1）两者产生的方式不同：法是由国家制定或认可的；原始社会规范是人们在长期的共同生产和生活过程中自发形成的。

（2）两者反映的利益和意志不同：法反映统治阶级的利益和意志；原始社会规范反映原始社会全体成员的利益和意志。

（3）两者保证实施的力量不同：法是以国家强制力保证实施的；原始社会规范是依靠社会舆论的力量、传统力量和氏族部落领袖的威信保证实施的。

（4）两者适用的范围不同：法适用于国家主权所及的地域内的所有居民；原始社会规范只适用于同血缘的本氏族部落成员。

三、法产生的一般规律

1. 法的产生经历了从个别调整到规范性调整、规范性调整到法的调整的发展过程。

2. 法的产生经历了从习惯到习惯法、再由习惯法到制定法的发展过程。

3. 法的产生过程，是一个由简单到复杂、由不完善到完善、由自发形成到自觉形成的长期发展过程。

4. 法的产生经历了法与宗教规范、道德规范的浑然一体，到法与宗教规范、道德规范的分化、法的相对独立的发展过程。

【经典真题】

有学者这样解释法的产生：最初的纠纷解决方式可能是双方找到一位共同信赖的长者，向他讲述事情的原委并由他作出裁决；但是当纠纷多到需要占用一百位长者的全部时间时，一种制度化的纠纷解决机制就成为必要了，这就是最初的法律。对此，下列哪一说法是正确的？(2017－1－13)〔1〕

A. 反映了社会调整从个别调整到规范性调整的规律

B. 说明法律始终是社会调整的首要工具

C. 看到了经济因素和政治因素在法产生过程中的作用

D. 强调了法律与其他社会规范的区别

【习题拓展】

法的起源的各种学说和法的本质学说之间存在内在的一致和对应的关系，对此，下列表述正确的是？〔2〕

A. “奉天罚罪”的思想，认为法律起源于神的意志

B. “禁奸止过，莫诺重刑”的思想认为法律起源于暴力

C. “法是人类精神发展的产物”的思想，认为法律起源于人类的对社会的合理性管理需要

D. 为了社会安定和发展，人们相互之间缔结契约，这最初的契约就是法律，这种思想认为法律起源于人类的能力发展需要

第二节　法的发展【考查频率☆】

一、法的历史类型

法的历史类型是按照法所据以产生和赖以存在的经济基础的性质和体现的阶级意志的不同，对人类社会的法所作的分类。马克思主义法学认为，凡是建立在相同经济基础之上、反映相同阶级意志的法，就属于同一历史类型。

与人类进入阶级社会后的社会形态的划分相一致，人类社会存在四种历史类型的法，即奴隶制法、封建制法、资本主义法和社会主义法。

在人类社会发展过程中，并不是每一个国家、民族的法都一定经过法的这四种历史类型。但法的历史发展的总体过程表明，从奴隶制法到封建制法，继而发展为资本主义法和社会主义

---

〔1〕 A【解析】法律并不始终是社会调整的首要工具，比如在原始社会，习惯是首要工具；在古代中国，道德是首要工具。故B项错误。该学者的解释并没有揭示经济政治因素在法产生中的作用。法律与其他社会规范的区别在于法律由国家制定、认可并由国家强制力保证实施，该学者的解释并没有揭示这一点。该学者解释仅仅是反映了个案处理到普遍处理的转变。故A项正确。

〔2〕 AB【解析】法是人类精神发展的产物，是典型的人类精神发展说的思想，故C项错误。它是典型的契约说的法律起源思想，故D项错误。

法，是法的历史发展的一般规律。

【特别提示】

1. 法的历史类型划分的标准可归纳为：经济基础、阶级意志。

2. 法的历史类型的更替的根本原因是社会基本矛盾的运动。社会基本矛盾就是生产力与生产关系之间的矛盾、经济基础与上层建筑之间的矛盾。

（一）奴隶制法和封建制法

1. 奴隶制法是人类历史上最早出现的法律，也是私有制类型最早的法律。奴隶制法的本质和特征是由奴隶制社会的经济基础所决定的：

（1）严格保护奴隶主的所有制；

（2）公开反映和维护贵族的等级特权；

（3）刑罚种类繁多、手段极其残酷。

2. 封建制法是经奴隶制法之后出现的又一种私有制类型的法律。封建制法赖以建立和存在的经济基础是地主或领主占有土地和部分占有农民或农奴：

（1）封建主依靠封建土地所有制和超经济剥削（如无偿劳役）迫使农民依附于封建主阶级，维护地主阶级的土地所有制；

（2）确认和维护封建等级特权；

（3）刑罚酷烈，罪名繁多，滥施肉刑，广为株连。

（二）资本主义法

1. 资本主义法的产生。

（1）在封建社会中后期，逐步出现了带有资本主义因素的法，主要有：

①商法的兴起，这些商法源于习惯法、最为典型的是海商法；

②罗马法的复兴；

③资本原始积累的法律的出现，如英国圈地运动中的法律；

④宪法性法律的开始制定，如英国1215年的《大宪章》。

（2）总的来看，资本主义法主要有这样一些基本特点：

①维护以剥削雇佣劳动为基础的资本主义私有制，确立了“私有财产神圣不可侵犯”“契约自由”“过错责任”等原则；

②维护资产阶级专政和代议制等法律制度；

③维护资产阶级自由、平等和人权，确立法律面前人人平等，保障资产阶级法治。

2. 资本主义法的发展。

（1）资本主义从自由竞争时期发展到垄断时期，特别是进入20世纪后，资本主义从“个人权利本位”变化为“社会本位”，法律原则也有了许多变化。但资产阶级法的本质并没有根本改变。

（2）垄断资本主义时期法的发展表现。

①法律基本原则的变化，私有制财产神圣不可侵犯原则、契约自由原则等有不少限制的内容；

②法与政府、社会的关系上，政府不仅仅只是“看守人”“守夜人”，国家、政府通过法律来干预经济。同时，出现了法的社会化趋向；

③法的运行方面的变化：如委托立法、授权立法的出现，行政机关权力日益扩大；准法院组织的出现；

④两大法系逐步靠拢，国际立法增多，出现了像欧盟法律那样的超国家组织的法律。

（三）社会主义法

社会主义法是建立在社会主义经济基础之上的上层建筑。社会主义法是以工人阶级为领导的广大人民共同意志和根本利益的体现，是维护社会秩序、推动社会进步的工具。

新中国的法是在摧毁国民党法律的基础上创立的，是革命根据地法的继承和发展。中国社会主义法的建立还经过了由新民主主义向社会主义的转变过程。中国社会主义法的发展经历了曲折的过程。

【经典真题】

“在中国法的发展历史上，追求‘民族化’显然是一个主线，形成了‘尚古主义’取向的具有保守性格的中华法系。只是到了清末出现一批主张借鉴西方法律制度的学者和政治家如沈家本之后，法的民族化受到部分冲击。西方近代以后两大法系基本形成，两大法系的发达程度之高已被国际公认，其原因不得不归结为法的民族化与国际化的协调一致。”基于这段引文，下列表述正确的是？（2008－1－91）[1]

A. 无论中华法系还是西方的两大法系都包含各自的法律文化

B. 中华法系具有保守性格，追求“民族化”，与其他法系的文化之间没有形成交流与融合

C. 西方的两大法系在历史发展的过程中逐渐实现了与国际化的协调一致，但与中华法系相比，却又失去了“民族化”特色

D. 沈家本是倾向于法律移植的法学家

二、法的继承与法的移植

（一）法的继承的含义与根据

1. 法的继承的含义。

法的继承是不同历史时代的法律制度之间的延续和继受，一般表现为旧法对新法的影响和新法对旧法的承接和继受。法的继承体现时间上的先后关系。

2. 法的继承的客观性。

法的继承是客观存在的，法就是在继承中发展的。法的阶级性并不排斥法的继承性，社会主义法可以而且必然要借鉴资本主义法和其他类型的法。

3. 法的继承的根据和理由。

（1）社会生活条件的历史延续性决定了法的继承性；

（2）法的相对独立性决定了法的发展过程的延续性和继承性；

（3）法作为人类文明成果决定了法的继承的必要性；

（4）法的发展的历史事实验证了法的继承性。

【特别提示】法的继承发生在不同历史时代的法之间。

（二）法的移植

1. 法的移植的含义。

法的移植是指在鉴别、认同、调适、整合的基础上，引进、吸收、采纳、摄取、同化外国

---

〔1〕AD【解析】法系划分的主要理论依据是法的传统。各个法系都有各自独特的法律文化和传统。A项正确。无论是哪个法系，它们之间可以通过法的移植来进行交流与融合。B项错误。该段引文只是讲民族化受到了冲击，但并没有说失去了民族化的特色。C项错误。沈家本主张借鉴西方法律制度，说明其观点中包含法律移植的意思。D项正确。

法，使之成为本国法律体系的有机组成部分，为本国所用。法的移植反映一个国家对同时代其他国家法律制度的吸收和借鉴，即体现法的空间上的关系。

2. 法的移植的范围。

除了外国的法律外，还包括国际法律和惯例。法的移植以供体（被移植的法）和受体（接受移植的法）之间存在着共同性，即受同一规律的支配、互不排斥、可互相吸纳为前提。

3. 法的移植有其必然性和必要性。

（1）社会发展和法的发展的不平衡性决定了法的移植的必然性。比较落后的国家为促进社会的发展，有必要移植先进国家的某些法律。

（2）市场经济的客观规律和根本特征决定了法的移植的必要性。市场经济要求冲破一切地域的限制，使国内市场与国际市场接轨，把国内市场变成国际市场的一部分，从而达到生产、贸易、物资、技术国际化。

（3）法的移植是法制现代化的一个过程和途径，因此法的移植是法制现代化和社会现代化的必然需要。

（4）法的移植是对外开放的应有内容。

4. 法的移植的类型。

（1）经济、文化和政治处于相同或基本相同发展阶段和发展水平的国家相互吸收对方的法律，以至融合和趋同；

（2）落后国家或发展中国家直接采纳先进国家或发达国家的法律；

（3）区域性法律统一运动和世界性法律统一运动或法律全球化。

5. 法的移植的原则。

法的移植是一项十分复杂的工作，需要：

（1）避免不加选择地盲目移植，应选择优秀的、适合本国国情和需要的法律进行移植；

（2）注意国外法与本国法之间的同构性和兼容性；

（3）注意法律体系的系统性；

（4）法的移植要有适当的超前性。

【经典真题】

法谚云：语言是法律精神的体现。对此，下列说法正确的是？（2021 年回忆版，多选）[1]

A. 若语言可被翻译，则法律必然可被移植

B. 语言描述法理，法理形成规范

C. 若语言有歧义，法律无效力

D. 语言相同，则法律必然相同

【习题拓展】

马克思主义认为，法不是从来就有的，也不是永恒存在的，而是人类社会发展到一定历史

[1] AB【解析】法律移植具有必然性和必要性，如果不同国家的语言可以互相翻译，就为法律移植提供充分条件，因此若语言可被翻译，则法律必然可被移植。故 A 项正确。法理需要语言进行描述，正因为语言的描述，法理得以成规范。故 B 项正确。语言具有开放性，因此语言必会产生歧义，但并不意味着导致法律失去效力。法的效力与语言是否有歧义并无必然关系，故 C 项错误。语言相同，法律不一定相同，比如英国的法律和美国的法律就存在差异。法律的制定与多种因素相关，是以一定客观经济关系为基础的主观意志活动，并且受社会其他因素的影响。故 D 项错误。

阶段才出现的社会现象。下列有关法的发展的说法不正确的是?[1]

A. 在人类社会的发展过程中，不是每一个国家和民族都经历过奴隶制法、封建制法、资本主义法和社会主义法这四个阶段

B. 法的移植的范围除了外国法律之外，还包括国际法律和惯例

C. 法的相对独立性决定了法的发展过程的延续性和继承性

D. 法的历史类型更替随着社会的发展自发地实现

第三节　法的传统【考查频率☆☆☆☆】

一、法的传统与中西方传统法律文化

法的传统是指世代相传、一脉相承的有关法的观念、制度的总和。要了解法的传统概念，首先需要了解法律文化的概念。

1. 法律文化在我国大体上有两种用法。

（1）一种是把法律文化作为分析工具，试图提出一个观察法律问题的新的视角。关于法的文化解释、文化视角都属于这种情况。

（2）一种是用这一概念指称一个特定的对象。这种用法又可以分为：一种认为法律现象包含着一些人类社会发展中形成的共同的法律知识、意识、技术、调整方法等内容，这些内容属于社会的精神财富，反映了法的进步，可以称为“法律文化”；另一种则根据文化类型的不同将不同社会的法律区分为不同的文化类型，试图从一种文化的历史延续中找到其得以维系的精神内涵并进而说明、解释本国法的特殊性或法的地域性。

2. 进入20世纪后，由于比较法学的迅速发展，各国、各民族法的特殊性逐渐受到普遍关注。而民族历史传统的不同，正是各国法律，尤其是法律技术与意识领域存在种种差异的重要原因之一。因此，传统之于法，就不仅具有经验意义上的历史价值，而且也能构成现实法律制度的组成部分。

3. 习惯上，我国法学界将“中国法（法律）的传统”用于特指中国古代法的传统，而“法律文化”则更多地用于指称现代中国的法律、制度及相应的观念。

4. 中国的传统法律文化。

（1）在秩序的规范基础方面，礼法结合、德主刑辅；

（2）在秩序价值基础上，等级有序、家族本位；

（3）在法律体系的内部结构上，以刑为主、民刑不分；

（4）在秩序的形成方式上，重视调解、无讼是求。

中国古代法律文化是比较独特的，是以道德理想主义为基础的，其基本特征就是强调宗法等级名分。

5. 西方传统法律文化。

与古代中国法以及其他地区和民族的法律相比，以欧洲大陆罗马法和英国普通法为代表的

---

[1] D【解析】奴隶制法、封建制法、资本主义法和社会主义法，是法发展的一般规律，但不代表所有国家都要经历全部阶段，所以A项正确。法的移植的范围除了外国法律之外，还包括国际法律和惯例，B项正确。法的相对独立性决定了法的发展过程的延续性和继承性，C项正确。法的历史类型的更替是不会自发实现的，而是必须通过人们有意识的进行变革才能实现，也就是说社会革命是法的历史类型更替的直接原因，所以D项错误。

西方传统法律文化，具有如下特点：

（1）法律受宗教的影响较大。在西方，宗教对法律有着深刻的影响。古希腊法和古罗马法在其形成的早期，与其各自的原始宗教融为一体。在基督教成为西方主流宗教之后，它对罗马法、普通法的发展产生了深远的影响。在漫长的中世纪，天主教教会主导创立的教会法与国家的世俗法并存，在诸多领域调整着社会生活，发挥着极其重要的作用，并在形式和内容方面影响了近现代资本主义法的形成。

（2）强调个体的地位和价值。传统中国法律走的是一条从氏族部落到家族宗族再到国家社会的集体本位道路，而西方法的发展则经历了一条从集体到个人的发展道路。尽管在其早期，西方法的集体主义色彩也比较浓厚，但其发展的总趋势则无疑是一个从身份到契约的运动，个人的地位和价值在法律中不断彰显。西方法的个人主义本位，不仅表现在法律对个人权利的保护和尊重，也体现为法律对国家公权力的限制与制衡。

（3）私法文化相对发达。“从法的文化属性比较出发，如果说传统中国法属于公法文化，那么西方法在传统上则是一种私法文化。”说西方法属于私法文化，并不意味着西方法中没有公法的内容，而是说就整个西方法律体系而言，私法文化的传统与发达确实是它的一个基本特色。无论是古罗马的《十二铜表法》《国法大全》，还是19世纪以来欧洲各国的宪法典、民法典，都呈现出浓郁的私法气息。

（4）以正义为法律的价值取向。传统中国社会所向往的大同世界是和谐的，和谐意味着无讼。西方法的价值取向是正义，正义意味着善和公正，法则是正义的体现。从古希腊到近现代，从斯多葛学派到自然法学说，对正义的追求构成了西方法学与法律发展的主线。对正义的追求不仅推动了西方法学思想的多样和繁荣，使得法律文化保持了创新的活力，也不断推动了法律制度的完善和改革，从而使得西方较早走上了民主法治的道路。

二、法的传统与法律意识

法律意识是指人们关于法律现象的思想、观念、知识和心理的总称，是社会意识的一种特殊形式。

1. 法的传统之所以可以延续，很大程度上是因为法律意识强有力的传承作用。即一个国家的法律制度可以经常随着国家制度和政权结构的变化而变化，但是人们的法律意识却相对比较稳定，具有一定的连续性，因此，法律意识可以使一个国家的法律传统得以延续。

2. 法律意识与其他法律现象，如法律规范、法律制度、法律行为等，既有有机的联系，又有相对的独立性。

（1）法律制度和法律意识作为上层建筑的有机组成部分受到经济基础的制约，经济基础决定着上层建筑的性质和发展变化；

（2）在法律意识与法律制度相互之间，法律意识又相对独立于法律制度。它可能先于法律制度而存在，也可能滞后于法律制度而发展。

3. 法律意识本身在结构上可以分为两个层次：法律心理和法律思想体系。

（1）法律心理是法律意识的初级形式和阶段，是人们对法律现象表面的、直观的感性认识和情绪。

（2）法律思想体系是法律意识的高级阶段，它以理性化、理论化、知识化和体系化为特征，是人们对法律现象进行理性认识的产物，也是人们对法律现象的自觉的反映形式。

4. 法律意识对法律具有重要作用：

（1）在法的演进过程中，法律意识起着传承人们关于法的思想、观点和知识的作用；

（2）在现实的法律创制过程中，法律意识也具有一定的指导作用；

（3）在法的实施过程中，法律意识同样具有重要作用：

①法律意识在法律职业者运用法律规范解决具体问题、具体案件的活动，即法的适用过程中起着重要作用；

②法律意识在公民、社会组织、政府机构遵守和执行法律规范的过程中也起着重要作用。

三、大陆法系和英美法系

法系是比较法学的核心概念，具体指根据法的历史传统和外部特征的不同，对法所做的分类，凡属于同一传统的法律就构成一个法系。

法系划分的理论依据主要是法的传统。在历史上，世界各主要地区曾经存在过许多法系，诸如印度法系、中华法系、伊斯兰法系、民法法系和普通法系等。当今世界最有影响力的是大陆法系和英美法系。

1. 大陆法系，是指以古罗马法、特别是以19世纪初《法国民法典》为传统产生和发展起来的法律的总称，又称民法法系、罗马－德意志法系、法典法系。属于这一法系的除了欧洲大陆国家外，还有曾经是法国、德国、葡萄牙、荷兰等国殖民地的国家及因其他原因受其影响的国家。如非洲的埃塞俄比亚、南非、津巴布韦等；亚洲的日本、泰国、土耳其等；加拿大的魁北克省、美国的路易斯安那州、英国的苏格兰等。

2. 英美法系，是指以英国中世纪的法律、特别是以普通法为基础和传统产生与发展起来的法律的总称，又称英国法系、判例法系、普通法系。除了英国（苏格兰除外）以外，主要是曾为英国殖民地、附属国的许多国家和地区，如美国、加拿大、印度、新加坡、澳大利亚、新西兰以及非洲的个别国家、地区等。

3. 大陆法系与英美法系都起源于西方国家，并且受其影响的国家也主要是资本主义国家以及工业化国家，因此，它们有许多共同之处，例如在经济基础、阶级本质上是相同的，都重视法治等。但因各自的传统不同，它们之间又有一定的区别。这些区别，从宏观的角度看，可以分为：

（1）在法律思维方式的特点方面，大陆法系属于演绎型思维，而英美法系属于归纳型思维，注重类比推理。

（2）在法的渊源方面，大陆法系中法的正式渊源只是制定法，法院的判例是非正式的法的渊源，而英美法系中制定法、判例法都是法的正式渊源。

（3）在法律的分类方面，大陆法系国家一般都将公法与私法作为法律分类的基础，而英美法系则是以普通法与衡平法作为法的基本分类。

（4）在诉讼程序方面，大陆法系与教会法程序接近，采用纠问制诉讼，英美法系则采用对抗制程序。

（5）在法典编纂方面，大陆法系的主要发展阶段都有代表性的法典，特别是近代以来，进行了大规模的法典编纂活动。英美法系在都铎王朝时期曾进行过较大规模的立法活动，近代以来制定法的数量也在增加，但从总体上看，不倾向进行系统的法典编纂。

（6）两大法系在法院体系、法律概念、法律适用技术及法律观念等方面还存在许多差别。

【特别提示】

1. 法系和法律体系是两个完全不同的概念。

2. 两大法系各有特色，但有融合的趋势。

【经典真题】

1. 下列关于两大法系的说法中，错误的是？（2018 年回忆版，不定项）[1]

A. 普通法法系又称英美法系，英国法系，海洋法系或判例法系

B. 民法法系内部有法国法系和德国法系两大分支，前者凸显个人本位，后者强调社会利益

C. 大陆法系的基本法律分类是公法与私法，海洋法系的基本法律分类是普通法与衡平法

D. 罗马法系的正式法律渊源为制定法，英美法系的正式法律渊源是普通法与衡平法

2. 法系是法学上的一个重要概念。关于法系，下列哪些选项是正确的？（2008－1－55）[2]

A. 法系是一个比较法学上的概念，是根据法的历史传统和外部特征的不同对法所作的分类

B. 历史上曾经存在很多个法系，但大多都已经消亡，目前世界上仅存的法系只有民法法系和普通法系

C. 民法法系有编纂成文法典的传统，因此，有成文法典的国家都属于民法法系

D. 法律移植是一国对外国法的借鉴、吸收和摄取，因此，法律移植是法系形成和发展的重要途径

【习题拓展】

下列关于法的继承和法的移植的说法，正确的一项是？[3]

A. “汉承秦制”是法的移植

B. 清末修律是法的继承

C. 大陆法系和英美法系之间存在相互移植

D. 新中国制定的法律与民国时期法律不存在继承关系

---

[1] D【解析】A 项、B 项、C 项都是正确的。D 选项：在法律渊源上，大陆法系的正式法律渊源只有一种表现方式，即以成文法典为代表的制定法。但英美法系的正式法律渊源则较为复杂，不仅包括由普通法和衡平法组成的判例法，还包括由议会制定的成文法（制定法），因此 D 项错误。

[2] AD【解析】法系是一个比较法学上的概念，具体是指根据法的历史传统和外部特征的不同对法所作的分类。据此分类，凡属于同一传统的法律就构成一个法系。A 项正确。在历史上，世界各主要地区曾经存在过许多法系，诸如印度法系、中华法系、伊斯兰法系、民法法系和普通法系，等等。当今世界上最有影响力的是民法法系和普通法系。然而这并不是说当今世界上仅存在民法法系和普通法系。B 项错误。并非有成文法典的国家都属于民法法系，一个很典型的例子就是美国有成文的宪法典，但其属于普通法系，不属于民法法系。C 项错误。法的移植是指在鉴别、认同、调适、整合的基础上，引进、吸收、采纳、摄取、同化外国法，使之成为本国法律体系的有机组成部分，为本国所用。法系是指根据法的历史传统和外部特征的不同对法所作的分类。所以，法的移植是形成和发展法系的重要途径。D 项正确。

[3] C【解析】法的继承是不同历史类型的法律制度之间的延续和继受，一般表现为旧法对新法的影响和新法对旧法的承接和继受。法的移植则反映一个国家对同时代其他国家法律制度的吸收和借鉴，法的移植的范围除了外国的法律外，还包括国际法律和惯例。在这个意义上，“汉承秦制”既非法的继承，也不是法的移植，故 A 项错误。清末修律是移植西方法律制度的过程，体现了法的移植，故 B 项错误。大陆法系和英美法系之间存在相互的法的移植现象，如在德国宪法判例是法律渊源，美国制定了大量法典，故 C 项正确。法的继承不以意识形态的不同而彻底消灭，新中国制定的法律在术语等方面与民国时期法律之间存在继承关系，故 D 项错误。

第四节　法的现代化【考查频率☆】

一、法的现代化的标志

（一）现代化的含义

现代化就是超越传统，使社会中现代性因素不断增加的过程。

现代化不仅是物质生活方式的变化，而且是从物质到精神、制度到观念的社会总体的变迁，是特定社会中现代性因素不断增加的过程。

（二）法的现代化的含义

法的现代化是指与现代化的需要相适应的、法的现代性因素不断增加的过程。

法的现代化，并不完全是为了满足现代化的要求才成为一种迫切需要，更重要的原因在于，它本身就是现代社会中人的一种生存方式和价值标准。

（三）法的现代化的内涵

法作为社会关系的调整与符号系统，其自身的现代化，一定意义上就成为社会全面现代化的条件和标志：

1. 法的现代化意味着法与道德的相互分离。在古代社会，法与道德混合在一起。在传统社会，法与道德开始分离，法具有部分的自主性，但是，它的合法性来自于道德。在现代社会，法与道德相互分离，法成为实证化的法律，道德成为理性道德。

2. 法的现代化意味着法成为形式法。在法和道德相互分离的情景下，法的合法性越来越依赖于确立和证成它们的形式程序。这就是说现代化的法的合法性来自于法自身。

3. 法的现代化意味着法具有可理解性、精确性、一致性、普遍性、公开性，一般来说是成文的以及不具有溯及既往的效力。

（四）法的现代化进程的类型

根据法的现代化的动力来源，法的现代化过程大体上可以分为内发型法的现代化和外源型法的现代化。

1. 内发型法的现代化。

内发型法的现代化是指由特定社会自身力量产生的法的内部创新。这种现代化是一个自发的、自下而上的、缓慢的渐进变革的过程，是在西方文明的特定社会历史背景中孕育、发展起来的。

2. 外源型法的现代化。

外源型法的现代化是指在外部环境影响下，社会受外力冲击，引起思想、政治、经济领域的变革，最终导致法律文化领域的革新。这种法的现代化类型的重要特点，不仅表现为正式法律制度的内部矛盾，而且反映在正式法律制度与传统习惯、风俗、礼仪的激烈斗争中。

外源型法的现代化一般是在外部环境的强有力的作用下，在迫切需要社会政治、经济变革的背景中展开的。其特点具有被动性、依附性、反复性。

外源型法的现代化虽然发生时比较迅速、突然，但要真正与本土法文化融合，难度很大，要经历一个相当漫长的历史时期。对外源型法的现代化国家来说，外来法律资源与本土法律传统文化的关系始终是法的现代化能否成功的一个关键。

二、当代中国法治现代化的历史进程与特点

1. 20 世纪初清政府下诏，派沈家本、伍廷芳主持修律。以收回领事裁判权为契机，中国

法的现代化在制度层面正式启动。

2. 在这一背景下，从起因看，中国法的现代化明显属于外源型法的现代化，西方法律资源也就必然成为中国法的现代化的主要参照。

3. 中国近百年法的现代化的历史，既与所有外源型法的现代化有共同之处，又有自己的独特之处：

（1）由被动接受到主动选择；

（2）由模仿民法法系到建立有中国特色的社会主义法律制度；

（3）法的现代化的启动形式是立法主导型；

（4）法律制度变革在前，法律观念更新在后，思想领域斗争激烈。

【经典真题】

1. 关于法的现代化，下列哪一说法是正确的？（2017－1－14）[1]

A. 内发型法的现代化具有依附性，带有明显的工具色彩

B. 外源型法的现代化是在西方文明的特定历史背景中孕育、发展起来的

C. 外源型法的现代化具有被动性，外来因素是最初的推动力

D. 中国法的现代化的启动形式是司法主导型

2. 关于法律发展、法律传统、法律现代化，下列哪些选项可以成立？（2007－1－56）[2]

A. 中国法律的现代化的启动形式是立法主导型

B. 进入20世纪以后，各国、各民族法律的特殊性逐渐受到普遍关注，民族历史传统可能构成现实法律制度的组成部分

C. 在当今经济全球化的背景下，对各国法律进行法系划分已失去了意义

D. 法的继承体现时间上的先后关系，法的移植反映一个国家对同时代其他国家法律制度的吸收和借鉴

【习题拓展】

1. 下列关于法的传统与现代化的表述之中不正确的选项是？[3]

A. 法律意识可以使一个国家的法律传统得以延续

B. 中国传统法律思想也是一种法律意识

---

〔1〕 C【解析】外源型法的现代化一般是在外部环境的强有力的作用下，在迫切需要社会政治、经济变革的背景中展开的。外源型法的现代化具有依附性。这种情况下展开的法的现代化进程，带有明显的工具色彩，一般被要求服务于政治、经济变革。法律改革的“合法性”依据，并不在于法律本身，而在于它的服务对象的合理性。故A项错误。内发型法的现代化是在西方文明的特定社会历史背景中孕育、发展起来的。故B项错误。外源型法的现代化具有被动性。一般表现为在外部因素的压力下（或由于外来干涉，或由于殖民统治，或由于经济上的依附关系），本民族的有识之士希望通过变法以图民族强盛。故C项正确。中国法的现代化的启动形式是立法主导型。故D项错误。

〔2〕 ABD【解析】中国法的现代化属于外源型法的现代化，其启动形式是立法主导型。从清末修律开始，中国法的现代化一直是立法主导型，即通过大规模的、有明确针对性的立法，自上而下地建立全新的法律体制。A项正确。进入20世纪以后，各国、各民族法律的特殊性逐渐受到普遍关注，因此，民族历史传统可能构成现实法律制度的组成部分。B项正确。法系划分的理论依据主要是法的传统。许多国家的法律在法律技术、法律术语、法律结构、法律观念、法律方法及相应的文化背景方面是相同的或相似的。这样一来，世界各国的法律就能够分成数目有限的不同类别，进而就可以对它们加以比较，促进法律领域的交流。在当今经济全球化的背景下，对各国的法律进行法系划分并没有失去意义。C项错误。法的继承是不同历史类型的法律制度之间的延续和继受，一般表现为旧法对新法的影响。这就是体现时间上的先后关系。法的移植是指在鉴别、认同、调适、整合的基础上，引进、吸收、采纳、摄取、同化外国法，使之成为本国法律体系的有机组成部分，为本国所用。它反映了一个国家对同时代其他国家法律制度的吸收和借鉴。D项正确。

〔3〕 C【解析】ABD项正确，C项错误。中国的法的现代化进程一直是立法主导型（而非以法律思想变革为主导）的过程。

C. 清末修律以来，中国法的现代化一直是以法律思想变革为主导的过程

D. 清末修律以来，中国法的现代化一直是自上而下的变革全新法律体制的过程

2. “现代化”既是一场人类历史迄今为止最剧烈、最深远并且无可避免的社会变革，也是一场持续高速地自我限定与拓展的远未完结的社会运动。在法律领域，关于我国法的现代化，下列说法错误的是?〔1〕

A. 清末修律体现了我国法的现代化属于外源型

B. 《钦定宪法大纲》的制定表明我国近代继承了西方法律制度

C. 法的现代化意味着法律和道德在内容上完全分离

D. 法系的形成使得法律体系失去了存在的基础

第五节　法治理论【考查频率☆☆】

一、法治的含义

（一）法制与社会主义法制

法制一般指法律和制度的总称。

社会主义法制是由社会主义国家制定或认可的、体现工人阶级领导下全体人民意志的法律和制度的总称，是社会主义立法、守法、执法、司法、法律监督各环节的统一，核心是依法办事。

社会主义法制的基本要求是“有法可依，有法必依，执法必严，违法必究”。

（二）法治与社会主义法治

法治指依据法律的治理，其含义较为宽泛。

社会主义法治，是指社会主义国家的依法治国的原则和方略，即与人治相对的治国理论、原则、制度和方法。

（三）社会主义法制和社会主义法治的联系与区别

1. 社会主义法制和法治的含义在强调法律要建立在社会主义民主的基础上、体现人民的意志、反映社会发展规律、依法办事等方面是相同或接近的。

2. 社会主义法制和法治的主要区别。

（1）法治一词明确了法律在社会生活中的最高权威。

人治意味着统治者的个人意志高于国家法律，国家的兴衰存亡，取决于领导者个人的能力和素质。人治不可能实现国家的长治久安。

法治则是众人所同意的法律之治，是与民主相联系的。法治意味着在所有对人的行为有约束力的社会规范中，法律具有最高的权威。

（2）法治一词显示了法律介入社会生活的广泛性。

从字面上看，法制主要强调法律和制度及其实施。狭义地说，它仅指相对于政治制度、经济制度的一种制度；广义地说，它也只是包括法律实施在内的一种活动，对法律在社会生活中

---

〔1〕 BCD【解析】清末修律是统治阶级为了应付国内外矛盾而为的被动措施，体现了我国法的现代化是外源型的现代化，故A项正确。《钦定宪法大纲》反映了人权、平等等一些西方法律价值观念，属于法的移植而非法的继承，故B项错误。法律和道德在内容上是有联系的，不可能完全分离，故C项错误。法律体系和法系是两个不同的概念，法系的形成不会使得法律体系失去存在的基础，故D项错误。

的作用范围从字面上是无法界定的。

法治一词的涵义比较明确，就是在全部国家生活和社会生活中都必须依法办事。法治要求法律更全面地、全方位地介入社会生活。

（3）法治一词蕴涵了法律调整社会生活的正当性。

法制所包含的法律和制度，其强调秩序价值，而不一定建立在正当性价值之上。“有法可依，有法必依，执法必严，违法必究”解决不了社会主义制度下人们对所依之法的正当性要求。法治一词则蕴涵了这种正当性：

①法治是与专制相对立的，又是与民主相联系的，可以体现社会主义制度下人民当家作主的要求；

②法治要求社会生活的法律化，可以从根本上改变我国社会生活中强制性社会规范过多、过滥的弊端，维护公民的自由；

③法治符合社会生活理性化的要求，使人们的社会行为和交往活动具有了可预测性和确定性，也使人们的正当要求有了程序化、制度化的保证，增强了社会成员的安全感等。

二、法治国家与社会主义法治国家

（一）法治国家

现代意义上的法治国家，是德国资产阶级宪政运动的产物，其基本含义是国家权力，特别是行政权力必须依法行使，所以法治国家有时又称法治政府。其条件和标准主要有：

1. 通过法律保障人权，限制公权力的滥用。
2. 良法的治理。
3. 通过宪法确立分权与权力制约的国家权力关系。
4. 赋予广泛的公民权利。
5. 确立普遍的司法原则，司法独立等。

（二）社会主义法治国家

社会主义法治国家的基本标志，可以分为制度条件和思想条件两个方面。

1. 社会主义法治国家的制度条件。

（1）必须有完备的法律和系统的法律体系；

（2）必须具有相对平衡和相互制约的符合社会主义制度需要的权力运行的法律机制；

（3）必须有一个独立的具有极大权威的司法系统和一支高素质的司法队伍；

（4）必须有健全的律师制度。

2. 社会主义法治国家的思想条件。

（1）法律至上。

法律至上是指法律在社会规范中具有最高权威，所有的社会规范都必须符合法律的精神。

（2）权利平等。

权利平等是平等权的核心，立法不平等就不会有法律实施的平等。

（3）权力制约。

权力制约是相对于权力至上而言的，就是要依靠法律的规定，界定权力之间的关系，使权力服从法律。

（4）权利本位。

权利本位是指，在国家权力和人民权利的关系中，人民权利是决定性的、根本的；在法律权利与法律义务之间，法律权利是决定性的，起主导作用的。

社会主义法治国家的制度条件和思想条件必须同时具备。但当前加强法治建设，须更着眼于制度的建构和制度的创新。

【经典真题】

“近现代法治的实质和精义在于控权，即对权力在形式和实质上的合法性的强调，包括权力制约权力、权利制约权力和法律的制约。法律的制约是一种权限、程序和责任的制约。”关于这段话的理解，下列哪些选项是正确的？（2013－1－51）〔1〕

A. 法律既可以强化权力，也可以弱化权力

B. 近现代法治只控制公权，而不限制私权

C. 在法治国家，权力若不加限制，将失去在形式和实质上的合法性

D. 从法理学角度看，权力制约权力、权利制约权力实际上也应当是在法律范围内的制约和法律程序上的制约

【习题拓展】

2021年1月，中共中央印发了《法治中国建设规划（2020～2025年）》。关于全面贯彻实施宪法，坚定维护宪法尊严和权威，下列说法正确的是？〔2〕

A. 坚持宪法法律至上，一切法律法规规章等规范性文件都不得同宪法相抵触

B. 全国人大及其常委会要切实担负起宪法监督职责，加强宪法实施和监督

C. 在审判中，人民法院应适用宪法的规定，保障公民的权利

D. 在全社会深入开展尊崇宪法、学习宪法、遵守宪法、维护宪法的宪法学习宣传教育活动

---

〔1〕 ACD【解析】法律有其工具性的一面，可以强化权力的统治甚至是暴力统治；也可以实现相互制衡，弱化权力。A项正确。近代法治理论不仅仅认识到了公权力对个人权利的侵害而控制公权力，也意识到私人权利的滥用会带来的危害后果，因而规定了对私权利的限制，如对所有权的限制。B项错误。“一切拥有权力的人都容易滥用权力，这是万古不移的一条经验，拥有权力的人们使用权力一直到需要遇有界限的地方才休止。”法国思想家孟德斯鸠对权力扩张性的阐释不仅适用于人治和德治的国家，同样适用于法治国家。无论是公权力还是私权利的无限扩张最后都会损害到别人进而危及权力自身的合法性。法治国家不过是用权力制约权力、权利制约权力的方式限制了权力的无限扩张而已。而在制约的过程中法律和法律程序无疑是最有效的手段。C项、D项正确。

〔2〕 ABD【解析】根据《法治中国建设规划（2020～2025年）》的要求，全面贯彻实施宪法，坚定维护宪法尊严和权威应当做到：坚持把宪法作为根本活动准则；加强宪法实施和监督；推进宪法学习宣传教育。故A项、B项、D项均正确。我国宪法并未司法化，法院不得在审理案件中直接适用宪法的规定，故C项错误。

第四章　法与社会

【重点提示】

法律与道德的联系与区别。

【知识框架】

- 法的社会论
  - 法与社会的一般理论
    - 法与社会的一般关系
    - 法与和谐社会
  - 法与经济
    - 法与经济的一般关系
    - 法与科学技术
  - 法与政治
    - 法与政治的一般关系
    - 法与政策的区别
    - 法与国家
  - 法与道德
    - 法与道德的联系
    - 法与道德的区别
  - 法与宗教
    - 宗教对法的影响
    - 法对宗教的影响
  - 法与人权
    - 人权的概念
    - 人权的层次
    - 法与人权的一般关系

第一节　法与社会的一般理论【考查频率☆】

一、法与社会的一般关系

法之理在法外。认识法律，必先认识社会；掌握了社会的存在机理，才能了解法律的结构及其运行的规律。法律作为社会中的一种制度形态、一种规范体系，是与其他社会现象不可分割的。

（一）法以社会为基础

1. 法是社会的产物。社会性质决定法律性质，社会物质生活条件最终决定着法律的本质。

2. 社会是法的基础。新的法律不可能产生于旧的社会基础之上，旧的法律也不可能长期在新的社会基础上生存和延续。

3. 制定、认可法律的国家以社会为基础，国家权力以社会力量为基础。国家法以社会法为基础，“纸上的法”以“活法”为基础。

总之，法以社会为基础，不仅指法律的性质与功能决定于社会，而且还指法律变迁与社会发展的进程基本一致。

（二）法对社会的调整

1. 通过调和社会各种利益的冲突，进而保证社会秩序得以确立和维护。自 16 世纪以来，法律已成为对社会进行调整的首要工具。

2. 通过法律对社会机体的“疾”病进行治疗。具体而言，就是运用法律解决方方面面的社会问题，由此实现法的价值，发挥法的功能。

3. 在某些社会关系领域，法律的控制不是唯一的手段，或者说不是最佳的手段。

4. 为了有效地通过法律控制社会，还必须使法律与其他的资源分配系统（宗教、道德、政策等）进行配合。

二、法与和谐社会

（一）和谐社会的含义

和谐社会是全体人民各尽其能、各得其所而又和谐相处的社会，是理性、人本、人与社会、人与自然关系协调、和谐发展的社会。

（二）社会主义和谐社会的基本特征

1. 和谐社会是民主法治的社会。
2. 和谐社会是公平正义的社会。
3. 和谐社会是充满活力的社会。
4. 和谐社会是诚信友爱的社会。
5. 和谐社会是安定有序的社会。
6. 和谐社会是人与自然和谐相处的社会。

（三）如何构建和谐社会

1. 必须建立理性的法律制度。无法律则无和谐社会。理性的法律制度，就是在以人为本的科学发展观指导下建立起来的法律制度。

2. 必须确立实质法治。所谓实质法治，是指整个社会、一切人和组织都服从和遵守体现社会正义的理性法律统治。

3. 必须创新法律对社会的调整机制。

【经典真题】

《民法典》是新中国第一部以法典命名的法律，开创了我国法典编纂的先河，具有里程碑意义。对《民法典》的意义和举措，下列说法正确的是？（2020年回忆版，多选）[1]

A. 婚姻家庭编凸显了中国社会治理经验，传承了中华文化精神气质

B. 弘扬社会主义核心价值观为重要立法目的，具有鲜明中国特色

C. 人格权独立成编，扩大到网络社会对人格权的保护，彰显了信息网络时代社会对人格权保护的特殊价值

D. 其颁布和实施一劳永逸地解决了新时代中国的民事法治建设问题

---

〔1〕 ABC【解析】《民法典》婚姻家庭编总结了此前《婚姻法》、《收养法》等立法经验，重新对婚姻家庭规范进行立法，凸显了中国社会治理经验，在“送养”“过继”问题上又体现了对中国传统社会习俗的充分尊重，故A项正确。弘扬社会主义核心价值观是宪法规定的公民思想道德领域的基本要求，作为社会生活的百科全书的《民法典》当然对其应当有所反映。故B项正确。《民法典》第1034条规定，自然人的个人信息受法律保护。个人信息是以电子或者其他方式记录的能够单独或者与其他信息结合识别特定自然人的各种信息。这体现了在信息社会发展的趋势下，民事立法对人格权的保护的新回应。故C项正确。法律的作用具有局限性，理性的有限性使得立法者无法设计出完美的法典，社会的发展也会使得应当保持稳定的法律不可避免地具有滞后性，故D项错误。

第二节　法与经济【考查频率☆】

一、法与经济的一般关系

（一）什么是经济

经济是整个社会的物质资料的生产和再生产；经济活动是社会物质的生产、分配、交换和消费活动的统称；经济基础是一定社会的生产关系的各个方面的总和。

（二）法是由经济基础决定的

法作为上层建筑的一部分，是由经济基础决定的。法的起源、本质、作用和发展变化，都要受到社会经济基础的制约。但是，不能因此就认为法律不受其他因素的影响，或与其他社会现象无关。

（三）法对经济的作用

1. 法对于经济基础具有能动的反作用，并且通过生产关系反作用于生产力。法的这种反作用并不是自发实现的，而是在人们的自觉活动过程中进行和实现的，要受到生产关系适合生产力这一客观规律的制约和支配。

2. 法对经济作用的主要表现：

（1）确认经济关系；

（2）规范经济行为；

（3）维护经济秩序；

（4）服务经济活动。

二、法与科学技术

（一）科技进步对法的影响

1. 科技进步对立法的影响。

（1）科技发展对一些传统法律领域提出了新问题，使民法、刑法、国际法等传统法律部门面临着种种挑战，要求各个法律部门的发展要不断深化；

（2）随着科技的发展，出现了大量新的立法领域，科技法日趋成为一个独立的法律部门；

（3）关于科技法的研究也随之广泛展开，科技法学作为一个新的独立的学科被广泛承认。

2. 科技进步对司法的影响。

司法过程的三个主要环节，即事实认定、法律推理和法律适用，越来越深刻地受到了现代科学技术的影响。

3. 科技进步对法律思想的影响。

（1）对立法起着指导作用的法律意识常常受到科技发展的影响和启迪；

（2）科技进步促进了人们法律观念的更新，出现了一些新的法律思想、法学理论；

（3）科技进步对于历史上已经形成的各个法系以及对于法学流派的产生、分化和发展，也产生着重要的影响；

（4）科技进步对法律方法论的影响。法律问题常常涉及科学技术方面的内容，同时，科技的长足进步也为处理复杂的法律问题提供了新的具体手段。

（二）法对科技进步的作用

1. 运用法律管理科技活动，确立国家科技事业的地位以及国际科技竞争与合作的准则。

2. 法律对于科技经济一体化特别是科技成果商品化，具有积极的促进作用。

3. 在知识经济时代，法律具有对科技活动和科技发展所引发的各种社会问题的抑制和预防作用。

4. 科学技术活动的社会效果具有两重性：

（1）现代科技的发展为人类提供了改造和利用自然的新手段，提高生活品质，促进经济和社会的发展；

（2）科学技术活动也可能带来一些严重的社会问题，引起种种社会危害。因此，必须有相应的法律加以防治，并对受害者给予法律救济。

【经典真题】

“居有其所”是每个人最基本的生存需求，随着我国经济社会发展，居住权益保障问题日益成为人们普遍关注的社会热点问题，在这一背景下，《民法典》新增了居住权的规定，对此，下列表述正确的是？（2020年回忆版，多选）[1]

A. 居住权作为一项人权，其产生先于《民法典》的规定

B. 居住权的设置有利于弱势群体的权益保障

C. 居住权既是道德权利，也是一项法律权利

D. 凡是道德需求的，都应当纳入法律的调整范围之内

第三节 法与政治【考查频率☆】

一、法与政治的一般关系

（一）法与政治都属于上层建筑，都受制和反作用于一定的经济关系，但二者仍有许多区别

1. 政治通过把利益关系集中、上升为政治关系来反映经济关系，法以规则、程序和技术形式对经济关系作制度化表现；

2. 政治突出体现社会生活的组织性，法突出体现社会生活的规则性和秩序性；

3. 政治的控制和调整功能通过政治行为和过程实现，法通过对主体权利义务的确认和保障实现对社会的控制和调整。

（二）法与政治相互关系更为重要的方面是二者的相互作用

1. 政治对法的作用。

由于政治在上层建筑中居主导地位，因而总体上法的产生和实现往往与一定的政治活动相关，反映和服务于一定的政治关系，政治关系的发展变化也在一定程度或意义上影响着法的发展变化。

---

[1] ABC【解析】人权是指每个人作为人应该享有的权利，是一种应然权利，具有自然法的属性，也就是属于道德层面上的权利。而居住权作为人权的一类，其产生先于《民法典》的规定。故A项正确。我国法律体系中，居住权首先出现于原《婚姻法解释（一）》，其中第27条第3款规定：“离婚时，一方以个人财产中的住房对生活困难者进行帮助的形式，可以是房屋的居住权或者房屋的所有权。”此款体现了居住权对离婚后无房可居者的保护。《民法典》承继该精神，扩张了居住权的适用范围。故B项正确。居住权作为人权的一类，也就当然是一项道德权利。《民法典》第366条对居住权作出规定，意味着居住权从道德权利上升为法律权利。故C项正确。法律是有局限性的，法律规定的权利只是人权中最普遍享有的权利，或者是最容易受到侵犯的权利，因而有必要通过法律严肃申明。因此，即使是人的基本需求，也无法都由法律作出规定。故D项错误。

2. 法对政治的作用。

（1）法与政治体制：权力的配置和行使皆须以法为依据。

（2）法与政治功能：法不仅贯穿经济关系反映和凝聚为政治关系的过程，而且将利益和价值物的权威性分配以规范、程序和技术性形式固定下来。

（3）法与政治角色的行为：法对于国家机构、政治组织、利益集团等政治角色行为和活动的程序性和规范性的控制。

（4）法与政治运行和发展：政治运行的规范化、政治生活的民主化和政治体系的完善化，离开法的运作都无从谈起。

二、法与政策的联系和区别

（一）政策的含义

政策一般指国家或政党的政策，此处指政党政策。政党政策是政党为实现一定政治目标、完成一定任务而作出的政治决策。

（二）法与政策的联系与区别

1. 联系。

法与执政党政策在内容和实质方面存在联系，包括阶级本质、经济基础、指导思想、基本原则和社会目标等根本方面具有共同性。

2. 区别。

（1）意志属性不同。

法由特定国家机关制定或认可，体现国家意志，具有普遍约束力，向全社会公开。政党政策由党的领导机关制定，体现全党意志，其强制实施范围仅限于党的组织和成员，允许有不对社会公开的内容存在。

（2）规范形式不同。

法表现为规范性法律文件或国家认可的其他渊源形式，以规则为主，具有严格的逻辑结构，权利义务的规定具体、明确。政党政策则不具有法这种明确、具体的规范形式，更多具有纲领性、原则性和方向性。

（3）实施方式不同。

法的实施与国家强制力相关。政党政策以党的纪律保障实施。

（4）调整范围不尽相同。

法倾向于只调整可能且必须以法定权利义务来界定的、具有交涉性和可诉性的社会关系和行为领域。政党政策调整的社会关系和领域比法律广，对党的组织和党的成员的要求也比法的要求高。

（5）稳定性、程序化程度不同。

法具有较高的稳定性，法的任何变动都需遵循严格的程序，程序性是法的重要特征。政策可应形势变化作出较为迅速的反应和调整，其程序性约束也不及法那样严格和专门化。

三、法与国家

（一）“国家”的含义

“国家”一词有多重含义，此处主要指国家政权或国家权力意义上的国家。国家权力指国家凭借其特殊地位和对资源的控制，使个人和组织服从其意志以实现一定目的的支配、控制和影响能力。国家权力具有公共性、单方面性、强制性、物质性、组织性、自行进行性、价值性、扩张性、侵犯性和腐蚀性等特点。

（二）法与国家的一般关系

1. 在一般的意义上，法与国家权力构成相互依存、相互支撑的关系。

（1）法表述和确认国家权力，以赋予国家权力合法性的形式强化和维护国家权力。

（2）法之所以如此对待国家权力，是因为其必要和不可或缺性：

①国家义务实现需要权力；

②个体权利保护需要权力；

③社会整合需要权力；

④法的创设和实施需要权力。

2. 法与国家权力也存在紧张或冲突关系。

（1）法以形式合理性和程序设置为主，其对权力合法性的确认是以制度、规范和程序的方式进行的，因而同时也是对权力的约束和限制；

（2）国家权力总是追求和实现一定的目的，凭借其对资源的控制及物质强制，可自行进行，加之权力的扩张性质，使得权力凌驾于法乃至摆脱法的倾向是可能存在的，或者法只是在有助于强化权力的意义上被强调和利用。

3. 近现代法治的实质和精义在于控权，即对权力在形式和实质上的合法性的强调，包括权力制约权力、权利制约权力和法律的制约。

4. 权力制约机制的运用是有限的：

（1）权力制约是在权力存在之必要的前提下操作的，故权力制约须以在根本上不妨害权力的效能为限；

（2）法的至上性只意味着法相对于任何一个被具体化的国家权力具有至上地位，并不意味着法在总体上高于或脱离国家权力而存在；

（3）法自身存在局限，且权力因情势而动的本性使其时常处于一种扩张和裁量的可能状态，因而不被法完全控制的权力活动领域是可能存在的。

【经典真题】

近期，无人驾驶汽车在公共交通道路行驶，公众围绕其是否违法、事故后是否担责、如何加强立法进行规制展开讨论，下列说法中正确的是？（2018 年回忆版，单选）[1]

A. 若无人驾驶汽车上路行驶引发民事纠纷被诉至法院，因法无明文规定，法院不得裁判

B. 科技发展引发的问题只能通过法律解决

C. 现行交通法规对无人驾驶汽车上路行驶尚无规定，这反映了法律的局限性

D. 只有当科技发展造成了实际危害后果时，才能动用法律手段干预

---

〔1〕 C【解析】根据禁止拒绝裁判原则，即“法官不得以法律没有规定或规定的不清楚为理由拒绝裁判”，因此在民事案件的处理过程中，法律没有明文规定的情况下，法官仍可以采用非正式渊源或法律漏洞填补技术对案件进行处理。故 A 项错误。法律的作用具有局限性，在社会治理的过程中，除了可以利用法律手段来处理社会问题外，还可以依靠政策、道德等其他社会规范来进行规制，因此诸如无人驾驶汽车等伴随科技发展引发的新问题并非只能通过法律手段才能解决。故 B 项错误。现行交通法规对无人驾驶汽车上路行驶尚无规定属于立法空白，这是法律局限性的具体表现。故 C 项正确。立法本身就应当具有一定的前瞻性，完全可以对可能出现的社会问题进行事前预防，因此并非只有当科技发展造成了实际危害后果时，才能动用法律手段干预。故 D 项错误。

第四节　法与道德【考查频率☆☆☆☆☆】

一、法与道德的联系

（一）法与道德的共同性

人类社会早期，法与道德浑然一体。在二者高度分化后，法与道德依然在如下方面表现出共同性：

1. 在发生学上，都由原始习惯脱胎而来，且在发生发展中相互转化；

2. 在形式归属上，都属社会规范，具有社会规范应有的规范性、概括性、连续性、稳定性、效率性等属性（程度上存在差别）；

3. 在内容上，都蕴含和体现一定的社会价值，总体精神和内容相互重叠渗透；

4. 在功能上，都是社会调控手段，以维护和实现一定社会秩序和正义为使命；

5. 在发展水平上，都是社会文明进步的标尺，且在发展水平上互为标志和说明。

（二）关于法与道德的联系，法律思想史上存在三个理论争点，即法与道德在本质、内容和功能上的联系问题

1. 关于法与道德在本质上的联系。

西方法学界存在两种观点：

（1）肯定说，以自然法学派为代表，肯定法与道德存在本质上的必然联系，认为法在本质上是内含一定道德因素的概念。认为实在法只有在符合自然法、具有道德上的善的时候，才具有法的本质而成为法，即“恶法非法”。

（2）否定说，以分析实证主义法学派为代表，否定法与道德存在本质上的必然联系。认为道德上的善或正义不是法律存在并有效力的标准，法律规则不会因违反道德而丧失法的性质和效力，即“恶法亦法”。

2. 法与道德在内容上的联系。

一般来说，近代以前的法在内容上与道德的重合程度极高，有时甚至浑然一体。如中国古代法就具有浓厚的伦理法特征。近现代法在确认和体现道德时大多注意二者重合的限度，倾向于只将最低限度的道德要求转化为法律义务，注意明确与道德的调整界线，“法律是最低限度的道德”几成通说。

3. 关于法与道德在功能上的联系。

法律调整与道德调整各具优势，且形成互补。但对于社会调整以何者为主，则有不同的看法和处理。一般来说，古代法学家更多强调道德在社会调控中的首要或主要地位，对法的强调也更多在其惩治功能上。近现代后，法学家们一般都倾向于强调法律调整的突出作用，依法治国成为普遍的政治主张。

（1）分工和交换的普遍、常态化使得人们总要和抽象的他人交往，交易信用不再建立在熟悉基础上，而是建立在契约基础上；

（2）与市场经济相伴的是利益分化的加剧和价值冲突的普遍化、常态化，利益表达和价值衡平与选择是缺乏程序机制的道德难以胜任的；

（3）作为现代生活理念和目标的民主政治是多数人同意的政治，亦即程序性政治，具有高度规范化、制度化和程序化特征的法不得不居于优越地位。

【特别提示】法与道德在内容上相互联系，这为各法学派别普遍认可。但法与道德在概念上或本质上是否存在必然联系，不同的法学派别对此存在争议。

二、法与道德的区别

1. 生成方式上的建构性与非建构性。

（1）法在生成上往往与国家制定认可有关，具有形式上的建构性。

（2）道德是自然演进、自发生成的，具有自发性而非建构性。

2. 行为标准上的确定性与模糊性。

（1）法有特定的表现形式或渊源，有肯定明确的行为模式和法律后果，因而具体确切，可操作性强；同时，其被任意解释和滥用的余地小，易排斥恣意擅断。

（2）道德无特定、具体的表现形式，往往体现在一定的学说、舆论、传统和典型行为及后果中，其对行为的要求笼统，原则、标准模糊，只具一般倾向性，理解和评价易生歧义。

3. 存在形态上的一元性与多元性。

（1）法在特定国家的体系结构基本是一元的，法律上的决策一致是其本性和要求，而这种决策上的一致是通过程序上的正统性达到的。

（2）道德在本质上是自由、多元、多层次的。与此相关的是法律评价的共通性与道德评价的个体化。

4. 调整方式上的外在侧重与内在关注。

（1）法一般只规范和关注外在行为，一般不离开行为过问动机，其所有缜密的设置都主要针对外在行为。

（2）道德首先和主要关注内在动机，不仅侧重通过内在信念影响外在行为，且评价和谴责主要针对动机。

5. 运作机制上的程序性与非程序性。

（1）法是程序性的，程序是法的核心。程序的本质是交涉性，法以权利、义务为实质内容，所调整的关系往往具有交涉性。

（2）道德的重心在于义务或责任，以主体内省和自决的方式生成和实现，不存在以交涉为本质的程序。

6. 强制方式上的外在强制与内在约束。

（1）法与有组织的国家强制相关。

（2）道德强制是内在的，在本质上是良心和信念的自由。

7. 解决方式上的可诉性与不可诉性。

（1）法具有可诉性。可诉性是法区别于一切行为规则的显著特征。此外，法的可诉性还意味着争端和纠纷解决的终局性和最高权威性。

（2）道德不具有可诉性，主要表现为无形的舆论压力和良心谴责，且舆论的评价或谴责往往是多元的。

【经典真题】

1. 甲乙两人分食两个苹果，甲先拿走大的，乙责怪甲自私，甲问乙若你先拿又如何，乙称会选小的，甲说道，既然如此我拿大的岂非正合你意，你又何必怪我，根据该故事，结合对

法治和德治观念的理解，下列说法正确的是？（2019 年回忆版，不定项）[1]

A. 道德缺乏强制力，不能保障人在同样的情形下做出一致的选择

B. 法律可以从外部约束人的行为，但对道德领域难题的解决并无帮助

C. 适用不同的程序可能对同样的结果赋予不同的意义

D. 提前约定好事情的处理方案，对于解决矛盾、避免纠纷起到至关重要的作用

2. 王某参加战友金某婚礼期间，自愿帮忙接待客人。婚礼后王某返程途中遭遇车祸，住院治疗花去费用 1 万元。王某认为，参加婚礼并帮忙接待客人属帮工行为，遂将金某诉至法院要求赔偿损失。法院认为，王某行为属由道德规范的情谊行为，不在法律调整范围内。关于该案，下列哪一说法是正确的？（2016－1－14）[2]

A. 在法治社会中，法律可以调整所有社会关系

B. 法官审案应区分法与道德问题，但可进行价值判断

C. 道德规范在任何情况下均不能作为司法裁判的理由

D. 一般而言，道德规范具有国家强制性

3. 关于法与道德的论述，下列哪些说法是正确的？（2009－1－55）[3]

A. 法律规范与道德规范的区别之一就在于道德规范不具有国家强制性

B. 按照分析实证主义法学的观点，法与道德在概念上没有必然联系

C. 法和道德都是程序选择的产物，均具有建构性

D. 违反法律程序的行为并不一定违反道德

【习题拓展】

1. 安提戈捏说："法律之内，应有天理人情在。"法律与道德之间的关系很是密切。请就你所学，判断下列哪些说法是正确的？[4]

A. 道德和法律都是强调以权利和义务为规范内容的

B. 没有"天理人情"的法律就不是法律，这是法律实证主义的观点

C. 一般来说，近代以前的法在内容上与道德的重合度很高，有时候甚至浑然一体

---

〔1〕 CD【解析】任何社会规范都具有强制力，即保证自己不被随意违反的力量，道德规范也不例外，只不过道德规范往往通过内心强制，舆论强制等非正式的强制力量来实现其要求。故 A 项错误。道德规范本身的模糊性，在实践中往往会出现因观念纷争而导致行动上的冲突和矛盾，此时我们就可以通过将一定限度的道德要求转化为法律规定，以相对清晰的行为标准来规制人们的行动，进而化解一定范围内的道德难题。故 B 项错误。程序正义和结果正义构成正义的完整内涵，作为实现结果正义的过程和方法的程序选择当然会对最终的结果产生影响，方法不同、程序不同，结果也自然各异。故 C 项正确。约定方案并严格履行，本就是避免行动纷争的重要方法。故 D 项正确。

〔2〕 B【解析】本题关注法与道德的区别之处。法与道德虽然存在密切的联系，但在调整范围、调整手段以及强制方式等诸多方面有着巨大的差异。法律并不能调整所有的社会关系，A 表述错误。从调整人们的行为方式和社会关系来看，法与道德都是以其规范性内容作为基础的，因而对二者的区分不是事实评价，而是需要诉诸价值判断，B 正确。非正式法律渊源能够弥补正式法律渊源的漏洞和不足，在缺乏法律明文规定的情况下，政策、法理、道德、习惯等作为非正式的法律渊源能够成为法律适用的大前提，作为行为的正当性根据，C 表述错误。道德在本质上是良心和信念的自由，因而强制是内在的，主要凭靠内在良知认同或责难，即便是舆论压力和谴责也只能在主体对谴责所依据的道德准则认同的前提下发挥作用，故 D 表述错误。

〔3〕 ABD【解析】法和道德的区别包括：在生成方式上，法律具有建构性，道德是非建构性的；在行为标准上，法律具有确定性，道德具有模糊性；在存在形态上，法律具有一元性，道德具有多元性；在调整方式上，法律调整人的外在行为，道德除了调整人的外在行为，还关注人的内心；在运作机制上，法律具有程序性，道德具有非程序性；在强制方式上，法律具有国家强制性，道德依靠内在约束；在解决方式上，法律具有可诉性，道德不具有可诉性。A 项正确，C 项错误。按照分析实证主义法学的观点，法与道德在概念上没有必然联系，"恶法亦法"。B 项正确。违反法律程序的行为并不一定违反道德，违反道德的行为也不一定违反法律程序。D 项正确。

〔4〕 CD【解析】法律同时关注权利与义务，而道德只强调义务，因此 A 项错误。实证主义认为"恶法亦法"，非实证主义法学派认为"恶法非法"，因此 B 项错误。其他选项正确。

D. 天理人情，也是社会规范

2. 2013 年 12 月 1 日，14 岁的扈强持刀将同学捅死。同年 7 月，他持刀将另外一名同学捅成重伤。在该案予鉴定期间，距离上次事发不足 5 个月，扈强再次持刀将同学捅死。2014 年 12 月 30 日，东营市中级人民法院判处扈强有期徒刑 17 年。东营市人民检察院提出抗诉，认为扈强把国家对未成年人的特殊保护政策当作他知法犯法的护身符，两次犯案都体现了扈强人身危险性大、可改造性差、主观恶性极深，且死者亲属强烈要求对其从重处罚。法院决定改判扈强无期徒刑。对于本案，下列说法错误的是？[1]

A. 考虑到法律的社会实效，的确要对未成年人给予特殊的保护，这体现了非实证主义的观点

B. 之所以要对未成年人给予特殊的保护，是因为这样有利于社会，所以法律内容的决定性因素是利益的需求

C. 关爱未成年人是社会的共识，这个在法律上也反映出来，体现了法律是社会共同体意志的体现

D. 法律对未成年人从轻处罚，甚至不处罚，使部分未成年人一步步在恶性犯罪中沦陷，表明法律也有其局限性，还需要道德和政策等共同发挥作用

第五节　法与宗教【考查频率☆】

法体现了人们的人生观和世界观，后者在一定程度上取决于对人类“起源”与“未来”的回答。而宗教就是对这个问题的一种回答。在这个意义上，法与宗教之间产生了相互影响。

一、宗教对法的影响

宗教对法律的影响，既有积极方面，也有消极方面；既有观念层面，也有制度层面。较明显地体现在立法、司法、守法等各个环节上。

（一）宗教对法律的积极影响

1. 宗教可以推动立法。

许多宗教教义实际上都表达了人类的一般价值追求。部分教义被法律吸收，成为立法的基本精神。

2. 宗教影响司法程序：

（1）在宗教作为国教与政教合一的地方，宗教法庭直接掌握部分司法权；

（2）从诉讼审判方式来看，宗教宣誓有助于简化审判程序；

（3）宗教宣扬的公正观念、诚实观念、容忍、爱心等对司法也有影响；

（4）宗教容忍观有利于减少诉讼。

3. 宗教信仰有助于提高人们守法的自觉性：

（1）宗教提倡与人为善、容忍精神等，使公民习惯于循规蹈矩，不为损害他人和社会的行为；

（2）宗教对超自然的崇拜、各种精神祭祀等，均使法律蒙上神秘的、超自然的色彩，从而增加了法律的威慑力。

---

[1] ABC【解析】社会法学派强调社会实效，属于实证主义，因此 A 项错误。法律的决定性因素是物质生活条件，因此 B 项错误。法律是统治阶级意志的体现，并非社会共同体意志的体现，因此 C 错误。D 项是正确的。

（二）宗教对法律的消极影响

由于宗教信仰产生的激情会导致过分的狂热，某些宗教信仰甚至妨碍司法公正的实现。

二、法对宗教的影响

（一）在政教合一的国家，法对宗教的影响是双向的

1. 法可以作为国教的工具和卫护者。

2. 法又可以作为异教的破坏力量。

（二）在近现代政教分离的国家里，法与宗教分离，法对各种宗教之争持中立态度，法保障宗教信仰自由

1. 法在观念、体系，甚至概念、术语等方面，客观上都对宗教产生了重大影响。

2. 权利观念被引进宗教法规，与宗教义务构成一个有机整体。

3. 宗教法典不断地系统化、规范化，形成了一套严格完整的体系。

（三）现代法律对宗教的影响，主要表现为法对本国宗教政策的规定

1. 近代以来，世界各国相继把宗教信仰问题规定在法律上，而核心的问题就是宗教信仰自由的法律化问题。

2. 宗教自由的法律化历程步履维艰。宗教改革和资产阶级革命胜利以后，法才真正开始保障公民的宗教信仰自由。宗教自由问题最早出现在宪法性文件上，是1776年美国弗吉尼亚州的权利宣言。

3. 现在，宗教信仰自由已经成为当今世界各国宗教政策的主流，绝大多数国家把宗教信仰作为公民的一项基本人权来看待，以法律保障宗教信仰的自由。

（四）依法管理宗教事务是我国法律对待宗教问题的一贯原则

1. 我国实行宗教信仰自由的原因。

宗教信仰自由属于思想领域的问题，对待思想问题，不能采取简单的强制的办法。我国是一个多民族的国家，宗教问题往往同民族问题相联系。只有贯彻宗教信仰自由政策，才能处理好民族问题，加强民族团结。

2. 我国关于宗教问题的基本观点和基本政策：

（1）全面正确地贯彻宗教信仰自由政策；

（2）依法加强宗教事务的管理；

（3）积极引导宗教与社会主义建设事业相结合。

【经典真题】

关于法与宗教的关系，下列哪种说法是错误的？（2006－1－2）[1]

A. 法与宗教在一定意义上都属于文化现象

B. 法与宗教都在一定程度上反映了特定人群的世界观和人生观

C. 法与宗教在历史上曾经是浑然一体的，但现代国家的法与宗教都是分离的

D. 法与宗教都是社会规范，都对人的行为进行约束，但宗教同时也控制人的精神

---

〔1〕 C【解析】法作为一种“人造物”不可避免地体现了特定共同体的人们的人生观和世界观。人们的人生观和世界观在一定程度上取决于对人类的“起源”与“未来”的问题的回答。而宗教就是对这个问题的一种回答。故AB表述正确。从宗教对人的影响上来看，其提倡与人为善、容忍精神等，使公民习惯于循规蹈矩，不为损害他人和社会的行为，因而在行为层面能够起到规范的作用，对人的行为进行约束。与法律的不同之处在于其约束方式不独是对人的行为，更表现在对精神的影响上，这是法律所不具有的，故D表述正确。一般来说，现代国家法律对宗教的影响巨大，在近现代政教分离的国家里，法与宗教分离，法对各种宗教之争持中立态度，法保障宗教信仰自由。但并不意味着所有国家都实现政教分离，仍然有部分国家实行政教合一，如伊朗，C表述错误。

第六节 法与人权【考查频率☆☆☆】

一、人权

（一）人权的概念

人权是指每个人作为人应该享有或者实际享有的权利。这个定义包括以下三方面的含义：

1. 人权是一种权利。

2. 人权来自于“人自身”，也就是说人权是一个人只要是人就应当享有或者享有的权利，除非否认他（她）是人。

3. 人作为人应该享有哪些权利，即人权的具体内容包括什么。

人权既可以作为道德权利而存在也可以作为法律权利而存在。但在根本上，人权是一种道德权利。为了保障人权的实现，人权必须被法律化，但是，并不是所有的人权都实际上被法律化。

（二）人权在本源上具有历史性

1. 人权存在和发展的内因是人的自然属性，外因是社会的经济、文化状况。

2. 人权不是天赋的，也不是理性的产物，而是历史地产生的，最终是由一定的物质生活条件所决定的。它的具体内容和范围总是随着历史发展、社会进步而不断丰富和扩展。

3. 不同时代对人权的取舍、理解和使用都会有所差异。

二、法与人权的一般关系

人权的确立，取决于国家的社会制度、经济制度和法律制度，也取决于一个社会和民族的文化、历史传统和信念。

（一）人权是法的源泉和判断法律善恶的标准

1. 人权指出了立法和执法所应坚持的最低的人道主义标准和要求。

2. 人权可以诊断现实社会生活中法律侵权的症结，从而提出相应的法律救济的标准和途径。

3. 人权有利于实现法律的有效性，促进法律的自我完善。

（二）法是人权的体现和保障

1. 无法律也就无人权。与其他保护手段比较，法对人权的保障具有如下明显的优势：

（1）它设定了人权保护的一般标准，从而避免了其他保护（如政策）手段的随机性和相互冲突的现象；

（2）人权的法律保护以国家强制力为后盾，因而具有国家强制性、权威性和普遍有效性。

2. 人权往往通过法律权利的形式具体化，大部分人权都反映在法律权利上。人权与法律权利的关系具体表现为：

（1）人权的基本内容是法律权利的基础，只有争得了最基本的人权，才能将一般人权转化为法律权利；

（2）法律权利是人权的体现和保障。

3. 基本人权必须法律化。至于哪些人权能转化为法律权利，得到法的保护，主要取决于以下因素：

（1）一国经济和文化的法制状况；

（2）国家的民族传统和基本国情。

【经典真题】

下列关于人权的说法错误的是？（2018 年回忆版，单选）[1]

A. 人权与法律权利在内容上是一致的

B. 人权的存在和发展是社会经济、文化发展的结果

C. 人权的主体要比公民权的主体宽泛，不仅包括个体人权，还包括集体人权

D. 为了更好地保护人权，人权应当被尽可能地法律化

【习题拓展】

关于法与经济、政治、宗教和人权的关系，下列说法不正确的是？[2]

A. 法在任何时候都只是表明和记载经济关系的要求而已

B. 法与国家产生和存在的历史基础和原因相同，归根结底都是特定物质生活条件和经济基础

C. 法在观念、体系、甚至概念和术语等方面，客观上都对宗教产生了重大影响

D. 只有得到国家承认的人权才是人权，否则只是一句空话

---

〔1〕 A【解析】人权是法律权利的基础，从本质上讲，人权属于一种不依赖于法律规定即可存在的道德性权利，因此人权的内容只有在被法律确认之后才能变成法律权利，而并非所有的人权都会被法律确认，因此人权的内容与法律权利的内容不可等同，故 A 项错误。人权具有历史性，伴随着人类社会的发展而不断变化，从起源上讲，人权的观念源于近代资产阶级民主革命的萌发，故 B 项正确。人权的主体是自然人，只要是人就有人权，而公民则是一个自然人从属于某个国家的一种法律上的身份，从主体范围上讲，人权的范围要大于公民权的范围。故 C 项正确。尽管人权的存在并不依赖于法律的规定，但人权被法律化后，就意味着人权的保障获得了国家强制力的支持，因此为了更好的保护人权，我们应当尽可能的将人权法律化。故 D 项正确。

〔2〕 D【解析】D 项错误。因为人权既非天赋，亦非理性产物，其产生受抑于社会物质生活条件而非国家承认。

宪　　法

第一章　宪法的基本理论

【重点提示】

1. 宪法的形式分类；
2. 中国现行宪法修正案；
3. 宪法的渊源。

【相关法条】

1. 1982 宪法；
2. 1988 宪法修正案；
3. 1993 宪法修正案；
4. 1999 宪法修正案；
5. 2004 宪法修正案；
6. 2018 宪法修正案。

【知识框架】

- 宪法基本理论
  - 宪法的概念
    - 宪法的词源
    - 宪法与法律的关系
    - 宪法的基本特征
    - 宪法的本质
    - 宪法的分类
  - 宪法的历史发展
    - 近代意义宪法的产生
    - 中国宪法的历史发展
  - 宪法的基本原则
    - 人民主权原则
    - 基本人权原则
    - 法治原则
    - 权力制约原则
  - 宪法的作用
    - 宪法的一般功能
    - 宪法在社会主义法治国家建设中的作用
  - 宪法的渊源与宪法典的结构
    - 宪法的渊源
    - 宪法典的结构
  - 宪法规范
    - 宪法规范的主要特点
    - 宪法规范的分类
  - 宪法效力
    - 宪法效力的概念
    - 宪法效力的表现
    - 宪法与条约

第一节　宪法的概念【考查频率☆☆☆】

一、宪法的词源

尽管古代的中国和西方都曾有“宪法”这一词语，但它们的含义却与近现代的“宪法”迥然不同。在中国古代的典籍中，曾出现过“宪”“宪法”“宪令”“宪章”等词语。它们的含义主要有三种情况：①指一般的法律、法度；②指优于刑法等一般法律的基本法律；③指颁布法律、实施法律。这些与近现代宪法的涵义完全不同。在中国，将“宪法”一词作为国家根本法始于19世纪80年代。

在古代西方，“宪法”一词也是在多重意义上使用：①指有关规定城邦组织与权限方面的法律；②指皇帝的诏书、谕旨，以区别于市民会议制定的普通法规；③指有关确认教会、封建主以及城市行会势力的特权，以及他们与国王等的相互关系的法律。同样，这些都与近现代宪法的含义不同。宪法词义发生质的变化，始于17世纪、18世纪欧洲文艺复兴时期。近代资产阶级革命成功，近现代意义的宪法才最终形成。

二、宪法的特征

与其他一般法律相比，宪法具有自身的基本特征。主要表现在：

（一）宪法是国家的根本法

宪法作为国家的根本法是宪法在法律上的特征，也是宪法与普通法律最重要的区别之一。宪法的根本法地位取决于三个方面的因素：

1. 在内容上，宪法规定国家最根本、最重要的问题，如国家的性质、政权组织形式和结构形式、基本国策、公民的基本权利和义务、国家机构的组织及其职权等。

2. 在法律效力上，宪法的法律效力最高。

所谓法律效力是指法律所具有的约束力和强制力。在成文宪法的国家中，宪法的法律效力高于一般的法律，在国家法律体系中处于最高的法律地位。我国《宪法》序言规定：本宪法以法律的形式确认了中国各族人民奋斗的成果，规定了国家的根本制度和根本任务，是国家的根本法，具有最高的法律效力。宪法的最高法律效力表现在两个方面：

（1）宪法是制定普通法律的依据。我国《宪法》规定，一切法律、行政法规和地方性法规都不得同宪法相抵触。

（2）宪法是一切国家机关、社会团体和全体公民的最高行为准则。对此，我国宪法规定，全国各族人民、一切国家机关和武装力量、各政党和各社会团体、各企业事业组织，都必须以宪法为根本的活动准则。

3. 在制定和修改的程序上，宪法比其他法律更加严格。

宪法是规定国家最根本、最重要问题，具有最高法律效力的根本法，具有极大的权威和尊严，而严格宪法的制定和修改程序，则是保障宪法权威和尊严的基本要求。

（1）制定和修改宪法的机关，往往是特别成立的，而非普通立法机关。如1787年的美国《宪法》由55名代表组成的制宪会议制定，我国于1953年1月13日成立了中华人民共和国宪法起草委员会等等。

（2）通过或批准宪法或者其修正案的程序，往往严于普通法律，一般要求由制宪机关或者国家立法机关成员的2/3以上或3/4以上的多数表决通过，才能颁布施行，而普通法律只要立法机关成员的过半数通过即可。我国宪法规定，宪法的修改，由全国人大常委会或1/5以上的全国人民代表大会代表提议，并由全国人民代表大会以全体代表的2/3以上的多数通过（《宪法》第64条）。

（二）宪法是公民权利的保障书

宪法最主要、最核心的价值在于，它是公民权利的保障书。1789年的法国《人权宣言》宣布："凡权利无保障和分权未确立的社会就没有宪法。"列宁也曾指出："宪法就是一张写着人民权利的纸。"

在历史上，宪法或者宪法性文件最早是资产阶级在反对封建专制制度的斗争中，为了确认取得的权利，以巩固胜利成果而制定出来的。英国在17世纪资产阶级革命时期，曾于1679年通过了《人身保护法》，1688年通过了《权利法案》，以确认和保障公民的权利和自由；1791年的法国第一部宪法则把《人权宣言》作为宪法的序言。世界上第一部社会主义宪法1918年的《苏俄宪法》，也将《被剥削劳动人民权利宣言》列为第一篇，可见社会主义宪法同样具有权利保障书的意义。宪法的基本内容主要包括国家权力的正确行使和公民权利的有效保障。然而，这两部分并非是地位平行的，就它们之间的相互关系来说，公民权利的有效保障居于支配地位。因此，在国家法律体系中，宪法不仅是系统全面规定公民的基本权利的法律部门，而且其基本出发点就在于保障公民的权利和自由。

（三）宪法是民主事实法律化的基本形式

"民主"是指大多数人的统治。如果说宪法的基本出发点在于保障公民的权利和自由，那么这种对公民权利和自由的保障，则是民主最直接的表现，或者说是民主事实的必然结果。

近代意义的宪法是资产阶级革命取得胜利，有了民主事实之后的产物，是资产阶级民主事实的法律化。宪法与民主事实密不可分，是伴随着资产阶级民主事实的出现而产生出来的，是民主事实法律化的基本形式。

社会主义宪法也是如此。从1918年《苏俄宪法》的制定，到第二次世界大战胜利后，东欧和亚洲等一系列国家的社会主义立宪运动都可看出，无产阶级民主事实是社会主义宪法产生的前提条件，而社会主义宪法则是无产阶级民主事实的法律化。

所以，宪法与民主紧密相连，民主主体的普遍化，或者说民主事实的普遍化，是宪法得以产生的前提。而且基于宪法在整个国家法律体系中的根本法地位，以及宪法确认的基本内容主要是国家权力的正确行使和人权的有效保障，可以说，宪法是民主事实法律化的基本形式。

【特别提示】宪法宣誓制度。

2016年1月1日起我国实行宪法宣誓制度：

1. 各级人民代表大会及县级以上各级人民代表大会常务委员会选举或者决定任命的国家工作人员，以及各级人民政府、人民法院、人民检察院任命的国家工作人员，在就职时应当公开进行宪法宣誓。

2. 全国人民代表大会选举或者决定任命的中华人民共和国主席、副主席，全国人民代表大会常务委员会委员长、副委员长、秘书长、委员，国务院总理、副总理、国务委员、各部部长、各委员会主任、中国人民银行行长、审计长、秘书长，中华人民共和国中央军事委员会主席、副主席、委员，最高人民法院院长，最高人民检察院检察长，以及全国人民代表大会专门委员会主任委员、副主任委员、委员等，在依照法定程序产生后，进行宪法宣誓。宣誓仪式由全国人民代表大会会议主席团组织。

3. 在全国人民代表大会闭会期间，全国人民代表大会常务委员会任命或者决定任命的全国人民代表大会专门委员会个别副主任委员、委员，国务院部长、委员会主任、中国人民银行行长、审计长、秘书长，中华人民共和国中央军事委员会副主席、委员，在依照法定程序产生后，进行宪法宣誓；宣誓仪式由全国人民代表大会常务委员会委员长会议组织。

4. 全国人民代表大会常务委员会任命的全国人民代表大会常务委员会副秘书长，全国人民代表大会常务委员会工作委员会主任、副主任、委员，全国人民代表大会常务委员会代表资格审查委员会主任委员、副主任委员、委员等，在依照法定程序产生后，进行宪法宣誓。宣誓仪式由全国人民代表大会常务委员会委员长会议组织。

5. 全国人民代表大会常务委员会任命或者决定任命的最高人民法院副院长、审判委员会委员、庭长、副庭长、审判员和军事法院院长，最高人民检察院副检察长、检察委员会委员、检察员和军事检察院检察长，中华人民共和国驻外全权代表，在依照法定程序产生后，进行宪法宣誓。宣誓仪式由最高人民法院、最高人民检察院、外交部分别组织。

6. 国务院及其各部门、最高人民法院、最高人民检察院任命的国家工作人员，在就职时进行宪法宣誓。宣誓仪式由任命机关组织。

7. 宣誓仪式根据情况，可以采取单独宣誓或者集体宣誓的形式。单独宣誓时，宣誓人应当左手抚按《中华人民共和国宪法》，右手举拳，诵读誓词。集体宣誓时，由一人领誓，领誓人左手抚按《中华人民共和国宪法》，右手举拳，领诵誓词；其他宣誓人整齐排列，右手举拳，跟诵誓词。宣誓场所应当庄重、严肃，悬挂中华人民共和国国旗或者国徽。

8. 地方各级人民代表大会及县级以上地方各级人民代表大会常务委员会选举或者决定任命的国家工作人员，以及地方各级人民政府、人民法院、人民检察院任命的国家工作人员，在依照法定程序产生后，进行宪法宣誓。宣誓的具体组织办法由省、自治区、直辖市人民代表大会常务委员会参照本决定制定，报全国人民代表大会常务委员会备案。

三、宪法与法律的关系

我国《宪法》序言规定：“本宪法以法律的形式确认了中国各族人民奋斗的成果，规定了国家的根本制度和根本任务，是国家的根本法，具有最高的法律效力。”这句话中提到的“法律”，其含义主要是“法律的形式”或者“法律的效力”。而在一般情况下，“法律”一词专指全国人大及其常委会制定的规范性法律文件。

（一）宪法和一般法律的共性

既然宪法是国家的根本大法，具有最高的法律效力，那么毫无疑问，它也是一部法律。既然宪法是法律，那么宪法也具有一般法律的特点：

1. 宪法有其特定的调整范围。

宪法虽然是治国安邦的总章程，但并不是包罗万象的百科全书，宪法也有其自身的调整范围。宪法的调整范围主要包括国家机构、公民基本权利和国家制度三个方面。

2. 宪法规范具有法律规范的形式和效力。

宪法不是束之高阁的宣言书，而是实实在在的法律规范，违反宪法规范，必须要承担相应的法律后果。

3. 宪法的制定与修改程序由法律规定。

我国《宪法》第64条规定了宪法的修改程序，宪法的修改必须依照此程序进行。这表明了宪法的修改同一般法律不一样，有其特定的修改程序，不得随意为之。

（二）宪法与一般法律的差异

1. 宪法的调整对象是一国社会生活中最重要的部分。

国家机构以及公民的基本权利，是社会生活中关系全局的内容。这也说明了宪法的根本法地位。

2. 宪法规范具有最高的法律效力。

在一国法律体系效力位阶中，宪法规范的效力位阶是最高的——任何法律规范不得与宪法规范相抵触，否则无效。

3. 宪法的制定与修改程序比一般法律更为严格。

四、宪法的分类

（一）传统的宪法分类

1. 成文宪法与不成文宪法。

这是英国学者J. 蒲莱士于1884年首次提出的宪法分类。这种宪法分类所依据的标准为宪法是否具有统一的法典形式。成文宪法是指具有统一法典形式的宪法，有时也叫文书宪法或制定宪法，其最显著的特征在于法律文件上既明确表述为宪法，又大多冠以国名。如《中华人民共和国宪法》《日本国宪法》《法兰西共和国宪法》。1787年的《美利坚合众国宪法》是世界历史上第一部成文宪法，1791年法国宪法则是欧洲大陆的第一部成文宪法。因此，成文宪法是美国和法国资产阶级革命的成果，是资产阶级为了保障人权、确立新的自由主义政权体制而制定出来的。当今世界绝大多数国家的宪法都是成文宪法。

不成文宪法则是不具有统一法典的形式，而且散见于多种法律文书、宪法判例和宪法惯例的宪法。不成文宪法最显著的特征在于，虽然各种法律文件并未冠以宪法之名，却发挥着宪法的作用。英国是典型的不成文宪法国家。英国宪法的主体即由各个不同历史时期颁布的宪法性文件构成，包括1628年的《权利请愿书》、1679年的《人身保护法》、1689年的《权利法案》、1701年的《王位继承法》、1911年的《国会法》、1918年的《国民参政法》、1928年的《男女选举平等法》、1969年的《人民代表法》。英国之所以产生并长期保持不成文宪法，主要决定于英国资产阶级革命的不彻底性，以及英国民众对不成文宪法形式的习惯和认同。

2. 刚性宪法与柔性宪法。

刚性宪法与柔性宪法也是英国学者J. 蒲莱士最早提出来的。以宪法有无严格的制定、修改机关和程序为标准，将宪法分为刚性宪法和柔性宪法。刚性宪法是指制定、修改的机关和程序不同于一般法律的宪法。对此，一般有三种情况：①制定或修改宪法的机关不是普通立法机关，而往往是特别成立的机关；②制定或者修改宪法的程序严于一般的立法程序；③不仅制定或修改宪法的机关不是普通立法机关，而且制定或修改宪法的程序也不同于普通立法程序。成文宪法往往也是刚性宪法。

柔性宪法是指制定、修改的机关和程序与一般法律相同的宪法。在柔性宪法国家中，由于宪法和法律由同一机关根据同样的程序制定或者修改，因而它们的法律效力并无差异。不成文宪法往往是柔性宪法，英国即是其典型。

3. 钦定宪法、民定宪法和协定宪法。

这是以制定宪法的机关为标准对宪法所作的分类。钦定宪法是由君主或以君主的名义制定和颁布的宪法。它奉行主权在君的原则，往往产生于封建势力还很强大，资产阶级虽有一定力量但还不能占据优势的情况下。1814年法国国王路易十八颁布的宪法、1889年日本明治天皇颁布的宪法和1908年中国清政府颁布的《钦定宪法大纲》等都属于钦定宪法。民定宪法是指由民意机关或者由全民公决制定的宪法。它奉行人民主权原则，因而在形式上强调以民意为依归，以民主政体为价值追求。当今世界大多数国家的宪法都属于民定宪法。协定宪法则指由君主与国民或者国民的代表机关协商制定的宪法。它往往是阶级妥协的结果。在新兴资产阶级尚无足够力量推翻君主统治，而封建君主又不能实行绝对专制统治的情况下，协定宪法也就成为必然，如1215年英国《自由大宪章》、1830年《法国宪法》。

（二）马克思主义学者的宪法分类

马克思主义宪法学者以国家的类型和宪法的阶级本质为标准，把宪法分为资本主义类型的宪法和社会主义类型的宪法。这种分类方法最鲜明的特点在于揭示了宪法的本质，反映了宪法的阶级属性，因此是科学的分类。

【经典真题】

1. 下列关于宪法的分类，正确的选项是？（2018年回忆版，单选）[1]

A. 世界上第一部宪法是1787年的《美国宪法》，欧洲的第一部宪法是1791年的《法国宪法》

B. 中国是典型的刚性宪法国家，宪法的修改程序严于普通法律，宪法修正案要求全国人大全体代表的三分之二以上多数通过，普通法律只需要二分之一以上通过即可

C. 在成文宪法国家，宪法典就是通常意义上的宪法，而在不成文宪法国家，其宪法往往体现为实质意义上的宪法性法律、宪法惯例等形式

D. 1889年的《明治宪法》和1830年的《法国宪法》是两部典型的钦定宪法

2. 成文宪法和不成文宪法是英国宪法学家提出的一种宪法分类。关于成文宪法和不成文宪法的理解，下列哪一选项是正确的？（2017－1－21）[2]

A. 不成文宪法的特点是其内容不见于制定法

B. 宪法典的名称中必然含有“宪法”字样

C. 美国作为典型的成文宪法国家，不存在宪法惯例

D. 在程序上，英国不成文宪法的内容可像普通法律一样被修改或者废除

【习题拓展】

1. 我国《宪法》的序言中提到：“本宪法以法律的形式确认了中国各族人民奋斗的成果，规定了国家的根本制度和根本任务，是国家的根本法，具有最高的法律效力”。关于这段话，下列理解不正确的是？[3]

---

[1] C【解析】宪法有成文宪法和不成文宪法的区分，不成文宪法也是宪法，只不过不具备统一法典的形式而已，因此世界上第一部宪法是1215年英国的《自由大宪章》，世界上第一部成文宪法是1787年的《美国宪法》，故A项错误。普通法律的通过不是二分之一以上，而是过半数。区别在于前者包含本数，后者不包含本数。故B项错误。在成文宪法国家，宪法典就是通常意义上的宪法，而在不成文宪法国家，其宪法往往体现为实质意义上的宪法性法律、宪法惯例等形式，故C项正确。1830年的《法国宪法》属于协定宪法，故D项错误。

[2] D【解析】A选项错误：成文宪法与不成文宪法的区别在于有无统一法典形式，不成文宪法是指不具有统一法典形式的宪法。B选项错误：宪法典并非仅能以“宪法”的名称表现出来，也可以以“基本法”的名称表现出来，例如《德国基本法》。C选项错误：宪法惯例是指没有明文规定在宪法文本中，但在国家政治生活通常予以适用的惯例，美国作为典型的成文宪法国家，但同时也存在着大量的宪法惯例。D选项正确：不成文宪法的特征在于其修改和废止程序同普通法律一样。

[3] B【解析】这段话提到宪法是我国的根本法，因此A项正确。《宪法》第1条第2款规定：“社会主义制度是中华人民共和国的根本制度”，因此B项错误。《宪法》序言第七段提到我国的根本任务是沿着中国特色社会主义道路，集中力量进行社会主义现代化建设，因此C项正确。宪法最高法律效力的体现之一是任何法律法规等规范性文件不能违背宪法，因此D项正确。

A. 这段话反映了我国宪法的地位

B. 我国的根本制度是人民代表大会制度

C. 我国的根本任务是沿着中国特色社会主义道路，集中力量进行社会主义现代化建设

D. 法律不得违背宪法是宪法最高法律效力的体现

2. 关于宪法的分类，下列说法正确的是?[1]

A. 英国宪法没有成文法

B. 柔性宪法具有最高法律效力

C. 我国 1954 年《宪法》是成文宪法、刚性宪法、民定宪法

D. 法国 1791 年宪法是世界历史上第一部成文宪法

第二节　宪法的历史发展【考查频率☆】

一、近代意义宪法的产生

（一）近代意义的宪法是西方国家资产阶级革命的产物

按照马克思主义法学基本原理，法律是随着私有制、阶级和国家的产生而产生的。但奴隶制国家和封建制国家的自然经济结构，以及在此基础上建立起来的君主专制制度，却决定了在奴隶社会和封建社会不可能产生作为国家根本法的宪法。近代意义的宪法是资产阶级革命的产物。近代意义宪法的产生须具备经济、政治和思想文化这三个方面的条件：

1. 近代宪法的产生是资本主义商品经济普遍化发展的必然结果。

2. 资产阶级革命的胜利以及资产阶级国家政权的建立和以普选制、议会制为核心的民主制度的形成，为近代宪法的产生提供了政治条件。

3. 资产阶级启蒙思想家提出的民主、自由、平等、人权和法治等理论，为近代宪法的产生奠定了思想基础。

（二）早期主要资本主义国家宪法的产生

1. 英国宪法的产生。

在资本主义国家中，英国是最早发生资产阶级革命的国家，也是最早实行宪政的国家。但由于英国历史传统的特殊性，加之在发生资产阶级革命时期资本主义经济还不很发达，资产阶级的势力也不强大，而封建贵族的力量却比较强大，特别是其中一部分封建贵族已经资产阶级化了，因此，资产阶级与封建贵族相互妥协也就成为英国资产阶级革命的主要特点。这种妥协的结果便是在英国建立了君主立宪制度。同时，在形式上，英国宪法是不成文宪法。在英国，宪法虽然已有 300 多年的历史，但从来没有制定过一部统一的、完整的宪法典。所谓英国宪法，实际上是由不同历史时期颁布的宪法性法律和不同历史时期逐步形成的宪法惯例、宪法判例所构成。尽管 1215 年的《自由大宪章》并不是近代意义的宪法性法律，但它对英国宪法的

---

[1] C【解析】成文宪法和不成文宪法是根据宪法是否具有统一法典的形式进行的划分。世界上的不成文宪法国家主要有英国、新西兰、以色列、沙特阿拉伯等少数国家。英国是典型的不成文宪法国家，包括 1215 年《自由大宪章》、1628 年《权利请愿书》、1679 年《人身保护法》、1689 年《权利法案》、1701 年《王位继承法》、1928 年《男女选举平等法》等等，这些书面文件都是制定法，都是成文法。因此，A 项错误。柔性宪法的制定、修改机关和程序与一般法律相同，效力也没有差异，因此 B 项错误。我国有统一的宪法典，属于成文宪法国家；其制定、修改机关和程序与普通法律不同，可见也属于刚性宪法；我国的制宪主体是人民，因此 1954 年《宪法》属于民定宪法。因此，C 项正确。法国 1791 年宪法是欧洲历史上第一部成文宪法，因此 D 项错误。

发展与英国宪政体制的确立，产生了非常大的影响。之后又颁布了一系列具有宪政意义的法律文件，如《权利请愿书》（1628 年）、《权利宣言》（1688 年）、《王位继承法》（1701 年）等。从英国宪法的发展来看，具有影响的主要是在各个时期由议会制定的涉及国家根本问题的宪法性法律。

2. 美国宪法的产生。

1787 年制定的美国宪法是世界上第一部成文宪法。美国宪法的产生，经历了从《独立宣言》到制定各州宪法和《邦联条例》，再到制定《联邦宪法》这样一个发展过程。1776 年第二届大陆会议通过的《独立宣言》是世界宪政史上重要的历史文献，马克思称之为世界上的“第一个人权宣言”，它对美国宪法的产生和宪政体制的确立产生了直接影响。1787 年费城制宪会议制定的《美利坚合众国宪法》，由序言和 7 条宪法正文组成，它以根本法的形式确立了以“三权分立”和联邦制为原则的国家制度，建立了资产阶级民主共和政体。这部宪法的前 3 条规定了立法权、行政权和司法权的行使，以及行使三权的国会、总统和法院的产生及其组织制度等；第 4 条规定了联邦与各州之间，以及州与州之间的权限与关系；第 5 条规定了修宪的程序；第 6 条强调了宪法的地位和效力；第 7 条规定了宪法的批准与生效。自 1789 年美国宪法生效以来，至今已通过了 27 条宪法修正案。

尽管美国宪法巩固了独立战争的胜利成果，确认了民主共和制，促进了新兴资本主义的发展，“三权分立”的理论和实践相对于君主专制来说，也有它的进步方面，而且在美国政治实践中，也确实发挥了防止权力集中、避免专制独裁的积极作用，但美国宪法毕竟代表的是美国资产阶级和奴隶主阶级的利益，因此宪法中的上述内容并不能改变美国国家政权的资产阶级性质。

3. 法国宪法的产生。

在欧洲大陆，最早制定成文宪法典的国家是法国。1789 年，法国爆发了资产阶级革命，成立了制宪会议，制定通过了《人权和公民的权利宣言》（简称《人权宣言》）。《人权宣言》是法国资产阶级在反封建的革命斗争中颁布的著名纲领性文件。它充分反映了资产阶级的基本要求，宣布了资产阶级的自由、平等原则，提出了“主权在民”“权力分立”的主张，确立了“法律面前人人平等”“罪刑法定”“无罪推定”等资产阶级法治原则，对法国乃至整个世界民主宪政的发展都产生了深远影响。

《人权宣言》制定后，经过 2 年时间，法国国民议会于 1791 年制定了法国的第一部宪法。这部宪法以《人权宣言》为序言，同时宣布废除各种封建制度。尽管如此，这部宪法确立的却是君主立宪制。不少条文甚至公然违背了《人权宣言》提出的资产阶级民主原则。比如，宪法将公民分为“积极公民”和“消极公民”，把劳动人民当作“消极公民”而剥夺其选举权利等等，足以表明这部宪法的资产阶级本质。

在英国、美国和法国资产阶级革命和立宪运动的影响下，欧美各国相继发生了资产阶级革命，革命胜利后也都普遍确立了资产阶级民主制，并制定了自己的宪法。1917 年俄国十月社会主义革命胜利后，建立了第一个无产阶级专政的社会主义国家，1918 年制定了世界历史上第一部社会主义宪法，即《苏俄宪法》。

【经典真题】

《中国人民政治协商会议共同纲领》是中国共产党主持制定的一个具有临时宪法作用的文件，于 1949 年 9 月 29 日经中国人民政治协商会议第一届全体会议通过。对于该文件，下列哪

些选项是正确的？（2019 年回忆版，多选）[1]

A. 该文件规定人民有选举权和被选举权

B. 该文件为社会主义性质的宪法文件

C. 中国人民政治协商会议的一项工作是在普选的全国人大召开之前行使全国人大的职权

D. 中华人民共和国的国家政权属于人民

【习题拓展】

根据我国现行宪法的规定，下列选项正确的是？[2]

A. 1993 年宪法修正案将“中国共产党领导的多党合作和政治协商制度将长期存在和发展”写进了宪法

B. 政协委员有权列席人民代表大会，听取并审议政府工作报告

C. 2004 年宪法修正案在宪法序言关于爱国统一战线组成结构的表述中增加了“致力于中华民族伟大复兴的爱国者”

D. 1999 年宪法修正案把“戒严”修改为“紧急状态”

二、我国现行《宪法》

在中国共产党领导下，1949 年中国人民建立了自己的国家政权。为了巩固人民革命的胜利成果，确立国家最根本、最重要的问题，1949 年 9 月，我国召开了具有广泛代表性的中国人民政治协商会议，制定了起临时宪法作用的《中国人民政治协商会议共同纲领》。1954 年，第一届全国人民代表大会第一次全体会议在共同纲领的基础上制定了我国第一部社会主义类型的宪法，即 1954 年《宪法》。1975 年颁布的第二部《宪法》是一部内容很不完善并有许多错误的宪法。1978 年颁布的第三部《宪法》，虽经 1979 年和 1980 年两次局部修改，但从总体上说仍然不能适应新时期的需要。因此，1982 年 12 月 4 日第五届全国人民代表大会第五次会议通过了新中国的第四部《宪法》，即现行《宪法》。

1. 基本特点：

（1）总结历史经验，以四项基本原则为指导思想；

（2）进一步完善国家机构体系，扩大全国人大常委会的职权，恢复设立国家主席等；

（3）扩大公民权利和自由范围，恢复“公民在法律面前人人平等”原则，废除了国家机关领导职务的终身制；

（4）确认经济体制改革的成果，如发展多种经济形式，扩大企业的自主权等；

（5）维护国家统一和民族团结，完善民族区域自治制度，根据“一国两制”的原则规定特别行政区制度。

---

〔1〕 ACD【解析】《共同纲领》的第 4 条和第 5 条简要规定了人民的基本权利，第 4 条规定中华人民共和国人民依法有选举权和被选举权，第 5 条规定中华人民共和国人民有思想、言论、出版、集会、结社、通讯、人身、居住、迁徙、宗教信仰及示威游行的自由权，故 A 项正确。新中国的建立标志着新民主主义革命的成功，在新中国成立后我国通过社会主义改造的方式走上社会主义道路，而完成社会主义改造的时间是在 1956 年前后，因此 1949 年的《共同纲领》在性质上只能属于新民主主义性质，故 B 项错误。由于我国第一届全国人大直到 1954 年才召开第一次会议，在普选的全国人大开会之前，一直由中国人民政治协商会议全体会议代行全国人大职权，故 C 项正确。新民主主义革命的成功，意味着三座大山的推翻，也意味着人民掌握国家政权，翻身做主人。故 D 项正确。

〔2〕 A【解析】1993 年宪法修正案第 4 条规定，宪法序言第十自然段末尾增加：“中国共产党领导的多党合作和政治协商制度将长期存在和发展。”因此 A 项正确。人民政协是具有广泛代表性的统一战线组织，不是代议机关；政协委员列席全国人民代表大会，听取政府工作报告，参加对某项问题的讨论，但是没有审议政府工作报告的权力，因此 B 项错误。2018 年宪法修正案在宪法序言关于爱国统一战线组成结构的表述中增加了“致力于中华民族伟大复兴的爱国者”，因此 C 项错误。2004 年宪法修正案把“戒严”修改为“紧急状态”，因此 D 项错误。

2. 现行《宪法》的指导思想。

坚持四项基本原则是我国现行宪法的指导思想。坚持社会主义道路，坚持党的领导，坚持人民民主专政，坚持马列主义、毛泽东思想，是中国人民在长期革命和建设中取得胜利的经验总结，是团结全国各族人民不断前进的共同政治基础。现行《宪法》在总结历史经验、分析现实状况的基础上，将四项基本原则作为一个整体写入《宪法》，成为《宪法》总的指导思想。

3. 现行《宪法》的五次修改。

现行《宪法》颁布实施后，对于促进我国的政治和经济体制改革、健全社会主义民主法制、保障公民权利等方面起到了一定的作用。但由于现行《宪法》是在改革开放初期制定的，随着社会形势的发展，《宪法》中的有些规定已无法适应社会的需要。所以，必须对其进行修改。

（1）1988 年第七届全国人大一次会议对《宪法》进行了第一次修正：

①规定“国家允许私营经济在法律规定的范围存在和发展。私营经济是社会主义公有制经济的补充。国家保护私营经济的合法的权利和利益，对私营经济进行引导、监督和管理”。

②删去不得出租土地的有关规定，增加规定“土地的使用权可以依照法律的规定转让”。

（2）1993 年八届全国人大第一次会议对现行《宪法》进行了第二次修正。

这一修正以党的十四大精神为指导，突出了建设有中国特色社会主义理论和党的基本路线，着重对经济制度的有关规定作了修改和补充。

①明确把“我国正处于社会主义初级阶段”“建设有中国特色社会主义”“坚持改革开放”写进宪法，使党的基本路线在宪法中得到集中、完整的表述；

②增加了“中国共产党领导的多党合作和政治协商制度将长期存在和发展”；

③把家庭联产承包责任制作为农村集体经济组织的基本形式确定下来；

④将社会主义市场经济确定为国家的基本经济体制，并对相关内容作了修改；

⑤把县级人民代表大会的任期由 3 年改为 5 年。

（3）1999 年第九届全国人大第二次会议对现行《宪法》进行了第三次修正：

①明确把“我国将长期处于社会主义初级阶段”“沿着建设有中国特色社会主义的道路”，和“邓小平理论指导下”“发展社会主义市场经济”写进《宪法》；

②增加规定“中华人民共和国实行依法治国，建设社会主义法治国家”；

③规定“国家在社会主义初级阶段，坚持公有制为主体、多种所有制经济共同发展的基本经济制度，坚持按劳分配为主体、多种分配方式并存的分配制度”；

④规定农村集体经济组织实行家庭承包经营为基础、统分结合的双层经营体制；

⑤规定非公有制经济是社会主义市场经济的重要组成部分，将国家对个体经济和私营经济的基本政策合并修改为“国家保护个体经济、私营经济的合法的权利和利益。国家对个体经济、私营经济实行引导、监督和管理”；

⑥将镇压“反革命的活动”修改为镇压“危害国家安全的犯罪活动”。

（4）2004 年，第十届全国人大二次会议根据党的十六大精神，以“三个代表”重要思想为指导，对现行《宪法》进行了第四次修改：

①在《宪法》序言中增写了“三个代表”重要思想和“政治文明”；

②在《宪法》序言关于爱国统一战线的组成中增加“社会主义事业的建设者”；

③将国家的土地征用制度修改为“国家为了公共利益的需要，可以依照法律规定对土地实行征收或者征用并给予补偿”；

④将国家对非公有制经济的规定修改为“国家保护个体经济、私营经济等非公有制经济的

合法的权利和利益。国家鼓励、支持和引导非公有制经济的发展，并对非公有制经济依法实行监督和管理”；

⑤将国家对公民私人财产的规定修改为“公民的合法的私有财产不受侵犯”“国家依照法律规定保护公民的私有财产权和继承权”“国家为了公共利益的需要，可以依照法律规定对公民的私有财产实行征收或者征用并给予补偿”；

⑥增加规定“国家建立健全同经济发展水平相适应的社会保障制度”；

⑦增加规定“国家尊重和保障人权”；

⑧将全国人大代表的产生方式修改为“全国人民代表大会由省、自治区、直辖市、特别行政区和军队的代表组成。各少数民族都应当有适当名额的代表”；

⑨将全国人大常委会、国务院对戒严的决定权改为对紧急状态的决定权，相应地，国家主席对戒严的宣布权也改为对紧急状态的宣布权；

⑩在第 81 条国家主席职权中，增加“进行国事活动”的规定；

⑪将乡镇人民代表大会的任期由 3 年改为 5 年；

⑫增加关于国歌的规定，将《义勇军进行曲》作为国歌。

现行《宪法》颁布实施以来的四次修正，如实地反映了我国改革开放和现代化建设的现实状况，体现了在新的历史时期我国社会主义建设对宪政制度提出的新要求，总结了有中国特色社会主义建设的新经验，从而不仅巩固了我国改革和发展的成果，而且从政治、经济、思想等方面为今后的改革和发展提供了宪法依据，因此具有十分重要的意义。

（5）2018 年，第十三届全国人民代表大会第一次会议根据党的十九大精神，以习近平新时代中国特色社会主义思想为指导，对现行《宪法》进行了第五次修改：

①《宪法》序言第七自然段中“在马克思列宁主义、毛泽东思想、邓小平理论和‘三个代表’重要思想指引下”修改为“在马克思列宁主义、毛泽东思想、邓小平理论和‘三个代表’重要思想、科学发展观、习近平新时代中国特色社会主义思想指引下”；“健全社会主义法制”修改为“健全社会主义法治”；在“自力更生，艰苦奋斗”前增写“贯彻新发展理念”；“推动物质文明、政治文明和精神文明协调发展，把我国建设成为富强、民主、文明的社会主义国家”修改为“推动物质文明、政治文明、精神文明、社会文明、生态文明协调发展，把我国建设成为富强民主文明和谐美丽的社会主义现代化强国，实现中华民族伟大复兴”。

②《宪法》序言第十自然段中“在长期的革命和建设过程中”修改为“在长期的革命、建设、改革过程中”；“包括全体社会主义劳动者、社会主义事业的建设者、拥护社会主义的爱国者和拥护祖国统一的爱国者的广泛的爱国统一战线”修改为“包括全体社会主义劳动者、社会主义事业的建设者、拥护社会主义的爱国者、拥护祖国统一和致力于中华民族伟大复兴的爱国者的广泛的爱国统一战线”。

③《宪法》序言第十一自然段中“平等、团结、互助的社会主义民族关系已经确立，并将继续加强。”修改为“平等团结互助和谐的社会主义民族关系已经确立，并将继续加强。”

④《宪法》序言第十二自然段中“中国革命和建设的成就是同世界人民的支持分不开的”修改为“中国革命、建设、改革的成就是同世界人民的支持分不开的”；“中国坚持独立自主的对外政策，坚持互相尊重主权和领土完整、互不侵犯、互不干涉内政、平等互利、和平共处的五项原则”后增加“坚持和平发展道路，坚持互利共赢开放战略”；“发展同各国的外交关系和经济、文化的交流”修改为“发展同各国的外交关系和经济、文化交流，推动构建人类命运共同体”。

⑤《宪法》第 1 条第 2 款“社会主义制度是中华人民共和国的根本制度。”后增写一句，内容为：“中国共产党领导是中国特色社会主义最本质的特征。”

⑥《宪法》第 3 条第 3 款“国家行政机关、审判机关、检察机关都由人民代表大会产生，对它负责，受它监督。”修改为“国家行政机关、监察机关、审判机关、检察机关都由人民代表大会产生，对它负责，受它监督。”

⑦《宪法》第 4 条第 1 款中“国家保障各少数民族的合法的权利和利益，维护和发展各民族的平等、团结、互助关系。”修改为“国家保障各少数民族的合法的权利和利益，维护和发展各民族的平等团结互助和谐关系。”

⑧《宪法》第 24 四条第 2 款中“国家提倡爱祖国、爱人民、爱劳动、爱科学、爱社会主义的公德”修改为“国家倡导社会主义核心价值观，提倡爱祖国、爱人民、爱劳动、爱科学、爱社会主义的公德”。

⑨《宪法》第 27 条增加 1 款，作为第 3 款“国家工作人员就职时应当依照法律规定公开进行《宪法》宣誓。”

⑩《宪法》第 62 条“全国人民代表大会行使下列职权”中增加一项，作为第 7 项“（七）选举国家监察委员会主任”，第 7 项至第 15 项相应改为第 8 项至第 16 项。

⑪《宪法》第 63 条“全国人民代表大会有权罢免下列人员”中增加一项，作为第 4 项“（四）国家监察委员会主任”，第 4 项、第 5 项相应改为第 5 项、第 6 项。

⑫《宪法》第 65 条第 4 款“全国人民代表大会常务委员会的组成人员不得担任国家行政机关、审判机关和检察机关的职务。”修改为：“全国人民代表大会常务委员会的组成人员不得担任国家行政机关、监察机关、审判机关和检察机关的职务。”

⑬《宪法》第 67 条“全国人民代表大会常务委员会行使下列职权”中第 6 项“（六）监督国务院、中央军事委员会、最高人民法院和最高人民检察院的工作”修改为“（六）监督国务院、中央军事委员会、国家监察委员会、最高人民法院和最高人民检察院的工作”；增加一项，作为第 11 项“（十一）根据国家监察委员会主任的提请，任免国家监察委员会副主任、委员”，第 11 项至第 21 项相应改为第 12 项至第 22 项。

⑭《宪法》第 70 条第 1 款中“法律委员会”修改为“宪法和法律委员会”。

⑮《宪法》第 79 条第 3 款“中华人民共和国主席、副主席每届任期同全国人民代表大会每届任期相同，连续任职不得超过两届。”修改为“中华人民共和国主席、副主席每届任期同全国人民代表大会每届任期相同。”

⑯《宪法》第 89 条“国务院行使下列职权”中增加领导和管理“生态文明建设”；取消领导和管理“监察”工作。

⑰《宪法》第 100 条增加 1 款，作为第 2 款：“设区的市的人民代表大会和它们的常务委员会，在不同宪法、法律、行政法规和本省、自治区的地方性法规相抵触的前提下，可以依照法律规定制定地方性法规，报本省、自治区人民代表大会常务委员会批准后施行。”

⑱《宪法》第 101 条第 2 款中“县级以上的地方各级人民代表大会选举并且有权罢免本级人民法院院长和本级人民检察院检察长。”修改为“县级以上的地方各级人民代表大会选举并且有权罢免本级监察委员会主任、本级人民法院院长和本级人民检察院检察长。”

⑲《宪法》第 103 条第 3 款“县级以上的地方各级人民代表大会常务委员会的组成人员不得担任国家行政机关、审判机关和检察机关的职务。”修改为“县级以上的地方各级人民代表大会常务委员会的组成人员不得担任国家行政机关、监察机关、审判机关和检察机关的职务。”

⑳《宪法》第 104 条中“监督本级人民政府、人民法院和人民检察院的工作”修改为“监督本级人民政府、监察委员会、人民法院和人民检察院的工作”。

㉑《宪法》第 107 条第 1 款县级以上地方各级人民政府的权限，取消管理本行政区域内的“监察”工作。

㉒《宪法》第三章“国家机构”中增加一节，作为第七节“监察委员会”。

【经典真题】

1. 关于宪法的历史发展，下列哪一选项是不正确的？（2014－1－21）[1]

A. 资本主义商品经济的普遍化发展，是近代宪法产生的经济基础

B. 1787 年美国宪法是世界历史上的第一部成文宪法

C. 1918 年《苏俄宪法》和 1919 年德国《魏玛宪法》的颁布，标志着现代宪法的产生

D. 行政权力的扩大是中国宪法发展的趋势

2. 关于现代宪法的发展趋势，下列哪些说法是正确的？（2010－1－60）[2]

A. 重视保障人权是宪法发展的共识

B. 重视宪法实施保障，专门宪法监督成为宪法发展的潮流

C. 通过加强司法审查弱化行政权力逐步成为宪法发展的方向

D. 寻求与国际法相结合成为宪法发展的趋势

【习题拓展】

1982 年《宪法》至今共进行了五次修改，《宪法》的修改对国家对个人都有着直接的影响。对此，下列说法正确的是？[3]

A. 1982 年，某村村民李某可以将其土地使用权转让给本村王某

B. 1992 年，某县人大换届，新一届人大任期为 5 年

C. 2005 年，某校法学院举办论坛，纪念人权条款入宪 1 周年

D. 2019 年，某市监察委员会需要向该市人大常委会汇报专项工作

第三节　宪法的基本原则【考查频率☆】

宪法基本原则是指人们在制定和实施宪法过程中必须遵循的最基本的准则，是贯穿立宪和施宪的基本精神。任何一部宪法都不可能凭空产生，都必须反映一国当时的政治指导思想、社

---

〔1〕 D【解析】近代意义上宪法的产生有着深刻的经济、政治和思想文化等方面的基础。近代宪法的产生是资本主义商品经济普遍化发展的必然结果。故 A 项正确。1787 年《美利坚合众国宪法》是世界历史上第一部成文宪法。故 B 项正确。现代宪法产生的前提是宪法必须系统而全面的规定公民实体权利。1918 年《苏俄宪法》：第一部社会主义宪法，公有制的经济制度被写进了宪法，宪法调整的领域由传统的政治领域进入社会经济领域。此外，苏俄宪法的产生使立宪成为一种世界现象，不再局限于西方资本主义国家。1919 年德国《魏玛宪法》：第一，加强了对私有财产权的限制，使近代宪法中的自由主义精神受到抑制，而社会福利和公共利益得到重视和提倡；第二，议会的权力受到牵制，行政权力的扩大得到宪法认同；第三，宪法授权国家广泛干预经济、文化和社会生活的权力，国家的触角深入社会各个领域。故 C 项正确。行政权力的扩大不是我国宪法发展的趋势。故 D 项错误。

〔2〕 ABD【解析】现代宪法对公民基本权利的保护日益重视，对权利的保障范围也进一步扩大。表现为在内容上不仅仅局限于政治权利和自由，还包括对经济和文化权利的保护；保护公民的社会权利；对环境保护作出新的规定；同时强调对权利实现的保障。A 正确。从形式上看，宪法已经不仅仅是作为政治宣言而存在，各国纷纷建立宪法保障制度，比如宪法法院的建立，宪法修改程序的严格规定，社会组织和公民在维护和遵守宪法中的责任保障等方面，故 B 正确。在现代国家，行政权并未呈现弱化之趋势，其扩大的表现有：行政权干预立法权，紧急命令权，行政机关经委托享有一定的立法权等。C 表述错误。从国家化发展趋势来看，主要依靠政治手段演进到全球一体化的背景下由国家采取有关措施来顺应国际化趋势，D 正确。

〔3〕 CD【解析】《宪法修正案（1988）》第 10 条规定：“土地的使用权可以依照法律的规定转让。”故 A 项错误。《宪法修正案（1993）》第 98 条规定：“省、直辖市、县、市、市辖区的人民代表大会每届任期五年。”故 B 项错误。《宪法修正案（2004）》第 33 条规定：“国家尊重和保障人权。”故 C 项正确。《宪法修正案（2018）》第 3 条规定：“国家行政机关、监察机关、审判机关、检察机关都由人民代表大会产生，对它负责，受它监督。”故 D 项正确。

会经济条件和历史文化传统，宪法基本原则是对这些方面的集中反映。对世界各国宪法与宪政理论和实践的考察发现，宪法的基本原则主要有人民主权原则、基本人权原则、权力制约原则和法治原则。

一、人民主权原则

主权是指国家的最高权力。人民主权是指人民拥有国家的最高权力。

在法国启蒙思想家卢梭看来，主权是公意的具体表现，人民的公意表现为最高权力；人民是国家最高权力的来源，国家是自由的人民根据契约协议的产物，而政府的一切权力都是人民授予的。因此，国家的主人不是君主，而是人民，治理者只是受人民委托，因而主权只能属于人民。人民主权学说是资产阶级反对封建专制主义的锐利思想武器，是资产阶级民主思想的核心。

从1776年美国《独立宣言》宣布人的天赋权利不可转让、1789年法国《人权宣言》宣布整个主权的本源主要是寄托于国民以来，西方国家在形式上一般都承认人民主权，并将其作为资产阶级民主的一项首要原则，而且在宪法中明确规定主权在民。如法国现行宪法规定："国家主权属于人民"；日本1946年宪法规定："兹宣布主权属于国民"；意大利现行宪法规定："主权属于人民，由人民在宪法所规定的形式和范围内实现之"。但这些形式上的规定并不意味着在资本主义国家中，广大人民群众已经享有当家作主的权利了。在生产资料被资本家个人占有的社会中，只能是有产者的主权，人民主权则根本无从谈起。只有在废除生产资料私有制，建立起生产资料社会主义公有制的基础之上，人民主权才有可能实现。

各社会主义国家的宪法都规定"一切权力属于人民"的原则，这是无产阶级在创建自己的政权过程中，批判性地继承资产阶级民主思想的基础上，对人民主权原则的创造性运用和发展，"一切权力属于人民"实质上也就是主权在民。

二、基本人权原则

人权是指作为一个人所应该享有的权利，在本质上属于应有权利、道德权利。人权是人类社会发展到一定阶段的产物，是在法律之后产生的，是在17世纪、18世纪首先由西方资产阶级启蒙思想家提出的。

在奴隶社会和封建社会，公开推行等级特权和不平等制度。随着封建社会末期资本主义商品经济的产生和发展，资产阶级经济地位的不断提高，新兴的资产阶级强烈要求摧毁君权神授学说，建立以自由、平等为核心的社会秩序。因此，17世纪、18世纪的西方资产阶级启蒙思想家提出了"天赋人权"学说，强调人人生而享有自由、平等、追求幸福和财产的权利。在启蒙思想家提出的天赋人权学说和人权口号的指导下，资产阶级进行了争取人权的斗争。在资产阶级革命过程中以及革命胜利后，人权口号逐渐被政治宣言和宪法确认为基本原则。

社会主义国家宪法也确认了基本人权原则。2004年3月14日我国第十届全国人民代表大会第二次会议通过的《中华人民共和国宪法修正案》第24条明确规定："国家尊重和保障人权"。而且，社会主义国家政权的本质特征就是人民当家作主，而公民基本权利和自由则是人民当家作主最直接的表现，因此，如果宪法不对此加以规定，那么，人民当家作主就只能是抽象的原则。

资本主义宪法所规定的人权原则的特点在于以人权的普遍性掩盖人权的阶级性；社会主义宪法则在具体规范中，公开限制少数敌对分子的部分人权，其特点在于以人权的阶级性谋求人权的普遍性。

三、法治原则

法治是相对于人治而言的国家治理形式，是指按照民主原则把国家事务法律化、制度化，并依法进行管理的一种方式，是17世纪、18世纪资产阶级启蒙思想家所倡导的重要的民主原则。

洛克认为，政府应该以正式公布的既定法律来进行统治，这些法律并不因特殊情况而有出入。潘恩也说，在专制政府中国王便是法律，同样地，在自由国家中法律便应该成为国王。其核心思想在于依法治理国家，法律面前人人平等，反对任何组织和个人享有法律之外的特权。这些主张对于反对封建专制特权，确立和维护资产阶级的民主制起了很大的作用。因而资产阶级革命胜利后，各国都在其宪法中规定和政治实践中贯彻了法治原则的精神。

宪法本身就是国家实行法治的标志，宪法所确立的法律面前人人平等即是法治原则的体现。但由于资本主义国家的立国基础是资本的特权，因此法治原则在资本主义国家中不可能真正实现。

社会主义国家的宪法不仅宣布宪法是国家根本法，具有最高的法律效力，是一切国家机关和全体公民最高的行为准则，而且还规定国家的立法权属于最高的人民代表机关。这样，在社会主义国家中，宪法和法律具有广泛深厚的民主基础，所有机关、组织和个人都必须严格依法办事。

四、权力制约原则

权力制约原则是指国家权力的各部分之间相互监督、彼此牵制，以防止国家权力的滥用，并最终实现对公民权利的保障。在资本主义国家的宪法中，权力制约原则主要表现为分权制衡原则；在社会主义国家的宪法中，权力制约原则主要表现为监督原则。

分权制衡原则是指把国家权力分为几部分，分别由几个国家机关独立行使，并使国家机关在行使权力过程中，保持一种互相牵制和互相平衡的关系。这一原则是17世纪、18世纪欧美资产阶级革命时期，资产阶级根据近代分权思想确立的。它为资产阶级革命以后建立资产阶级民主制度，以代替封建专制制度提供了方案。1787年美国宪法就按照典型的分权制衡原则，确立了国家的政权体制。法国《人权宣言》称“凡权利无保障和分权未确立的社会，就没有宪法”。受美、法等国的影响，各资本主义国家的宪法均以不同形式确认了分权制衡原则。从资本主义各国政治实践看，分权制衡原则对于确立和巩固资产阶级民主制度起了非常重要的作用。但随着行政权的日益扩大和立法权的日益缩小，分权制衡原则正在日益受到挑战。

社会主义国家的监督原则是由巴黎公社首创的。后来的社会主义国家将其奉为一条重要的民主原则，并在各国宪法中作出了明确规定。但在社会主义国家由于监督观念，特别是监督原则的法律化、制度化还有待加强，因此，在社会主义国家的宪政实践中，权力制约原则还需要进一步贯彻落实。

【经典真题】

1. 我国宪法规定了“一切权力属于人民”的原则。关于这一规定的理解，下列选项正确

的是？（2016－1－91）〔1〕

A. 国家的一切权力来自并且属于人民

B. “一切权力属于人民”仅体现在直接选举制度之中

C. 我国的人民代表大会制度以“一切权力属于人民”为前提

D. “一切权力属于人民”贯穿于我国国家和社会生活的各领域

2. 公平正义是社会主义法治的价值追求。关于我国宪法与公平正义的关系，下列哪一选项是不正确的？（2013－1－20）〔2〕

A. 树立与强化宪法权威，必然要求坚定地守持和维护公平正义

B. 法律面前人人平等原则是公平正义在宪法中的重要体现

C. 宪法对妇女、老人、儿童等特殊主体权利的特别保护是实现公平正义的需要

D. 禁止一切差别是宪法和公平正义的要求

第四节　宪法的作用【考查频率☆】

一、宪法的一般作用

宪法的作用亦称宪法的功能、宪法的职能，是指宪法对国家机关、社会组织和公民个人的行为，以及社会现实生活的能动影响，是国家意志实现的具体表现。宪法的主要作用可以概括为确认和巩固作用、限制和规范作用、指引和协调作用、评价和宣传作用四大方面。

二、宪法在社会主义法治国家建设中的作用

宪法在社会主义法治国家建设中的作用可分为立法、执法、司法和守法四个方面。

【经典真题】

关于宪法在立法中的作用，下列哪一说法是不正确的？（2010－1－19）〔3〕

A. 宪法确立了法律体系的基本目标

B. 宪法确立了立法的统一基础

---

〔1〕ACD【解析】题目所述即为我国宪法的“人民主权”原则。社会主义国家宪法普遍规定了“一切权力属于人民”的原则。由于“一切权力属于人民”是无产阶级在创建自己的政权过程中，在批判性地继承资产阶级民主思想的基础上对人民主权原则的创造性的运用和发展，因此，“一切权力属于人民”实质上也就是人民主权。故A正确。为了体现人民主权原则，我国宪法规定了选举制度的主要程序，以实现宪法的基本原则。C正确。宪法同时规定实现人民主权的具体形式与途径，如《宪法》第2条第2、3款规定：“人民行使国家权力的机关是全国人民代表大会和地方各级人民代表大会。”“人民依照法律规定，通过各种途径和形式，管理国家事务，管理经济和文化事业，管理社会事务。”故B错误，D正确。

〔2〕D【解析】宪法必须体现公平正义，树立和强化宪法的权威，必须坚持公平正义。故A项正确。《宪法》明确规定，法律面前人人平等，而公平正义的第一要求就是平等。故B项正确。平等不是均等，不是一刀切，而是根据具体情况对特殊人群进行特殊待遇。因此，宪法对妇女、老人、儿童等特殊主体权利的特别规定是公平正义的体现。故C项正确。平等反对歧视，反对特权，但是它容忍合理的差别对待，比如对弱势群体的特殊待遇。故D项错误。

〔3〕C【解析】首先可以明确，宪法对立法的确定是基础性的、纲领性的，而非具体的、完善的，由此可大致判断C项表述错误。具体来看，一国法律体系的建立首先需要体现宪法的基本原则，宪法作为其核心，可以奠定法律体系发展的目标，故A项正确。从内容上，一国的法律体系应当是一个有机的整体，其核心在于宪法的统一，各内容不得与宪法相抵，故B项正确。我国《立法法》规定了法律体系内部冲突的具体解决机制，而《宪法》则在第62、67、89条等规定中对此作出了基本的授权主体和撤销或者变更的范围，故D项正确。宪法规定的是国家生活中根本性和重大的问题，具体的法律应当交由普通法律予以调整，因而不可能规定“完善的立法体制和具体的规划”，故C项错误。

C. 宪法规定了完善的立法体制与具体规划

D. 宪法规定了解决法律体系内部冲突的基本机制

第五节　宪法的渊源【考查频率☆☆☆☆】

宪法的渊源亦即宪法的表现形式，具体包括：成文宪法典、宪法性法律、宪法惯例、宪法判例、国际条约和国际习惯等等。但不同国家的历史时期究竟采取哪些宪法渊源形式，则取决于其本国的历史传统和现实政治状况。

（一）成文宪法典

宪法典是绝大多数国家采用的形式，是指一国最根本、最重要的问题由一种有逻辑、有系统的法律文书加以明确规定而形成的宪法。成文宪法典一般由特定制宪机关采用特定制宪程序制定，在一国法律体系中具有最高的法律效力。其优点在于宪法的形式完整、内容明确具体，因而便于实施，同时由于一般规定了严格的修改程序，因而有利于保证宪法的相对稳定。

（二）宪法性法律

宪法性法律是指一国宪法的基本内容不是统一规定在一部法律文书之中，而是由多部法律文书表现出来的宪法。

1. 在不成文宪法国家中，有关宪法规定的内容不是采用宪法典的形式，而是由多部单行法律文书予以规定的法律。宪法性法律制定和修改的机关与程序，通常与普通法律的制定和修改的机关与程序相同。

2. 在成文宪法国家中，由国家立法机关为实施宪法而制定的有关规定宪法内容的法律。因此在成文宪法国家，既存在根本法意义上的宪法，即宪法典，又存在部门法意义上的宪法，即普通法律中有关规定宪法内容的法律，如组织法、选举法、代表法、立法法、代议机关议事规则等等。

（三）宪法惯例

宪法惯例是指在国家实际政治生活中存在，并为国家机关、政党及公众所普遍遵循，且与宪法具有同等效力的习惯或传统。宪法惯例的特征主要有：

1. 没有具体的法律形式，它的内容并不明确规定在宪法典或宪法性法律中；

2. 内容涉及国家的根本制度、公民的基本权利和义务等最根本、最重要的问题；

3. 主要依靠公众舆论而不是国家强制力来保证其实施。

宪法惯例多见于不成文宪法国家，但成文宪法国家也存在。其作用和意义在于能适应国家形势的发展变化，弥补宪法的不足，从而充实并丰富一国宪法的内容，便于宪法功能的充分发挥。

（四）宪法判例

宪法判例是指由司法机关在审判实践中逐渐形成并具有宪法效力的判例。在普通法系国家，根据"先例约束原则"，最高法院及上级法院的判决由于是下级法院审理同类案件的依据而成为判例；而且，法院在法律没有明确规定的情形下可以创造规则。因此，在不成文宪法国家，法院在宪法性法律没有明确规定的前提下，就有关宪法问题作出的判决自然也是宪法的表现形式之一。在成文宪法国家，尽管法院的判决必须符合宪法的规定，因而不能创造宪法规范，但有些国家的法院有宪法解释权，因而法院在具体案件中基于对宪法的解释而作出的判决，对下级法院也有约束力。此外，如果最高法院在具体案件的判决中认为某项法律或行政命令违宪而拒绝适用，那么下级法院在以后审理类似案件时，也不得适用该法律或行政命令。

（五）国际条约

国际条约是国际法主体之间就权利义务关系缔结的一种书面协议，它能否成为宪法的渊源，取决于一个国家的参与和认可。有些国家的宪法对国际条约在国内法中的地位和效力问题有专门规定。

【经典真题】

宪法的渊源即宪法的表现形式。关于宪法渊源，下列哪一表述是错误的？（2015－1－21）〔1〕

A. 一国宪法究竟采取哪些表现形式，取决于历史传统和现实状况等多种因素

B. 宪法惯例实质上是一种宪法和法律条文无明确规定、但被普遍遵循的政治行为规范

C. 宪法性法律是指国家立法机关为实施宪法典而制定的调整宪法关系的法律

D. 有些成文宪法国家的法院基于对宪法的解释而形成的判例也构成该国的宪法渊源

【习题拓展】

下列关于宪法渊源的表述，不正确的是？〔2〕

A. 宪法性法律在英国是宪法的渊源，在我国则不是宪法的渊源

B. 在我国，宪法惯例属于宪法的渊源

C. 在成文宪法国家，宪法判例不是宪法的渊源

D. 我国的宪法在结构上包括附则

第六节　宪法的结构【考查频率☆☆☆】

宪法结构是指宪法内容的组织和排列形式。由于不成文宪法往往由不同历史时期的宪法性法律、宪法判例和宪法惯例组成，无所谓严格的结构问题，因而宪法结构主要是就成文宪法典而言。我国现行宪法的结构，包括序言和正文两大部分，没有附则部分。

（一）序言

统计表明，世界上大多数国家的宪法都有序言，只是在规定上存在区别而已。宪法序言的产生决定于立宪者所处的客观历史条件和宪法的规范性特点。各国宪法序言的长度差别很大，取决于立宪者的实际需要和所处的历史条件。宪法序言的内容大致包括国家的斗争历史，制宪的宗旨、目的和指导思想，国家的基本任务和奋斗目标等等。

---

〔1〕 C【解析】宪法的表现形式受到包括历史、文化、民族、经济等多种因素的影响，一个国家究竟采用成文宪法的形式还是不成文宪法的形式，往往要具体问题具体分析，典型如英国和美国这两个国家的比较。英国是不成文宪法国家，美国是成文宪法国家，故A项正确。宪法惯例是指在实际的政治生活中存在着的，并为国家机关、政党及公众所普遍遵守的，具有宪法效力的习惯或传统。宪法惯例并非法律，因此并没有具体的法律形式，但它涉及国家根本制度、公民基本权利和义务等基本性的宪法问题，最后，宪法惯例并不借由国家强制力保障，而主要依靠政治家的自觉和公共舆论来保证实施，故B项正确。宪法性法律是指调整宪法关系的普通法律，因此无论在有宪法典的成文宪法国家还是在没有宪法典的不成文宪法国家，宪法性法律都是普遍存在，故C选项错误。宪法判例也是宪法的重要渊源，故D选项正确。

〔2〕 ACD【解析】在不成文宪法国家的英国，宪法性法律是宪法的渊源，我国虽然有宪法典，但也有宪法性法律，如《国旗法》《国歌法》等都是我国宪法的渊源，故A项错误。在我国，宪法惯例属于宪法的渊源，故B项正确。在部分成文宪法国家，宪法判例也是宪法渊源，比如德国、奥地利，故C项错误。我国的宪法在结构上包括序言和正文，没有附则，故D项错误。

【特别提示】

1. 在西方国家，宪法序言一般不具有直接效力，往往在涉及宪法正文的解释时才产生效力，但法国例外。

2. 美国联邦最高法院曾在一个判例中明确了美国宪法序言无法律效力，在诉讼中不能援引。

（二）正文

正文是宪法的主要内容，也是宪法的重心，具体包括社会制度和国家制度的基本原则、公民的基本权利和义务、国家机构、国家标志、宪法修改和监督制度等。然而在具体内容、顺序安排、表述方式等诸方面，不同国家的宪法具备不同的特点。其基本内容大致说来有以下几个方面：

1. 国家制度的基本原则。

这是统治者管理国家和社会的基本方针，是国家和社会得以稳定、有序运转的关键。这些内容在宪法中通常位居正文前端，并将其称之为总纲或者总则、基本原则等。

2. 公民的基本权利和义务与国家机构。

公民的基本权利和义务与国家机构是宪法的重要内容。这两部分内容是宪法的核心部分，是世界各国宪法所不可缺少的。但在具体的规定中，特别是在二者的顺序排列上，各国有所差别，主要有两种形式：一是公民的基本权利和义务置于国家机构之前；二是公民的基本权利和义务置于国家机构之后。我国前三部宪法是将国家机构置于公民的基本权利和义务之前，现行宪法将公民的基本权利和义务一章提到国家机构之前。这表明，公民权利的保护居于宪法的核心地位，体现了对人权的充分尊重。

3. 国旗、国徽、国歌和首都。

这些是国家的标志，代表国家主权，因而是宪法的重要内容，当代许多国家的宪法都对此予以规定。在结构顺序上，大多将其安排在宪法的末尾，或者接近末尾的部分。如我国现行宪法将其规定在最后一章。

（三）附则

宪法的附则是指宪法对于特定事项需要特殊规定而作出的附加条款，有的称为暂行条款，有的称为过渡条款、最后条款、特别条款、临时条款，也有直接称附则或附录的。

由于附则是宪法的一部分，因而其法律效力与一般条文相同。而且其法律效力还有两大特点：

1. 特定性。

只对特定的条文或事项适用，有一定的范围，超出范围则无效。

2. 临时性。

只对特定的时间或情况适用，一旦时间届满或者情况发生变化，其法律效力自然应该终止。

【经典真题】

1. 根据《宪法》的规定，关于宪法文本的内容，下列哪一选项是正确的？（2013－1－21）〔1〕

A. 《宪法》明确规定了宪法与国际条约的关系

B. 《宪法》明确规定了宪法的制定、修改制度

C. 作为《宪法》的《附则》，《宪法修正案》是我国宪法的组成部分

D. 《宪法》规定了居民委员会、村民委员会的性质和产生，两者同基层政权的相互关系由法律规定

2. 宪法结构指宪法内容的组织和排列形式。关于我国宪法结构，下列哪一选项是不正确的？（2011－1－22）〔2〕

A. 宪法序言规定了宪法的根本法地位和最高法律效力

B. 现行宪法正文的排列顺序是：总纲、公民的基本权利和义务、国家机构以及国旗、国歌、国徽、首都

C. 宪法附则没有法律效力

D. 宪法没有附则

第七节　宪法规范【考查频率☆】

一、宪法规范的概念

宪法规范是由民主制国家制定或认可的、宪法主体参与国家和社会生活最基本社会关系的行为规范。

二、宪法规范的主要特点

（一）根本性

宪法规范的根本性是指宪法只规定国家生活中的根本性问题。

（二）最高权威性

宪法规范的最高权威性是指宪法规范的地位和效力高于其他法律规范。

---

〔1〕 D【解析】我国现行宪法没有对宪法与条约关系作出具体规定。但从宪法序言中可以看出我国处理两者关系的基本原则，即我国以和平共处五项原则为基础，发展同各国的外交关系和经济、文化的交流。同时在《宪法》第67条中规定了全国人民代表大会常委会缔结条约和协定的程序，但并未具体规定二者之间的关系，故A项错误。《宪法》第64条规定了宪法的修改需经提议和通过的主体及比例，但并未明确规定制宪制度，仅仅规定了宪法的修改制度。B项错误。宪法的附则是指宪法对于特定事项需要特殊规定而作出的附加条款。就附则的名称而言，有称暂行条款者，有称过渡条款、最后条款、特别条款、临时条款者，也有直接称附则或附录的。无论名称如何，都属于附加条款的范畴。我国现行宪法没有规定附则。我国《宪法》没有"附则"。C项错误。《宪法》第111条第1款规定："城市和农村按居民居住地区设立的居民委员会或者村民委员会是基层群众性自治组织。居民委员会、村民委员会的主任、副主任和委员由居民选举。居民委员会、村民委员会同基层政权的相互关系由法律规定。"D项正确。

〔2〕 C【解析】我国《宪法》序言中明确：本宪法以法律的形式确认了中国各族人民奋斗的成果，规定了国家的根本制度和根本任务，是国家的根本法，具有最高的法律效力。全国各族人民、一切国家机关和武装力量、各政党和各社会团体、各企业事业组织，都必须以宪法为根本的活动准则，并且负有维护宪法尊严、保证宪法实施的职责。A项正确。《宪法》除序言外，分为总纲，公民的基本权利和义务，国家机构，国旗、国徽、国歌和首都，共四章143条。B项正确。一部完整的《宪法》，应当包括序言、正文和附则。附则是宪法的组成部分，具有法律效力。但我国《宪法》没有"附则"。C项错误，D项正确。

（三）原则性

宪法规范的原则性是指宪法规范只规定有关问题的基本原则。

（四）纲领性

宪法规范的纲领性是指宪法规范明确表达对未来目标的追求。

（五）相对稳定性

宪法是国家的根本大法，它的变化直接关系到整个国家和社会的稳定，关系到宪法能否保持应有的权威和尊严。

三、宪法规范的分类

（一）确认性规范

确认性规范是对已经存在的事实的认定，其主要意义在于根据一定的原则和程序，确立具体的宪法制度和权力关系，以肯定性规范的存在为其主要特征。如《宪法》第1条第1款规定："中华人民共和国是工人阶级领导的、以工农联盟为基础的人民民主专政的社会主义国家。"

（二）禁止性规范

禁止性规范是指对特定主体或行为的一种限制，也称其为强行性规范。如《宪法》第65条规定："……全国人民代表大会的组成人员不得担任国家行政机关、监察机关、审判机关和检察机关的职务。"

（三）权利性规范和义务性规范

权利性规范和义务性规范主要是在调整公民基本权利的过程中形成的，同时为行使权利与履行义务提供了依据。①权利性规范。宪法赋予特定主体权利，使之具有权利主体资格。如《宪法》第35条规定："中华人民共和国公民有言论、出版、集会、结社、游行、示威的自由。"②义务性规范。集中表现在公民应履行的基本义务。如《宪法》第52条规定："中华人民共和国公民有维护祖国统一和全国各民族团结的义务。"③宪法中的权利性与义务性规范相互结合为一体。如我国《宪法》规定：中华人民共和国公民有劳动的权利和义务、有受教育的权利和义务。在这类规范中，权利与义务互为一体。

（四）程序性规范

程序性规范是指具体规定宪法制度运行过程的步骤、阶段的规范，主要涉及国家机关活动程序方面的内容。

【经典真题】

我国《宪法》第三十八条明确规定："中华人民共和国公民的人格尊严不受侵犯。"关于

该条文所表现的宪法规范，下列哪些选项是正确的？（2015－1－61）〔1〕

A. 在性质上属于组织性规范

B. 通过《民法典》中有关姓名权的规定得到了间接实施

C. 法院在涉及公民名誉权的案件中可以直接据此作出判决

D. 与法律中的有关规定相结合构成一个有关人格尊严的规范体系

第八节　宪法效力【考查频率☆☆☆☆☆】

一、宪法效力的概念

宪法效力是指宪法规范对相关社会关系所产生的拘束作用。宪法只有在适用的过程中，其效力才能得到具体的发挥，这也就是说，宪法规范的适用是其效力的具体体现，是保证宪法规范性和有效性的重要条件。如果宪法规范不能适用或者适用机制不健全，那么其规范价值将难以体现。这就意味着，对宪法规范而言，适用是一种必然的选择，并且只有在适用中才能更全面地理解宪法存在的意义，才能使人们更深刻地把握宪法。

二、宪法效力的表现

如同其他法律具有特定的适用范围一样，宪法效力的具体适用也存在特定的表现形式。

（一）宪法效力的特点

宪法效力具有最高性与直接性。在整个法律体系中宪法效力是最高的，不仅成为立法的基础，同时对立法行为与依据宪法进行的各种行为产生直接的约束力。我国《宪法》序言明确规定："本宪法以法律的形式确认了中国各族人民奋斗的成果，规定了国家的根本制度和根本任务，是国家的根本法，具有最高的法律效力。"

（二）宪法对人的适用

宪法首先适用于自然人。《中华人民共和国宪法》适用于所有中国公民，不管公民生活在国内还是国外。我国《宪法》第 33 条第 1 款明确规定："凡具有中华人民共和国国籍的人都是中华人民共和国公民。"《国籍法》第 2 条规定："中华人民共和国是统一的多民族的国家，各民族的人都具有中国国籍。"国籍的取得与丧失制度的确立是一个国家主权范围内的事情，由国内立法具体规定。这一规定说明，在我国，凡是具有中国国籍的人都是中国公民，成为宪法规定的基本权利主体，不受民族、职业、家庭出身、宗教信仰、教育程度、财产状况等因素影响。

---

〔1〕 BD【解析】根据宪法规范性质与调整形式，一般分为确认性规范、禁止性规范、权利性和义务性规范、程序性规范。其中，确认性规范包括组织性规范，主要涉及国家政权机构的建立与具体的职权范围等。题中所涉为权利性规范，故 A 错误。宪法规定的是国家生活中根本性和重大的问题，具有基础性和纲领性，而具体的法律应当交由普通法律予以调整，故 B 正确。从法律体系的效力和内容上来看，宪法具有原则性，原则性是指宪法并不对问题规定得非常具体，而只作原则性的规定，将统治阶级在政治、经济、教育、科学、文化等各方面的意志和利益，以基本原则的形式确认下来，而且在规范所表达的文字方面，宪法规范也非常简明概括。因此在具体案件的法律适用时，对于同一问题，优先适用普通法律予以裁判。按照我国目前的宪法实施状况和法院的实践，我国法院不直接适用《宪法》，即不能直接根据该条文作出判决，C 错误。人格尊严是指公民作为平等的人的资格和权利应该受到国家的承认和尊重，包括与公民人身存在密切联系的名誉、姓名、肖像等不容侵犯的权利。人格尊严的法律表现是公民的人格权。宪法规范具有原则性，主要通过具体法律规范予以间接实施，《刑法》、《民法典》和《治安管理处罚法》等法律，对《宪法》中人格尊严条款作出了具体规定，使这一基本权利有了法律的实际保障，所以，宪法中的有关人格尊严的规范与法律中的相关规定结合在一起，共同构成了一个有关人格尊严的规范体系，故 D 选项正确。

根据各国的法律规定，国籍的取得主要有两种方式：一种是因出生而取得，叫作原始国籍；另一种是加入国籍，叫作继有国籍。对因出生而取得国籍问题，各国通常采用三种原则：①血统主义原则，即确定一个人的国籍以他出生时父母的国籍为准，不问其出生地国；②出生地主义原则，即以出生地作为一个人取得国籍的依据，而不问其父母是本国人还是外国人；③混合主义原则，即以血统主义为主、以出生地主义为辅，或者以出生地主义为主、以血统主义为辅，或者不分主次将两种原则结合起来确定国籍。

我国采取出生地主义和血统主义相结合的原则，《国籍法》第3条规定："中华人民共和国不承认中国公民具有双重国籍。"第4条规定："父母双方或一方为中国公民，本人出生在中国，具有中国国籍。"第5条规定："父母双方或一方为中国公民，本人出生在外国，具有中国国籍；但父母双方或一方为中国公民并定居在外国，本人出生时即具有外国国籍的，不具有中国国籍。"第6条规定："父母无国籍或国籍不明，定居在中国，本人出生在中国，具有中国国籍。"第7条规定："外国人或无国籍人，愿意遵守中国宪法和法律，并具有下列条件之一的，可以经申请批准加入中国国籍：一、中国人的近亲属；二、定居在中国的；三、有其他正当理由。"第9条规定："定居外国的中国公民，自愿加入或取得外国国籍的，即自动丧失中国国籍。"第12条规定："国家工作人员和现役军人，不得退出中国国籍。"第15条规定："受理国籍申请的机关，在国内为当地市、县公安局，在国外为中国外交代表机关和领事机关。"第16条规定："加入、退出和恢复中国国籍的申请，由中华人民共和国公安部审批。经批准的，由公安部发给证书。"

由于宪法效力适用于所有中国公民，侨居在国外的华侨也受中国宪法的保护，《宪法》第50条规定："中华人民共和国保护华侨的正当的权利和利益，保护归侨和侨眷的合法的权利和利益。"如华侨居住国对中国公民的权利不能给予同等保护，我国也采取同等的措施。

【特别提示】外国人和法人在一定的条件下可以成为基本权利主体，在享有基本权利的范围内，宪法效力适用于外国人和法人的活动。

（三）宪法对领土的效力

领土包括一个国家的陆地、河流、湖泊、内海、领海以及它们的底床、底土和上空（领空），是主权国管辖的国家全部疆域。领土是国家的构成要素之一，是国家行使主权的空间，也是国家行使主权的对象。

1982年《宪法》在序言中对台湾的地位规定为："台湾是中华人民共和国的神圣领土的一部分。完成统一祖国的大业是包括台湾同胞在内的全中国人民的神圣职责。"这一表述意味着我国宪法明确了台湾是中国领土的一部分，宪法效力涉及包括台湾在内的所有中国领土。

任何一个主权国家的宪法的空间效力都及于国土的所有领域，这是主权的唯一性和不可分割性所决定的，也是由宪法的根本法地位所决定的。

宪法是一个整体，具有一种主权意义上的不可分割性。由于宪法本身的综合性和价值多元性，宪法在不同领域的适用上当然是有所差异的。例如，在不同的经济形态之间、在普通行政区和民族自治地方之间当然有所区别，但这种区别绝不是说宪法在某些区域有效力而有些区域没有效力。宪法是一个整体，任何组成部分上的特殊性并不意味着对这个整体的否定，宪法作为整体的效力是及于中华人民共和国的所有领域的。

三、宪法与条约的关系

宪法效力在国内法律体系中的地位是比较明确的，在成文宪法国家中宪法效力的最高性是普遍得到承认的。在宪法与条约的关系上，各国的规定不尽相同，如有的国家规定“条约高于宪法”，认为宪法是一个国家的国内法，与作为国际法的条约有不同的性质。如俄罗斯1993年宪法中明确规定：“如果俄罗斯联邦国际条约确立了不同于法律的规则，则适用国际条约的规则。”有的国家宪法规定宪法的效力高于条约。另外，美国宪法第6条规定：“本宪法及依本宪法所制定之合众国法律，以及合众国已经缔结及将要缔结的一切条约，皆为全国之最高法律。”

我国现行《宪法》文本没有对宪法与条约关系作出具体规定，但从《宪法》序言中可以看出其基本的原则，即我国以和平共处五项原则为基础，发展同各国的外交关系和经济、文化的交流。迄今为止，中国参加了22项国际人权公约，其中包括《消除一切形式种族歧视国际公约》《消除对妇女一切形式歧视公约》《禁止酷刑和其他残忍、不人道或有辱人格的待遇或处罚公约》《儿童权利公约》《经济、社会及文化权利国际公约》等核心国际人权公约。中国政府认真履行所承担的相关义务，积极提交履约报告，充分发挥国际人权公约在促进和保护本国人权方面的积极作用。

【经典真题】

1. 我国《立法法》明确规定：“宪法具有最高的法律效力，一切法律、行政法规、地方性法规、自治条例和单行条例、规章都不得同宪法相抵触。”关于这一规定的理解，下列哪一选项是正确的？(2016－1－22)〔1〕

A. 该条文中两处“法律”均指全国人大及其常委会制定的法律

B. 宪法只能通过法律和行政法规等下位法才能发挥它的约束力

C. 宪法的最高法律效力只是针对最高立法机关的立法活动而言的

D. 维护宪法的最高法律效力需要完善相应的宪法审查或者监督制度

2. 关于宪法效力的说法，下列选项正确的是？(2014－1－94)〔2〕

A. 宪法修正案与宪法具有同等效力

B. 宪法不适用于定居国外的公民

C. 在一定条件下，外国人和法人也能成为某些基本权利的主体

D. 宪法作为整体的效力及于该国所有领域

【习题拓展】

宪法效力是指宪法作为法律规范所发挥的约束力与强制性。关于我国宪法效力，下列哪些

---

〔1〕 D【解析】“宪法具有最高的法律效力”是从法律体系的角度来说，即宪法在国家法律体系中居于最根本的地位、具有最高的法律效力；后者则专指全国人大及其常委会制定的法律，故两处是不同的，A错误。宪法效力具有最高性与直接性。在整个法律体系中宪法效力是最高的，不仅成为立法的基础，同时对立法行为与依据宪法进行的各种行为产生直接的约束力。B、C错误。宪法监督是由宪法授权或宪法惯例所认可的机关，以一定的方式进行合宪性审查，取缔违宪事件，追究违宪责任，从而保证宪法实施的一种制度。D正确。

〔2〕 ACD【解析】《宪法修正案》属于《宪法》的内容，自然与宪法具有同等效力。A项正确。《宪法》第50条：“中华人民共和国保护华侨的正当的权利和利益，保护归侨和侨眷的合法的权利和利益。”B项错误。我国宪法保护人权的主体非常广泛，宪法不仅保护我国公民的基本权利，也保护外国人的权利；不仅保护个人的权利，也保护群体的权利。在一定条件下，外国人和法人也能成为某些基本权利的主体，比如，外国人也享有人身自由权。C项正确。任何一个主权国家的宪法的空间效力都及于国土的所有领域，这是由主权的唯一性和不可分割性所决定的，也是由宪法的根本法地位所决定的。D项正确。

说法是正确的?〔1〕

A. 居住在国外的华人华侨仍受中国宪法保护

B. 宪法的效力及于中华人民共和国的所有领域

C. 宪法的最高法律效力首先源于宪法的正当性

D. 我国宪法具有可诉性

〔1〕 BC【解析】华人并不具有我国国籍，而华侨仍具有中国国籍，仍受我国宪法保护，故A项错误。任何一个主权国家的宪法的空间效力都及于国土的所有领域，这是主权的唯一性和不可分割性决定的，也是宪法的根本法地位决定的，故B项正确。宪法之所以具有最高法律效力，是因为宪法是社会共同体的基本规则，是社会多数人共同意志的最高体现，具体包括：宪法制定权的正当性、宪法内容的合理性、宪法程序的正当性，故C项正确。一切国家机关和武装力量、各政党和各社会团体、各企业事业组织都必须遵守宪法和法律，但我国宪法并不具有可诉性，故D项错误。

第二章　国家的基本制度

【重点提示】

1. 《选举法》；
2. 港、澳特别行政区基本法；
3. 《民族区域自治法》。

【相关法条】

1. 《宪法》总纲、国家机构；
2. 宪法修正案；
3. 《全国人民代表大会和地方各级人民代表大会选举法》；
4. 《民族区域自治法》；
5. 港、澳特别行政区基本法；
6. 《村民委员会组织法》。

【知识框架】

- 国家的基本制度
  - 人民民主专政制度
    - 人民民主专政的内涵和性质
    - 我国人民民主专政的主要特色
  - 国家的基本经济制度
    - 经济制度的概念
    - 我国公有制经济和非公有制经济的地位
    - 国家保护社会主义公共财产和公民合法私有财产
  - 国家的基本文化制度
    - 文化制度的概念与内容
    - 我国宪法关于基本文化制度的规定
  - 国家基本社会制度
  - 人民代表大会制度
  - 选举制度
    - 我国选举制度的基本原则
    - 我国选举的组织与程序
    - 选举的物质保障和法律保障
  - 国家结构形式
    - 国家结构形式概述
    - 我国是单一制的国家结构形式
    - 我国的行政区域划分
  - 民族区域自治制度
    - 民族自治地方的自治机关
    - 民族自治地方的自治权
  - 特别行政区制度
    - 中央与特别行政区的关系
    - 特别行政区的政治体制
    - 特别行政区的法律制度
  - 基层群众性自治制度
    - 村民委员会
    - 居民委员会
  - 国家标志

第一节　人民民主专政制度【考查频率☆】

一、我国的国家性质

1. 根据《宪法》第 1 条的规定可知，我国的国家性质是社会主义国家。

2. 《宪法》从人民民主专政的国家政权、社会主义经济制度以及社会主义文化制度三个方面反映了我国的社会主义性质。

二、人民民主专政的内涵

1. 工人阶级掌握国家政权、成为领导力量是人民民主专政的根本标志。
2. 人民民主专政的国家政权以工农联盟为阶级基础。
3. 人民民主专政是对人民实行民主与对敌人实行专政的统一。

三、人民民主专政的性质

1. 人民民主专政是马克思主义国家理论同中国社会的实际相结合的产物，它比无产阶级专政的提法更符合我国革命和政权建设的历史和现实状况。

2. 人民民主专政发展了马克思列宁主义关于无产阶级专政的理论。

3. 同无产阶级专政的提法相比，人民民主专政比较直观地反映了我国政权对人民民主、对敌人专政的两个方面。

四、中国共产党领导是中国特色社会主义最本质的特征

2018 年《宪法修正案》将“中国共产党领导是中国特色社会主义最本质的特征”写入第 1 条，这是对中国共产党领导中国人民所取得的伟大成就和历史经验的总结，为彰显人民意志、更好地确立实现中华民族伟大复兴的坚强领导核心、为新时代推进国家治理体系和治理能力现代化提供了有力的宪法保障。其意义在于：

1. 首先，这是对中国近代历史进程和对中国特色社会主义所取得的伟大成就的总结。正是中国共产党领导中国人民完成了新民主主义革命，建立了新中国；完成了社会主义革命，确立了社会主义基本制度；也正是中国共产党领导中国人民开启了改革开放的伟大历史征程，使中国迈入了国家富强、民族振兴、人民幸福的新时代。

2. 其次，这是对新时代中国特色社会主义建设发展需求的客观回应。新时代有新问题和新需求，只有中国共产党才能调动、集中和团结最广泛的力量，积极应对国内外发展环境，着力解决人民日益增长的美好生活需要和不平衡不充分的发展之间的矛盾，并为全球发展贡献中国智慧与中国方案。

3. 最后，这是实现“富强民主文明和谐美丽的社会主义现代化强国”目标的科学判断。只有中国共产党才能始终坚持以人民为中心，发挥党的领导核心作用，不断总结社会主义建设的经验和教训，团结带领人民进行伟大斗争、建设伟大工程、推进伟大事业、实现伟大梦想，把我国建设成为富强民主文明和谐美丽的社会主义现代化强国。

五、我国人民民主专政的特色

（一）共产党领导的多党合作和政治协商制度

1. 多党合作不是多党制，共产党是执政党，民主党派不是在野党，而是参政党。
2. 坚持中国共产党的领导、坚持四项基本原则是多党合作的政治基础。
3. “长期共存、互相监督、肝胆相照、荣辱与共”是多党合作的基本方针。
4. 共产党对民主党派的领导是政治领导，即政治原则、政治方向和重大方针政策的领导。

（二）爱国统一战线

新时期的爱国统一战线是由中国共产党领导的，有各民主党派和各人民团体参加的，包括全体社会主义劳动者、社会主义事业的建设者、拥护社会主义的爱国者、拥护祖国统一和致力于中华民族伟大复兴的爱国者的广泛的政治联盟。

【特别提示】《宪法》序言规定：“中国人民政治协商会议是有广泛代表性的统一战线组织。”因此，政协不是国家机关，但也不同于一般的人民团体，它是我国政治体制中具有重要地位和影响的政治性组织，是我国政治生活中发扬社会主义民主和实现各党派之间互相监督的重要形式。

【经典真题】

根据《宪法》，关于中国人民政治协商会议，下列哪些选项是正确的？（2013－1－62）[1]

A. 中国人民政治协商会议是具有广泛代表性的统一战线组织

B. 中国人民政治协商会议是重要的国家机关

C. 中国共产党领导的多党合作和政治协商制度将长期存在和发展

D. 中国共产党领导的爱国统一战线将继续巩固和发展

【习题拓展】

《中华人民共和国宪法》序言最后一段指出：“本宪法以法律的形式确认了中国各族人民奋斗的成果，规定了国家的根本制度和根本任务，是国家的根本法，具有最高的法律效力。”对此，下列哪一表述是正确的？[2]

A. 在成文宪法国家，宪法的效力都要高于其他法律

B. 在我国，宪法的内容在全国范围内无差别统一实施

C. 宪法的最高法律效力主要表现为公民对国家负有基本义务

D. 与其他法律相比，宪法的内容最重要、最全面、最详尽

---

[1] ACD【解析】我国《宪法》序言中明确：社会主义的建设事业必须依靠工人、农民和知识分子，团结一切可以团结的力量。在长期的革命、建设、改革过程中，已经结成由中国共产党领导的，有各民主党派和各人民团体参加的，包括全体社会主义劳动者、社会主义事业的建设者、拥护社会主义的爱国者、拥护祖国统一和致力于中华民族伟大复兴的爱国者的广泛的爱国统一战线，这个统一战线将继续巩固和发展。中国人民政治协商会议是有广泛代表性的统一战线组织，过去发挥了重要的历史作用，今后在国家政治生活、社会生活和对外友好活动中，在进行社会主义现代化建设、维护国家的统一和团结的斗争中，将进一步发挥它的重要作用。中国共产党领导的多党合作和政治协商制度将长期存在和发展。由此，ACD 正确，B 错误。

[2] A【解析】在不成文宪法国家宪法效力与普通法律相同，在成文宪法国家，宪法的效力高于其他法律，故 A 项正确。由于宪法本身的综合性和价值多元性，宪法在不同领域的适用上是有所差异的，故 B 项错误。宪法的最高法律效力表现在宪法是普通法律法规立法的根本依据，以及宪法是一切国家机关、社会团体以及公民最高的行为准则，故 C 项错误。作为根本法，宪法的内容最为重要，但并非最全面最详尽，而是具有原则性和纲领性，故 D 项错误。

第二节　国家基本经济制度【考查频率☆☆☆】

一、经济制度的概念

经济制度是指一国通过宪法和法律调整以生产资料所有制形式为核心的各种基本经济关系的规则、原则和政策的总称；它包括生产资料的所有制形式、各种经济成分的相互关系及其宪法地位、国家发展经济的基本方针、基本原则等内容。

自德国1919年《魏玛宪法》以来，经济制度便成为现代宪法的重要内容之一。当然，不同国家的宪法以及同一国家不同历史时期的宪法对经济制度的规定具有较大差异性。一般来说，资本主义宪法通常只规定对作为私有制基础的私有财产权的保护，而社会主义宪法则较为全面、系统地规定了社会主义经济制度。

二、社会主义市场经济体制

经济体制即国家的经济管理体制。1993年全国人民代表大会通过了对1982年《宪法》第15条的修正案，明确规定"国家实行社会主义市场经济"。1999年全国人民代表大会再次通过对《宪法》序言的修正案，将"发展社会主义市场经济"作为一项重要的国家任务写进宪法。

（一）中国特色的社会主义市场经济体制

社会主义市场经济体制是市场在国家宏观调控下对资源配置起基础性、甚至决定性作用的一种经济体制。它是社会主义基本制度与市场经济的结合，既具有与其他市场经济体制相同的共性，又具有与其他市场经济体制不同的特性。

（二）社会主义公有制是我国经济制度的基础

现行《宪法》第6条第1款规定："中华人民共和国的社会主义经济制度的基础是生产资料的社会主义公有制，即全民所有制和劳动群众集体所有制。"生产资料的社会主义公有制决定了我国社会主义经济制度的本质特征，是保障工人阶级实现对国家的领导和加强工农联盟的基础。

1. 全民所有制经济。

全民所有制经济即国有经济，是指由代表人民利益的国家占有生产资料的一种所有制形式。我国的全民所有制经济是通过没收官僚资本、改造民族资本以及国家投资兴建各种企业等途径建立起来的。同时，由于土地等自然资源是国有经济赖以发展的物质基础，所以我国现行《宪法》第9条第1款规定："矿藏、水流、森林、山岭、草原、荒地、滩涂等自然资源，都属于国家所有，即全民所有；由法律规定属于集体所有的森林和山岭、草原、荒地、滩涂除外。"第10条规定："城市的土地属于国家所有。农村和城市郊区的土地，除由法律规定属于国家所有的以外，属于集体所有；……"在我国，国有企业和国有自然资源是国家财产的主要部分。此外，国家机关、事业单位、部队等全民单位的财产也是国有财产的重要组成部分。

2. 集体所有制经济。

集体所有制经济是指生产资料归集体经济组织内的劳动者共同所有的一种所有制形式。它的特点在于，生产资料是集体经济组织的公共财产，劳动者之间存在着互助合作关系，但劳动者同生产资料的结合仅限于集体经济组织范围之内。我国的集体所有制经济最初是在土地改革基础之上，通过对个体农业和个体手工业进行社会主义改造而建立起来的。当前城镇的集体所有制经济主要表现为各种形式的合作经济。现行《宪法》第8条第2款规定："城镇中的手工业、工业、建筑业、运输业、商业、服务业等行业的各种形式的合作经济，都是社会主义劳动群众集体所有制经济。”农村集体所有制经济是现阶段我国农村的主要经济形式。第 8 条第 1 款规定：“农村集体经济组织实行家庭承包经营为基础、统分结合的双层经营体制。农村中的生产、供销、信用、消费等各种形式的合作经济，是社会主义劳动群众集体所有制经济。参加农村集体经济组织的劳动者，有权在法律规定的范围内经营自留地、自留山、家庭副业和饲养自留畜。”此外，《宪法》还规定，法律规定属于集体所有的森林、山岭、草原、荒山和滩涂属于集体所有；农村和城市郊区的土地，除法律规定属于国家所有的以外，属于集体所有；宅基地和自留地、自留山，也属于集体所有。第 8 条第 3 款规定：“国家保护城乡集体经济组织的合法的权利和利益，鼓励、指导和帮助集体经济的发展。”

（三）非公有制经济是社会主义市场经济的重要组成部分

由于我国尚处于社会主义初级阶段，经济文化和生产力发展水平还比较低，所以在坚持以社会主义公有制经济为主体的前提下，还必须充分发挥非公有制经济的积极作用。因此，《宪法》第 11 条第 1 款规定：“在法律规定范围内的个体经济、私营经济等非公有制经济，是社会主义市场经济的重要组成部分。”这样，在我国形成了以公有制为主体、多种所有制经济共同发展的基本经济制度。

三、国家保护社会主义公共财产和公民合法私有财产

（一）社会主义公共财产的宪法保障

社会主义公共财产是公有制经济的物化形式，是国民经济存在和发展的前提和基础，是提高我国各族人民物质和文化生活水平的物质源泉和实现公民各项权利和自由的物质保障。因此，《宪法》第 12 条规定：“社会主义的公共财产神圣不可侵犯。国家保护社会主义的公共财产。禁止任何组织或者个人用任何手段侵占或者破坏国家的和集体的财产。”第 9 条第 2 款还规定：“国家保障自然资源的合理利用，保护珍贵的动物和植物。禁止任何组织或者个人用任何手段侵占或者破坏自然资源。”这些规定都是国家保护社会主义公共财产的重要内容，也是公民、法人和其他社会组织的基本义务。

（二）私有财产权的宪法保障

2004 年《宪法》修正案第 22 条明确规定：“公民的合法的私有财产不受侵犯”“国家依照法律规定保护公民的私有财产权和继承权”“国家为了公共利益的需要，可以依照法律规定对公民的私有财产实行征收或者征用并给予补偿”。这些规定表明，我国宪法不仅将私有财产权明文确定为公民的基本权利，而且，将私有财产权的平等保障上升为一项重要的宪法原则。2013 年《中共中央关于全面深化改革若干重大问题的决定》进一步强调：“公有制经济财产权不可侵犯，非公有制经济财产权同样不可侵犯。”

【经典真题】

1. 我国《宪法》明确规定：“国家推行计划生育，使人口的增长同经济和社会发展计划相适应。”关于计划生育政策的调整，下列哪一理解是正确的？（2021 年回忆版，单选）[1]

A. 该规定属于基本国策条款，国家可以通过政策加以修正

B. 该条文必须经过正式的宪法解释之后，才能进行相应的计划生育政策调整

---

〔1〕 C【解析】该规定属于宪法规定，根据《宪法》第 64 条第 1 款规定：“宪法的修改，由全国人民代表大会常务委员会或者五分之一以上的全国人民代表大会代表提议，并由全国人民代表大会以全体代表的三分之二以上的多数通过。”因此国家不可以通过政策对宪法条文加以修正，故 A 项错误。计划生育政策宪法规定的调整可以通过直接修改宪法的方式完成，不是必须经过正式的宪法解释，故 B 项错误。经济和社会发展是国家计划生育政策调整的客观依据，故 C 项正确。宪法该条文的规定只是原则性规定，不能为计划生育政策的具体措施提供明确指引，故 D 项错误。

C. 根据该规定，经济和社会发展是国家计划生育政策调整的客观依据

D. 该条文为计划生育政策的具体措施提供了明确指引

2. 社会主义公有制是我国经济制度的基础。根据现行《宪法》的规定，关于基本经济制度的表述，下列哪一选项是正确的？（2016－1－23）[1]

A. 国家财产主要由国有企业组成

B. 城市的土地属于国家所有

C. 农村和城市郊区的土地都属于集体所有

D. 国营经济是社会主义全民所有制经济，是国民经济中的主导力量

【习题拓展】

2019年8月26日，十三届全国人大常委会第十二次会议审议通过《中华人民共和国土地管理法》修正案，自2020年1月1日起施行，其内容主要集中在土地征收、农村宅基地管理制度改革和集体经营性土地入市三大方面。对此，下列说法正确的一项是？[2]

A. 农村和城市郊区的土地，除由法律规定属于集体所有的以外，属于国家所有

B. 出于公共利益的需要，对土地实行征收或者征用的，不需要权利人同意

C. 《土地管理法》是基本法律，由全国人大制定，但全国人大常委会可对其进行修改

D. 如常务委员会会议对有关土地征收的条款意见分歧较大，可由委员长决定将该条款提请常务委员会会议单独表决

第三节　国家基本文化制度【考查频率☆☆】

一、文化制度的概念与特点

（一）文化制度的概念

文化制度是指一国通过宪法和法律调整以社会意识形态为核心的各种基本关系的规则、原则和政策的总和。

就其内容而言，文化制度大致包括三个层次：

1. 最广泛意义上的文化，是指人类在社会历史发展过程中所创造的物质财富和精神财富。
2. 特指人类在一定历史阶段所创造的精神财富，其本质即我们通常所说的精神文明。
3. 最狭义的文化则限指文学艺术、新闻出版、广播电视等特定的社会事业。

---

[1] B【解析】国家财产不只是国有企业，还包括集体经济和混合所有制经济中的国有成分和集体成分，A表述错误。我国《宪法》第10条第1款明确规定：城市的土地属于国家所有，B正确。我国《宪法》第10条第2款规定：农村和城市郊区的土地，除由法律规定属于国家所有的以外，属于集体所有；宅基地和自留地、自留山，也属于集体所有。C错误。我《国宪》法第7条规定：国有经济，即社会主义全民所有制经济，是国民经济中的主导力量。国家保障国有经济的巩固和发展。D表述错误。

[2] B【解析】根据《宪法》第10条第1款规定，农村和城市郊区的土地，除由法律规定属于国家所有的以外，属于集体所有，故A项错误。《宪法》第10条第3款规定，国家为了公共利益的需要，可以依照法律规定对土地实行征收或者征用并给予补偿。基于公共利益对土地的征收或征用，不以权利人的同意为前提，但政府需证明征收或征用符合公共利益，并遵循法定征收或征用程序。故B项正确。《土地管理法》并非全国人大制定的基本法律，其制定主体为全国人大常委会，故C项错误。根据《立法法》第41条规定，法律草案表决稿交付常务委员会会议表决前，委员长会议根据常务委员会会议审议的情况，可以决定将个别意见分歧较大的重要条款提请常务委员会会议单独表决，决定主体为委员长会议而非委员长。故D项错误。

（二）文化制度的特点

1. 文化制度具有阶级性。

2. 文化制度具有历史性。

3. 文化制度具有民族性。

二、文化制度在各国宪法中的表现

近代意义的宪法产生以来，文化制度便成为宪法不可缺少的重要内容。但是，不同国家的宪法以及同一国家不同历史时期的宪法对文化制度的规定具有很大的差异。

1919 年德国《魏玛宪法》不仅详尽地规定公民的文化权利，而且还明确地规定了国家的基本文化政策。这部宪法第一次比较全面系统地规定了文化制度，后为许多资本主义国家宪法所效仿。

三、我国宪法关于基本文化制度的规定

现行《宪法》对文化制度的原则、内容等作了比较全面和系统的规定。

（一）国家发展教育事业

现行《宪法》第 19 条规定："国家发展社会主义的教育事业，提高全国人民的科学文化水平。国家举办各种学校，普及初等义务教育，发展中等教育、职业教育和高等教育，并且发展学前教育。国家发展各种教育设施，扫除文盲，对工人、农民、国家工作人员和其他劳动者进行政治、文化、科学、技术、业务的教育，鼓励自学成才。国家鼓励集体经济组织、国家企业事业组织和其他社会力量依照法律规定举办各种教育事业。国家推广全国通用的普通话。"据此，国家先后制定了《教育法》《义务教育法》《高等教育法》《教师法》等，从而系统地规定了教育领域的基本规则，有力地保障了社会主义教育事业的发展。

（二）国家发展科学事业

发展科学是我国文化建设的重要组成部分，现行《宪法》第 20 条规定："国家发展自然科学和社会科学事业，普及科学和技术知识，奖励科学研究成果和技术发明创造。"据此，国家颁布了《专利法》《著作权法》等一系列单行法律、法规，以保护科学技术成果、加速科学技术发展、促进社会主义经济建设。

（三）国家发展文学艺术及其他文化事业

发展文学艺术及其他文化事业，是培养公民健康情趣、提高民族精神素质的重要途径，也是我国社会主义文化建设的重要内容。现行《宪法》第 22 条明确规定："国家发展为人民服务、为社会主义服务的文学艺术事业、新闻广播电视事业、出版发行事业、图书馆博物馆文化馆和其他文化事业，开展群众性的文化活动。国家保护名胜古迹、珍贵文物和其他重要历史文化遗产。"

（四）国家倡导社会主义核心价值观，开展公民道德教育

公民道德教育是国家文化建设的基础，并对整个国家文化制度的发展方向具有决定性意义。我国宪法中关于公民道德教育的规定主要包括如下几个方面：

1. 普及理想、道德、文化、纪律和法制教育，培养"四有"公民。

现行《宪法》第 24 条第 1 款规定："国家通过普及理想教育、道德教育、文化教育、纪律和法制教育，通过在城乡不同范围的群众中制定和执行各种守则、公约，加强社会主义精神文明的建设。"宪法这一规定的目的在于培养有理想、有道德、有文化、有纪律的社会主义公民。

2. 提倡"五爱"教育，树立和发扬社会公德。

现行《宪法》第 24 条第 2 款规定："国家倡导社会主义核心价值观，提倡爱祖国、爱人

民、爱劳动、爱科学、爱社会主义的公德”。这一规定反映了我国人民为实现社会主义现代化，建设富强民主文明和谐美丽的社会主义现代化强国宏伟目标而奋斗的共同要求。国家以“五爱”为基础进行社会主义道德教育，与公民必须履行尊重社会公德的义务是完全一致的。公民自觉地接受“五爱”教育，并以实际行动尊重社会公德，不仅是国家发展的需要，也是公民自我完善的需要。

【经典真题】

1. 关于国家文化制度，下列哪些表述是正确的？(2015－1－62)〔1〕

A. 我国宪法所规定的文化制度包含了爱国统一战线的内容

B. 国家鼓励自学成才，鼓励社会力量依照法律规定举办各种教育事业

C. 是否较为系统地规定文化制度，是社会主义宪法区别于资本主义宪法的重要标志之一

D. 公民道德教育的目的在于培养有理想、有道德、有文化、有纪律的社会主义公民

2. 近代意义宪法产生以来，文化制度便是宪法的内容。关于两者的关系，下列哪一选项是不正确的？(2013－1－23)〔2〕

A. 1787 年美国宪法规定了公民广泛的文化权利和国家的文化政策

B. 1919 年德国魏玛宪法规定了公民的文化权利

C. 我国现行宪法对文化制度的原则、内容等做了比较全面的规定

D. 公民的文化教育权、国家机关的文化教育管理职权和文化政策，是宪法文化制度的主要内容

第四节　国家基本社会制度

一、社会制度的概念与特征

（一）社会制度的概念

社会制度是指一国通过宪法和法律调整以基本社会生活保障及社会秩序维护为核心的各种基本关系的规则、原则和政策的总和。基于对“社会”内涵与外延不同层面的理解，社会制度的概念本身具有复杂性。广义上的社会制度指回应人们基本的社会需求，反映社会形态，在

---

〔1〕 BD【解析】爱国统一战线的内容属于我国宪法所规定的政治制度。我国宪法所规定的文化制度包括国家发展教育事业、科学事业、文学艺术及其他文化事业，国家开展公民道德教育。故 A 错误。我国《宪法》第 19 条第 3 款明确国家发展各种教育设施，扫除文盲，对工人、农民、国家工作人员和其他劳动者进行政治、文化、科学、技术、业务的教育，鼓励自学成才。第 4 款规定：国家鼓励集体经济组织、国家企业事业组织和其他社会力量依照法律规定举办各种教育事业。故 B 正确。1919 魏玛宪法的意义之一在于其详细规定了公民的文化权利，并且明确规定了国家的基本文化政策。这是第一部比较全面系统规定文化制度的宪法，为后来许多资本主义国家所效仿；同样，社会主义国家宪法也对文化制度作出规定，故 C 错误。我国《宪法》第 24 条第 1 款规定：国家通过普及理想教育、道德教育、文化教育、纪律和法制教育，通过在城乡不同范围的群众中制定和执行各种守则、公约，加强社会主义精神文明的建设。故 D 正确。

〔2〕 A【解析】文化制度是指一国通过宪法和法律调整以社会意识形态为核心的各种基本关系的规则、原则和政策的综合。早期资产阶级宪法或宪法性文件对文化制度的规定内容狭窄，仅限于著作权、教育等几个方面，美国宪法文本中并没有对公民的权利进行规定。故 A 选项错误。1919 年《德国魏玛宪法》不仅详尽地规定公民的文化权利，而且还明确地规定了国家的基本文化政策。这部宪法第一次比较全面系统地规定了文化制度。故 B 选项正确。我国现行《宪法》对文化制度的规定是全面而详细的，我国现行《宪法》第 19 条规定，国家发展社会主义的教育事业，提高全国人民的科学文化水平。国家举办各种学校，普及初等义务教育，发展中等教育、职业教育和高等教育，并且发展学前教育。故 C 选项正确。宪法文化制度不仅仅是教育权，更重要的是国家的文化政策。故 D 选项正确。

一定时期具有稳定性的整体社会规范体系。这意味着，最广泛意义上的社会制度是从整体国家制度层面理解的制度体系，是包括基本政治制度、基本经济制度、基本文化制度、基本生态制度等在内的整体制度体系的总称。中义上的社会制度是国家制度中的基本组成部分，是相对于政治制度、经济制度、文化制度、生态制度而言的，为保障社会成员基本的生活权利，以及为营造公平、安全、有序的生活环境而建构的制度体系。狭义上的社会制度被限定为社会保障制度，即国家通过宪法、法律为保障社会成员基本生存与生活需求而建立的制度体系。它是社会保险、社会救助、社会补贴、社会福利、社会优抚和安置等制度的总称。

本节所称的国家的基本社会制度是从中义的角度界定的，是基于我国政治、经济、文化、社会、生态五位一体的社会主义建设的需要，在社会领域所建构的制度体系。

（二）社会制度的特征

第一，社会制度以维护平等为基础。社会制度意在让全体社会成员的基本社会生活权利获得保障，让全体社会成员能够平等地开展社会活动、平等地进行社会竞争，让国家改革发展的成果惠及每个社会成员。社会制度致力于通过规则体系的建构，确保社会成员不论在城乡地域、身份健康等方面存在何种差异，都能够获得法律、政策等无歧视的尊重和保障，都能平等地获取社会机会、平等地适用社会规则。营造平等有序的生活环境，确保每一个社会成员的基本生活权利都得以不受歧视地实现是社会制度的基础。

第二，社会制度以保障公平为核心。在现实社会生活中，受各种主客观原因的影响，个体在社会生活权利的实现状况和实现程度上必然会存在较大差异，甚至有些社会成员的基本生活权利无法达到应有的基本保护状态。通过社会制度保障社会成员在实现基本生活权利过程中的相对公正，以及在基本生活权利满足上的相对均衡就成为社会保障制度的核心要旨。社会制度维护社会公平主要从以下方面着力：其一，社会制度以其相应的价值体系与规则体系引领与营造公平的社会环境之形成。一方面，社会制度通过相应的价值体系引领和促进社会公平、正义观的培育和形成；另一方面，社会制度以其相应的规则系统的建构更有力地促进社会机会公平和过程公平的达成。其二，社会制度以其弱势群体扶助制度体系的建构促进社会实质公平的形成。社会弱势或特殊群体，特别是那些因年老、疾病、伤残、失业、生育、死亡、遭遇灾害、面临生活困难等原因而陷入弱势的群体，受其弱势条件和环境的影响，本身就处于不公平的地位，只有给予相应的制度扶助，才能保证其大体上得到公平的权利保障。我国《宪法》45 条第 1 款规定，“中华人民共和国公民在年老、疾病或者丧失劳动能力的情况下，有从国家和社会获得物质帮助的权利。国家发展为公民享受这些权利所需要的社会保险、社会救济和医疗卫生事业”。其三，社会制度通过对收入再分配调节机制，在一定程度上缩小差别，促进相对分配公平的实现。

第三，社会制度以捍卫和谐稳定的法治秩序为关键。社会只有依法而治，实现和谐稳定，公民的基本生活权利保障、安居乐业，国家的兴盛和发展才具有存在基础。社会制度捍卫和谐稳定的法治秩序涉及方方面面，其既立足于对社会治安、社会安全的捍卫，也离不开对社会人口及其结构的调节，离不开对社会矛盾的引导和化解，同时还涉及社会公平正义的环境的形成等。

二、宪法与社会的关系

国家的基本社会制度是国家制度体系中的重要环节，调整国家的社会关系，规范国家的社会行为。它体现了国家的性质，反映了社会文明进步的程度。

近代资本主义宪法诞生之初，资本主义国家正处于自由资本主义时期，宪法的职能主要是调整公民与国家的关系，社会管理不是国家职能的主要内容，各国宪法极少具体规定社会制度的内容。19 世纪末以后，尤其是 20 世纪 30 年代世界资本主义经济危机以来，资本主义国家产生了大量的经济问题和社会矛盾，传统的国家职能和治理模式已无法适应经济发展和社会变迁的需要。为摆脱经济危机，缓和社会矛盾，资本主义国家开始加强对经济的调控和对社会的规范，有的资本主义国家借鉴或者吸收了社会主义的某些原理原则，实行福利政策，建设福利国家。在这种思潮和时代背景下，社会制度与政治制度、经济制度和文化制度一样，成为宪法规范和保障的国家制度的重要组成部分。

社会主义宪法自产生之日起就确立了重视社会建设、重视民生的基本理念，有关社会建设和社会制度的规定成为国家制度的重要内容。这是由国家的社会主义性质和职能所决定的。1918 年《苏俄宪法》规定，俄罗斯共和国为俄国全体劳动者自由的社会主义社会。

我国对社会发展规律的认识经历了一个不断深化的过程，社会制度也经历了一个逐步从国家政策上升到宪法层面的发展过程。

三、我国宪法关于基本社会制度的规定

我国 2018 年宪法修改后，序言中要求“推动物质文明、政治文明、精神文明、社会文明、生态文明协调发展”。社会文明和生态文明进入宪法的价值体系，表明了社会制度在宪法中的基础性地位，有助于把我国建设成为富强民主文明和谐美丽的社会主义现代化强国。在制度构成上，现行宪法对基本社会制度的规定主要包括以下方面：

（一）社会保障制度

社会保障制度是基本社会制度的核心内容，甚至说狭义上的社会制度就是指社会保障制度。宪法对社会保障制度进行了较为系统的规定：其一，规定了社会保障制度的基本原则和目标，即第 14 条第 4 款：“国家建立健全同经济发展水平相适应的社会保障制度。”其二，规定了对社会弱势和特殊群体的社会保障制度。第 44 条规定：“国家依照法律规定实行企业事业组织的职工和国家机关工作人员的退休制度。退休人员的生活受到国家和社会的保障。”第 45 条规定：“中华人民共和国公民在年老、疾病或者丧失劳动能力的情况下，有从国家和社会获得物质帮助的权利。国家发展为公民享受这些权利所需要的社会保险、社会救济和医疗卫生事业。国家和社会保障残废军人的生活，抚恤烈士家属，优待军人家属。国家和社会帮助安排盲、聋、哑和其他有残疾的公民的劳动、生活和教育。”第 48 条规定：“中华人民共和国妇女在政治的、经济的、文化的、社会的和家庭的生活等各方面享有同男子平等的权利。国家保护妇女的权利和利益，实行男女同工同酬，培养和选拔妇女干部。”第 49 条第 1 款规定：“婚姻、家庭、母亲和儿童受国家的保护。”

（二）医疗卫生事业

良好的医疗、卫生条件是公民正常生活的基础，是社会健康运转的必要条件。《宪法》第 21 条第 1 款规定：“国家发展医疗卫生事业，发展现代医药和我国传统医药，鼓励和支持农村集体经济组织、国家企业事业组织和街道组织举办各种医疗卫生设施，开展群众性的卫生活动，保护人民健康。”

（三）劳动保障制度

劳动是公民的一项基本权利，也是一个社会正常运转和持续发展的基础。因此，要想保持社会活力，促进社会发展就必然要通过宪法、法律建立相应的劳动保障制度，以鼓励、保障和促进公民参与社会劳动，并在劳动中贡献自身的智慧与热情。对此，《宪法》第 42 条规定：“……国家通过各种途径，创造劳动就业条件，加强劳动保护，改善劳动条件，并在发展生产的基础上，提高劳动报酬和福利待遇……国家提倡社会主义劳动竞赛，奖励劳动模范和先进工作者。国家提倡公民从事义务劳动。国家对就业前的公民进行必要的劳动就业训练。”

（四）人才培养制度

人才是推动社会发展的动力，是保持社会活力及创新力的关键：任何社会的发展都离不开人才的培养与发展。《宪法》第 23 条规定：“国家培养为社会主义服务的各种专业人才，扩大知识分子的队伍，创造条件，充分发挥他们在社会主义现代化建设中的作用。”

（五）计划生育制度

社会人口数量及其结构的合理性是社会健康稳定发展的重要因素。因而，国家应当通过宪法、法律建立起科学、合理的计划生育制度并对公民的生育观进行积极的引导。对此，《宪法》第 25 条规定：“国家推行计划生育，使人口的增长同经济和社会发展计划相适应”。

（六）社会秩序及安全维护制度

安定、有序的社会秩序是社会存在与发展的前提和基础。《宪法》第 28 条规定：“国家维护社会秩序，镇压叛国和其他危害国家安全的犯罪活动，制裁危害社会治安、破坏社会主义经济和其他犯罪的活动，惩办和改造犯罪分子。”第 29 条规定：“中华人民共和国的武装力量属于人民。它的任务是巩固国防，抵抗侵略，保卫祖国，保卫人民的和平劳动，参加国家建设事业，努力为人民服务。国家加强武装力量的革命化、现代化、正规化的建设，增强国防力量。”

【经典真题】

我国的基本社会制度是基于经济、政治、文化、社会、生态文明五位一体的社会主义建设的需要，在社会领域所建构的制度体系。关于国家的基本社会制度，下列哪些选项是正确的？(2016－1－62)[1]

A. 我国的基本社会制度是国家的根本制度

B. 社会保障制度是我国基本社会制度的核心内容

C. 职工的工作时间和休假制度是我国基本社会制度的重要内容

D. 加强社会法的实施是发展与完善我国基本社会制度的重要途径

第五节　国家政权组织形式【考查频率☆】

一、资本主义国家的政权组织形式

在资本主义国家，其政权组织形式主要分为二元君主立宪制、议会君主立宪制、总统制、议会共和制、委员会制和半总统半议会制等。

（一）二元君主立宪制

二元君主立宪制是一种以君主为核心、由君主在国家机关体系中发挥主导作用的政权组织形式。其主要特征是：虽然君主的权力受到宪法和议会的限制，但这种限制的力量非常弱小，君主仍然掌握着极大的权力。例如，议会中的部分议员由君主任命，议会制定的法律须经君主

---

〔1〕 BCD【解析】我国的根本制度是社会主义制度，而非基本社会制度，A 错误。社会保障即国家和社会依法对社会成员基本生活给予保障的社会安全制度。它指的是社会成员因年老、疾病、失业、伤残、生育、死亡、灾害等原因而失去劳动能力或生活遇到障碍时，依法从国家和社会获得基本生活需求的保障。通常国家依据法律制定相关的制度和规定以保证其社会保障政策的实施。国家建立社会保障体系的目的是通过利益的再分配保障公民的基本生活需求，缓解阶级矛盾，维持社会稳定，为社会经济发展提供安定的社会环境。B 正确。我国《宪法》第 43 条规定：中华人民共和国劳动者有休息的权利。国家发展劳动者休息和休养的设施，规定职工的工作时间和休假制度。因此 C 正确。我国宪法对基本社会制度的确定是纲领性和原则性的，其进一步落实、实施和发展有赖于具体社会法的实施，故 D 正确。

同意才能生效，内阁只是君主的咨询机构并对君主负责等。在现代国家中，只有约旦、沙特阿拉伯等极少数国家实行这类政权组织形式。

（二）议会君主立宪制

议会君主立宪制的主要特征是：君主的权力受到宪法和议会的严格限制。君主行使的只是一些形式上的或者礼仪性的职权，君主对议会、内阁、法院都没有实际控制权力。现代国家中的英国、西班牙、荷兰、比利时和日本等国家建立的就是这类政权组织形式。

（三）总统制

总统制的主要特征是：国家设有总统，总统既是国家元首，又是政府首脑；总统由选民选举产生，不对议会负责，议会不能通过不信任案迫使总统辞职，总统也无权解散议会。如美国是典型的总统制国家。

（四）议会共和制

议会共和制的主要特征是：议员由选民选举产生，政府由获得议会下院多数席位的政党或构成多数席位的几个政党联合组成；议会与政府相互渗透，政府成员一般由议员兼任，议会可通过不信任案迫使政府辞职，政府也可以解散议会。如意大利是典型的议会共和制国家。

（五）委员会制

委员会制的主要特征是：最高国家行政机关为委员会，委员会成员由众议院选举产生，总统（行政首长）由委员会成员轮流担任，任期一年，不得连任；众议院不能对委员会提出不信任案，委员会也无权解散议会。如瑞士是典型的委员会制国家。

（六）半总统半议会制

半总统半议会制的主要特征是：总统是国家元首，拥有任免总理、主持内阁会议、颁布法律、统帅武装部队等大权；总理是政府首脑，对议会就政府的施政纲领或政府的总政策承担责任，议会可通过不信任案或不同意政府的施政纲领和总政策，迫使总理向总统提出政府辞职。如 1958 年后的法国是典型的半总统半议会制国家。

二、社会主义国家的政权组织形式

社会主义国家的政权组织形式都是人民代表制。这种单一化的政权组织形式是由社会主义国家的一切权力属于人民决定的。

人民代表制的主要特征是：由选民选举代表组成行使国家权力的人民代表机关，各级国家行政机关和其他国家机关由同级人民代表机关选举产生，对它负责，受它监督；人民代表机关在整个国家机关体系中居于主导地位。

然而，各社会主义国家的历史传统、现实状况、民族因素等方面的差异，却决定了人民代表制在具体运用过程中并不相同。比如在名称上，有的称苏维埃，有的称议会，有的称人民代表会议，有的称人民代表大会；在组织结构上，有的采一院制，有的采两院制；在常设机构的职权上，有的没有立法权，有的可以行使部分立法权；在国家元首制度上，有的采个人元首制，有的采集体元首制等。这些差异都只是形式上的、局部的差异，其根本宗旨都在于切实保证广大劳动人民真正享有当家做主、管理国家的权利。

三、我国的政权组织形式

我国的政权组织形式是人民代表大会制度。人民代表大会制度是指拥有国家权力的人民根据民主集中制原则，通过民主选举组成全国人民代表大会和地方各级人民代表大会，并以人民代表大会为基础，建立全部国家机构，对人民负责，受人民监督，以实现人民当家做主的政治制度。

（一）人民代表大会制度的基本内容

我国《宪法》第2条明确规定："中华人民共和国的一切权力属于人民。人民行使国家权力的机关是全国人民代表大会和地方各级人民代表大会"；《宪法》第3条第3款规定："国家行政机关、监察机关、审判机关、检察机关都由人民代表大会产生，对它负责，受它监督。"人民代表大会制度的基本内容包含如下几个方面：

1. 人民主权原则。人民代表大会制度以主权在民为逻辑起点，而人民主权构成了人民代表大会制度的最核心的基本原则。

2. 人民代表大会是人民掌握和行使国家权力的组织形式。

3. 人大代表由人民选举，受人民监督。

4. 各级人大是国家权力机关，其他国家机关都由人大选举产生，对其负责，受其监督。

（二）人民代表大会制度的性质

1. 人民代表大会制度是我国的根本政治制度。

①从人民代表大会的组成来说，各级人民代表大会都由人民代表组成，而人民代表又是由人民通过民主选举方式选举产生的。

②从人民代表大会的职权来说，人民代表大会代表人民行使国家权力。

③从人民代表大会的责任来说，它向人民负责，受人民的监督。

2. 人民代表大会制度是我国实现社会主义民主的基本形式。

【经典真题】

我国《宪法》第2条明确规定："人民行使国家权力的机关是全国人民代表大会和地方各级人民代表大会。"关于全国人大和地方各级人大，下列选项正确的是？（2015－1－91）[1]

A. 全国人大代表全国人民统一行使国家权力

B. 全国人大和地方各级人大是领导与被领导的关系

C. 全国人大在国家机构体系中居于最高地位，不受任何其他国家机关的监督

D. 地方各级人大设立常务委员会，由主任、副主任若干人和委员若干人组成

第六节　选举制度【考查频率☆☆☆☆】

一、我国选举制度的基本原则

（一）选举权的普遍性原则

选举权的普遍性是就享有选举权的主体范围而言的，是指一国公民中能够享有选举权的广泛程度。根据我国《宪法》和《选举法》的规定，凡年满18周岁的中华人民共和国公民，除依法被剥夺政治权利的人以外，不分民族、种族、性别、职业、家庭出身、宗教信仰、教育程度、财产状况和居住期限，都享有选举权和被选举权。由此可见，在我国享有选举权的基本条件有三：

1. 具有中国国籍，是中华人民共和国公民。

---

[1] AC【解析】我国《宪法》第57条规定：中华人民共和国全国人民代表大会是最高国家权力机关。它的常设机关是全国人民代表大会常务委员会。故A正确。同时全国人大也是最高监督机关，故C正确。全国人大和地方各级人大并非是领导关系，而是监督关系，B错误。我国《宪法》第96条规定：地方各级人民代表大会是地方国家权力机关。县级以上的地方各级人民代表大会设立常务委员会。故D错误。

2. 年满 18 周岁。

3. 依法享有政治权利。

（二）选举权的平等性原则

选举权的平等性是指每个选民在每次选举中只能在一个地方享有一个投票权，不承认也不允许任何选民因民族、种族、职业、财产状况、家庭出身、居住期限的不同而在选举中享有特权，更不允许非法限制或者歧视任何选民对选举权的行使。这是“公民在法律面前一律平等”原则在选举制度中的具体体现。平等性原则主要表现在：

1. 除法律规定当选人应具有的条件外，选民平等享有选举权和被选举权。
2. 在一次选举中选民平等地拥有相同的投票权。
3. 每一代表所代表的选民人数相同。
4. 一切代表在代表机关具有平等的法律地位。
5. 对在选举中处于弱者地位的选民进行特殊的保护性规定，也是选举权平等性的表现。

（三）直接选举和间接选举并用的原则

《选举法》第 3 条规定：“全国人民代表大会的代表，省、自治区、直辖市、设区的市、自治州的人民代表大会的代表，由下一级人民代表大会选举。不设区的市、市辖区、县、自治县、乡、民族乡、镇的人民代表大会的代表，由选民直接选举。”由此可见，我国在选举中采取的是直接选举和间接选举并用的原则。

（四）秘密投票原则

《选举法》第 40 条第 1 款规定：“全国和地方各级人民代表大会代表的选举，一律采用无记名投票的方法。选举时应当设有秘密写票处。”秘密投票亦称无记名投票，指选民不署自己的姓名，亲自书写选票并投入密封票箱的一种投票方法。秘密投票为民主选举提供了自由表示意愿的重要保障，使选民在不受外力的影响下，能完全按照自己的意愿挑选他所信任的人进入国家机关。

二、选举的物质保障和法律保障

在物质上，《选举法》第 8 条规定：“全国人民代表大会和地方各级人民代表大会的选举经费，列入财政预算，由国库开支。”

在法律上，一方面，《选举法》和其他有关选举的法律文件规定了我国选举的原则、组织、程序和方法，使我国选举制度得以法律化、条文化，因而不仅对选举权的剥夺、选民资格争议的申诉及破坏选举行为的诉讼与制裁等一系列重要问题作出了规定，而且还规定各省、自治区、直辖市的人大常委会可以根据《选举法》的规定，结合本地区的实际，制定有关选举的实施细则。另一方面，《选举法》第 11 章规定，对有下列违法行为的，应当给予行政处分或者刑事处分：用暴力、威胁、欺骗、贿赂等非法手段破坏选举或者妨碍选民自由行使选举权和被选举权的；伪造选举文件，虚报选举票数或者有其他违法行为的；对于控告、检举选举中违法行为的人，或者对于提出要求罢免代表的人压制、报复的。此外，主持选举的机构发现有破坏选举的行为或者收到对破坏选举行为的举报，应当及时依法调查处理；需要追究法律责任的，及时移送有关机关予以处理。《选举法》第 35 条规定：“公民参加各级人民代表大会代表的选举，不得直接或者间接接受境外机构、组织、个人提供的与选举有关的任何形式的资助。违反前款规定的，不列入代表候选人名单；已经列入代表候选人名单的，从名单中除名；已经当选的，其当选无效。”

三、我国选举的民主程序

（一）选举的组织

我国主持选举工作的组织有两种：间接选举时，由该级的人大常委会主持本级人大代表的选举工作；直接选举时，设选举委员会主持本级人大代表的选举。

《选举法》对选举委员会的组成与职责作了明确规定。不设区的市、市辖区、县、自治县的选举委员会的组成人员由本级人民代表大会常务委员会任命。乡、民族乡、镇的选举委员会的组成人员由不设区的市、市辖区、县、自治县的人民代表大会常务委员会任命。选举委员会的组成人员为代表候选人的，应当辞去选举委员会的职务。选举委员会的职责有：划分选举本级人民代表大会代表的选区，分配各选区应选代表的名额；进行选民登记，审查选民资格，公布选民名单；受理对于选民名单不同意见的申诉，并作出决定；确定选举日期；了解核实并组织介绍代表候选人的情况；根据较多数选民的意见，确定和公布正式代表候选人名单；主持投票选举；确定选举结果是否有效，公布当选代表名单；法律规定的其他职责。

（二）划分选区和选民登记

选区是指以一定数量的人口为基础进行直接选举，产生人大代表的区域，也是人大代表联系选民开展活动的基本单位。在我国直接选举的地方，人大代表的名额分配到各个选区，由选民按选区直接投票选举。在划分选区过程中，遵循便于选民行使权利、便于代表联系选民和接受选民监督的原则，可以按居住状况划分，也可以按生产单位、事业单位、工作单位划分。选区的大小按每一选区选 1 ~ 3 名代表划分。每一行政区域内各选区每一代表所代表的人口数应当大体相等。

选民登记是对选民资格的法律认可。凡年满 18 周岁没有被剥夺政治权利的我国公民都应列入选民名单。经登记确认的选民资格长期有效。

（三）候选人制度

全国和地方各级人大的候选人，按照选区或者选举单位提名产生；选民或者代表 10 人以上联名可以推荐代表候选人，各政党、各人民团体可以联合或者单独推荐代表候选人。除了推荐者应向选举委员会或大会主席团介绍候选人的情况外，接受推荐的代表候选人还应如实提供个人身份、简历等情况，提供不实的，选举委员会或大会主席团应当向选民或代表通报。

各级人民代表大会代表的选举，均实行差额选举。选举委员会或者人大主席团，应向选民或者代表介绍代表候选人的情况。推荐代表候选人的政党、人民团体、选民和代表，也可以在选民小组或者小组会议上介绍所推荐的代表候选人的情况。选举委员会根据选民的要求，应当组织代表候选人与选民见面，由代表候选人介绍本人的情况，回答选民的问题。但在选举日须停止代表候选人的介绍。

（四）投票选举

投票是选民或代表行使选举权的最后环节。直接选举时，由选举委员会主持投票选举工作。在选民比较集中的地区可以召开选举大会进行选举；因行动不便或者居住分散且交通不便的选民，可以在流动票箱投票。选民如果在选举期间外出，经选举委员会同意，可以书面委托其他选民代为投票。每一选民接受的委托不得超过 3 人，并应当按照委托人的意愿代为投票。县以上地方各级人民代表大会在选举上一级人民代表大会代表时，由该级人民代表大会主席团主持。每次选举所投的票数，多于投票人数的无效，等于或少于投票人数的有效；每一选票所选的人数，多于规定应选代表人数的作废，少于规定应选代表人数的有效。同时，在实行直接选举的地方，选区全体选民的过半数参加投票选举有效，代表候选人获得参加投票的选民过半数的选票即当选。在实行间接选举的地方，代表候选人必须获得全体代表过半数的选票才能当选。代表候选人的近亲属不得担任监票人、计票人；公民不得同时担任两个以上无隶属关系的行政区域的人大代表。

（五）对代表的罢免和补选

罢免直接选举所产生的代表，原选区30人（乡级）或50人（县级）以上联名可以分别针对乡级或县级人大代表向县级人大常委会书面提出罢免案，须经原选区过半数的选民通过；罢免间接选举产生的代表，主席团或1/10以上代表联名可以提出罢免案，在人民代表大会闭会期间，人大常委会主任会议或常委会委员1/5以上联名可以提出罢免案，须经原选举单位过半数的代表通过，在代表大会闭会期间，须经各该级人大常委会组成人员的过半数通过。罢免代表采用无记名的表决方式，不限于无记名投票。被罢免的代表可以出席上述会议或者提出书面申诉意见。罢免决议须报上一级人大常委会备案、公告。

全国人民代表大会代表，省、自治区、直辖市、设区的市、自治州的人民代表大会代表，可以向选举他的人民代表大会的常务委员会书面提出辞职。常务委员会接受辞职，须经常务委员会组成人员的过半数通过。接受辞职的决议，须报送上一级人民代表大会常务委员会备案、公告。县级人民代表大会代表可以向本级人民代表大会常务委员会书面提出辞职，乡级人民代表大会代表可以向本级人民代表大会书面提出辞职。县级人民代表大会常务委员会接受辞职，须经常务委员会组成人员的过半数通过。乡级人民代表大会接受辞职，须经人民代表大会过半数的代表通过。接受辞职的，应当予以公告。

人民代表因故在任期内出缺，由原选区或原选举单位补选。

【经典真题】

1. 关于县人大代表的选举，下列说法正确的是？（2020年回忆版，单选）[1]

A. 县人大代表的选举由县人大主席团主持

B. 10个选民联名有权提出县人大代表候选人

C. 县人大代表选举时，候选人的人数比应选代表人数至少应多出1/5，至多多出1/2

D. 县人大代表的选举与罢免，均要求全体选民过半同意

2. 《选举法》以专章规定了对代表的监督、罢免和补选的措施。关于代表的罢免，下列哪些选项符合《选举法》的规定？（2019年回忆版，多选）[2]

A. 罢免直接选举产生的代表须经原选区过半数的选民通过

B. 罢免直接选举产生的代表，须将决议报送上一级人大常委会备案

C. 罢免间接选举产生的代表须经原选举单位过半数的代表通过

D. 罢免间接选举产生的代表，在代表大会闭会期间，须经常委会成员2/3多数通过

3. 根据《选举法》和相关法律的规定，关于选举的主持机构，下列哪一选项是正确的？

---

[1] B【解析】根据《选举法》第9条第1款规定，市级及以上的人大代表选举由同级人大常委会主持；第2款规定，乡级和县级人大代表由选民直接选举，主持组织为选举委员会。故A项错误。根据《选举法》第30条第2款规定，10个以上选民或代表联名有权提名候选人，政党和人民团体可以单独或者联合提名候选人。故B项正确。根据《选举法》第31条规定，人大代表实行差额选举，直接选举候选人比应选代表多1/3到1倍，间接选举候选人比应选代表多1/5到1/2。县人大代表由选民直接选举，因此应当多1/3到1倍。故C项错误。根据《选举法》第45条规定，直接选举的当选要求“双过半”，即全体选民过半数参加投票，候选人获得参加投票选民的过半数选票方可当选。根据《选举法》第53条的规定，罢免县级和乡级的人大代表，须经原选区过半数的选民通过，也就是说直接选举的罢免要求“全过半”，即全体选民过半数同意。故D项错误。

[2] AC【解析】直接选举产生的代表的罢免需要经过原选区全体选民的过半数通过，A选项正确。只有在罢免间接选举产生的代表时，才需要将该决议报送上一级人大常委会备案，B选项错误。罢免间接选举产生的代表需要经过原选举单位或者人大常委会的过半数通过，C选项正确。在人大闭会期间，常委会委员过半数即可通过对该级人大选举的上一级人大代表的罢免，D选项错误。

(2016－1－24)[1]

A. 乡镇选举委员会的组成人员由不设区的市、市辖区、县、自治县的人大常委会任命

B. 县级人大常委会主持本级人大代表的选举

C. 省人大在选举全国人大代表时，由省人大常委会主持

D. 选举委员会的组成人员为代表候选人的，应当向选民说明情况

【习题拓展】

2021 年 11 月 16 日，上海市 1270 多万选民在 2333 个区人大代表选区、4421 个乡镇人大代表选区进行登记，积极参加提名推荐和讨论协商代表候选人，并参加选举投票，认真行使民主选举权利。通过差额选举，将产生新一届区人大代表约 5000 多名，乡镇人大代表近 9000 名。对此，下列说法正确的是？[2]

A. 上海市涂汇区妇联可以单独推荐代表候选人

B. 为了让选民更加了解代表候选人，某选区在选民投票时发放代表候选人资料

C. 上海市某区选举委员会可以公布本区当选代表名单

D. 甲当选为区人大代表后就本区看病难问题独自向区人大提出议案

第七节　国家结构形式【考查频率☆☆☆☆】

一、国家结构形式概述

国家结构形式是指特定国家的统治阶级根据一定原则采取的调整国家整体与部分、中央与地方相互关系的形式。政体或者说政权组织形式是从横向角度表现国家政权体系，国家结构形式则是从纵向角度表现国家政权体系。

现代国家的国家结构形式主要有单一制和联邦制两大类。

单一制是指国家由若干普通行政单位或者自治单位组成，这些组成单位都是国家不可分割的一部分的国家结构形式。单一制的特征主要有：国家只有一部宪法；只有一个中央国家机关体系（包括立法机关、行政机关和司法机关）；地方政府的权力由中央政府授予；每个公民只有一个统一的国籍；国家整体是代表国家进行国际交往的唯一主体。

联邦制是指国家由两个或者两个以上的成员单位（如邦、州、共和国等）组成的国家结构形式。联邦成员单位原本拥有独立主权，只是为了某个共同目的，而与其他成员单位组成联

[1] A【解析】《选举法》第 10 条规定："乡、民族乡、镇的选举委员会的组成人员由不设区的市、市辖区、县、自治县的人民代表大会常务委员会任命。"故 A 项正确。《选举法》第 9 条规定："不设区的市、市辖区、县、自治县、乡、民族乡、镇设立选举委员会，主持本级人民代表大会代表的选举。"故 B 项错误。《选举法》第 39 条规定："县级以上的地方各级人民代表大会在选举上一级人民代表大会代表时，由各该级人民代表大会主席团主持。"故 C 项错误。《选举法》第 10 条规定："选举委员会的组成人员为代表候选人的，应当辞去选举委员会的职务。"故 D 项错误。

[2] AC【解析】《选举法》第 30 条规定："各政党、各人民团体，可以联合或者单独推荐代表候选人。"某区妇联属于人民团体，可以单独推荐代表候选人，故 A 项正确。《选举法》第 34 条规定："在选举日必须停止代表候选人的介绍。"故 B 项错误。《选举法》第 46 条规定："当选代表名单由选举委员会或者人民代表大会主席团予以公布。"故 C 项正确。《代表法》第 3 条规定："代表享有下列权利：（一）出席本级人民代表大会会议，参加审议各项议案、报告和其他议题，发表意见；（二）依法联名提出议案、质询案、罢免案等；（三）提出对各方面工作的建议、批评和意见；（四）参加本级人民代表大会的各项选举；（五）参加本级人民代表大会的各项表决；（六）获得依法执行代表职务所需的信息和各项保障；（七）法律规定的其他权利。"甲就本区看病难问题提出议案必须联名，故 D 项错误。

盟国家或者加入到联盟国家之中。联邦制的特征主要有：除联邦宪法外，各成员国还有自己的宪法；除设有联邦立法机关、行政机关和司法系统外，各成员国还有自己的立法机关、行政机关和司法系统；联邦与各成员单位的权力界限由宪法规定；公民既有联邦的国籍，又有成员国的国籍；联邦是对外交往的国际法主体，有的联邦国家却允许成员单位同外国签订某方面的协定。

二、我国是单一制的社会主义国家

1. 我国采取单一制国家结构形式的原因。

我国《宪法》序言规定："中华人民共和国是全国各族人民共同缔造的统一的多民族国家"。它表明，单一制是我国的国家结构形式。我国采取单一制国家结构形式的原因主要有两大方面：

（1）历史原因。

我国自秦朝以来建立的就是统一的中央集权制国家。尽管也曾有过分裂割据的状态，但时间较短，国家统一的局面则一直居于主导地位。长期的历史传统决定了我们必须建立单一制的国家结构形式。

（2）民族原因。

我国是一个多民族国家，各民族的历史状况和民族关系决定了在我国的具体条件下，不适宜采取联邦制，而应该采取单一制的国家结构形式。

①我国民族关系的历史发展状况，决定了建立单一制是各族人民的共同心愿；

②我国的民族成分和民族分布状况，决定了建立单一制有利于民族团结；

③我国自然资源分布和经济发展不平衡的状况，决定了建立单一制有利于各民族的共同繁荣；

④我国所处的国际环境和国际斗争形势，决定了建立单一制有利于国家的统一和各民族的团结。

2. 我国单一制国家结构形式的主要特点。

通过建立民族区域自治制度解决单一制下的民族问题。我国是多民族国家，实行民族区域自治，赋予民族自治地方的自治机关以自治权，是妥善处理单一制国家的民族关系、充分尊重各少数民族自身特点的基本途径。

通过建立特别行政区制度解决历史遗留问题。香港、澳门回归祖国后，我国政府依法在香港、澳门建立了特别行政区，允许特别行政区实行与国家其他地区不同的政治、经济、社会制度，保留原有的资本主义制度和生活方式不变。

三、我国的行政区域划分

1. 省、自治区、直辖市的设立、撤销、更名，特别行政区的成立，由全国人大审议决定。

2. 省、自治区、直辖市行政区域界线的变更，自治州、县、自治县、市、市辖区的设立、撤销、更名或者隶属关系的变更，自治州、自治县的行政区域界线的变更，县、市的行政区域界线的重大变更，由国务院审批。

3. 县、市、市辖区部分行政区域界线的变更，国务院授权省、自治区、直辖市人民政府审批（《行政区划管理条例》第 8 条）。

4. 乡、民族乡、镇的设立、撤销、更名或者变更行政区域的界线，由省、自治区、直辖市人民政府审批。

【经典真题】

1. 根据《宪法》的规定，关于国家结构形式，下列哪一选项是正确的？（2013－1－24）〔1〕

A. 从中央与地方的关系上看，我国有民族区域自治和特别行政区两种地方制度

B. 县、市、市辖区部分行政区域界线的变更由省、自治区、直辖市政府审批

C. 经济特区是我国一种新的地方制度

D. 行政区划纠纷或争议的解决是行政区划制度内容的组成部分

2. 关于我国的行政区域划分，下列说法不成立的是？（2012－1－91）〔2〕

A. 是国家主权的体现

B. 属于国家内政

C. 任何国家不得干涉

D. 只能由《宪法》授权机关进行

3. 维护国家主权和领土完整，维护国家统一是我国宪法的重要内容，体现在《宪法》和法律一系列规定中。关于我国的国家结构形式，下列选项正确的是？（2012－1－90）〔3〕

A. 我国实行单一制国家结构形式

B. 维护宪法权威和法制统一是国家的基本国策

C. 在全国范围内实行统一的政治、经济、社会制度

D. 中华人民共和国是一个统一的国际法主体

【习题拓展】

据中央广播电视总台中国之声《新闻和报纸摘要》报道，国务院总理李克强日前签署国务院令，公布《农作物病虫害防治条例》（以下简称《条例》），自2020年5月1日起施行。这一事例体现了？〔4〕

A. 民主集中制

B. 总理负责制

C. 单一制

D. 集体负责制

---

〔1〕 D【解析】从中央和地方的关系看，我国可以划分为普通行政区划、民族区域自治和特别行政区三部分，故A项错误。《行政区划管理条例》第8条明确县、市、市辖区部分行政区域界线的变更决定主体有国务院，也有经国务院授权的省级政府，故B项错误。经济特区从本质上仍然属于普通的行政区划，不同之处仅在于其特殊的经济政策，故并非一种独立的地方制度，故C项错误。行政区划制度包括的是划分机关、原则、程序，还包括边界争议的处理等内容，故D项正确。

〔2〕 D【解析】行政区划从本质上看，属于一国内政，是国家主权的体现，因此任何国家不得干涉其他国家的行政区划，ABC表述均正确。在我国宪法之外，《地方各级人民代表大会和地方各级人民政府组织法》《行政区划管理条例》中都对行政区划划分机关有所规定，故D表述错误。

〔3〕 ABD【解析】从国家形式上看，我国实行单一制国家结构形式，故A项正确。我国宪法第5条第1、2款规定：中华人民共和国实行依法治国，建设社会主义法治国家。国家维护社会主义法制的统一和尊严。故B项正确。在我国单一制国家结构形式建立和运转过程中，由于存在特定国情，因而使我国的单一制表现出自己的特点：既有通过建立民族区域自治制度解决民族问题，也有通过建立特别行政区制度解决单一制国家的历史遗留问题，故C表述错误。国际法主体是从对外关系的角度看，我国是一个统一的国家法主体，故D项正确。

〔4〕 B【解析】民主集中制即民主基础上的集中、集中指导下的民主，是社会主义民主表现形式，本事例并未体现出民主集中制，故A项错误。根据《宪法》第86条规定，国务院实行总理负责制，国务院发布的决定、命令和行政法规，向全国人大或者全国人大常委会提出的议案、任免人员，都要由总理签署，故B项正确、D项错误。单一制是我国国家结构形式，与本事例无关，故C项错误。

第八节　民族区域自治制度【考查频率☆☆☆☆】

一、民族区域自治制度的概念

民族区域自治制度是指在国家的统一领导下，以少数民族聚居区为基础，建立相应的自治地方，设立自治机关，行使自治权，使实行区域自治的民族的人民自主地管理本民族地方性事务的制度。民族区域自治制度包括以下主要内容：

1. 各民族自治地方都是中华人民共和国不可分离的部分，各民族自治地方的自治机关都是中央统一领导下的地方政权机关。

2. 民族区域自治必须以少数民族聚居区为基础，是民族自治与区域自治的结合。

3. 在民族自治地方设立自治机关，民族自治机关除行使宪法规定的地方国家政权机关的职权外，还可以依法行使广泛的自治权。

二、民族自治地方的自治机关

民族自治地方是指实行民族区域自治的行政区域。民族自治地方包括自治区、自治州和自治县。民族乡不是民族自治地方。民族自治地方的自治机关是自治区、自治州和自治县的人民代表大会和人民政府，自治地方的人民法院和人民检察院不是自治机关。

自治区、自治州、自治县的人民代表大会常务委员会中应当由实行区域自治的民族的公民担任主任或副主任。自治区主席、自治州州长、自治县县长由实行区域自治的民族的公民担任。人民政府的其他组成人员以及自治机关所属工作部门的工作人员，也要尽量配备实行区域自治的民族和其他少数民族的人员。

三、民族自治地方的自治权

民族自治地方的自治权是指民族自治地方的自治机关根据宪法、民族区域自治法和其他法律的规定，根据实际情况自主地管理本地方、本民族内部事务的权力，主要有以下几方面：

1. 制定自治条例和单行条例。

自治条例是指民族自治地方的人民代表大会根据宪法和法律的规定，并结合当地民族政治、经济和文化特点制定的有关管理自治地方事务的综合性法规。单行条例是指民族自治地方的人民代表大会及其常务委员会在自治权范围内，依法根据当地民族的特点，针对某一方面具体问题而制定的法规。

自治区制定的自治条例和单行条例须报全国人大常委会批准后才能生效；自治州、自治县制定的自治条例和单行条例，须报省或者自治区的人大常委会批准后生效，并报全国人大常委会和国务院备案。

自治条例和单行条例可以对法律和行政法规作出变通规定，但不得违背法律或行政法规的基本原则，不得对宪法和民族区域自治法的规定以及其他有关法律、行政法规专门就民族自治地方所作的规定作出变通规定。

2. 根据当地民族的实际情况，贯彻执行国家的法律和政策。

如果上级国家机关的决议、命令不适合本民族自治地方的实际情况，经上级国家机关批准，自治机关可以变通或者停止执行。

3. 自主地管理地方财政。

民族自治地方的财政是一级地方财政，自治机关有权管理本自治地方的财政。凡依照国家财政体制属于民族自治地方的财政收入，都应当由自治机关自主地安排使用。

4. 自主地管理地方性经济建设。

5. 自主地管理教育、科学、文化、卫生、体育事业。

6. 经国务院批准，组织维护社会治安的公安部队。

7. 使用本民族的语言文字。

【经典真题】

1. 根据《宪法》和《民族区域自治法》的规定，下列选项不正确的是？（2020 年回忆版，单选）〔1〕

A. 民族区域自治以少数民族聚居区为基础，是民族自治和区域自治的结合

B. 民族自治地方的国家机关既是地方国家机关，又是自治机关

C. 上级国家机关应该在收到自治机关变通执行或者停止有关决议、决定执行的报告之日起 60 日内给予答复

D. 自治机关自主地管理本地方的教育、科学、文化、卫生、体育事业、保护和整理本民族的文化遗产、发展和繁荣民族文化

2. 2015 年 10 月，某自治州人大常委会出台了一部《关于加强本州湿地保护与利用的决定》。关于该法律文件的表述，下列哪一选项是正确的？（2016－1－27）〔2〕

A. 由该自治州州长签署命令予以公布

B. 可依照当地民族的特点对行政法规的规定作出变通规定

C. 该自治州所属的省的省级人大常委会应对该《决定》的合法性进行审查

D. 与部门规章之间对同一事项的规定不一致不能确定如何适用时，由国务院裁决

3. 根据《宪法》和法律的规定，关于民族自治地方自治权，下列哪一表述是正确的？（2015－1－24）〔3〕

A. 自治权由民族自治地方的权力机关、行政机关、审判机关和检察机关行使

B. 自治州人民政府可以制定政府规章对国务院部门规章的规定进行变通

---

〔1〕 B【解析】民族区域自治是指在少数民族聚居的区域中实行区域自治，设立自治机关，行使自治权，保障少数民族当家做主，因此是民族自治和区域自治的结合，故 A 选项正确。《民族区域自治法》第 15 条第 1 款规定：“民族自治地方的自治机关是自治区、自治州、自治县的人民代表大会和人民政府。”司法机关与监察机关作为贯彻国家统一法制的地方国家机关，不是自治机关，B 选项错误。根据《民族区域自治法》第 20 条规定：“上级国家机关的决议、决定、命令和指示，如有不适合民族自治地方实际情况的，自治机关可以报经该上级国家机关批准，变通执行或者停止执行；该上级国家机关应当在收到报告之日起六十日内给予答复。”故 C 选项正确。《民族区域自治法》第 38 条第 1 款规定：“民族自治地方的自治机关自主地发展具有民族形式和民族特点的文学、艺术、新闻、出版、广播、电影、电视等民族文化事业，加大对文化事业的投入，加强文化设施建设，加快各项文化事业的发展。”发展具有民族特色的教科文卫事业，是民族自治地方自治权的重要内容之一，故 D 选项正确。

〔2〕 C【解析】自治州的地方性法规在经过省级人大常委会批准后，由自治州人大常委会发布公告进行公布，故 A 选项错误。只有民族自治法规才有权根据民族特点对法律和行政法规进行变通，地方性法规无权变通，故 B 选项错误。地级市级别的地方性法规需要经过省级人大常委会的批准后才能生效，故 C 选项正确。地方性法规与部门规章冲突时，先由国务院提出意见，国务院认为应当适用地方性法规的，直接适用地方性法规，如果国务院认为应当适用部门规章的，应提交全国人大常委会裁决，D 选项错误。

〔3〕 D【解析】依据《宪法》和《民族区域自治法》的规定，民族自治机关享有自治权。民族自治地方行使自治权的国家机关是人民代表大会和人民政府，没有法院和检察院，A 选项错误。自治州人民政府根据《立法法》的规定，可以制定政府规章，但法律并没有规定其政府规章可以做变通性规定，故 B 选项错误。在我国，能作变通规定只有两个：一是经济特区法规；二是自治条例和单行条例。但是，变通的对象只能是法律和行政法规，而不能是宪法，故 C 选项错误。自治州、自治县的自治条例和单行条例，报省或者自治区的人民代表大会常务委员会批准生效，并报全国人民代表大会常务委员会和国务院备案，故 D 选项正确。

C. 自治条例可以依照当地民族的特点对宪法、法律和行政法规的规定进行变通

D. 自治县制定的单行条例须报省级人大常委会批准后生效，并报全国人大常委会备案

【习题拓展】

下列关于民族区域自治制度的表述，不正确的是？[1]

A. 民族自治地方的自治机关依照国家的军事制度和当地的实际需要，经公安部批准，可以组织本地方维护社会治安的公安部队

B. 民族自治地方依照国家规定，经全国人大常委会批准，可以开辟对外贸易口岸

C. 凡是依照国家财政体制属于民族自治地方的财政收入，都应当由民族自治地方的自治机关自主地安排使用

D. 自治州、自治县决定减税或者免税，须报省、自治区、直辖市政府批准

第九节　特别行政区制度【考查频率☆☆☆】

一、特别行政区的概念和特点

《宪法》第31条规定："国家在必要时得设立特别行政区。在特别行政区内实行的制度按照具体情况由全国人民代表大会以法律规定。"特别行政区是指在我国版图内，根据我国宪法和法律规定设立的，具有特殊的法律地位，实行特别的政治、经济制度的行政区域。特别行政区是相对于一般行政区而言的，尽管特别行政区与一般行政区一样，都是中华人民共和国不可分割的一部分，都是中华人民共和国的地方行政区域单位，但特别行政区有其自身的特殊性。主要表现在：

1. 特别行政区享有高度的自治权。

（1）行政管理权。除国防、外交以及其他根据基本法应当由中央人民政府处理的行政事务外，特别行政区有权依照基本法的规定，自行处理有关经济、财政、金融、贸易、工商业、土地、教育、文化等方面的行政事务。

（2）立法权。特别行政区享有立法权。特区立法会制定的法律须报全国人大常委会备案，但备案并不影响法律的生效。

（3）独立的司法权和终审权。特别行政区法院独立进行审判，不受任何干涉；特别行政区的终审法院为最高审级，该终审法院的判决为最终判决。

（4）自行处理有关对外事务的权力。中央人民政府可授权特别行政区依照基本法自行处理有关对外事务。

2. 特别行政区保持原有资本主义制度和生活方式50年不变。

香港基本法和澳门基本法都规定，在特别行政区不实行社会主义制度和政策，保持原有的资本主义制度和生活方式50年不变。这一规定充分体现了"一国两制"的基本方针。

3. 特别行政区的行政机关和立法机关由该区永久性居民依照基本法的有关规定组成。

---

[1] AB【解析】按照《民族区域自治法》第24条规定，民族自治地方的自治机关依照国家的军事制度和当地的实际需要，经国务院批准，可以组织本地方维护社会治安的公安部队。因此A项错误。第31条规定，民族自治地方依照国家规定，可以开展对外经济贸易活动，经国务院批准，可以开辟对外贸易口岸。因此，B项错误。第32条规定，民族自治地方的自治机关有管理地方财政的自治权。凡是依照国家财政体制属于民族自治地方的财政收入，都应当由民族自治地方的自治机关自主地安排使用。因此，C项正确。第33条规定，自治州、自治县各项开支标准、定员、定额以及减免税，须报省级政府批准。因此，D项正确。

永久性居民是指在特别行政区享有居留权和有资格依照特别行政区法律取得载明其居留权和永久性居民身份证的居民。

4. 特别行政区原有的法律基本不变。

特别行政区的原有法律除同基本法相抵触或经特别行政区立法机关作出修改者外，原有法律予以保留。

5. 特别行政区公职人员就职宣誓。

特别行政区公职人员就职宣誓是公职人员就职的法定条件和必经程序，未进行合法有效宣誓或者拒绝宣誓，不得就任相应公职，不得行使相应职权和享受相应待遇。

（1）《香港特别行政区基本法》第 104 条规定：“香港特别行政区行政长官、主要官员、行政会议成员、立法会议员、各级法院法官和其他司法人员在就职时必须依法宣誓拥护中华人民共和国香港特别行政区基本法，效忠中华人民共和国香港特别行政区。”宣誓必须符合法定的形式和内容要求，宣誓人必须真诚、庄重地进行宣誓，必须准确、完整、庄重地宣读包括“拥护中华人民共和国香港特别行政区基本法，效忠中华人民共和国香港特别行政区”内容的法定誓言。宣誓人拒绝宣誓，即丧失就任相应公职的资格；宣誓人故意宣读与法定誓言不一致的誓言或者以任何不真诚、不庄重的方式宣誓，也属于拒绝宣誓，所作宣誓无效，宣誓人即丧失就任相应公职的资格。宣誓必须在法律规定的监誓人面前进行，监誓人负有确保宣誓合法进行的责任，对符合法律规定的宣誓，应确定为有效宣誓；对不符合法律规定的宣誓，应确定为无效宣誓，并不得重新安排宣誓。

（2）《澳门特别行政区基本法》第 101 条规定：“澳门特别行政区行政长官、主要官员、行政会委员、立法会议员、法官和检察官，必须拥护中华人民共和国澳门特别行政区基本法，尽忠职守，廉洁奉公，效忠中华人民共和国澳门特别行政区，并依法宣誓。”第 102 条规定：“澳门特别行政区行政长官、主要官员、立法会主席、终审法院院长、检察长在就职时，除按本法第 101 条的规定宣誓外，还必须宣誓效忠中华人民共和国。”

二、中央与特别行政区的关系

特别行政区是中华人民共和国享有高度自治权的地方行政区域，直辖于中央人民政府。因此，中央与特别行政区的关系，是一个主权国家内中央与地方的关系，它的核心在于中央与特别行政区的权力的划分和行使。中央对特别行政区行使的权力主要有：中央人民政府负责管理与特别行政区有关的外交事务；中央人民政府负责管理特别行政区的防务；中央人民政府任命特别行政区行政长官和行政机关的主要官员；全国人大常委会有权决定特别行政区进入紧急状态；全国人大常委会享有对特别行政区基本法的解释权；全国人大对特别行政区基本法享有修改权。

三、特别行政区的政治体制

特别行政区的政治体制主要包括特别行政区的行政长官、行政机关、立法机关和司法机关等。

1. 特别行政区行政长官。

特别行政区行政长官是特别行政区的首长，代表特别行政区，对中央人民政府和特别行政区负责。特别行政区行政长官由年满 40 周岁，在香港通常居住连续满 20 年并在外国无居留权的香港特别行政区永久性居民中的中国公民，以及在澳门通常居住连续满 20 年的澳门特别行政区永久性居民中的中国公民担任。行政长官在当地通过选举或协商产生，由中央人民政府任命。

2. 特别行政区行政机关。

特别行政区行政机关即特别行政区的政府。特别行政区行政长官为特别行政区政府首长。特别行政区政府下设政务司、财政司、律政司和各局、厅、处、署等。特别行政区政府依基本法规定行使职权，并对立法会负责；执行立法会通过并已生效的法律；定期向立法会作施政报告；答复立法会议员的质询。

3. 特别行政区立法机关。

特别行政区立法会是特别行政区的立法机关，行使立法权。其职权包括：根据基本法的规定依法制定、修改和废除法律；审核、通过政府的财政预算；根据政府提案决定税收和公共开支；听取行政长官的施政报告并进行辩论；对政府工作提出质询。

4. 特别行政区司法机关。

香港特别行政区的司法机关是香港特别行政区的各级法院，包括终审法院、高等法院、区域法院、裁判署法庭和其他专门法庭。在香港，主管刑事检察工作的部门是律政司。澳门特别行政区的司法机关是澳门特别行政区法院和检察院，包括初级法院、中级法院和终审法院，检察院独立行使法律赋予的检察职能。

四、特别行政区的法律制度

香港、澳门特别行政区的法律制度不仅自成体系，而且在总体上不属于社会主义性质。特别行政区法律制度的构成要素主要有：

1. 特别行政区基本法。

特别行政区基本法是根据我国宪法，由全国人大制定的一部基本法律，是社会主义性质的法律。基本法既是我国社会主义法律体系的组成部分，同时又是特别行政区法律体系的组成部分。在我国社会主义法律体系中，其地位仅低于宪法，但在特别行政区法律体系中，基本法又处于最高的法律地位。

2. 予以保留的原有法律。

香港原有法律，即普通法、衡平法、条例、附属立法和习惯法，除同《香港特别行政区基本法》相抵触或经香港特别行政区的立法机关作出修改者以外，予以保留。《澳门特别行政区基本法》也作了类似规定。但原有法律予以保留必须具备一定条件，即不与基本法相抵触，或者经特别行政区的立法机关作出修改。凡属殖民统治性质或者带有殖民主义色彩、有损我国主权的法律，都应废止或者修改。

3. 特别行政区立法机关制定的法律。

特别行政区享有立法权，除有关国防、外交和其他根据基本法的有关规定不属于特别行政区自治范围的法律之外，立法会可以制定任何它有权制定的法律，只要制定的法律符合基本法，符合法定程序，就可以在特别行政区生效适用。

4. 适用于特别行政区的全国性法律。

全国性法律是全国人大及其常委会制定的法律。由于特别行政区将保持其原有的法律制度，因而全国性法律一般不在特别行政区实施。但特别行政区作为中华人民共和国不可分离的一部分，有些体现国家主权和统一的全国性法律又有必要在那里实施。根据《香港特别行政区基本法》附件三的规定，具体包括《关于中华人民共和国国都、纪年、国歌、国旗的决议》《关于中华人民共和国国庆日的决议》《中央人民政府公布中华人民共和国国徽的命令》《中华人民共和国政府关于领海的声明》《中华人民共和国国籍法》《中华人民共和国外交特权与豁免条例》。

五、特别行政区维护国家安全的宪制责任

1. 香港回归以来，“一国两制”实践在香港取得了前所未有的成功，但“一国两制”在实践中，也遇到了一些新情况、新问题，当前一个最突出问题就是香港特别行政区国家安全风险日益凸显，成为制度短板。“一国两制”是有机统一体，“一国”是实行“两制”的前提和基础，“两制”从属和派生于“一国”并统一于“一国”之内。

2. 2020 年 5 月 28 日，第十三届全国人民代表大会第三次会议通过了《全国人民代表大会关于建立健全香港特别行政区维护国家安全的法律制度和执行机制的决定》，就相关问题作出若干基本规定。该决定的依据是《宪法》第 31 条和第 62 条第 2 项、第 14 项、第 16 项的规定，以及《香港特别行政区基本法》的有关规定。该决定强调：

（1）国家坚定不移并全面准确贯彻“一国两制”、“港人治港”、高度自治的方针，坚持依法治港，维护宪法和香港特别行政区基本法确定的香港特别行政区宪制秩序，采取必要措施建立健全香港特别行政区维护国家安全的法律制度和执行机制，依法防范、制止和惩治危害国家安全的行为和活动。

（2）国家坚决反对任何外国和境外势力以任何方式干预香港特别行政区事务，采取必要措施予以反制，依法防范、制止和惩治外国和境外势力利用香港进行分裂、颠覆、渗透、破坏活动。

（3）维护国家主权、统一和领土完整是香港特别行政区的宪制责任。香港特别行政区应当尽早完成香港特别行政区基本法规定的维护国家安全立法。香港特别行政区行政机关、立法机关、司法机关应当依据有关法律规定有效防范、制止和惩治危害国家安全的行为和活动。

（4）香港特别行政区应当建立健全维护国家安全的机构和执行机制，强化维护国家安全执法力量，加强维护国家安全执法工作。中央人民政府维护国家安全的有关机关根据需要在香港特别行政区设立机构，依法履行维护国家安全相关职责。

（5）香港特别行政区行政长官应当就香港特别行政区履行维护国家安全职责、开展国家安全教育、依法禁止危害国家安全的行为和活动等情况，定期向中央人民政府提交报告。

（6）授权全国人大常委会就建立健全香港特别行政区维护国家安全的法律制度和执行机制制定相关法律，切实防范、制止和惩治任何分裂国家、颠覆国家政权、组织实施恐怖活动等严重危害国家安全的行为和活动以及外国和境外势力干预香港特别行政区事务的活动。全国人大常委会决定将上述相关法律列入《香港特别行政区基本法》附件三，由香港特别行政区在当地公布实施。

3. **《中华人民共和国香港特别行政区维护国家安全法》**重点内容

（1）中央人民政府对香港特别行政区有关的国家安全事务负有根本责任。香港特别行政区负有维护国家安全的宪制责任；香港特别行政区设立维护国家安全委员会，负责香港特别行政区维护国家安全事务，承担维护国家安全的主要责任，并接受中央人民政府的监督和问责。

（2）香港特别行政区维护国家安全委员会由行政长官担任主席，成员包括政务司长、财政司长、律政司长、保安局局长、警务处处长、本法第 16 条规定的警务处维护国家安全部门的负责人、入境事务处处长、海关关长和行政长官办公室主任；香港特别行政区维护国家安全委员会下设秘书处，由秘书长领导。秘书长由行政长官提名，报中央人民政府任命。

（3）驻香港特别行政区维护国家安全公署的职责：①分析研判香港特别行政区维护国家安全形势，就维护国家安全重大战略和重要政策提出意见和建议；②监督、指导、协调、支持香港特别行政区履行维护国家安全的职责；③收集分析国家安全情报信息；④依法办理危害国家安全犯罪案件。

（4）第55条：有以下情形之一的，经香港特别行政区政府或者驻香港特别行政区维护国家安全公署提出，并报中央人民政府批准，由驻香港特别行政区维护国家安全公署对本法规定的危害国家安全犯罪案件行使管辖权：①案件涉及外国或者境外势力介入的复杂情况，香港特别行政区管辖确有困难的；②出现香港特别行政区政府无法有效执行本法的严重情况的；③出现国家安全面临重大现实威胁的情况的。

（5）第56条：根据本法第55条规定管辖有关危害国家安全犯罪案件时，由驻香港特别行政区维护国家安全公署负责立案侦查，最高人民检察院指定有关检察机关行使检察权，最高人民法院指定有关法院行使审判权。

【经典真题】

1. 关于《香港特别行政区维护国家安全法》，下列说法正确的是？（2021年回忆版，单选）[1]

A.《国家安全法》是《香港特别行政区维护国家安全法》的立法依据

B. 警务处维护国家安全部门负责人由驻香港特别行政区国家安全公署提名，行政长官任命

C. 香港特别行政区维护国家安全委员会做的决定不受司法复核

D. 香港特别行政区维护国家安全委员会秘书处秘书长由行政长官任命

2. 2020年5月28日，十三届全国人大三次会议表决通过了《全国人民代表大会关于建立健全香港特别行政区维护国家安全的法律制度和执行机制的决定》。关于香港特区制定维护国家安全法的宪制责任，下面观点正确的是？（2020年回忆版，多选）[2]

A. 维护国家主权统一和领土完整是香港特别行政区的宪制责任

B. 香港特别行政区应当尽早完成香港特别行政区基本法规定的维护国家安全立法。香港特别行政区行政机关、立法机关、司法机关应当依据有关法律规定有效防范、制止和惩治危害国家安全的行为和活动

C. 全国人大常委会有权力有责任维护香港特别行政区宪制秩序

D. 国家应当采取必要措施建立健全香港特别行政区维护国家安全的法律制度和执行机制，依法防范、制止和惩治危害国家安全的行为和活动

3. 根据《宪法》和法律的规定，关于特别行政区，下列哪一选项是正确的？（2014－1－

---

〔1〕 C【解析】《香港特别行政区维护国家安全法》第1条规定："……根据中华人民共和国宪法、中华人民共和国香港特别行政区基本法和全国人民代表大会关于建立健全香港特别行政区维护国家安全的法律制度和执行机制的决定，制定本法。"故A项错误。《香港特别行政区维护国家安全法》第16条规定："警务处维护国家安全部门负责人由行政长官任命，行政长官任命前须书面征求本法第48条规定的机构的意见。"故B项错误。《香港特别行政区维护国家安全法》第14条第2款规定："香港特别行政区维护国家安全委员会的工作不受香港特别行政区任何其他机构、组织和个人的干涉，工作信息不予公开。香港特别行政区维护国家安全委员会作出的决定不受司法复核。"故C项正确。《香港特别行政区维护国家安全法》第13条规定："香港特别行政区维护国家安全委员会下设秘书处，由秘书长领导。秘书长由行政长官提名，报中央人民政府任命。"故D项错误。

〔2〕 ABCD【解析】第十三届全国人大第三次会议通过《全国人民代表大会关于建立健全香港特别行政区维护国家安全的法律制度和执行机制的决定》，明确维护国家主权统一和领土完整是香港特别行政区的宪制责任。中央人民政府维护国家安全的有关机关可以根据需要在香港特别行政区设立机构，依法履行维护国家安全相关职责，并在香港建立有关维护国家安全的本地机构。2020年6月30日，第十三届全国人民代表大会常务委员会第二十次会议通过了《中华人民共和国香港特别行政区维护国家安全法》，并决定将其列入《香港特别行政区基本法》附件三。故A项、B项、C项和D项均正确。

23）[1]

A. 澳门特别行政区财政收入全部由其自行支配，不上缴中央人民政府

B. 澳门特别行政区立法会举行会议的法定人数为不少于全体议员的三分之二

C. 非中国籍的香港特别行政区永久性居民不得当选为香港特别行政区立法会议员

D. 香港特别行政区廉政公署独立工作，对香港特别行政区立法会负责

4. 根据《香港特别行政区基本法》和《澳门特别行政区基本法》的规定，下列哪些选项是正确的？（2013－1－61）[2]

A. 对世界各国或各地区的人入境、逗留和离境，特别行政区政府可以实行入境管制

B. 特别行政区行政长官依照法定程序任免各级法院法官、任免检察官

C. 香港特别行政区立法会议员因行为不检或违反誓言而经出席会议的议员三分之二通过谴责，由立法会主席宣告其丧失立法会议员资格

D. 基本法的解释权属于全国人大常委会

【习题拓展】

习近平在庆祝香港回归祖国25周年大会上指出，25年来，以宪法和基本法为基础的特别行政区宪制秩序稳健运行，中央全面管治权得到落实，特别行政区高度自治权正确行使。制定香港国安法，建立香港特别行政区维护国家安全的制度规范，修改完善香港选举制度，确保了“爱国者治港”原则得到落实。香港特别行政区的民主制度符合“一国两制”方针，符合香港

---

〔1〕 A【解析】根据《澳门特别行政区基本法》第104条的规定，澳门保持财政独立；澳门财政收入全部由澳门自行支配，不上缴中央人民政府；中央人民政府不在澳门征税，A选项正确。根据《澳门特别行政区基本法》第77条的规定，澳门立法会举行会议的法定人数为不少于全体议员的二分之一，除本法另有规定外，立法会的法案、议案由全体议员过半数通过，B选项错误。根据《香港特别行政区基本法》第67条规定，香港特别行政区立法会由在外国无居留权的香港特别行政区永久性居民中的中国公民组成；但非中国籍的香港特别行政区永久性居民和在外国有居留权的香港特别行政区永久性居民也可以当选为香港特别行政区立法会议员，其所占比例不得超过立法会全体议员的百分之二十，C选项错误。廉政公署独立工作，不受其他政府部门的干预，但其要对行政长官而非立法会负责，D选项错误。

〔2〕 ACD【解析】根据《香港特别行政区基本法》第154条第2款的规定，对世界各国或各地区的人入境、逗留和离境，香港特别行政区政府可实行出入境管制。根据《澳门特别行政区基本法》第139条第2款的规定，对世界各国或各地区的人入境、逗留和离境，澳门特别行政区政府可实行出入境管制，A选项正确。《香港特别行政区基本法》第88条规定，香港特别行政区法院的法官，根据当地法官和法律界及其他方面知名人士组成的独立委员会推荐，由行政长官任命。《澳门特别行政区基本法》第87条规定，澳门特别行政区各级法院的法官，根据当地法官、律师和知名人士组成的独立委员会的推荐，由行政长官任命。《澳门特别行政区基本法》第90条规定，澳门特别行政区检察长由澳门特别行政区永久性居民中的中国公民担任，由行政长官提名，报中央人民政府任命。检察官经检察长提名，由行政长官任命。因此，澳门检察长是由中央任命的，B选项错误。根据《香港特别行政区基本法》第79条规定，香港特别行政区立法会议员如有下列情况之一，由立法会主席宣告其丧失立法会议员的资格：……（七）行为不检或违反誓言而经立法会出席会议的议员三分之二通过谴责，C选项正确。《香港特别行政区基本法》第158条规定，本法的解释权属于全国人民代表大会常务委员会。《澳门特别行政区基本法》第143条规定，本法的解释权属于全国人民代表大会常务委员会，D选项正确。

宪制地位。关于“一国两制”和香港的高度自治权，下列说法正确的是？[1]

A. 全国人大常委会不得修改香港基本法，但可以提出修改议案

B. 香港特别行政区行政长官由中央人民政府任免

C. 为防控疫情，香港立法会制定了《若干到港人士强制检疫规例》，该《规例》必须报全国人大常委会备案，否则无效

D. 最高人民法院可以就发生在香港的危害国家安全案件指定法院管辖

第十节　基层群众性自治组织【考查频率☆☆☆☆】

一、基层群众性自治组织的含义和特点

《宪法》第111条第1款规定：“城市和农村按居民居住地区设立的居民委员会或者村民委员会是基层群众性自治组织……”根据《宪法》和《村民委员会组织法》《城市居民委员会组织法》的规定，以及现行《宪法》实施以来我国城乡基层社会组织建设的实际情况，基层群众性自治组织指的是依照有关法律规定，以城乡居民（村民）一定的居住地为纽带和范围设立，并由居民（村民）选举产生的成员组成的，实行自我管理、自我教育、自我服务的社会组织。

【特别提示】基层群众性自治组织不是国家机关，也不是国家机关的下属或下级组织，也不从属于居住地范围内其他任何社会组织，具有自身组织上的独立性。

二、村民委员会

1. 村民委员会的设置。

村民委员会根据村民居住状况、人口多少，按照便于群众自治，有利于经济发展和社会管理的原则设立。村民委员会的设立、撤销、范围调整，由乡、民族乡、镇的人民政府提出，经村民委员会讨论同意后，报县级人民政府批准。

2. 村民委员会的任务。

（1）宣传宪法、法律、法规和国家的政策，教育和推动村民履行法律规定的义务、爱护公共财产，维护村民合法的权利和利益，发展文化教育，普及科技知识，促进男女平等，做好计划生育工作，促进村与村之间的团结、互助，开展多种形式的社会主义精神文明建设活动；

（2）办理本村公共事务和公益事业，调解民间纠纷，协助维护社会治安，向人民政府反

---

〔1〕 AD【解析】《香港基本法》第159条规定：“本法的修改权属于全国人民代表大会。本法的修改提案权属于全国人民代表大会常务委员会、国务院和香港特别行政区。”故A项正确。《香港基本法》第45条规定：“香港特别行政区行政长官在当地通过选举或协商产生，由中央人民政府任命。”中央对特首有任命权而非任免权，故B项错误。《香港基本法》第17条规定：“香港特别行政区的立法机关制定的法律须报全国人民代表大会常务委员会备案。备案不影响该法律的生效。”故C项错误。《香港国安法》第55条规定：“有以下情形之一的，经香港特别行政区政府或者驻香港特别行政区维护国家安全公署提出，并报中央人民政府批准，由驻香港特别行政区维护国家安全公署对本法规定的危害国家安全犯罪案件行使管辖权：（一）案件涉及外国或者境外势力介入的复杂情况，香港特别行政区管辖确有困难的；（二）出现香港特别行政区政府无法有效执行本法的严重情况的；（三）出现国家安全面临重大现实威胁的情况的。”第56条规定：“根据本法第55条规定管辖有关危害国家安全犯罪案件时，由驻香港特别行政区维护国家安全公署负责立案侦查，最高人民检察院指定有关检察机关行使检察权，最高人民法院指定有关法院行使审判权。”故D项正确。

映村民的意见、要求和提出建议；

（3）协助乡、民族乡、镇的人民政府开展工作，协助有关部门对被剥夺政治权利的村民进行教育、帮助和监督；

（4）支持和组织村民依法发展各种形式的合作经济和其他经济，承担本村生产的服务和协调工作，促进农村生产建设和社会主义市场经济的发展；

（5）尊重并支持集体经济组织依法独立进行经济活动的自主权，维护以家庭承包经营为基础、统分结合的双层经营体制，保障集体经济组织和村民、承包经营户、联户或者合伙的合法的财产权和其他合法的权利和利益；

（6）依照法律的规定，管理本村属于村民集体所有的土地和其他财产，教育村民合理利用自然资源，保护和改善生态环境；

（7）多民族村民居住的村，村民委员会应当教育和引导各民族村民增进团结、互相尊重、互相帮助。

3. 村民委员会的组织。

村民委员会由主任、副主任和委员共 3 ~ 7 人组成，其中，妇女应当有适当名额，多民族村民居住的村应当有人数较少的少数民族的成员。村民委员会成员由年满 18 周岁未被剥夺政治权利的村民直接选举产生。每届任期 5 年，成员可以连选连任。

选举村民委员会，有登记参加选举的村民过半数投票，选举有效；候选人获得参加投票的村民过半数的选票，始得当选。本村 1/5 以上有选举权的村民或者 1/3 以上的村民代表联名，可以要求罢免村民委员会成员，罢免须有登记参加选举的村民过半数投票，并须经投票的村民过半数通过。村民委员会应当接受村民会议或者村民代表会议对其履行职责情况的民主评议，民主评议每年至少进行一次，由村务监督机构主持。村民委员会成员连续两次被评议不称职的，其职务终止。村民委员会成员实行任期和离任经济责任审计。

村民委员会根据需要设人民调解、治安保卫、公共卫生与计划生育等委员会。人口少的村的村民委员会可以不设下属的委员会，由村民委员会成员分工负责人民调解、治安保卫、公共卫生与计划生育等工作。村民委员会还可以分设村民小组，小组长由村民小组会议推选。村民委员会实行村务公开制度。

村民会议由本村 18 周岁以上的村民组成。召开村民会议，应当有本村 18 周岁以上村民的过半数，或者本村 2/3 以上的户的代表参加，村民会议所作决定应当经到会人员的过半数通过。法律对召开村民会议及作出决定另有规定的，依照其规定。召开村民会议，根据需要可以邀请驻本村的企业、事业单位和群众组织派代表列席。

人数较多或者居住分散的村，可以设立村民代表会议，讨论决定村民会议授权的事项。村民代表会议由村民委员会成员和村民代表组成，村民代表应当占村民代表会议组成人员的 4/5 以上，妇女村民代表应当占村民代表会议组成人员的 1/3 以上。村民代表由村民按每 5 户至 15 户推选 1 人，或者由各村民小组推选若干人。村民代表的任期与村民委员会的任期相同。村民代表可以连选连任。村民代表应当向其推选户或者村民小组负责，接受村民监督。

村民委员会向村民会议、村民代表会议负责并报告工作。村民会议审议村民委员会的年度工作报告，评议村民委员会成员的工作；有权撤销或者变更村民委员会不适当的决定；有权撤销或者变更村民代表会议不适当的决定。村民会议可以授权村民代表会议审议村民委员会的年度工作报告，评议村民委员会成员的工作，撤销或者变更村民委员会不适当的决定。村民自治章程、村规民约由村民会议制定和修改，并报乡、民族乡、镇的人民政府备案。

三、居民委员会

（一）居民委员会的性质

根据现行《宪法》和2018年《城市居民委员会组织法》的规定，居民委员会是居民自我管理、自我教育、自我服务的基层群众性自治组织。居民委员会与不设区的市、市辖区的人民政府或者它的派出机关的关系是：

1. 不设区的市、市辖区的人民政府或者它的派出机关对居民委员会的工作给予指导、支持和帮助。

2. 居民委员会协助不设区的市、市辖区人民政府或者它的派出机关开展工作。

3. 市、市辖区人民政府的有关部门需要居民委员会或者它的下属委员会协助进行工作，应经市、市辖区人民政府或者它的派出机关同意并统一安排。

4. 市、市辖区人民政府的有关部门，可以对居民委员会有关的下属委员会进行业务指导。

（二）居民委员会的任务

1. 宣传宪法、法律、法规和国家的政策，维护居民的合法权益，教育居民履行法律规定的义务，爱护公共财产，开展多种形式的社会主义精神文明建设活动。

2. 办理本居住地区居民的公共事务和公益事业。

3. 调解民间纠纷。

4. 协助维护社会治安。

5. 协助人民政府或者它的派出机关做好与居民利益有关的公共卫生、计划生育、优抚救济、青少年教育等工作。

6. 向人民政府或者它的派出机关反映居民的意见、要求和提出建议。

（三）居民委员会的设置和组织

居民委员会根据居民居住状况，按照便于居民自治的原则，一般在100～700户的范围内设立。居民委员会的设立、撤销、规模调整，由不设区的市、市辖区的人民政府决定。居民委员会由主任、副主任和委员共5～9人组成。每届任期5年，成员可以连选连任。

【经典真题】

1. 某村集体土地被征收，村里制定了有关征地补偿费的使用和分配方案，但遭到了部分村民反对，关于该方案，下列哪些选项正确？（2020年回忆版，多选）[1]

A. 反对者可以申请乡镇政府予以撤销

B. 反对者可以申请法院予以撤销

C. 需要经过村民会议讨论决定

D. 经村民会议授权，由村民代表会议讨论决定

---

[1] BCD【解析】《村民委员会组织法》第5条第1款规定："乡、民族乡、镇的人民政府……不得干预依法属于村民自治范围内的事项。"第36条第2款规定："村民委员会不依照法律、法规的规定履行法定义务的，由乡、民族乡、镇的人民政府责令改正。"征地补偿分配方案属于村民自治范围内的事项，所以乡镇政府对于村委会的违法方案，应当责令改正，故A项错误。《村民委员会组织法》第36条第1款规定："村民委员会或者村民委员会成员作出的决定侵害村民合法权益的，受侵害的村民可以申请人民法院予以撤销，责任人依法承担法律责任。"故B项正确。根据《村民委员会组织法》第24条规定，征地补偿费的使用、分配方案属于涉及村民利益的事项，经村民会议讨论决定方可办理，村民会议可以授权村民代表会议讨论决定，故C项、D项正确。

2. 关于村庄治理，下列有关说法正确的是？（2018 年回忆版，多选）〔1〕

A. 村民代表应当向其推选户或者村民小组负责，接受村民监督

B. 村务监督机构成员向村民委员会负责，可以列席村民委员会会议

C. 村民委员会工作移交由村民选举委员会主持，由乡、民族乡、镇的人民政府监督

D. 村民会议有权撤销或者变更村民委员会不适当的决定；有权撤销或者变更村民代表会议不适当的决定

3. 某乡政府为有效指导、支持和帮助村民委员会的工作，根据相关法律法规，结合本乡实际作出了下列规定，其中哪一规定是合法的？（2016 - 1 - 26）〔2〕

A. 村委会的年度工作报告由乡政府审议

B. 村民会议制定和修改的村民自治章程和村规民约，报乡政府备案

C. 对登记参加选举的村民名单有异议并提出申诉的，由乡政府作出处理并公布处理结果

D. 村委会组成人员违法犯罪不能继续任职的，由乡政府任命新的成员暂时代理至本届村委会任期届满

4. 某村村委会未经村民会议讨论，制定了土地承包经营方案，侵害了村民的合法权益，引发了村民的强烈不满。根据《村民委员会组织法》的规定，下列哪些做法是正确的？（2015 - 1 - 64）〔3〕

A. 村民会议有权撤销该方案

B. 由该村所在地的乡镇级政府责令改正

C. 受侵害的村民可以申请法院予以撤销

D. 村民代表可以就此联名提出罢免村委会成员的要求

5. 根据《宪法》和法律的规定，关于基层群众自治，下列哪一选项是正确的？（2014 -

---

〔1〕 ACD【解析】《村民委员会组织法》第 25 条第 2、3 款规定："村民代表由村民按每 5 户至 15 户推选一人，或者由各村民小组推选若干人。村民代表的任期与村民委员会的任期相同。村民代表可以连选连任。村民代表应当向其推选户或者村民小组负责，接受村民监督"，A 选项正确。《村委会组织法》第 32 条规定："村务监督机构成员向村民会议和村民代表会议负责，可以列席村民委员会会议"，B 选项错误。《村委会组织法》第 20 条规定："村民委员会应当自新一届村民委员会产生之日起 10 日内完成工作移交。工作移交由村民选举委员会主持，由乡、民族乡、镇的人民政府监督"，C 选项正确。《村委会组织法》第 23 条第 1 款规定："村民会议审议村民委员会的年度工作报告，评议村民委员会成员的工作；有权撤销或者变更村民委员会不适当的决定；有权撤销或者变更村民代表会议不适当的决定"，D 选项正确。

〔2〕 B【解析】村民委员会向村民会议、村民代表会议负责并报告工作。村民会议审议村民委员会的年度工作报告，评议村民委员会成员的工作，故 A 项错误。村民自治章程、村规民约由村民会议制定和修改，并报乡、民族乡、镇的人民政府备案。故 B 项正确。《村民委员会组织法》第 14 条第 2 款规定：对登记参加选举的村民名单有异议的，应当自名单公布之日起 5 日内向村民选举委员会申诉，村民选举委员会应当自收到申诉之日起 3 日内作出处理决定，并公布处理结果。故 C 表述错误。《村民委员会组织法》第 19 条规定：村民委员会成员出缺，可以由村民会议或者村民代表会议进行补选。补选程序参照本法第 15 条的规定办理。补选的村民委员会成员的任期到本届村民委员会任期届满时止。故 D 项错误。

〔3〕 ABCD【解析】《村民委员会组织法》第 23 条："村民会议审议村民委员会的年度工作报告，评议村民委员会成员的工作；有权撤销或者变更村民委员会不适当的决定；有权撤销或者变更村民代表会议不适当的决定。" A 项正确。《村民委员会组织法》第 36 条："村民委员会或者村民委员会成员作出的决定侵害村民合法权益的，受侵害的村民可以申请人民法院予以撤销，责任人依法承担法律责任。村民委员会不依照法律、法规的规定履行法定义务的，由乡、民族乡、镇的人民政府责令改正。乡、民族乡、镇的人民政府干预依法属于村民自治范围事项的，由上一级人民政府责令改正。"B 项、C 项正确。《村民委员会组织法》第 16 条："本村五分之一以上有选举权的村民或者三分之一以上的村民代表联名，可以提出罢免村民委员会成员的要求，并说明要求罢免的理由。被提出罢免的村民委员会成员有权提出申辩意见。" D 项正确。

1－25）[1]

A. 村民委员会的设立、撤销，由乡镇政府提出，经村民会议讨论同意，报县级政府批准

B. 有关征地补偿费用的使用和分配方案，经村民会议讨论通过后，报乡镇政府批准

C. 居民公约由居民会议讨论通过后，报不设区的市、市辖区或者它的派出机关批准

D. 居民委员会的设立、撤销，由不设区的市、市辖区政府提出，报市政府批准

【习题拓展】

1. 关于我国基层群众性自治制度的说法。下列哪一选项是正确的？[2]

A. 村委会的设立、撤销、范围调整，由乡、民族乡、镇的人民政府批准

B. 村委会成员由年满 18 岁的村民直接选举产生

C. 选举期间外出不能参加投票的村民，可以委托本村有选举权的近亲属代为投票，但受托人不得接受三人以上的委托

D. 任何组织或者个人不得指定、委派或撤换村委会成员

2. 下列关于村民委员会的表述，不正确的是？[3]

A. 新设村民委员会须由乡级政府提出，经村民会议同意，报县级政府备案

B. 村民委员会的选举由村民选举委员会主持，村民选举委员会受县级人大常委会的领导

C. 村民委员会选举中，候选人获得参加投票的村民过半数的选票，始得当选

D. 村民自治章程、村规民约由村民会议制定和修改，并报乡级政府批准

第十一节　国家标志

一、宪法与国家

宪法是国家根本法，是国家各种制度和法律法规的总依据。可以说，没有宪法就不足以构成现代国家。同样，没有国家这个政治基础，宪法存在和发挥规范作用的基础也就不具备了。

国家标志又称国家象征，一般是指由宪法和法律规定的，代表国家的主权、独立和尊严的象征和标志，主要包括国旗、国歌、国徽和首都等。作为国际交往中的国家识别标志，世界各国几乎都有自己的国家象征。它代表了一个国家的主权、独立和尊严，反映了一个国家的历史

---

〔1〕 A【解析】根据《村民委员会组织法》第 3 条第 2 款的规定，村民委员会的设立、撤销、范围调整，由乡、民族乡、镇的人民政府提出，经村民会议讨论同意，报县级人民政府批准，A 选项正确。根据《村民委员会组织法》第 24 条，征地补偿费用的使用和分配方案属于涉及村民利益的事项，应经村民会议讨论决定，无需报乡镇政府批准，B 选项错误。根据《城市居民委员会组织法》第 15 条的规定，居民公约由居民会议讨论制定，报不设区的市、市辖区的人民政府或者它的派出机关备案，由居民委员会监督执行，C 选项错误。根据《城市居民委员会组织法》第 6 条的规定，居民委员会的设立、撤销、规模调整，由不设区的市、市辖区的人民政府决定，D 选项错误。

〔2〕 D【解析】村委会的设立、撤销、范围调整，由乡、民族乡、镇的人民政府提出，报县级人民政府批准，故 A 项错误。村委会成员由年满 18 周岁的未被剥夺政治权利的村民直接选举产生，故 B 选项错误。选举期间外出不能参加投票的村民，可以委托本村有选举权的近亲属代为投票，但是没有"受托人不得接受三人以上的委托"的规定，故 C 选项错误。

〔3〕 ABCD【解析】根据《村民委员会组织法》第 3 条，村民委员会的设立、撤销、范围调整，由乡级政府提出，经村民会议同意，报县级政府批准，故 A 项错误。根据《村民委员会组织法》第 12 条，村民委员会的选举由村民选举委员会主持，该选举委员会属于自治组织范畴，不受任何国家机关领导，故 B 项错误。根据《村民委员会组织法》第 15 条，选举村民委员会，须有登记参加选举的村民过半数投票，选举有效，候选人获得参加投票的村民过半数的选票，始得当选，故 C 项错误。根据《村民委员会组织法》第 27 条，村民自治章程、村规民约由村民会议制定和修改，并报乡级政府备案，故 D 项错误。

传统、民族精神。

二、国旗、国歌、国徽、首都

国旗、国歌、国徽、首都是国家的标志，是国家的主权、独立和尊严的象征。我国《宪法》第四章“国旗、国歌、国徽、首都”对国家标志作出明确规定，《国旗法》《国歌法》《国徽法》等对相应制度作出更具体的规定。

1. 我国国旗是五星红旗。下列场所或者机构所在地应当每日升挂国旗：(1) 北京天安门广场、新华门；(2) 中国共产党中央委员会，全国人民代表大会常务委员会，国务院，中央军事委员会，中国共产党中央纪律检查委员会、国家监察委员会，最高人民法院，最高人民检察院，中国人民政治协商会议全国委员会；(3) 外交部；(4) 出境入境的机场、港口、火车站和其他边境口岸，边防海防哨所。国务院各部门、地方各级人大常委会、人民政府、人民法院、人民检察院、中国人民政治协商会议地方各级委员会等应当在工作日升挂国旗。全日制学校，除寒假、暑假和星期日外，应当每日升挂国旗。此外，在国庆节、国际劳动节、元旦和春节，各级国家机关、各人民团体以及大型广场、公园等公共活动场所应当升挂国旗。企业事业组织，村民委员会、居民委员会，城镇居民院（楼）、小区有条件的可以升挂国旗。

2. 我国国歌是《义勇军进行曲》。在下列场合应当奏唱国歌：(1) 全国人大会议和地方各级人大会议的开幕、闭幕；中国人民政治协商会议全国委员会会议和地方各级委员会会议的开幕、闭幕；(2) 各政党、各人民团体的各级代表大会等；(3) 宪法宣誓仪式；(4) 升国旗仪式；(5) 各级机关举行或者组织的重大庆典、表彰、纪念仪式等；(6) 国家公祭仪式；(7) 重大外交活动；(8) 重大体育赛事；(9) 其他应当奏唱国歌的场合。

3. 我国国徽，中间是五星照耀下的天安门，周围是谷穗和齿轮。下列机构应当悬挂国徽：(1) 各级人民代表大会常务委员会；(2) 各级人民政府；(3) 中央军事委员会；(4) 各级监察委员会；(5) 各级人民法院和专门人民法院；(6) 各级人民检察院和专门人民检察院；(7) 外交部；(8) 国家驻外使馆、领馆和其他外交代表机构；(9) 中央人民政府驻香港特别行政区有关机构、中央人民政府驻澳门特别行政区有关机构。国徽应当悬挂在机关正门上方正中处。下列场所应当悬挂国徽：(1) 北京天安门城楼、人民大会堂；(2) 县级以上各级人民代表大会及其常务委员会会议厅，乡、民族乡、镇的人民代表大会会场；(3) 各级人民法院和专门人民法院的审判庭；(4) 宪法宣誓场所；(5) 出境入境口岸的适当场所。国徽及其图案不得用于商标、广告、日常生活的陈设布置、私人庆吊活动和国务院办公厅规定不得使用的其他场合。

4. 我国首都是北京。

【经典真题】

国家标志是国家的主权、独立和尊严的象征。根据《宪法》和法律关于中华人民共和国

的国家标志，下列选项正确的是？（2021 年回忆版，多选）[1]

A. 各级人民政府应当悬挂国徽

B. 举行宪法宣誓仪式时，应当在宣誓场所悬挂国旗或者国徽、奏唱国歌

C. 机场、港口、火车站应当每日升挂国旗

D. 国家标志包括国旗、国歌、国徽、首都、国家主席等

【习题拓展】

下列关于国家标志的使用方法，正确的有？[2]

A. 举行南京大屠杀国家公祭仪式应当奏唱国歌

B. 十月一日当天，某大型商场播放国歌烘托气氛

C. 外交部应每日升挂国旗

D. 乡政府可以不悬挂国徽

---

〔1〕 AB【解析】《国徽法》第 4 条的规定：“下列机构应当悬挂国徽：（一）各级人民代表大会常务委员会；（二）各级人民政府；（三）中央军事委员会；（四）各级监察委员会；（五）各级人民法院和专门人民法院；（六）各级人民检察院和专门人民检察院；（七）外交部；（八）国家驻外使馆、领馆和其他外交代表机构；（九）中央人民政府驻香港特别行政区有关机构、中央人民政府驻澳门特别行政区有关机构。”故 A 项正确。《全国人民代表大会常务委员会关于实行宪法宣誓制度的决定》第 8 条的规定：“宣誓场所应当庄重、严肃，悬挂中华人民共和国国旗或者国徽。宣誓仪式应当奏唱中华人民共和国国歌。”故 B 项正确。《国旗法》第 5 条的规定：“下列场所或者机构所在地，应当每日升挂国旗：（一）北京天安门广场、新华门；（二）中国共产党中央委员会，全国人民代表大会常务委员会，国务院，中央军事委员会，中国共产党中央纪律检查委员会、国家监察委员会，最高人民法院，最高人民检察院；中国人民政治协商会议全国委员会；（三）外交部；（四）出境入境的机场、港口、火车站和其他边境口岸，边防海防哨所。”故 C 项错误。国家标志包括国旗、国徽、国歌、首都，故 D 项错误。

〔2〕 AC【解析】根据《国歌法》第 4 条，应当奏唱国歌的情形有：（1）全国人民代表大会会议和地方各级人民代表大会会议的开幕、闭幕；（2）中国人民政治协商会议全国委员会会议和地方各级委员会会议的开幕、闭幕；（3）各政党、各人民团体的各级代表大会等；（4）宪法宣誓仪式；（5）升国旗仪式；（6）各级机关举行或者组织的重大庆典、表彰、纪念仪式等；（7）国家公祭仪式；（8）重大外交活动；（9）重大体育赛，故 A 项正确。根据《国歌法》第 8 条，国歌不得用于或者变相用于商标、商业广告，不得在私人丧事活动等不适宜的场合使用，不得作为公共场所的背景音乐等，故 B 项错误。根据《国旗法》第 5 条，下列场所或者机构所在地，应当每日升挂国旗：（1）北京天安门广场、新华门；（2）中国共产党中央委员会，全国人民代表大会常务委员会，国务院，中央军事委员会，中国共产党中央纪律检查委员会、国家监察委员会，最高人民法院，最高人民检察院；（3）中国人民政治协商会议全国委员会；（4）外交部；（5）出境入境的机场、港口、火车站和其他边境口岸，边防海防哨所，故 C 项正确。根据《国徽法》第 4 条，各级政府都要悬挂国徽，故 D 项错误。

第三章　公民的权利和义务

【重点提示】

1. 平等权的内涵；
2. 政治权利和自由的具体内容；
3. 人身自由的具体内容；
4. 社会经济权利的具体内容。

【相关法条】

1. 《宪法》第 13 条；
2. 《宪法》第 33 ~ 56 条。

【知识框架】

- 公民的基本权利与义务
  - 公民基本权利与义务概述
    - 基本权利和基本义务的概念
    - 基本权利效力
    - 基本权利限制界限
    - 基本权利与人权
  - 我国公民的基本权利
    - 平等权
    - 政治权利和自由
    - 监督权和取得赔偿权
    - 宗教信仰自由
    - 人身自由
    - 社会经济、文化教育方面的权利
    - 特殊主体的权利
  - 我国公民的基本义务

第一节　公民的基本权利与义务概述【考查频率☆】

一、公民基本权利与义务概念

公民的基本权利也称宪法权利或者基本人权，是指由宪法规定的公民享有的主要的、必不可少的权利。基本权利具有其自身的法律特性：

1. 基本权利决定着公民在国家中的法律地位。
2. 基本权利是公民在社会生活中最主要、最基本而又不可缺少的权利。
3. 基本权利具有母体性，它能派生出公民的一般权利。
4. 基本权利具有稳定性和排他性，它与人的公民资格不可分，与人的平等法律地位不可分，因而是所谓“不证自明”的权利。

公民的基本义务也称宪法义务，是指由宪法规定的公民必须遵守的义务和应尽的根本责任。公民的基本义务是公民对国家具有首要意义的义务，它与基本权利共同反映并决定着公民在国家中的政治与法律地位，构成普通法律规定的公民权利义务的基础和原则。

二、基本权利效力

基本权利的性质决定了其效力不同于普通法律，其效力直接针对国家。基本权利约束国家，以防止和制止国家侵犯个人权利。并且，一些国家的理论和实践还对基本权利的效力进行了一定程度的扩张，基本权利开始对私人具有一定的拘束力。

（一）对立法机关的效力

基本权利对立法机关的效力具体体现为限制立法机关的立法。基本权利是立法者的界限，立法机关制定的法律不得与基本权利的内容相抵触。该意义上的效力构成基本权利对国家最有力的约束。美国《权利法案》第1条的内容就体现了这一点。该条规定："国会不得制定关于下列事项的法律：确立宗教或禁止信仰自由；剥夺人民言论或出版自由；剥夺人民和平集会及向政府请愿的权利。"

（二）对行政机关的效力

基本权利重要的效力之一表现为对行政机关行为的约束。行政机关的行为既包括抽象的行政法规、规章、命令，也包括具体行政行为。表现为行政机关在其行政行为中不得侵犯公民基本权利，否则公民就有诉请国家立法机关或者司法机关救济的权利，即公民通过行使诉愿权请求救济。实践中则由行政法院或由普通法院来承担这一救济和矫正行政行为侵权的职责。

（三）对司法机关的效力

基本权利对司法机关的效力有两种表现方式：

1. 法院在适用普通法律审理案件过程中，对法律的解释不得违反基本权利条款，不得与基本权利条款有抵触。这可以通过宪法法院（德、韩等国）或者最高法院（美、日等国）裁决普通法院或者下级法院的案件来实现。

2. 基本权利对法院有直接的拘束力。许多国家规定，基本权利条款直接对司法机关具有拘束力，如美国《权利法案》直接包括了约束法院的内容，主要表现为刑事和民事诉讼审判过程中要求法院为或者不为一定行为的权利。这些权利包括：受陪审团审判的权利、同一犯罪不受两次审判的权利、迅速而公开审判的权利、不得自证其罪的权利等。

三、基本权利限制界限

（一）限制基本权利的概念与依据

限制基本权利是指确定基本权利的范围，使之不得超过一定的限度，超过限度则构成权利的滥用。基本权利的受限制性具体表现为对基本权利主体和基本权利具体活动形式的限制。具体地说限制基本权利主要包括：

1. 剥夺一部分主体的基本权利。一般作为刑罚的附加刑采用。如选举权是公民的政治权利之一，是进行政治活动的基础。我国《刑法》规定，对于被判处死刑、无期徒刑的犯罪分子，应当剥夺政治权利终身。

2. 停止行使某种基本权利。出于某种原因，对基本权利主体的活动加以暂时性的限制，等条件恢复时再准予行使基本权利。

3. 出于社会公益，对基本权利特殊主体的活动进行限制。如对公务员的政治活动、军人的政治权利进行限制等。

（二）限制基本权利的目的

由于各国宪法的性质不同，在限制基本权利的目的上也表现出不同的特点。从各国宪法的规定看，限制基本权利主要有三个方面的目的，即维护社会秩序、保障国家安全和维护公共利益。

1. 维护社会秩序。

社会秩序是社会有序状态或动态平衡。正常的社会秩序是社会稳定和发展的基本条件。社会秩序包含着相应的社会关系内容和某些社会规范与原则。维护社会秩序的基本要求是：合理地确定社会成员的权利与义务；明确社会主体的宪法地位；对侵犯基本权利的现象规定预防和解决的程序；保护社会成员的积极性。宪法秩序是社会秩序的基础，稳定的社会秩序有赖于宪法关系中权利主体正确地行使权利，不滥用权利。当权利被滥用的行为危及社会秩序的基础时，出于恢复或维护社会秩序的目的，可对基本权利的某些内容进行必要的限制。

2. 保障国家安全。

限制基本权利的另一个目的是保障国家安全，在一个社会里，保障基本权利首先要保障国家安全和领土完整，即国家政权的稳定。当发生国际、国内危机时，正常的宪法秩序就要受到破坏，基本权利的保障也就失去基础。从某种意义上说，国家安全是基本权利保障的前提之一。

3. 维护公共利益。

为了维护公共利益，各国宪法普遍规定了对危害公共利益的行为加以限制的范围与具体形式。尽管各国宪法对公共利益内容的规定及表述有所不同，但都遵循一个总的原则，即行使权利和自由不得违背社会的公共利益。

（三）限制基本权利的基本形式

1. 基本权利内在的限制。

基本权利内在限制主要指基本权利内部已确定限制的范围，不是从外部设定条件。主要分为两种情况：(1) 基本权利本身的限制，即宪法中规定的基本权利概念本身对其范围与界限进行了必要的限定；(2) 通过具体附加的文句对其范围进行了限定。如行使集会游行示威权利时要求不得侵犯他人的权利与自由，规定行使言论自由权利时要求遵循社会公德等。

2. 宪法和法律的限制。

现代各国宪法一方面规定了保障基本权利的内容，另一方面又规定了限制基本权利的界限。这种界限也叫基本权利的宪法界限。宪法为基本权利运行确定了总的原则与程序，以此作为基本权利保障的内在条件。我国《宪法》第 51 条的规定是宪法对基本权利活动进行限制的总的原则与标准，确定了限制基本权利的宪法界限。在宪法上保障与限制基本权利是有机统一的，通过宪法进行的任何限制应具有合理的界限，不应超过宪法原则与精神所要求的范围与限度。制宪者在宪法中明示限制基本权利的界限，其目的是约束立法者在制定法律时尊重基本权利价值，依法正确行使立法裁量权。

在宪法原则的指导下，对基本权利的具体活动可通过法律进行适当的限制，它是经常被运用的形式。通过法律限制基本权利具有两种功能，即作为限制基本权利的手段和不依法律不能限制基本权利的一种界限。合理的限制不仅能促进基本权利的制度化、法律化，而且可以消除个人与共同体之间的对立，协调个人利益和公共利益。具体的限制方式有两种：

(1) 法律的一般保留，即法律规定的保留适用于所有基本权利；

(2) 法律的个别保留，即根据法律的具体条文而对基本权利进行限制。

在具体限制基本权利时，一般保留和个别保留有时会出现重复的现象，有些国家只规定个别保留，而没有规定一般保留，如韩国、日本等国。法律保留主要以行政权活动为对象；但在必要的情况下，也可约束立法权活动，以保护基本权利不受立法权侵害。我国宪法采取了一般保留的形式，法律对基本权利的限制适用于所有领域；但这种限制是有界限的，是在宪法原则指导下的限制。

（四）紧急状态下公民基本权利的限制

所谓紧急状态，就是指在一定范围和时间内，由于突发重大事件而严重威胁和破坏公共秩序、公共安全、公共卫生、国家统一等公共利益和国家利益，需要紧急予以专门应对的社会生活状态。在紧急状态下，为了保障公民的基本权利和社会公共利益、迅速恢复经济与社会的正常状态，有必要赋予国家机关一定的紧急权力。如何既保障基本权利价值，又保证国家权力能够有效运作，如何在基本权利的保障与限制之间寻求合理平衡是现代宪法学需要研究的重要课题。

我国《宪法》第10条第3款规定："国家为了公共利益的需要，可以依照法律规定对土地实行征收或者征用并给予补偿。"第13条第3款规定："国家为了公共利益的需要，可以依照法律规定对公民的私有财产实行征收或者征用并给予补偿。"这两款都规定了征收、征用的合目的性原则。第14条第4款规定："国家建立健全同经济发展水平相适应的社会保障制度。"《宪法》第51条对基本权利限制规定了具体的界限。这里对限制基本权利作出了总的要求，即只能基于维护公共利益和其他人的基本权利的目的而限制基本权利。

四、基本权利与人权

人权是基本权利的来源，基本权利是人权宪法化的具体表现。人权与基本权利的区别主要在于：人权是一种自然权，而基本权利是实定法上的权利；人权具有道德和价值上的效力，而基本权利是法律和制度上保障的权利，其效力与领域受到限制；人权表现为价值体系，而基本权利具有具体权利性；人权源于自然法，而基本权利源于人权等。人权与基本权利的区别决定了人权需要在宪法文本中被法定化，并转化为具有具体权利内容的基本权利形态。人权一旦转化为宪法文本中的基本权利，公民与国家机关都应受基本权利的约束。自然法意义上的人权并不是或者不能成为判断宪法和法律的尺度。人权所体现的基本价值是宪法制定与修改过程中的最高目标，表明人类生存与发展的要求、理念与期待。

【经典真题】

1. 我国《宪法》第二章规定了公民基本权利，《宪法》权利之所以称基本权利，是因为下面哪些理由？（2021年回忆版，多选）[1]

A. 由《宪法》规定　　B. 涉及公民与国家之间的关系

C. 是近现代宪法的目标和价值所在　　D. 对公民来说不可或缺

2. 公民基本权利也称宪法权利。关于公民基本权利，下列哪些选项是正确的？（2011－1－62）[2]

---

〔1〕 ABCD【解析】公民的基本权利也称宪法权利或者基本人权，是指由宪法规定的公民享有的主要的、必不可少的权利。基本权利具有其自身的法律特性：第一，基本权利确立了公民在国家生活中的宪法地位；第二，基本权利是公民在社会生活中最主要、最基本而又不可缺少的权利；第三，基本权利具有母体性，派生出具体的法律权利；第四，基本权利具有稳定性和排他性，与人的公民资格关系密切。我国《宪法》第二章规定了公民基本权利，故A项正确。《宪法》权利之所以称基本权利，是因为《宪法》权利涉及公民与国家之间的关系，基本权利是国家公权力不能侵犯的边界，故B项正确。基本权利是基本人权，是公民最重要的权利，是近现代宪法的目标和价值所在，故C项正确。《宪法》权利对公民来说不可或缺，因此《宪法》权利被称为基本权利，故D项正确。

〔2〕 ACD【解析】所谓基本权利，是指由宪法规定的公民享有的主要的、必不可少的权利。其具有自身的特点：基本权利决定了公民在国家生活中的法律地位；基本权利是公民在社会生活中最主要、最基本而又不可缺少的权利等。人权是作为一个人应该享有的权利，基本权利是人权的法律表现形式。故A项正确。我国宪法第二章明确规定公民的基本权利和义务，因此法人不可以作为基本权利的主体，故B项错误。我国宪法第51条明确规定："中华人民共和国公民在行使自由和权利的时候，不得损害国家的、社会的、集体的利益和其他公民的合法的自由和权利。"故C项正确。我国宪法第33条第2款明确规定："中华人民共和国公民在法律面前一律平等。"因而其作为宪法赋予共鸣的一项基本原则，故D项正确。

A. 人权是基本权利的来源，基本权利是人权宪法化的具体表现

B. 基本权利的主体主要是公民，在我国法人也可以作为基本权利的主体

C. 我国公民在行使自由和权利的时候，不得损害国家的、社会的、集体的利益和其他公民的合法的自由和权利

D. 权利和义务的平等性是我国公民基本权利和义务的重要特点

第二节　我国公民的基本权利【考查频率☆☆☆☆☆】

一、平等权

（一）平等权的概念

平等权是指公民依法平等地享有权利，不受任何差别对待，要求国家给予同等保护的权利。平等权是我国宪法赋予公民的一项基本权利，是公民其他一切权利实现的基础，也是我国社会主义法制的一个基本原则。

（二）平等权的基本内容

1. 法律面前一律平等。

我国现行《宪法》规定："中华人民共和国公民在法律面前一律平等。"这一规定的含义有三：

（1）任何公民不分民族、种族、性别、职业、家庭出身、宗教信仰、教育程度、财产状况、居住期限，都一律平等地享有宪法和法律规定的权利，也都平等地履行宪法和法律规定的义务；

（2）任何人的合法权利都一律平等地受到保护，对违法行为一律依法予以追究，绝不允许任何违法犯罪分子逍遥法外；

（3）在法律面前，不允许任何公民享有法律以外的特权，任何人不得强制任何公民承担法律以外的义务，不得使公民受到法律以外的处罚。

2. 禁止不合理的差别对待。

3. 平等权与合理差别。

宪法意义上的差别存在合理的差别与不合理的差别。平等权的相对性要求禁止不合理的差别，而合理的差别具有合宪性。如宪法对全国人大代表的言论免责权作了特殊规定，这一权利是人民代表基于其取得的代表资格而享有的，不具有代表资格的公民不能享有。在这里，平等权的价值表现在人民代表在言论免责权行使方面的平等，公民之间权利方面的某些特殊规定是一种合理的差别，不能认为是一种特权。如果不承认现实生活中存在的合理的差别，仅仅以平等理念处理各种宪法问题，有可能导致平均主义，混淆平等与自由的界限。基于性别、年龄及个人生活环境的差异，在法律或公共政策中有可能出现一些差别，对此应作具体分析，区分合理的差别与不合理的差别。

二、政治权利和自由

政治权利和自由是公民作为国家政治主体而依法享有的参加国家政治生活的权利和自由。公民享有参与国家政治生活方面的权利，是国家权力属于人民的直接表现，也是人民代表大会制度的基础。

（一）选举权和被选举权

中华人民共和国年满 18 周岁的公民，不分民族、种族、性别、职业、家庭出身、宗教信

仰、教育程度、财产状况、居住期限，都有选举权和被选举权；但是依照法律被剥夺政治权利的人除外。选举权是指选民依法选举代议机关代表和特定国家机关公职人员的权利；被选举权则指选民依法被选举为代议机关代表和特定国家机关公职人员的权利。它是人民行使国家权力的基本形式，因而体现了人民管理国家的主人翁地位。

（二）六项政治自由

政治自由是指公民表达自己政治意愿的自由，包括言论、出版、集会、结社、游行、示威自由。公民的政治自由是近代民主政治的基础，是公民表达个人见解和意愿，参与正常社会活动和国家管理的一项基本权利。

1. 言论自由。

言论自由是指公民有权通过各种语言形式，针对政治和社会中的各种问题表达其思想和见解的自由。言论自由在公民的各项政治自由中居于首要地位。我国《宪法》规定的言论自由具有特定的范围与表现形式。

（1）公民作为基本权利主体，都有以言论方式表达思想和见解的权利，因而享有言论自由的主体十分广泛；

（2）言论自由的表现形式多样，既包括口头形式，又包括书面形式，必要时还可根据法律规定利用电视广播等传播媒介；

（3）言论自由作为一项法律权利，在法定范围内，其享受者不应由于某种言论而遭致不利后果，其合法权益受法律保护；

（4）公民的言论自由必须在法律范围内行使。

2. 出版自由。

出版自由是指公民可以通过公开出版物的形式，自由地表达自己对国家事务、经济和文化事业、社会事务的见解和看法。

（1）著作自由，即公民有权自由地在出版物上发表作品；

（2）出版单位的设立与管理必须遵循国家宪法和法律的规定。出版是言论的自然延伸，是固定化的言论；出版自由也就是言论自由的自然延伸。

世界各国对出版物的管理主要有预防制和追惩制。前者也称事前审查制，即在著作出版前审查其内容是否合法的制度；后者是在出版物出版后，根据其社会效果决定是否予以禁止和处罚的制度。我国实行预防制和追惩制相结合的制度，但事前审查主要由出版单位承担。

【特别提示】出版自由属于政治自由，不属于文化自由。

3. 结社自由。

结社自由是指有着共同意愿或利益的公民，为了一定宗旨而依法定程序组成具有持续性的社会团体的自由。

公民结社按目的不同而分为营利性结社和非营利性结社。前者如成立公司、集团等，这由民法、商法等来调整其权利义务关系。后者又分为政治性结社和非政治性结社两类。前者如组织政党、政治团体等，后者如组织宗教、慈善、文化艺术团体，等等。

《宪法》中规定的结社自由主要指组织政治性团体的自由。2016 年国务院修订的《社会团体登记管理条例》规定，社会团体的成立实行核准登记制度。我国社会团体的登记管理机关是民政部和县级以上的地方各级民政部门，登记管理机关对社会团体的活动进行监督；社会团体必须遵守国家宪法、法律、法规和国家的有关政策。

4. 集会、游行、示威自由。

集会、游行、示威自由是言论自由的延伸和具体化，是公民表达其意愿的不同表现形式。集会自由是指公民为着共同目的，临时聚集于露天公共场所，发表意见、表达意愿的自由；游行自由是指公民在公共道路、露天公共场所列队行进，表达共同愿望的自由；示威自由是指公民在露天公共场所或者公共道路上以集会、游行、静坐等方式，表达要求、抗议或者支持、声援等共同意愿的自由。

1989 年全国人大常委会通过并公布了《集会游行示威法》，2009 年对该法进行了修改。该法对集会、游行、示威的概念和标准，主管机关和具体管理程序及措施，申请和获得许可的程序，违法行为及应承担的法律责任等，都作出了明确的规定。

三、宗教信仰自由

我国公民有宗教信仰自由。宗教信仰自由是指公民依据内心的信念，自愿地信仰宗教的自由。其涵义可概括为：是否信仰宗教、信仰何种宗教、何时信仰宗教均是公民的自由。

我国宪法之所以要如此规定是因为：

1. 宗教是一种历史现象，有其产生、发展和消亡的过程，在它存在的条件尚未消失的时候，它还会继续存在。

2. 宗教信仰属于思想范畴问题，对待公民的思想认识问题，只能采取说服教育的方法去解决，绝不能强迫命令、粗暴压制。

3. 宗教的存在具有长期性、国际性、民族性和群众性的特点，正确处理好宗教问题，对于民族团结、国家统一和国际交往都具有重要意义。

任何国家机关、社会团体和个人不得强制公民信仰宗教或者不信仰宗教，不得歧视信仰宗教的公民和不信仰宗教的公民；国家保护正常的宗教活动，但任何人不得利用宗教进行破坏社会秩序、损害公民身体健康、妨碍国家教育制度的活动；宗教团体和宗教事务不受外国势力支配。

四、人身自由

人身自由包括狭义和广义两个方面。狭义的人身自由主要指公民的身体不受非法侵犯，广义的人身自由则还包括与狭义人身自由相关联的人格尊严、住宅不受侵犯、通信自由和通信秘密等与公民个人生活有关的权利和自由。人身自由是公民具体参加各种社会活动和实际享受其他权利的前提，也是保持和发展公民个性的必要条件。

（一）生命权

生命权是享有生命的权利，体现着人类的尊严与价值。生命权是最重要的权利，是基本权利价值体系的基础和出发点。从一般意义上讲，生命权的基本内容包括：

1. 享受生命的权利。即每个自然人平等地享有生命价值。

2. 防御权。即生命权的本质是对一切侵害生命价值的行为的防御。

3. 生命保护请求权。即当生命权受到侵害时，受害者有权向国家提出保护的请求，以得到必要的救济。

4. 生命权的不可分性。由于生命权是人的尊严的基础和一切权利的出发点，故生命权具有专属性，只属于特定的个人，但个人主观的生命权同时具有社会共同体价值秩序的性质，表现为一种法律义务。

【特别提示】生命权首先是人的权利，而不仅仅是公民的权利。生命权的主体只能是自然人，包括本国人、外国人和无国籍人。我国《宪法》并未明文规定生命权，因为该权利不言自明。

（二）人身自由

我国公民的人身自由不受侵犯。这里的人身自由是指狭义的人身自由，是指公民的肉体和精神不受非法侵犯，即不受非法限制、搜查、拘留和逮捕。人身自由是公民所应享有的最起码的权利。

人身自由与其他自由一样并不是绝对的，在必要时，国家可以依法采取搜查、拘留、逮捕等措施，限制甚至剥夺特定公民的人身自由。禁止非法拘禁或以其他方法非法剥夺或者限制公民的人身自由，禁止非法搜查公民的身体。任何公民，非经人民检察院批准、决定或者人民法院决定，并由公安机关执行，不受逮捕。

（三）人格尊严不受侵犯

我国公民的人格尊严不受侵犯，禁止用任何方法对公民进行侮辱、诽谤和诬告陷害。人格尊严是指公民作为平等的人的资格和权利应该受到国家的承认和尊重，包括与公民人身存在密切联系的名誉、姓名、肖像等不容侵犯的权利。人格尊严的法律表现是公民的人格权，具体包括：姓名权、肖像权、名誉权、荣誉权和隐私权。

（四）住宅不受侵犯

我国公民的住宅不受侵犯，禁止非法搜查或者非法侵入公民的住宅。住宅不受侵犯是指任何机关、团体的工作人员或者其他个人，未经法律许可或未经户主等居住者的同意，不得随意进入、搜查或查封公民的住宅。住宅是公民日常生活、工作学习的场所，因此保护公民的住宅不受侵犯，也就保护了公民的居住安全和生活安定，也就进一步保护了公民的人身自由权利。住宅不受侵犯还包括任何机关、团体或个人都不可侵占、损毁公民的住宅。公安机关、检察机关为了收集犯罪证据、查获犯罪嫌疑人，需要对有关人员的身体、物品、住宅及其他地方进行搜查时，必须严格依照法律规定的程序进行。

（五）通信自由和通信秘密

我国公民的通信自由和通信秘密受法律的保护，除因国家安全或者追查刑事犯罪的需要，由公安机关或者检察机关依照法律规定的程序对通信进行检查外，任何组织或者个人不得以任何理由侵犯公民的通信自由和通信秘密。

通信自由是指公民与其他主体之间传递消息和信息不受国家非法限制的自由。通信秘密是指公民的通信（包括电报、电传、电话和邮件等信息传递形式），他人不得隐匿、毁弃、拆阅或者窃听。

五、社会经济、文化教育方面的权利

社会经济权利是指公民根据宪法规定享有的具有物质经济利益的权利，是公民实现基本权利的物质上的保障。文化教育权利则是公民根据宪法规定，在教育和文化领域享有的权利和自由。

1. 财产权。

财产权是指公民对其合法财产享有的不受非法侵犯的所有权。公民的合法的私有财产不受侵犯；国家依照法律规定保护公民的私有财产权；国家为了公共利益的需要，可以依照法律规定对公民的私有财产实行征收或者征用，并给予补偿。

2. 劳动权、休息权和获得物质帮助权。

我国公民有劳动的权利和义务。公民的劳动权是指有劳动能力的公民有从事劳动并取得相应报酬的权利。为了实现公民的劳动权，国家通过各种途径，创造劳动就业条件，加强劳动保护，改善劳动条件，并在发展生产的基础上，提高劳动报酬和福利待遇。同时，劳动者有休息的权利。公民在年老、疾病或者丧失劳动能力的情况下，有从国家和社会获得物质帮助的权利。

3. 受教育的权利和进行科学研究、文学艺术创作和其他文化活动的自由。

公民有受教育的权利和义务。受教育既是一项权利，又是一项义务。教育权在属性上属于积极权利，即国家应当为实现公民的教育权而提供平等机会、物质保障和政策支持。国家对于从事教育、科学、技术、文学、艺术和其他文化事业的公民的有益于人民的创造性工作，给以鼓励和帮助。

【特别提示】

1. 劳动和受教育，既是公民的权利，也是公民的义务。

2. 除财产权和继承权外，公民的社会经济、文化教育权利都属于公民的积极受益权，即公民可以积极主动地向国家提出请求，国家也应积极予以保障的权利，这是20世纪以来宪法权利的新发展。

六、监督权和获得赔偿权

1. 监督权。

监督权是指宪法赋予公民监督国家机关及其工作人员的活动的权利，是公民作为国家管理活动的相对方对抗国家机关及其工作人员违法失职行为的权利。其内容主要包括：批评、建议权，控告、检举、申诉权。

2. 获得赔偿权。

由于国家机关和国家工作人员侵犯公民权利而受到损失的人，有依照法律规定取得赔偿的权利。《行政诉讼法》确立了行政赔偿的原则和制度，《国家赔偿法》使公民的这一宪法权利得到了切实的保障。

【经典真题】

1. 关于《宪法》对人身自由的规定，下列选项正确的是？（2018年回忆版，多选）[1]

A. 禁止用任何方法对公民进行侮辱、诽谤和诬告陷害

B. 在诉讼过程中，为了搜集证据，法院可以对公民的电话进行监听

C. 禁止非法搜查公民身体

D. 禁止非法搜查或非法侵入公民住宅

2. 我国《宪法》第13条规定："公民的合法的私有财产不受侵犯。国家依照法律规定保

---

〔1〕 ACD【解析】《宪法》第38条规定："中华人民共和国公民的人格尊严不受侵犯。禁止用任何方法对公民进行侮辱、诽谤和诬告陷害。"故A项正确。《宪法》第40条规定："中华人民共和国公民的通信自由和通信秘密受法律的保护。除因国家安全或者追查刑事犯罪的需要，由公安机关或者检察机关依照法律规定的程序对通信进行检查外，任何组织或者个人不得以任何理由侵犯公民的通信自由和通信秘密。"因此法院不能对公民的电话进行监听，故B项错误。《宪法》第37条规定："中华人民共和国公民的人身自由不受侵犯。任何公民，非经人民检察院批准或者决定或者人民法院决定，并由公安机关执行，不受逮捕。禁止非法拘禁和以其他方法非法剥夺或者限制公民的人身自由，禁止非法搜查公民的身体。"故C项正确。《宪法》第39条规定："中华人民共和国公民的住宅不受侵犯。禁止非法搜查或者非法侵入公民的住宅。"故D项正确。

护公民的私有财产权和继承权。”关于这一规定，下列哪些说法是正确的？（2017－1－61）[1]

A. 国家不得侵犯公民的合法的私有财产权

B. 国家应当保护公民的合法的私有财产权不受他人侵犯

C. 对公民私有财产权和继承权的保护和限制属于法律保留的事项

D. 国家保护公民的合法的私有财产权，是我国基本经济制度的重要内容之一

3. 我国宪法明确规定：“国家为了公共利益的需要，可以依照法律规定对公民的私有财产实行征收或者征用并给予补偿。”关于公民财产权限制的界限，下列选项正确的是？（2016－1－92）[2]

A. 对公民私有财产的征收或征用构成对公民财产权的外部限制

B. 对公民私有财产的征收或征用必须具有明确的法律依据

C. 只要满足合目的性原则即可对公民的财产权进行限制

D. 对公民财产权的限制应具有宪法上的正当性

4. 中华人民共和国公民在法律面前一律平等。关于平等权，下列哪一表述是错误的？（2015－1－25）[3]

A. 我国宪法中存在一个关于平等权规定的完整规范系统

B. 犯罪嫌疑人的合法权利应该一律平等地受到法律保护

C. 在选举权领域，性别和年龄属于宪法所列举的禁止差别理由

D. 妇女享有同男子平等的权利，但对其特殊情况可予以特殊保护

【习题拓展】

1. 我国宪法规定了公民政治权利和自由，下列哪一行为属于宪法规定的公民政治权利和自由？[4]

A. 文艺创作自由

B. 肖像不受侵犯

C. 有权参加劳动

D. 投票选举自由

2. 我国《宪法》规定了公民广泛的基本权利，同时也明确了基本义务，下列事例符合我

---

[1] ABCD【解析】《宪法》第13条规定：“公民的合法的私有财产不受侵犯。国家依照法律规定保护公民的私有财产权和继承权。国家为了公共利益的需要，可以依照法律规定对公民的私有财产实行征收或者征用并给予补偿。”故A项、B项、D项正确。根据《立法法》第8条规定，对非国有财产的征收、征用事项只能制定法律，因此对公民私有财产权和继承权的保护和限制属于法律保留的事项。故C项正确。

[2] ABD【解析】我国《宪法》第13条第1款规定：“公民的合法的私有财产不受侵犯。”因而对公民私有财产的征收或征用只能构成对公民财产权的外部限制，A正确。由于公民合法的私有财产神圣不可侵犯，故对其的征收征用必须要有宪法上的正当性，同时有明确的法律依据，即行政合法性原则，而不能仅仅以普通的合目的性为理由，故B、D正确，C错误。

[3] C【解析】法律面前一律平等。《宪法》第33条第2款规定：“中华人民共和国公民在法律面前一律平等。”同时又强调对特定主体的宪法保护，主要体现在保障妇女、退休人员和军烈属、婚姻家庭妇女儿童和老人、青少年以及华侨归侨和侨眷的正当权利，因而能够构成一个相对完整的规范体系，A、B、D正确。我国《宪法》第34条规定：“中华人民共和国年满十八周岁的公民，不分民族、种族、性别、职业、家庭出身、宗教信仰、教育程度、财产状况、居住期限，都有选举权和被选举权；但是依照法律被剥夺政治权利的人除外。”因此，年龄并非选举权领域中的禁止差别理由，C项错误。

[4] D【解析】进行科学研究、文学艺术创作和其他文化活动属于行使文化教育权利的范畴，A项错误。肖像权从属于宪法规定的公民人身权利的范畴，它不是公民政治权利和自由，B项错误。公民的劳动权属于社会经济权利的范畴，它显然不属于公民政治权利和自由，C项错误。

国《宪法》规定的是?[1]

A. 某镇进行人大代表选举，甲作为间歇性精神病患者不能当选为人大代表

B. 乙持刀当街行凶，杀害三人，公安机关将其制服后决定将其逮捕

C. 丙公司规定员工未完成业绩前不得休息

D. 高中在校生丁因家庭贫困，辍学后前往工厂打工

第三节　我国公民的基本义务【考查频率☆】

一、维护国家统一和民族团结

二、遵守宪法和法律，保守国家秘密，爱护公共财产，遵守劳动纪律，遵守公共秩序，尊重社会公德

三、维护祖国的安全、荣誉和利益

四、保卫祖国、依法服兵役和参加民兵组织

五、依法纳税

六、其他方面的基本义务

除上述的基本义务之外，我国《宪法》还规定了劳动的义务、受教育的义务、夫妻双方计划生育的义务、父母抚养教育未成年子女的义务、成年子女赡养扶助父母的义务。

【经典真题】

1. 王某为某普通高校应届毕业生，23岁，尚未就业。根据《宪法》和法律的规定，关于王某的权利义务，下列哪一选项是正确的？(2014-1-24)[2]

A. 无需承担纳税义务　　B. 不得被征集服现役

C. 有选举权和被选举权　　D. 有休息的权利

---

[1] D【解析】我国《宪法》第34条规定："中华人民共和国年满十八周岁的公民，不分民族、种族、性别、职业、家庭出身、宗教信仰、教育程度、财产状况、居住期限，都有选举权和被选举权；但是依照法律被剥夺政治权利的人除外。"间歇性精神病患者只要没有被剥夺政治权利，就有选举权和被选举权，故A项错误。我国《宪法》第37条规定："任何公民，非经人民检察院批准或者决定或者人民法院决定，并由公安机关执行，不受逮捕。"因此公安机关无权决定逮捕，故B项错误。我国《宪法》第43条规定："中华人民共和国劳动者有休息的权利。"因此公司不得规定员工未完成业绩前不得休息，故C项错误。我国《宪法》第46条规定："中华人民共和国公民有受教育的权利和义务。"受教育既是权利也是义务，受教育的义务限于义务教育阶段，高中不是义务教育阶段，因此丁可以辍学打工，故D项正确。

[2] C【解析】《宪法》第56条规定："中华人民共和国公民有依照法律纳税的义务。"因此依法纳税是我国宪法规定的公民基本义务，王某虽然未就业，只是免征其个人所得税，但其他类别的税收（典型如消费税）并不免除。故A项错误。《宪法》第55条规定："保卫祖国、抵抗侵略是中华人民共和国每一个公民的神圣职责。依照法律服兵役和参加民兵组织是中华人民共和国公民的光荣义务。"《兵役法》第20条规定："年满十八周岁的男性公民，应当被征集服现役；当年未被征集的，在二十二周岁以前仍可以被征集服现役。普通高等学校毕业生的征集年龄可以放宽至二十四周岁，研究生的征集年龄可以放宽至二十六周岁。"故B项错误。《选举法》第4条规定："中华人民共和国年满十八周岁的公民，不分民族、种族、性别、职业、家庭出身、宗教信仰、教育程度、财产状况和居住期限，都有选举权和被选举权。依照法律被剥夺政治权利的人没有选举权和被选举权。"故C项正确。《宪法》第43条第1款规定："中华人民共和国劳动者有休息的权利。"可见，休息权属于劳动者，而王某未就业，不属于劳动者，因此不享有休息权。故D项错误。

2. 根据《宪法》的规定，关于公民纳税义务，下列哪些选项是正确的？（2012－1－62）[1]

A. 国家在确定公民纳税义务时，要保证税制科学合理和税收负担公平

B. 要坚持税收法定原则，税收基本制度实行法律保留

C. 纳税义务直接涉及公民个人财产权，宪法纳税义务具有防止国家权力侵犯其财产权的属性

D. 履行纳税义务是公民享有其他权利的前提条件

---

〔1〕 ABC【解析】《宪法》第56条规定："中华人民共和国公民有依照法律纳税的义务。"《宪法》第13条第1、2款规定："公民的合法的私有财产不受侵犯。国家依照法律规定保护公民的私有财产权和继承权。" 故A项、C项正确，D项错误。根据《立法法》第8条规定，税种的设立、税率的确定和税收征收管理等税收基本制度只能制定法律，因此要坚持税收法定原则，税收基本制度实行法律保留。故B项正确。

第四章　国家机构

【重点提示】

各国家机关的组成、主要职权。

【相关法条】

1. 《宪法》第 57 ~ 140 条。
2. 《立法法》。
3. 《全国人民代表大会和地方各级人民代表大会代表法》。
4. 《全国人民代表大会组织法》。
5. 《国务院组织法》。
6. 《地方各级人民代表大会和地方各级人民政府组织法》。
7. 《人民法院组织法》。
8. 《人民检察院组织法》。
9. 《监察法》。

【知识框架】

- 国家机构
  - 国家机构概述
    - 国家机构的概念和分类
    - 我国国家机构的组织和活动原则
  - 全国人民代表大会及其常务委员会
    - 全国人民代表大会
    - 全国人大常委会
    - 全国人大各委员会
    - 全国人民代表大会代表
  - 中华人民共和国主席
    - 国家主席的性质和地位
    - 国家主席的产生和任期
    - 国家主席的职权
    - 国家主席职位的补缺
  - 国务院
    - 国务院的性质和地位
    - 国务院的组成和任期
    - 国务院的领导体制
    - 国务院的会议制度
    - 国务院的职权
  - 中央军事委员会
    - 中央军事委员会的性质和地位
    - 中央军事委员会的组成和任期
    - 中央军事委员会的领导体制
  - 地方各级人民代表大会和地方各级人民政府
    - 地方各级人民代表大会
    - 县级以上地方各级人大常委会
    - 地方各级人大代表
    - 地方各级人民政府
  - 监察委员会
  - 人民法院与人民检察院
    - 人民法院的组织与制度
    - 人民检察院的组织与制度
    - 人民法院、人民检察院与公安机关的关系

第一节　国家机构概述【考查频率☆】

一、国家机构的概念和分类

国家机构是国家为实现其职能而建立起来的国家机关的总和。

从世界范围而言，现代国家的国家机构十分复杂。一般而言，西方国家一般根据立法、行政、司法三权将国家机关分为立法机关、行政机关和司法机关三种；社会主义国家则按国家权力的统一原则将国家机关分为权力、行政和司法等机关。如果以行使职权的地域范围为标准，则可分为中央国家机关和地方国家机关两种。

我国国家机构从行使权力的属性来看，可分为国家权力机关、国家元首、国家行政机关、国家军事机关、国家监察机关、国家审判机关和检察机关。中央国家机构包括全国人民代表大会及其常务委员会、国家主席、国务院、中央军事委员会、国家监察委员会、最高人民法院和最高人民检察院。地方国家机构则包括地方各级人民代表大会及其常务委员会、地方各级人民政府、地方各级监察委员会、地方各级人民法院和地方各级人民检察院，以及特别行政区的各种地方国家机关。

二、我国国家机构的组织和活动原则

1. 民主集中制原则。

2. 社会主义法治原则。

3. 责任制原则。

我国国家机构实行责任制的原则，表现在：各级人民代表大会都要向人民负责，每一位代表都要受原选举单位的监督，选举单位可以随时罢免自己所选出的代表；国家行政机关、审判机关和检察机关等则向同级人民代表大会及其常务委员会负责。

责任制原则在不同的国家机关内部，由于机关性质的不同而有不同的表现，具体表现为集体负责制和个人负责制两种形式。

集体负责制是指全体组成人员和领导成员的地位和权利平等，在重大问题的决定上，由全体组成人员集体讨论，并且按照少数服从多数的原则作出决定，集体承担责任。各级人民代表大会及其常务委员会、监察委员会、人民法院和人民检察院等即是实行集体负责制的机关。集体负责制能够集思广益，充分发挥集体的智慧和作用，避免主观性和片面性。

个人负责制是指由首长个人决定问题并承担相应责任的领导体制。在我国，国务院及其各部、委，中央军委以及地方各级人民政府等都实行个人负责制。个人负责制权责明确，讲究效率，因而适合于国家行政机关和军事机关的性质和工作特点。同时，贯彻个人负责制的国家机关大多是执行机关。但在执行过程中并不排斥民主基础上的集体讨论。

4. 密切联系群众，为人民服务原则。

5. 精简与效率原则。

【经典真题】

根据《宪法》和法律的规定，关于国家机关组织和职权，下列选项正确的是？（2013 –

1－90）[1]

A. 全国人民代表大会修改宪法、解释宪法、监督宪法的实施

B. 国务院依照法律规定决定省、自治区、直辖市的范围内部分地区进入紧急状态

C. 省、自治区、直辖市政府在必要的时候，经国务院批准，可以设立若干派出机构

D. 地方各级检察院对产生它的国家权力机关和上级检察院负责

第二节　全国人民代表大会及其常务委员会

【考查频率☆☆☆☆☆】

一、全国人民代表大会

（一）全国人大的性质与地位

在我国，一切权力属于人民，人民行使国家权力的机关是全国人大和地方各级人大。全国人大是全国人民行使国家权力的最高机关，又是行使国家立法权的机关。作为最高国家权力机关的全国人大，是国家权力的最高体现者。它集中代表全国各族人民的意志和利益，行使国家的立法权和决定国家生活中的其他重大问题。因此，全国人大在我国国家机构体系中居于首要地位，其他任何国家机关都不能超越于全国人大之上，也不能和它相并列。全国人大及其常委会通过的法律和决议，其他国家机关都必须遵照执行。

（二）全国人大的组成与任期

全国人大由省、自治区、直辖市、特别行政区和军队代表组成。我国目前采取的是地域代表制与职业代表制（军队）相结合、以地域代表制为主的代表制。全国人大代表的名额总数不超过3000名，每一少数民族都应有自己的代表，人口特别少的少数民族至少应有1名代表。

全国人大行使职权的法定期限即每届任期为5年。全国人大会议有2/3以上的代表出席始得举行。全国人大常委会或者1/5以上全国人大代表提议，可以临时召集全国人大会议。在任期届满前的2个月以前，全国人大常委会必须完成下届全国人大代表的选举工作。如果遇到不能进行选举的非常情况，由全国人大常委会以全体委员2/3以上的多数通过，可以推迟选举，延长本届全国人大的任期；但在非常情况结束后1年以内，全国人大常委会必须完成下届全国人大代表的选举。

（三）全国人大的职权

1. 修改宪法、监督宪法实施。

宪法是国家的根本大法，它的修改举足轻重，这个权力只能由全国人大行使。宪法的修改由全国人大常委会或者1/5以上的全国人大代表提议，并由全国人大以全体代表的2/3以上的

---

[1] BD【解析】《宪法》第62条规定："全国人民代表大会行使下列职权：（一）修改宪法；（二）监督宪法的实施；……"第67条规定："全国人民代表大会常务委员会行使下列职权：（一）解释宪法，监督宪法的实施；……"据此，解释宪法权由全国人大常委会享有，故A项"全国人民代表大会……解释宪法……"的表述错误。《宪法》第89条规定："国务院行使下列职权：……（十六）依照法律规定决定省、自治区、直辖市的范围内部分地区进入紧急状态；……"据此，B项正确。《地方各级人民代表大会和地方各级人民政府组织法》第68条第1款规定："省、自治区的人民政府在必要的时候，经国务院批准，可以设立若干派出机关。"据此，直辖市政府无权设立派出机关。故C项错误。《宪法》第138条规定："最高人民检察院对全国人民代表大会和全国人民代表大会常务委员会负责。地方各级人民检察院对产生它的国家权力机关和上级人民检察院负责。"故D项正确。

多数通过。现行《宪法》颁布实施以来，全国人大根据客观现实生活的需要，已经对宪法进行了5次修改。

2. 制定和修改基本法律。

基本法律是以宪法为根据的由全国人大制定的最重要的法律，包括刑事的法律、民事的法律、国家机构组织的法律、选举法、民族区域自治法、特别行政区基本法等。

3. 选举、决定和罢免国家机关的重要领导人。

（1）选举全国人大常委会委员长、副委员长、秘书长和委员；

（2）选举中华人民共和国主席、副主席，中央军事委员会主席，国家监察委员会主任，最高人民法院院长，最高人民检察院检察长；

（3）根据国家主席的提名决定国务院总理的人选，根据总理的提名决定国务院副总理、国务委员、各部部长、各委员会主任、审计长和秘书长的人选；

（4）根据中央军事委员会主席的提名决定中央军事委员会副主席和委员的人选。

对于以上人员，全国人大有权依照法定程序予以罢免。罢免案由全国人大主席团、3个以上的代表团或者1/10以上的代表提出，由主席团提请大会审议，并经全体代表的过半数同意，才能通过。

4. 决定国家重大问题。

（1）全国人大有权审查和批准国民经济和社会发展计划以及计划执行情况的报告；

（2）审查中央和地方预算草案及中央和地方预算执行情况的报告，审查和批准中央预算和中央预算执行情况的报告，改变或者撤销全国人大常委会关于预算、决算不适当的决议；

（3）批准省、自治区和直辖市的建置；

（4）决定特别行政区的设立及其制度；

（5）决定战争与和平问题。

5. 最高监督权。

全国人大有权监督由其产生的其他国家机关的工作。全国人大常委会对全国人大负责并报告工作，全国人大可以改变或者撤销全国人大常委会不适当的决定；国务院要向全国人大负责并报告工作；中央军事委员会主席、最高人民法院、最高人民检察院也要对全国人大负责。

6. 其他应当由全国人大行使的职权。

（四）全国人大的会议议程和工作程序

全国人大通过法律案以及其他议案，选举和罢免国家领导人都要经过以下四个阶段：

1. 提出议案。

全国人民代表大会主席团、全国人大常委会、全国人大各专门委员会、国务院、中央军事委员会、国家监察委员会、最高人民法院、最高人民检察院、1个代表团、30名以上的代表联名，可以向全国人大提出属于全国人大职权范围内的议案。

2. 审议议案。

对国家机关提出的议案，由主席团决定交各代表团审议，或者先交有关专门委员会审议，提出报告，再由主席团审议决定提交大会表决；对代表团和代表提出的议案，则由主席团审议决定是否列入大会议程，或者先交有关专门委员会审议，提出是否列入大会议程的意见，再决定是否列入大会议程。

3. 表决议案。

议案经审议后，由主席团决定提交大会表决，并由主席团决定采用无记名投票方式或者举手表决方式或其他方式通过。宪法修正案由全国人民代表大会全体代表2/3以上的多数通过；法律和其他议案由全国人民代表大会全体代表过半数通过。

4. 公布法律、决议。

法律议案通过后即成为法律，由国家主席以主席令的形式加以公布；选举结果及重要议案由全国人民代表大会主席团以公告公布或由国家主席以主席令形式公布。

二、全国人大常委会

（一）全国人大常委会的性质和地位

全国人大常委会是全国人大的常设机关，也是行使国家立法权的机关。全国人大常委会与全国人大是隶属关系。全国人大常委会必须服从全国人大。

（二）全国人大常委会的组成和任期

全国人大常委会由委员长、副委员长若干人、秘书长和委员若干人组成。而且自第十届全国人大起，全国人大常委会还增设了若干专职委员。这些组成人员必须是全国人大代表，并由每届全国人大第一次会议选举产生。全国人大常委会的组成人员不得担任国家行政机关、审判机关和检察机关的职务。同时，在全国人大常委会的组成人员中，应当有适当名额的少数民族代表。全国人大常委会的任期与全国人大相同，即5年。但全国人大常委会与全国人大在任期结束的时间上又略有不同。下届全国人大第一次会议开始时，上届全国人大的任期即告结束。但上届全国人大产生的常委会，则须在下届全国人大常委会产生后，才能结束。它要负责召集下一届全国人大第一次会议。常委会的委员长、副委员长、秘书长和委员可以连选连任。但委员长、副委员长连续任职不得超过2届。

（三）全国人大常委会的职权

1. 解释宪法，监督宪法的实施。

宪法是根本法，对它的解释权只能由极有权威的国家机关来行使。解释宪法与监督宪法的实施又有着密切的联系。全国人大及其常委会都有权监督宪法的实施。这是对1954年宪法的发展。1954年宪法规定监督宪法的实施只是全国人大的一项重要职权，但全国人大每年只举行十多天会议，无法充分行使该项职权。因此，《宪法》同时把这项职权赋予全国人大常委会。

2. 根据宪法规定的范围行使立法权。

全国人大常委会有权制定除由全国人大制定的基本法律以外的法律；在全国人大闭会期间对全国人大制定的基本法律有权进行部分修改和补充，但是不得同该法律的基本原则相抵触。

3. 解释法律。

全国人大常委会所解释的法律包括自己和全国人大所制定的法律。全国人大常委会解释法律，指的是对于那些法律条文本身需要进一步明确界限或作补充规定的解释。

4. 审查和监督行政法规、地方性法规的合宪性和合法性。

全国人大常委会有权撤销国务院制定的同宪法、法律相抵触的行政法规、决定和命令；有权撤销省、自治区、直辖市的国家权力机关制定的同宪法、法律和行政法规相抵触的地方性法规和决议。

5. 预算管理权，对国民经济和社会发展计划、国家预算部分调整方案和国家决算的审批权，审议审计工作报告。

6. 监督国家机关的工作。

在全国人大闭会期间，全国人大常委会监督国务院、中央军事委员会、国家监察委员会、最高人民法院和最高人民检察院的工作，具体形式有四种：

（1）在全国人大常委会会议期间，常委会组成人员10人以上联名向国务院及其各部委、国家监察委员会、最高人民法院、最高人民检察院提出书面的质询案；

（2）国务院、最高人民法院、最高人民检察院在每次常委会会议上作工作汇报；

（3）全国人大常委会有权撤销国务院制定的同宪法、法律相抵触的行政法规、决定和命令；

（4）开展对法律实施的检查。

7. 决定、任免国家机关领导人员。

（1）在全国人大闭会期间，全国人大常委会有权根据国务院总理的提名，决定部长、委员会主任、审计长、秘书长的人选；

（2）根据中央军事委员会主席的提名，决定中央军事委员会其他组成人员的人选；

（3）根据国家监察委主任的提名，任免国家监察委副主任、委员；

（4）根据最高人民法院院长的提名，任免最高人民法院副院长、审判员、审判委员会委员和军事法院院长；

（5）根据最高人民检察院检察长的提名，任免最高人民检察院副检察长、检察员、检察委员会委员、军事检察院检察长，并且批准省、自治区、直辖市的人民检察院检察长的任免。

8. 国家生活中其他重要事项的决定权。

（1）在全国人大闭会期间，全国人大常委会有权决定批准或废除同外国缔结的条约和重要协定；

（2）决定驻外全权代表的任免；

（3）规定军人和外交人员的衔级制度和其他专门衔级制度；

（4）规定和决定授予国家的勋章和荣誉称号；

（5）决定特赦；

（6）如果遇到国家遭受武装侵犯或者必须履行国家间共同防止侵略的条约的情况，有权决定宣布战争状态；

（7）决定全国总动员或者局部动员；

（8）决定全国或者个别省、自治区和直辖市进入紧急状态。

【特别提示】

1. 要注意全国人大和全国人大常委会职权的比较，尤其要注意全国人大的专属职权和全国人大常委会的专属职权。

2. 我国现行《宪法》只规定了“特赦”，未规定“大赦”。

9. 全国人大授予的其他职权。

（1）2006年我国通过了《各级人民代表大会常务委员会监督法》。根据该法，监督主体是指各级人大常委会，不包括委员长会议、主任会议或专门委员会。监督对象是指本级人民政府、人民法院、人民检察院以及由人大和常委会选举或任命的国家机关工作人员。监督内容是指工作监督和法律监督。监督形式包括听取和审议“一府两院”的专项工作报告；审查和批准决算；听取和审议国民经济和社会发展计划、预算的执行情况报告；听取和审议审计工作报告；执法检查；规范性文件的备案审查；询问和质询；特定问题调查；审议和决定撤职案。

（2）2016年1月1日起我国施行《国家勋章和国家荣誉称号法》。该法第2条：“国家勋章和国家荣誉称号为国家最高荣誉……”第3条：“国家设立‘共和国勋章’，授予在中国特色社会主义建设和保卫国家中作出巨大贡献、建立卓越功勋的杰出人士。国家设立‘友谊勋章’，授予在我国社会主义现代化建设和促进中外交流合作、维护世界和平中作出杰出贡献的外国人。”第4条：“国家设立国家荣誉称号，授予在经济、社会、国防、外交、教育、科技、文化、卫生、体育等各领域各行业作出重大贡献、享有崇高声誉的杰出人士。国家荣誉称号的名称冠以‘人民’，也可以使用其他名称。国家荣誉称号的具体名称由全国人民代表大会常务委员会在决定授予时确定。”第5条：“全国人民代表大会常务委员会委员长会议根据各方面的建议，向全国人民代表大会常务委员会提出授予国家勋章、国家荣誉称号的议案。国务院、中央军事委员会可以向全国人民代表大会常务委员会提出授予国家勋章、国家荣誉称号的议案。”第6条：“全国人民代表大会常务委员会决定授予国家勋章和国家荣誉称号。”第7条：“中华人民共和国主席根据全国人民代表大会常务委员会的决定，向国家勋章和国家荣誉称号获得者授予国家勋章、国家荣誉称号奖章，签发证书。”第8条：“中华人民共和国主席进行国事活动，可以直接授予外国政要、国际友人等人士‘友谊勋章’。”第10条：“国家设立国家功勋簿，记载国家勋章和国家荣誉称号获得者及其功绩。”第13条：“国家勋章和国家荣誉称号为其获得者终身享有，但依照本法规定被撤销的除外。”第15条：“国家勋章和国家荣誉称号获得者去世的，其获得的勋章、奖章及证书由其继承人或者指定的人保存；没有继承人或者被指定人的，可以由国家收存。国家勋章、国家荣誉称号奖章及证书不得出售、出租或者用于从事其他营利性活动。”第16条：“生前作出突出贡献符合本法规定授予国家勋章、国家荣誉称号条件的人士，本法施行后去世的，可以向其追授国家勋章、国家荣誉称号。”第18条：“国家勋章和国家荣誉称号获得者因犯罪被依法判处刑罚或者有其他严重违法、违纪等行为，继续享有国家勋章、国家荣誉称号将会严重损害国家最高荣誉的声誉的，由全国人民代表大会常务委员会决定撤销其国家勋章、国家荣誉称号并予以公告。”第20条：“国务院、中央军事委员会可以在各自的职权范围内开展功勋荣誉表彰奖励工作。”

（四）全国人大常委会的会议制度

全国人大常委会主要通过举行会议、作出会议决定的形式行使职权。全国人大常委会全体会议一般每2个月举行1次，由委员长召集并主持。在全国人大常委会举行会议的时候，可以由各省、自治区、直辖市的人大常委会派主任或者副主任1人列席会议，发表意见。

委员长、副委员长、秘书长组成委员长会议，处理全国人大常委会重要的日常工作，但委员长会议不能代替常务委员会行使职权。

三、全国人大各委员会

委员会可以分为常设性委员会和临时性委员会两大类。

（一）常设性委员会

全国人大的常设性委员会主要是指各专门委员会。专门委员会是全国人大的辅助性的工作机构，是从代表中选举产生的、按照专业分工的工作机关。它的任务是在全国人大及其常委会的领导下，研究、审议、拟订有关议案。各专门委员会在讨论其所属的问题之后，虽然也作出决议，但必须经过全国人大或者全国人大常委会审议通过之后，才具有国家权力机关所作决定的效力。

目前全国人大设有民族委员会、宪法和法律委员会、监察和司法委员会、财政经济委员会、教育科学文化卫生委员会、外事委员会、华侨委员会、环境与资源保护委员会和农业与农村委员会、社会建设委员会。各委员会由主任1人、副主任和委员各若干人组成，人选由全国人民代表大会主席团在代表中提名，由大会表决决定。在全国人大闭会期间，全国人大常委会可以补充任命专门委员会的个别副主任委员和部分委员。此外，全国人大常委会可根据需要为各委员会任命一定数量的非全国人大代表的专家作委员会的顾问。

全国人大专门委员会每届任期与全国人大的任期相同，即为5年。

（二）临时性委员会

临时性委员会主要是指全国人大及其常委会认为必要时，按照某项特定的工作需要组成的，对于特定问题的调查委员会。调查委员会的组成人员必须是全国人大代表。调查委员会无一定任期，对特定问题的调查任务一经完成，该委员会即予撤销。

四、全国人民代表大会代表

（一）代表的人民性

全国人大代表是最高国家权力机关组成人员。他们代表着全国人民的利益和意志，依照宪法和法律赋予全国人大的各项职权，参与行使国家权力。他们来自人民，受人民监督，为人民服务。

（二）代表的权利

根据宪法和有关法律的规定，全国人大代表享有以下权利：

1. 全国人大代表有出席全国人大会议，依法行使代表职权的权利。

2. 有根据法律规定的程序提出议案、建议和意见的权利。

1 个代表团或者 30 名以上代表联名，可以向全国人大提出属于全国人大职权范围内的议案。

3. 有依照法律规定的程序提出质询案或者提出询问的权利。

在全国人大会议期间，1 个代表团或者 30 名以上代表联名，可以书面提出对国务院和国务院领导的各部委、国家监察委员会、最高法院、最高检察院的质询案，由主席团决定交受质询机关书面答复，或者由受质询机关的领导人在主席团会议上、有关的专门委员会会议上或者有关的代表团会议上口头答复。代表在审议议案和报告时，可以向有关国家机关提出询问。有关部门应当派负责人到会，听取意见，回答代表提出的询问。

4. 有依法提出罢免案的权利。

5. 有非经法律规定的程序，不受逮捕或者刑事审判的权利。

在全国人大开会期间，没有经过全国人大会议主席团的许可，在全国人大闭会期间，没有经过全国人大常委会的许可，全国人大代表不受逮捕或者刑事审判。如果因为全国人大代表是现行犯而被拘留的，执行拘留的公安机关必须立即向全国人大会议主席团或者向全国人大常委会报告。

6. 有“言论免责”的权利。

宪法规定，全国人大代表在全国人大各种会议上的发言和表决不受法律追究。

7. 有在履行职务时，根据实际需要享受适当补贴和物质上的便利的权利。

8. 其他权利。如参观、视察等。

（三）代表的义务

1. 模范地遵守宪法和法律。
2. 同原选举单位和群众保持密切联系。
3. 保守国家秘密。
4. 在自己参加的生产、工作和社会活动中，协助宪法和法律的实施。
5. 接受原选举单位和群众监督。

【经典真题】

1. 根据《宪法》和《全国人民代表大会和地方各级人民代表大会代表法》的规定，关于

人大代表的资格终止，下列说法正确的是？（2021年回忆版，单选）[1]

A. 地方各级人大代表资格的终止，由代表资格审查委员会报各级人大，由本级人大予以公告

B. 人大代表工作和生产生活已经不在原选区或选举单位，代表资格终止

C. 人大代表因刑事案件羁押，已在受侦查、起诉、审判，代表资格终止

D. 未经批准两次不出席本级人大会议的，代表资格终止

2. 根据《宪法》和法律，关于国家勋章和国家荣誉称号，下列哪些选项是正确的？（2021年回忆版，多选）[2]

A. 全国人大常委会可依法予以撤销

B. 是法定的国家最高荣誉

C. 其授予由全国人大常委会决定

D. 国务院可以向全国人大常委会提出授予国家勋章和国家荣誉称号的议案

3. 根据《宪法》和法律的规定，关于全国人大代表的权利，下列哪些选项是正确的？（2016－1－64）[3]

A. 享有绝对的言论自由

B. 有权参加决定国务院各部部长、各委员会主任的人选

C. 非经全国人大主席团或者全国人大常委会许可，一律不受逮捕或者行政拘留

D. 有五分之一以上的全国人大代表提议，可以临时召集全国人民代表大会会议

4. 我国《宪法》第2条明确规定："人民行使国家权力的机关是全国人民代表大会和地方各级人民代表大会。"关于全国人大和地方各级人大，下列选项正确的是？（2015－1－91）[4]

A. 全国人大代表全国人民统一行使国家权力

---

[1] D【解析】根据《全国人民代表大会和地方各级人民代表大会代表法》第50条的规定："县级以上的各级人民代表大会代表资格的终止，由代表资格审查委员会报本级人民代表大会常务委员会，由本级人民代表大会常务委员会予以公告。"故A项错误。根据《全国人民代表大会和地方各级人民代表大会代表法》第49条的规定："代表有下列情形之一的，其代表资格终止：（一）地方各级人民代表大会代表迁出或者调离本行政区域的；（二）辞职被接受的；（三）未经批准两次不出席本级人民代表大会会议的；（四）被罢免的；（五）丧失中华人民共和国国籍的；（六）依照法律被剥夺政治权利的；（七）丧失行为能力的。"故B项错误，C项错误，D项正确。

[2] ABCD【解析】《中华人民共和国国家勋章和国家荣誉称号法》第18条规定："国家勋章和国家荣誉称号获得者因犯罪被依法判处刑罚或者有其他严重违法、违纪等行为，继续享有国家勋章、国家荣誉称号将会严重损害国家最高荣誉的声誉的，由全国人民代表大会常务委员会决定撤销其国家勋章、国家荣誉称号并予以公告。"故A项正确。《中华人民共和国国家勋章和国家荣誉称号法》第2条第1款规定："国家勋章和国家荣誉称号为国家最高荣誉。"故B项正确。《中华人民共和国国家勋章和国家荣誉称号法》第6条规定："全国人民代表大会常务委员会决定授予国家勋章和国家荣誉称号。"故C正确。《中华人民共和国国家勋章和国家荣誉称号法》第5条第2款规定："国务院、中央军事委员会可以向全国人民代表大会常务委员会提出授予国家勋章、国家荣誉称号的议案。"故D正确。

[3] BD【解析】我国《宪法》第75条规定："全国人民代表大会代表在全国人民代表大会各种会议上的发言和表决，不受法律追究。"故为相对的言论自由，A错误。我国《宪法》第62条第（五）项规定，全国人大可以根据中华人民共和国主席的提名，决定国务院总理的人选；根据国务院总理的提名，决定国务院副总理、国务委员、各部部长、各委员会主任、审计长、秘书长的人选，故B正确。我国《宪法》第74条规定："全国人民代表大会代表，非经全国人民代表大会会议主席团许可，在全国人民代表大会闭会期间非经全国人民代表大会常务委员会许可，不受逮捕或者刑事审判。"故C错误。全国人民代表大会每届任期五年，每年举行一次会议。如果全国人民代表大会常务委员会认为必要，或者有五分之一以上的全国人民代表大会代表提议，可以临时召集全国人民代表大会会议。故D正确。

[4] AC【解析】全国人大代表人民统一行使国家最高权力，集中代表全国各族人民的意志和利益，行使国家的立法权，决定国家生活中的重大问题。A项正确。人大之间是监督与被监督的关系。B项错误。从国家机关之间的分工和法律地位来说，全国人大在我国国家机构体系中居于首要地位，其他任何国家机关都不能超越于全国人大之上，也不能和它相并列。故C正确。乡人大不设常委会。D项错误。

B. 全国人大和地方各级人大是领导与被领导的关系

C. 全国人大在国家机构体系中居于最高地位，不受任何其他国家机关的监督

D. 地方各级人大设立常务委员会，由主任、副主任若干人和委员若干人组成

5. 根据《宪法》和《立法法》规定，关于全国人大常委会委员长会议，下列哪些选项是正确的？（2011－1－61）〔1〕

A. 委员长会议可以向常委会提出法律案

B. 列入常委会会议议程的法律案，一般应当经3次委员长会议审议后再交付常委会表决

C. 经委员长会议决定，可以将列入常委会会议议程的法律案草案公布，征求意见

D. 专门委员会之间对法律草案的重要问题意见不一致时，应当向委员长会议报告

【习题拓展】

1. 依据现行宪法规定，下列由全国人民代表大会“选举”产生的领导职位有？〔2〕

A. 全国人大常委会委员长　　B. 国务院副总理

C. 国家监察委员会主任　　D. 国务委员

2. 2020年2月24日下午，十三届全国人大常委会第十六次会议举行闭幕会。受疫情影响，会议表决通过了关于推迟召开第十三届全国人民代表大会第三次会议的决定。对此，下列说法不正确的是？〔3〕

A. 该会议参加人员为委员长、副委员长、秘书长

B. 该会议由委员长召集

C. 如疫情严重，全国人大常委会可决定取消本年度全国人大会议

D. 根据宪法规定，推迟召开全国人大会议须由全国人大常委会全体组成人员三分之二以上通过

3. 关于专门委员会和临时性委员会，下列说法正确的是？〔4〕

A. 全国人大各专门委员会均可审议全国人大常委会交付的被认为同宪法、法律相抵触的国务院的行政法规、决定和命令

B. 全国人大民族委员会负责审议自治区由全国人大常委会批准的自治条例和单行条例，

---

〔1〕 AD【解析】《立法法》第26条第1款：“委员长会议可以向常务委员会提出法律案，由常务委员会会议审议。”A项正确。《立法法》第29条第1款：“列入常务委员会会议议程的法律案，一般应当经三次常务委员会会议审议后再交付表决。”B项错误。《立法法》第37条：“列入常务委员会会议议程的法律案，应当在常务委员会会议后将法律草案及其起草、修改的说明等向社会公布，征求意见，但是经委员长会议决定不公布的除外。向社会公布征求意见的时间一般不少于三十日。征求意见的情况应当向社会通报。“C项错误。《立法法》第35条：“专门委员会之间对法律草案的重要问题意见不一致时，应当向委员长会议报告。”D项正确。

〔2〕 AC【解析】《宪法》第62条规定全国人大有权选举国家主席、副主席；选举中央军委主席；选举国家监察委员会主任；选举最高人民法院院长；选举最高人民检察院检察长。第65条规定全国人大选举并有权罢免全国人大常委会的组成人员。第62条第5项、第6项规定全国人大决定国务院总理的人选；决定国务院副总理、国务委员、各部部长、各委员会主任、审计长、秘书长的人选；决定中央军委其他组成人员的人选。因此A项、C项正确。

〔3〕 ACD【解析】根据《全国人民代表大会组织法》第25条，委员长、副委员长、秘书长组成委员长会议，而该会议为全国人大常务委员会会议，根据该法第23条，全国人大常委会组成人员为委员长、副委员长、秘书长和委员，故A项错误。根据《宪法》第68条，全国人大常务委员会会议由委员长召集，故B项正确。根据《宪法》第61条，全国人大会议每年举行一次，不存在取消当年会议的规定，故C项错误。《宪法》第60条规定，如遇到不能进行选举的非常情况，由全国人大常委会以全体委员三分之二以上的多数通过，可以推迟选举，延长本届全国人大的任期，但宪法未规定全国人大会议推迟召开的有关事宜，故D项错误。

〔4〕 ABD【解析】《地方各级人民代表大会和地方各级人民政府组织法》规定县级以上地方各级人大主席团或者1/10以上的代表书面联名，可以向本级人民代表大会提议组织关于特定问题调查委员会，因此C项错误。其他选项正确。

向全国人大常委会提出报告

C. 只有县级以上地方各级人大主席团才能向本级人民代表大会提议组织关于特定问题的调查委员会

D. 省、自治区、直辖市、自治州、设区的市的人大根据需要可以设立专门委员会，在本级人大及其常委会领导下研究、审议和拟订议案

第三节　中华人民共和国主席【考查频率☆☆】

一、国家主席的性质和地位

国家主席是我国国家机构的重要组成部分。国家主席不是握有一定国家权力的个人，而是一种国家机关。中华人民共和国主席对外代表国家。

二、国家主席的产生与任期

（一）国家主席的产生

国家主席、副主席由全国人大选举产生，其程序是：首先由全国人大会议主席团提出候选人名单，然后经各代表团酝酿协商，再由会议主席团根据多数代表的意见确定正式候选人名单，最后由会议主席团把确定的候选人交付大会表决，由大会选举产生国家主席和副主席。

【特别提示】当选国家主席和副主席的基本条件有二：政治方面的条件，即必须是有选举权和被选举权的中华人民共和国公民；年龄方面的条件，即必须年满45周岁。

（二）国家主席的任期

国家主席、副主席的任期同全国人大每届任期相同，即都是5年。

三、国家主席的职权

（一）国家主席的职权

1. 代表国家进行国事活动的权力。

2. 公布法律、发布命令。

法律在全国人大或全国人大常委会正式通过后，由国家主席予以颁布施行。国家主席根据全国人大常委会的决定，进行国事活动，发布特赦令、宣布进入紧急状态、发布动员令、宣布战争状态等。

3. 国务院总理、副总理、国务委员、各部部长、各委员会主任、审计长、秘书长，经全国人大或全国人大常委会正式确定人选后，由国家主席宣布其任职或免职。国家主席根据全国人大常委会的决定，派出或召回驻外大使。

4. 外交权。

国家主席代表国家接受外国使节，这种仪式也叫递交国书仪式。国家主席根据全国人大常委会的决定，宣布批准或废除条约和重要协定。

5. 荣典权。

国家主席根据全国人大常委会的决定，代表国家向那些对国家有重大功勋的人授予国家勋章和国家荣誉称号奖章。

（二）国家副主席的职权

国家副主席没有独立的职权，他的职责主要是协助国家主席工作。副主席受委托行使国家主席职权时，具有与国家主席同等的法律地位，他所处理的国务具有与国家主席同等的法律效力。

四、国家主席职位的补缺

国家主席缺位时，由副主席继任主席的职位；副主席缺位时，由全国人大补选；国家主席、副主席都缺位时，由全国人大进行补选；补选之前，由全国人大常委会委员长暂时代理国家主席的职位。

【经典真题】

1. 根据《宪法》和《组织法》的规定，下列选项正确的是？（2011－1－86）〔1〕

A. 地方各级人大代表非经本级人大主席团许可，在大会闭会期间非经本级人大常委会许可，不受逮捕或刑事审判

B. 乡、民族乡、镇的人大主席、副主席不得担任国家行政机关的职务

C. 审计机关依照法律独立行使审计权，不受行政机关、社会团体和个人的干涉

D. 中华人民共和国主席根据全国人大常委会的决定，进行国事活动

2. 根据《宪法》的规定，无需全国人大常委会决定，国家主席即可行使下列哪些职权？（2008－1－60）〔2〕

A. 代表中华人民共和国接受外国使节　　B. 代表中华人民共和国进行国事活动

C. 派遣和召回驻外全权代表　　D. 授予国家的勋章和荣誉称号

【习题拓展】

2021年4月14日，国家主席习近平在人民大会堂接受29国新任驻华大使递交国书。对此，下列说法正确的是？〔3〕

A. 我国国家主席是国家元首

B. 国家主席接受外国使节不需要全国人大常委会决定

C. 国家主席对外代表国家

---

〔1〕 B【解析】《地方各级人民代表大会和地方各级人民政府组织法》第40条："县级以上的地方各级人民代表大会代表，非经本级人民代表大会主席团许可，在大会闭会期间，非经本级人民代表大会常务委员会许可，不受逮捕或者刑事审判。如果因为是现行犯被拘留，执行拘留的公安机关应当立即向该级人民代表大会主席团或者常务委员会报告。"该条是指县级以上的各级人大代表，不包括乡镇人大代表。A项错误。《地方各级人民代表大会和地方各级人民政府组织法》第18条第2款："乡、民族乡、镇的人民代表大会主席、副主席不得担任国家行政机关的职务；如果担任国家行政机关的职务，必须向本级人民代表大会辞去主席、副主席的职务。"B项正确。《宪法》第91条第2款："审计机关在国务院总理领导下，依照法律规定独立行使审计监督权，不受其他行政机关、社会团体和个人的干涉。"《审计法》第9条："地方各级审计机关对本级人民政府和上一级审计机关负责并报告工作，审计业务以上级审计机关领导为主。"C项错误。《宪法》第81条："中华人民共和国主席代表中华人民共和国，进行国事活动，接受外国使节……"无需经过全国人大常委会的决定。D项错误。

〔2〕 AB【解析】《宪法》第80条："中华人民共和国主席根据全国人民代表大会的决定和全国人民代表大会常务委员会的决定，公布法律，任免国务院总理、副总理、国务委员、各部部长、各委员会主任、审计长、秘书长，授予国家的勋章和荣誉称号，发布特赦令，宣布进入紧急状态，宣布战争状态，发布动员令。"《宪法》第81条："中华人民共和国主席代表中华人民共和国，进行国事活动，接受外国使节；根据全国人民代表大会常务委员会的决定，派遣和召回驻外全权代表，批准和废除同外国缔结的条约和重要协定。"A项、B项正确。C、D错误。

〔3〕 ABC【解析】我国国家主席是国家元首，因此A项正确。根据《宪法》第81条规定："中华人民共和国主席代表中华人民共和国，进行国事活动，接受外国使节；根据全国人民代表大会常务委员会的决定，派遣和召回驻外全权代表，批准和废除同外国缔结的条约和重要协定。"，因此B项、C项正确。根据《宪法》第82条规定："中华人民共和国副主席协助主席工作。中华人民共和国副主席受主席的委托，可以代行主席的部分职权"，因此D项错误。

D. 国家副主席不可以代行此职权

第四节　国务院【考查频率☆☆☆】

一、国务院的性质与地位

中华人民共和国国务院，即中央人民政府，是最高国家权力机关的执行机关，是最高国家行政机关。国务院在全国行政机关系统中居最高地位，它统一领导地方各级人民政府的工作，统一领导和管理国务院各部、各委员会的工作。由于国务院是由最高国家权力机关组织产生的，所以必须对全国人大及其常委会负责并报告工作。

二、国务院的组成与任期

（一）国务院的组成

国务院由总理、副总理若干人、国务委员若干人、各部部长、各委员会主任、审计长、秘书长组成。国务院总理根由全国人大根据国家主席的提名决定。副总理、国务委员、各部部长、各委员会主任、审计长和秘书长由全国人大根据国务院总理的提名决定。在全国人大闭会期间，根据国务院总理的提名，全国人大常委会决定副总理、国务委员、各部部长、各委员会主任、审计长和秘书长的任免。国务院总理、副总理、国务委员、各部部长、各委员会主任、审计长和秘书长的任免决定以后，都由国家主席宣布。

（二）国务院的任期

国务院的任期为5年。总理、副总理、国务委员连续任职不得超过2届。

三、国务院的领导体制

（一）总理负责制

国务院实行总理负责制，即指国务院总理对自己主管的工作有完全决定权，并负全部责任。

（二）会议制度

国务院的会议分为国务院全体会议和国务院常务会议。国务院全体会议由国务院全体成员组成。国务院常务会议由总理、副总理、国务委员、秘书长组成。总理召集和主持国务院的全体会议和常务会议。

四、国务院的职权

1. 行政法规的制定和发布权。
2. 行政措施的规定权。
3. 提出议案权。

国务院有权在自己职权范围之内向全国人大及其常委会提出议案。

4. 对所属部、委和地方各级行政机关的领导权及监督权。
5. 对国防、民政、文教、经济等各项工作的领导权和管理权；管理对外事务，同外国缔结条约和协定。
6. 行政人员的任免、奖惩权。
7. 最高国家权力机关授予的其他职权。

这主要是指全国人大及其常委会以明确的决议，将某些属于全国性的行政工作任务，或者某些特别重要的其他临时性工作，交由国务院办理。

五、国务院所属各部、各委员会

国务院各部、各委员会是主管特定方面工作的国家行政机关。国务院所属各部、各委员会受国务院的统一领导。各部、各委员会在工作中的方针、政策、计划和重大行政措施，应向国务院请示报告，由国务院决定。

国务院各部、各委员会的设立、撤销或者合并，经总理提出，由全国人大决定；在全国人大闭会期间，由全国人大常委会决定。各部设部长1人，副部长2~4人；各委员会设主任1人，副主任2~4人，委员5~10人。

各部、各委员会实行部长、主任负责制。部长、委员会主任领导本部门的工作，召集和主持部务会议或者委员会会议、委务会议，讨论决定本部门工作中的重大问题，签署上报国务院的重要请示、报告和下达的命令、指示。

各部、各委员会根据法律和国务院的行政法规、决定、命令，在本部门的权限内，发布命令、指示和规章。

六、审计署

国务院设立审计机关。审计机关对国务院各部门和地方各级人民政府的财政收支，对国家的财政金融机构和企业事业组织的财务收支，实行审计监督。

审计机关在国务院总理领导下，依照法律规定，独立行使审计监督权，不受其他行政机关、社会团体和个人的干涉。

【经典真题】

为促进中国（上海）自由贸易试验区的发展，有关部门决定在上海市暂时调整实施行政法规《国际海运条例》部分规定。该决定应由以下哪一主体作出？（2021年回忆版，单选）〔1〕

A. 上海市人民代表大会　　B. 全国人民代表大会及其常务委员会

C. 国务院　　D. 上海市人民政府

【习题拓展】

1. 下列关于国务院职权的说法，不正确的是?〔2〕

A. 管理对外事务，同外国缔结条约和协定　B. 改变南京市人民政府不适当的决定

C. 批准省级建置　　D. 决定新疆阿克苏地区的局部动员

2. 2021年，原杭州市上城区、江干区被撤销，新的杭州市上城区设立。对此，下列说法

---

〔1〕 C【解析】根据《国务院关于在中国（上海）自由贸易试验区内暂时调整有关行政法规和国务院文件规定的行政审批或者准入特别管理措施的决定》的规定："二、扩大服务业开放，暂时调整《中华人民共和国船舶登记条例》、《中华人民共和国国际海运条例》……"，可知国务院可以决定在上海市暂时调整实施行政法规《国际海运条例》部分规定。故C项正确。

〔2〕 CD【解析】根据《宪法》第89条，国务院管理对外事务，同外国缔结条约和协定，故A项正确。根据《宪法》第89条，国务院有权改变和撤销地方各级行政机关以及国务院各部委的不适当的决定，故B项正确。根据《宪法》第62条，批准省、自治区、直辖市的建置的职权归属于全国人大，故C项错误。根据《宪法》第67条，无论是全国总动员还是局部动员，都是由全国人大常委会决定，故D项错误。

正确的是?[1]

A. 撤销杭州市上城区、江干区由全国人民代表大会决定

B. 撤销杭州市上城区、江干区由全国人大常委会决定

C. 撤销杭州市上城区、江干区由国务院决定

D. 撤销杭州市上城区、江干区由浙江省人民政府决定

第五节　中央军事委员会【考查频率☆】

一、中央军事委员会的性质与地位

中华人民共和国中央军事委员会领导全国武装力量。现行《宪法》设置中央军事委员会作为我国国家机构的一部分，不仅明确了人民武装力量在国家机构中的地位，而且对中央国家领导机关分工行使国家权力、加强武装力量建设，都具有重要意义。

二、中央军事委员会的组成与任期、责任形式

中央军事委员会由主席、副主席若干人、委员若干人组成。中央军事委员会主席由全国人大选举产生。全国人大根据中央军委主席的提名，决定其他组成人员的人选。全国人大有权罢免中央军委的组成人员。在全国人大闭会期间，全国人大常委会根据中央军委主席的提名，决定其他组成人员的人选。

中央军事委员会每届任期是5年。

中央军事委员会实行主席负责制。中央军委主席对全国人大及其常委会负责。

【经典真题】

1. 中华人民共和国中央军事委员会领导全国武装力量。关于中央军事委员会，下列哪一表述是错误的?（2015－1－26）[2]

A. 实行主席负责制

B. 每届任期与全国人大相同

C. 对全国人大及其常委会负责

D. 副主席由全国人大选举产生

---

〔1〕C【解析】按照《宪法》第62条规定，全国人大决定省、自治区、直辖市的建置。第89条规定，省、自治区、直辖市的区域划分，自治州、县、自治县、市的建置和区域划分由国务院决定。第107条规定，省，直辖市的人民政府决定乡、民族乡、镇的建置和区域划分。原上城区、江干区作为县级区域，其建置由国务院决定，因此C项正确，A项、B项、D项错误。

〔2〕D【解析】《宪法》第93条第3款规定："中央军事委员会实行主席负责制。"故A项正确。《宪法》第93条第4款规定："中央军事委员会每届任期同全国人民代表大会每届任期相同。"故B项正确。《宪法》第94条规定："中央军事委员会主席对全国人民代表大会和全国人民代表大会常务委员会负责。"故C项正确。根据《宪法》第62条第6项和第67条第10项，全国人大或其常委会根据中央军事委员会主席的提名，决定中央军事委员会副主席、委员的人选。换言之，中央军事委员会副主席不是选举产生的。故D项错误。

2. 根据《宪法》和法律规定，下列哪些选项是正确的？（2009－1－65）[1]

A. 中华人民共和国主席对全国人大及其常委会负责

B. 国务院对全国人大负责并报告工作，在全国人大闭会期间对全国人大常委会负责并报告工作

C. 最高人民法院、最高人民检察院对全国人大及其常委会负责

D. 中央军事委员会对全国人大负责并报告工作，在全国人大闭会期间对全国人大常委会负责并报告工作

【习题拓展】

根据《宪法》和相关法律的规定，下列选项正确的是？[2]

A. 全国人大各专门委员会成员必须是全国人大代表

B. 宪法修正案以主席令的形式加以公布

C. 中央军事主席对全国人大和全国人大常委会负责并报告工作

D. 全国人大常委会秘书长和委员连选连任，无任期限制

第六节　地方国家机构【考查频率☆☆☆☆】

地方国家机构是指省、自治区、直辖市、特别行政区，自治州、市、市辖区，县、自治县，乡、民族乡、镇的国家机构。地方国家机构包括地方各级人民代表大会、地方各级人民政府、地方各级监察委员会、地方各级人民法院、地方各级人民检察院。

一、行政区域划分

行政区域划分又称行政区划，是指根据宪法和法律的规定，结合政治、经济、民族状况以及地理历史条件，将国家的领土划分为不同的区域，以便进行管理的制度。

（一）我国的行政区域划分

1. 全国分为省、自治区、直辖市；国家在必要时设立特别行政区。

2. 省、自治区分为自治州、县、自治县、市；直辖市和较大的市分为区、县。

3. 自治州分为县、自治县、市；县、自治县分为乡、民族乡、镇。

（二）行政区域变更的法律程序

1. 省、自治区、直辖市的设立、撤销、更名，特别行政区的成立，由全国人大审议决定。

2. 省、自治区、直辖市行政区域界线的变更，自治州、县、自治县、市、市辖区的设立、撤销、更名或者隶属关系的变更，自治州、自治县的行政区域界线的变更，县、市的行政区域界线的重大变更，经国务院审批。

---

[1] BC【解析】《宪法》并未规定“中华人民共和国主席对全国人大及其常委会负责。”A项错误。《宪法》第92条：“国务院对全国人民代表大会负责并报告工作；在全国人民代表大会闭会期间，对全国人民代表大会常务委员会负责并报告工作。”B项正确。《宪法》第133条：“最高人民法院对全国人民代表大会和全国人民代表大会常务委员会负责。地方各级人民法院对产生它的国家权力机关负责。”《宪法》第138条：“最高人民检察院对全国人民代表大会和全国人民代表大会常务委员会负责。地方各级人民检察院对产生它的国家权力机关和上级人民检察院负责。”C项正确。《宪法》第94条：“中央军事委员会主席对全国人民代表大会和全国人民代表大会常务委员会负责。”D项错误。

[2] AD【解析】法律案以主席令的形式公布，宪法修正案是以全国人大公告公布，因此B项错误。中央军委主席对全国人大和全国人大常委会负责，但不报告工作，因此C项错误。A项、D项正确。

3. 县、市、市辖区部分行政区域界线的变更，由国务院授权省、自治区、直辖市人民政府审批。

4. 乡、民族乡、镇的设立、撤销、更名或者变更行政区域的界线，由省、自治区、直辖市人民政府审批。

1981 年 5 月，国务院发布了《行政区域边界争议处理办法》。1989 年 2 月 3 日发布实施了《行政区域边界争议处理条例》。此外，国务院还制定了《关于行政区划管理的规定》等法规，使行政区域边界争议的处理有了法律依据。

民政部门是国务院处理边界争议的主管部门。县级以上的地方各级人民政府的民政部门是本级人民政府处理边界争议的主管部门。行政区域边界争议处理的主管部门与行政区域划分的机关并不相同。民政部门在此问题上的主要职责是：会同有关部门如土地主管部门等在争议双方当事人参与下进行调解；经调解未达成协议的，会同有关部门提出解决方案，但民政部门不是行政区域边界争议处理的决定机关，调解达不成协议的由人民政府决定。

二、地方各级人民代表大会

（一）地方各级人大的性质和地位

省、自治区、直辖市，自治州、县、自治县、市、市辖区，乡、民族乡、镇设立人民代表大会。地方各级人大是地方国家权力机关，本级的地方国家行政机关、审判机关、检察机关都由人民代表大会选举产生，对它负责，受它监督。因此，地方各级人大在本行政区域内居于最高地位。全国人大与地方各级人大之间，以及地方各级人大之间没有隶属关系。但上级人大有权依照宪法和法律监督下级人大的工作。

（二）地方各级人大的组成和任期

地方各级人大由人民代表组成。不设区的市、市辖区、县、自治县、乡、镇的人大代表，由选民直接选举产生；省、自治区、直辖市、设区的市、自治州的人大代表，由下一级人大选举产生。

地方各级人大的任期为 5 年。

（三）地方各级人大的职权

1. 保证宪法、法律、行政法规的遵守和执行，保护机关、组织和个人的合法权利。

2. 选举和罢免国家机关负责人。

县级以上的地方各级人大选举本级人大常委会的组成人员；选举人民政府的负责人；选举本级监察委员会主任；选举本级人民法院院长和人民检察院检察长。选出的检察长须报上级人民检察院检察长提请该级人大常委会批准。乡、民族乡、镇的人大有权选举乡长、副乡长，镇长、副镇长。地方各级人大有权罢免由它选举产生的地方国家行政机关、审判机关和检察机关的负责人。

3. 决定重大的地方性事务。

4. 监督权。

地方各级人大监督本级人民政府的工作、撤销本级人民政府不适当的决定和命令；县以上人大还有权监督本级人民法院和人民检察院的工作，有权改变本级人大常委会不适当的决定和命令。

5. 制定地方性法规。

省、自治区、直辖市的人大有权制定地方性法规，但不得与宪法、法律和行政法规相违背，并须报全国人大常委会和国务院备案；设区的市、自治州的人大有权制定地方性法规，但不得与宪法、法律、行政法规及本省、自治区制定的地方性法规相违背，且须报省、自治区人大常委会批准，并由省、自治区人大常委会报全国人大常委会和国务院备案。

（四）地方各级人大的会议制度和工作程序

1. 会议制度。

地方各级人大主要以召开会议的方式进行工作。县级以上人大会议每年至少举行 1 次，乡、民族乡、镇的人大会议一般每年举行两次。地方各级人大会议有 2/3 以上的代表出席，始得举行。县级以上的地方各级人大常委会或者乡、民族乡、镇的人大主席团认为必要，或者经过 1/5 以上代表提议，可以临时召集本级人大会议。县级以上各级人大会议由本级人大常委会召集，由预备会选出的主席团主持会议。县级以上的地方各级人民政府组成人员和监察委员会主任、人民法院院长、人民检察院检察长，乡级的人民政府领导人员，列席本级人大会议；县级以上的其他有关机关、团体负责人，经本级人大常委会决定，可以列席本级人大会议。

2. 工作程序。

县以上地方各级人大举行会议时，主席团、人大常委会、各专门委员会、本级人民政府都可以向大会提出属于本级人大职权范围内的议案。议案由主席团决定提交大会审议或先交有关的专门委员会审议，再由主席团审议决定提交大会表决。县以上人大代表 10 名以上，乡、镇人大代表 5 名以上联名，也可以向人大提出属于本级人大职权范围内的议案。该类议案由主席团决定是否列入大会议程，或先交有关的专门委员会审议，提出是否列入议程的意见，再由主席团决定是否列入大会议程。

议案在交付大会表决前，提案人有权撤回自己的议案。各项议案在表决时，须以全体代表的过半数赞成才能通过。除议案外，对于代表提出的建议、批评和意见，由本级人大常委会的办事机构交有关机关和组织研究处理并负责答复。

（五）专门委员会和调查委员会

省、自治区、直辖市、自治州、设区的市的人大根据需要，可以设立法制委员会、财政经济委员会、教育科学文化卫生委员会等专门委员会；县、自治县、不设区的市、市辖区的人大根据需要，可以设法制委员会、财政经济委员会等专门委员会。各专门委员会在本级人大及其常委会领导下研究、审议和拟定议案，对属于本级人大及其常委会职权范围内同本委员会有关的问题，进行调查研究，提出建议。各专门委员会设主任委员、副主任委员和委员若干人，其人选由人大主席团在人大代表中提名，大会通过。闭会期间，人大常委会可以补充任命专门委员会个别的副主任委员和委员。各专门委员会受本级人大和人大常委会领导。县以上地方各级人大及其常委会在必要时，可以组织对于特定问题的调查委员会，这种调查委员会是非常设性组织。乡、民族乡、镇设立代表资格审查委员会。

三、县以上地方各级人大常委会

（一）地方各级人大常委会的性质、地位、组成和任期

县以上地方各级人大常委会是本级人大的常设机关，是同级国家权力机关的组成部分，地方各级人大常委会对本级人大负责并报告工作。

省、自治区、直辖市、自治州、设区的市的人大常委会由本级人大在代表中选举主任、副主任若干人、秘书长、委员若干人组成；县、自治县、不设区的市、市辖区的人大常委会由本级人大在代表中选举主任、副主任若干人和委员若干人组成。各级人大常委会的名额按照法律规定确定。常委会组成人员不得担任国家行政机关、监察机关、审判机关和检察机关的职务。

县以上地方各级人大常委会的任期为 5 年。

（二）地方各级人大常委会的职权

1. 在本行政区域内，保证宪法、法律、行政法规和上级人大及其常委会决议的遵守和

执行。

2. 领导或主持本级人民代表大会代表的选举；召集本级人民代表大会会议。

3. 决定本行政区域内重大事项；根据本级人民政府的建议，对本行政区域内的国民经济和社会发展计划、预算作部分变更；决定授予地方荣誉称号。

4. 对本级人民政府、人民法院、人民检察院和下一级人大及其常委会的工作进行监督，撤销其不适当的决议、决定、命令等，受理人民群众对国家机关及其工作人员的申诉和意见。

5. 依法任免国家行政机关、监察机关、人民法院和人民检察院的有关工作人员；在本级人大闭会期间，补选上一级人大出缺的代表和罢免个别代表。

6. 省、自治区、直辖市的人大常委会，在不违背宪法、法律和行政法规的前提下，可以依法制定和颁布地方性法规；设区的市、自治州的人大常委会可以依法制定地方性法规。

（三）地方各级人大常委会的会议制度

县以上人大常委会会议分常委会会议和主任会议。常委会会议由主任召集，至少每 2 个月举行 1 次。县以上地方各级人民政府、人大各专门委员会，省、自治区、直辖市、自治州、设区的市的人大常委会组成人员 5 人以上联名，县级人大常委会组成人员 3 人以上联名，可以向本级人大常委会提出议案，由主任会议决定提请常委会会议审议或先交有关的专门委员会审议，提出报告，再决定是否提请常委会会议审议。常委会组成人员按照法定人数联名，可以提出对本级人民政府、人民法院、人民检察院的质询案，由主任会议决定交受质询机关答复。

主任会议由常委会主任、副主任、秘书长（县级由主任、副主任）组成，处理常委会日常工作。

县以上各级人大常委会设立代表资格审查委员会，并设立办事机构。

四、地方各级人大代表

地方各级人大代表均依法由间接或直接选举产生。省、自治区、直辖市、设区的市、自治州的人大代表由下一级人大选举产生，县、自治县、不设区的市、市辖区、乡、民族乡、镇的人大代表由选民直接选举产生。地方人大代表的权利：

（一）出席本级人民代表大会会议，参加审议各项议案、报告和其他议题，发表意见

代表在审议议案和报告时，可以向本级有关国家机关提出询问。

（二）参加本级人大的选举和表决

1. 县级以上的地方各级人民代表大会代表有权依照法律规定的程序提出本级人民代表大会常务委员会的组成人员，人民政府领导人员，监察委员会主任，人民法院院长，人民检察院检察长以及上一级人民代表大会代表的人选，并有权对本级人民代表大会主席团和代表依法提出的上述人员的人选提出意见。

2. 乡、民族乡、镇的人民代表大会代表有权依照法律规定的程序提出本级人民代表大会主席、副主席和人民政府领导人员的人选，并有权对本级人民代表大会主席团和代表依法提出的上述人员的人选提出意见。

3. 各级人民代表大会代表有权对本级人民代表大会主席团的人选，提出意见。

4. 省、自治区、直辖市、自治州、设区的市的人民代表大会代表参加表决通过本级人民代表大会各专门委员会组成人员的人选。

（三）提出议案、质询案、罢免案等

县级以上的地方各级人大代表 10 人以上，乡、民族乡、镇人大代表 5 人以上联名，可以向本级人大提出属于本级人大职权范围内的议案。地方各级人民代表大会举行会议的时候，代表 10 人以上联名，有权提出对本级人民政府及其所属各工作部门、监察委员会、人民法院、

人民检察院的质询案。县级以上的地方各级人民代表大会代表有权依照法律规定的程序提出对本级人民代表大会常务委员会组成人员，人民政府组成人员，监察委员会主任，人民法院院长，人民检察院检察长的罢免案。乡、民族乡、镇的人民代表大会代表有权依照法律规定的程序提出对本级人民代表大会主席、副主席和人民政府领导人员的罢免案。

（四）提出对各方面工作的建议、批评和意见

地方各级人大代表有权对本级人大或人大常委会的工作提出建议、批评和意见。除乡镇级人大代表提出的批评建议和意见由该级人大主席团交有关机关和组织处理并负责答复外，其他地方各级人大代表提出的批评建议和意见均由本级人大常委会的办事机构交有关机关和组织研究处理并负责答复。

（五）人身受特别保护权

县级以上的各级人民代表大会代表非经本级人民代表大会主席团许可，闭会期间未经本级人大常委会许可，不受逮捕或者刑事审判以及其他法律规定的限制人身自由的措施。如果因为是现行犯被拘留，执行拘留的机关应当立即向该级人大主席团或者人大常委会报告。乡镇级人大代表如果被逮捕、受刑事审判或被采取法律规定的其他限制人身自由的措施，执行机关应当立即报告该级人民代表大会。

（六）言论免责权

地方各级人大代表、常委会组成人员在人大或常委会会议上的发言与表决，不受法律追究。

（七）信息、物质等各项保障权

县级以上的各级人民代表大会常务委员会，各级人民政府和人民法院、人民检察院，应当及时向本级人民代表大会代表通报工作情况，提供信息资料，保障代表的知情权。地方各级人大代表在出席人大会议和执行代表职务时，代表所在单位应给予支持，国家根据需要给予往返的旅费和必要的物质上的便利或者补贴。

五、地方各级人民政府

（一）地方各级人民政府的性质和地位

地方各级人民政府是地方各级国家权力机关的执行机关，是地方各级国家行政机关。地方各级人民政府从属于本级国家权力机关，由国家权力机关产生，向它负责，受它监督。此外，地方各级人民政府还要服从上级人民政府的领导。全国的地方各级人民政府都要接受国务院领导。

（二）地方各级人民政府的组成、任期和领导体制

省、自治区、直辖市、自治州和设区的市的人民政府分别由省长、副省长，自治区主席、副主席，市长、副市长，州长、副州长和秘书长、厅长、局长、委员会主任等组成。县、自治县、不设区的市、市辖区人民政府分别由县长、副县长，市长、副市长，区长、副区长和局长、科长等组成。

乡、民族乡、镇人民政府，分别由乡长、副乡长，镇长、副镇长组成。

地方各级人民政府每届任期为5年。

地方各级人民政府实行首长负责制。地方各级人民政府的会议分为全体会议和常务会议。全体会议由本级人民政府全体成员组成，常务会议则由人民政府的正副职组成。省、自治区、直辖市、自治州和设区的市的人民政府秘书长也参加常务会议。

（三）地方各级人民政府的职权

1. 执行决议、发布决定和命令。

地方各级人民政府要执行本级人大及其常委会的决议，执行上级人民政府的决定和命令。省、自治区、直辖市和设区的市、自治州的人民政府，可以根据法律、行政法规和本省、自治区、直辖市的地方性法规，制定规章。

2. 领导和监督权。

领导和监督县级以上地方各级人民政府所属各工作部门和下级人民政府的工作，有权撤销所属工作部门和下级人民政府不适当的命令、指示、决定，任免、考核行政工作人员。

3. 管理各项行政工作。

地方各级人民政府管理本行政区域内的经济、教育、文化、科学、体育、卫生、民政、公安等行政工作，完成上级人民政府交办的事项；县级以上地方各级人民政府还负责城乡建设、民族事务工作，执行国民经济和社会发展计划以及预算方案。

4. 依法保障各方面的权利。

地方各级人民政府应保护全民所有制财产、劳动群众集体所有制财产及公民个人的合法财产；要维护社会秩序，保护公民的人身权利和民主权利；保护妇女、儿童和老人的正当权益；保护少数民族的权利，帮助少数民族发展经济、文化和科学技术。要使本行政区域内全体公民的正当权利都得到保障，经济不断发展，人民生活不断提高。

（四）地方各级人民政府所属工作部门

县级以上地方各级人民政府，根据工作需要设立厅、局、委员会、办公室、科等工作部门。乡级政府一般不设工作部门。县级以上人民政府设审计机关，对本级人民政府和政府各部门、财政金融机构和企业的财务情况进行审计监督。地方各级审计机关依法独立行使审计监督权。

（五）地方各级人民政府的派出机构

省、自治区人民政府在必要的时候，经国务院批准，可以设立若干行政公署，作为它的派出机关。县、自治县的人民政府在必要的时候，经省、自治区、直辖市的人民政府批准，可以设立若干区公所，作为它的派出机关。市辖区、不设区的市的人民政府，经上一级人民政府批准，可以设立若干街道办事处，作为它的派出机关。

【经典真题】

1. 根据《地方组织法》规定，关于地方各级人民政府工作部门的设立，下列选项正确的是？（2019 年回忆版，多选）[1]

A. 县人民政府设立审计机关

B. 县人民政府工作部门的设立、增加、减少或者合并由县人大批准，并报上一级人民政府备案

C. 县人民政府在必要时，经上级人民政府批准，可以设立若干区公所作为派出机关

---

〔1〕 AD【解析】《地方各级人民代表大会和地方各级人民政府组织法》第 79 条第 1、2 款规定："地方各级人民政府根据工作需要和优化协同高效以及精干的原则，设立必要的工作部门。县级以上的地方各级人民政府设立审计机关。地方各级审计机关依照法律规定独立行使审计监督权，对本级人民政府和上一级审计机关负责。"故 A 项正确。《地方各级人民代表大会和地方各级人民政府组织法》第 79 条第 3 款规定："省、自治区、直辖市的人民政府的厅、局、委员会等工作部门和自治州、县、自治县、市、市辖区的人民政府的局、科等工作部门的设立、增加、减少或者合并，按照规定程序报请批准，并报本级人民代表大会常务委员会备案。"故 B 项错误。《地方各级人民代表大会和地方各级人民政府组织法》第 85 条第 2 款规定："县、自治县的人民政府在必要的时候，经省、自治区、直辖市的人民政府批准，可以设立若干区公所，作为它的派出机关。"因此是经省、自治区、直辖市的人民政府批准，而不是经上级人民政府批准。故 C 项错误。《地方各级人民代表大会和地方各级人民政府组织法》第 83 条规定："省、自治区、直辖市的人民政府的各工作部门受人民政府统一领导，并且依照法律或者行政法规的规定受国务院主管部门的业务指导或者领导。自治州、县、自治县、市、市辖区的人民政府的各工作部门受人民政府统一领导，并且依照法律或者行政法规的规定受上级人民政府主管部门的业务指导或者领导。"故 D 项正确。

D. 县人民政府的工作部门受县人民政府统一领导，并且依照法律或者行政法规的规定受上级人民政府主管部门的业务指导或者领导

2. 某县人大闭会期间，赵某和钱某因工作变动，分别辞去县法院院长和检察院检察长职务。法院副院长孙某任代理院长，检察院副检察长李某任代理检察长。对此，根据《宪法》和法律，下列哪一说法是正确的？（2017－1－27）[1]

A. 赵某的辞职请求向县人大常委会提出，由县人大常委会决定接受辞职

B. 钱某的辞职请求由上一级检察院检察长向该级人大常委会提出

C. 孙某出任代理院长由县人大常委会决定，报县人大批准

D. 李某出任代理检察长由县人大常委会决定，报上一级检察院和人大常委会批准

3. 根据《立法法》的规定，下列哪些选项是不正确的？（2014－1－61）[2]

A. 国务院和地方各级政府可以向全国人大常委会提出法律解释的要求

B. 经授权，行政法规可设定限制公民人身自由的强制措施

C. 专门委员会审议法律案的时候，应邀请提案人列席会议，听取其意见

D. 地方各级人大有权撤销本级政府制定的不适当的规章

---

〔1〕 A【解析】《地方各级人民代表大会和地方各级人民政府组织法》第32条第1款规定：“县级以上的地方各级人民代表大会常务委员会组成人员、专门委员会组成人员和人民政府领导人员，监察委员会主任，人民法院院长，人民检察院检察长，可以向本级人民代表大会提出辞职，由大会决定是否接受辞职；大会闭会期间，可以向本级人民代表大会常务委员会提出辞职，由常务委员会决定是否接受辞职。常务委员会决定接受辞职后，报本级人民代表大会备案。人民检察院检察长的辞职，须报经上一级人民检察院检察长提请该级人民代表大会常务委员会批准。”故A项正确。钱某的辞职请求由钱某自己向县人大或其常委会提出即可，故B项错误。对于县级以上地方各级人大的职权，《地方各级人民代表大会和地方各级人民政府组织法》第50条第13项规定：“在本级人民代表大会闭会期间，决定副省长、自治区副主席、副市长、副州长、副县长、副区长的个别任免；在省长、自治区主席、市长、州长、县长、区长和监察委员会主任、人民法院院长、人民检察院检察长因故不能担任职务的时候，根据主任会议的提名，从本级人民政府、监察委员会、人民法院、人民检察院副职领导人员中决定代理的人选；决定代理检察长，须报上一级人民检察院和人民代表大会常务委员会备案。”据此，孙某出任代理院长由县人大常委会决定即可，不需要县人大批准。故C项错误。李某出任代理检察长由县人大常委会决定，报上一级检察院和人大常委会备案，而非“上一级检察院和人大常委会批准”。故D项错误。

〔2〕 ABCD【解析】根据《立法法》第46条规定：“国务院、中央军事委员会、最高人民法院、最高人民检察院和全国人民代表大会各专门委员会以及省、自治区、直辖市的人民代表大会常务委员会可以向全国人民代表大会常务委员会提出法律解释要求。”故A项错误。《立法法》第9条规定：“本法第八条规定的事项尚未制定法律的，全国人民代表大会及其常务委员会有权作出决定，授权国务院可以根据实际需要，对其中的部分事项先制定行政法规，但是有关犯罪和刑罚、对公民政治权利的剥夺和限制人身自由的强制措施和处罚、司法制度等事项除外。”因此限制公民人身自由属于法律绝对保留事项。故B项错误。根据《立法法》第32条规定：“列入常务委员会会议议程的法律案，由有关的专门委员会进行审议，提出审议意见，印发常务委员会会议。有关的专门委员会审议法律案时，可以邀请其他专门委员会的成员列席会议，发表意见。”C项中，因此不是“应当”，而是“可以”。故C项错误。根据《立法法》第97条，地方人民代表大会常务委员会有权撤销本级人民政府制定的不适当的规章。故D项错误。

4. 根据《宪法》和《组织法》的规定，下列选项正确的是？(2011－1－86)[1]

A. 地方各级人大代表非经本级人大主席团许可，在大会闭会期间非经本级人大常委会许可，不受逮捕或刑事审判

B. 乡、民族乡、镇的人大主席、副主席不得担任国家行政机关的职务

C. 审计机关依照法律独立行使审计权，不受行政机关、社会团体和个人的干涉

D. 中华人民共和国主席根据全国人大常委会的决定，进行国事活动

5. 根据《宪法》和《地方组织法》规定，下列哪一选项是正确的？(2010－1－22)[2]

A. 县级以上的地方各级人民代表大会常务委员会由主任、副主任若干人，秘书长、委员若干人组成

B. 县级以上的地方各级人民代表大会常务委员会根据需要，可以设法制（政法）委员会等专门委员会

C. 县级以上的地方各级人民代表大会可以组织关于特定问题的调查委员会

D. 县级以上的地方各级人民代表大会会议由本级人民代表大会常务委员会召集并主持

【习题拓展】

1. 下列关于地方各级人大的职权的说法，哪一选项是不正确的？[3]

---

〔1〕 B【解析】《地方各级人民代表大会和地方各级人民政府组织法》第40条规定：“县级以上的地方各级人民代表大会代表，非经本级人民代表大会主席团许可，在大会闭会期间，非经本级人民代表大会常务委员会许可，不受逮捕或者刑事审判……”该条规定有“县级以上”的限制，不包括乡级。另根据《代表法》第32条第4款规定：“乡、民族乡、镇的人民代表大会代表，如果被逮捕、受刑事审判、或者被采取法律规定的其他限制人身自由的措施，执行机关应当立即报告乡、民族乡、镇的人民代表大会。”根据上述规定，县级以上的各级人大代表非经本级人大主席团许可，在本级人大闭会期间，非经本级人大常委会许可，不受逮捕或者刑事审判；而乡级人大代表被逮捕、受刑事审判的，不需要经许可，仅需要报告即可，故A项错误。《地方各级人民代表大会和地方各级人民政府组织法》第18条第2款规定：“乡、民族乡、镇的人民代表大会主席、副主席不得担任国家行政机关的职务；如果担任国家行政机关的职务，必须向本级人民代表大会辞去主席、副主席的职务。”故B项正确。《宪法》第91条规定：“国务院设立审计机关，对国务院各部门和地方各级政府的财政收支，对国家的财政金融机构和企业事业组织的财务收支，进行审计监督。审计机关在国务院总理领导下，依照法律规定独立行使审计监督权，不受其他行政机关、社会团体和个人的干涉。”《宪法》第109条规定：“县级以上的地方各级人民政府设立审计机关。地方各级审计机关依照法律规定独立行使审计监督权，对本级人民政府和上一级审计机关负责。”据此，国务院审计机关须接受国务院总理领导，地方审计机关须接受本级人民政府和上级审计机关的领导，故C项“审计机关……不受行政机关……的干涉”的表述有误”。《宪法》第81条规定：“中华人民共和国主席代表中华人民共和国，进行国事活动，接受外国使节；根据全国人民代表大会常务委员会的决定，派遣和召回驻外全权代表，批准和废除同外国缔结的条约和重要协定。”据此，国家主席代表中国进行国事活动，不需要根据全国人大常委会决定，故D项错误。

〔2〕 C【解析】《地方各级人民代表大会和地方各级人民政府组织法》第47条第1款规定：“省、自治区、直辖市、自治州、设区的市的人民代表大会常务委员会由本级人民代表大会在代表中选举主任、副主任若干人、秘书长、委员若干人组成。”第2款规定：“县、自治县、不设区的市、市辖区的人民代表大会常务委员会由本级人民代表大会在代表中选举主任、副主任若干人和委员若干人组成。”据此，省级、地级人大常委会的组成人员除主任、副主任、委员外，还有秘书长，但县级人大常委会的组成人员不包括秘书长。故A项错误。《地方各级人民代表大会和地方各级人民政府组织法》第33条规定：“省、自治区、直辖市、自治州、设区的市的人民代表大会根据需要，可以设法制委员会、财政经济委员会、教育科学文化卫生委员会、环境与资源保护委员会、社会建设委员会和其他需要设立的专门委员会；县、自治县、不设区的市、市辖区的人民代表大会根据需要，可以设法制委员会、财政经济委员会等专门委员会。各专门委员会受本级人民代表大会领导；在大会闭会期间，受本级人民代表大会常务委员会领导。”据此，设立专门委员会的是县级以上各级人民代表大会。因此人大常委会不能设专门委员会。故B项错误。《地方各级人民代表大会和地方各级人民政府组织法》第36条第1款规定：“县级以上的地方各级人民代表大会可以组织关于特定问题的调查委员会。”故C项正确。《地方各级人民代表大会和地方各级人民政府组织法》第15条规定：“县级以上的地方各级人民代表大会会议由本级人民代表大会常务委员会召集。”《地方各级人民代表大会和地方各级人民政府组织法》第17条第3款规定：“县级以上的地方各级人民代表大会举行会议的时候，由主席团主持会议。”故D项错误。

〔3〕 C【解析】制定自治条例、单行条例的权限主体不包括乡、镇、民族乡人大，最低级别是自治县人大，故C项错误。

A. 乡、镇、民族乡人大选举本级人大主席、副主席

B. 乡、镇、民族乡人大无权审查和批准本行政区域内的国民经济和社会发展计划

C. 民族乡人大在本行政区域内依法制定自治条例、单行条例

D. 民族乡人大在本行政区域内保证上级人大及其常委会决议的遵守和执行。

2. 根据宪法和相关法律规定，下列哪一选项是正确的?[1]

A. 地方各级人民代表大会举行会议的时候，主席团、常务委员会、各专门委员会、本级人民政府、人民法院、人民检察院，可以向本级人民代表大会提出属于本级人民代表大会职权范围内的议案

B. 地方各级人民代表大会举行会议的时候，县级以上的地方各级人民代表大会代表10人以上联名，乡、民族乡、镇的人民代表大会代表5人以上联名，人民法院、人民检察院联名，可以向本级人民代表大会提出属于本级人民代表大会职权范围内的议案

C. 县级以上的地方各级人民政府、人民代表大会各专门委员会，可以向本级人民代表大会常务委员会提出属于常务委员会职权范围内的议案

D. 县级以上的地方各级人民代表大会常务委员会主任会议，人民法院、人民检察院可以向本级人民代表大会常务委员会提出属于常务委员会职权范围内的议案

3. 甲市乙县人民检察院检察长王某欲辞去检察长职务，则以下哪些选项正确?[2]

A. 向乙县人民代表大会提出辞职，由大会决定是否接受辞职

B. 乙县人民代表大会闭会期间，可以向乙县人大常委会提出辞职

C. 须经甲市人民检察院检察长提请甲市人民代表大会常务委员会批准

D. 向乙县人民政府提出辞职

第七节　监察委员会

监察委员会是2018年宪法修改新增加的国家机构。2018年3月20日第十三届全国人大第一次会议通过的《监察法》规定了更为详细具体的制度。

一、监察委员会的性质和地位

《宪法》第123条规定："中华人民共和国各级监察委员会是国家的监察机关。"监察委员会专司国家监察职能，是行使国家监察职能的专责机关，其他任何机关、团体和个人都无权行使监察权。监察委员会行使国家监察职能，依照法律对所有行使公权力的公职人员进行监察，调查职务违法和职务犯罪，开展廉政建设和反腐败工作，维护宪法和法律的尊严。

---

〔1〕 C【解析】根据《地方各级人民代表大会和地方各级人民政府组织法》第22条第1款，该选项表述多出了"人民法院、人民检察院"两个主体，A项错误。根据《地方各级人民代表大会和地方各级人民政府组织法》第22条第2款，该选项表述多出了"人民法院、人民检察院联名"，B项错误。根据《地方各级人民代表大会和地方各级人民政府组织法》第52条第1款，该选项表述多出了"人民法院、人民检察院"两个主体，C项正确、D项错误。

〔2〕 ABC【解析】根据《地方各级人民代表大会和地方各级人民政府组织法》第32条的规定，人民检察院检察长可以向本级人民代表大会提出辞职，由大会决定是否接受辞职，故A项正确。根据第32条，大会闭会期间，可以向本级人民代表大会常务委员会提出辞职，由常务委员会决定是否接受辞职。常务委员会决定接受辞职后，报本级人民代表大会备案，故B项正确，D项错误。根据第32条，人民检察院检察长辞职，须报上一级人民检察院检察长提请该级人民代表大会常务委员会批准，故C项正确。

二、监察委员会的组成和任期

《宪法》第 124 条规定："中华人民共和国设立国家监察委员会和地方各级监察委员会。监察委员会由下列人员组成：主任，副主任若干人，委员若干人。监察委员会主任每届任期同本级人民代表大会每届任期相同。国家监察委员会主任连续任职不得超过两届。监察委员会的组织和职权由法律规定。"

依据《宪法》，《监察法》对国家、省、自治区、直辖市，自治州、县、自治县、市、市辖区设立监察委员会作出具体规定。

国家监察委员会由全国人大产生，负责全国监察工作。国家监察委员会由主任、副主任若干人、委员若干人组成，主任由全国人大选举，副主任、委员由国家监察委员会主任提请全国人大常委会任免。国家监察委员会主任每届任期同全国人大相同，即 5 年；国家监察委员会对全国人大和全国人大常委会负责，并接受监督。

地方各级监察委员会由本级人大产生，负责本行政区域内的监察工作。地方各级监察委员会由主任、副主任若干人、委员若干人组成，主任由本级人大选举，副主任、委员由主任提请本级人大常委会任免。地方各级监察委员会主任每届任期同本级人大相同，即 5 年。地方各级监察委员会对本级人大及其常委会和上一级监察委员会负责，并接受监督。

三、监察委员会的领导体制

《宪法》第 125 条规定："中华人民共和国国家监察委员会是最高监察机关。国家监察委员会领导地方各级监察委员会的工作，上级监察委员会领导下级监察委员会的工作。"第 126 条规定："国家监察委员会对全国人民代表大会和全国人民代表大会常务委员会负责。地方各级监察委员会对产生它的国家权力机关和上一级监察委员会负责。"据此，监察委员会既要对同级国家权力机关负责，又要对上一级监察委员会负责。

国家权力机关与监察委员会的关系，主要体现在人大及其常委会选举、罢免或者任免监察委员会的组成人员，以及进行各种形式的监督。

国家监察委员会领导地方各级监察委员会的工作，上级监察委员会领导下级监察委员会的工作，地方各级监察委员会要对上一级监察委员会负责。各级监察机关按照管理权限管辖本辖区内监察事项。上级监察机关可以办理下一级监察机关管辖范围内的监察事项，必要时也可以办理所辖各级监察机关管辖范围内的监察事项。监察机关之间对监察事项的管辖有争议的，由其共同的上级监察机关确定。同时，上级监察机关可以将其所管辖的监察事项指定下级监察机关管辖，也可以将下级监察机关有管辖权的监察事项指定给其他监察机关管辖。监察机关认为所管辖的监察事项重大、复杂，需要由上级监察机关管辖的，可以请求移送上级监察机关管辖。

四、监察委员会与审判机关、检察机关、执法部门的关系

《宪法》第 127 条规定："监察委员会依照法律规定独立行使监察权，不受行政机关、社会团体和个人的干涉。监察机关办理职务违法和职务犯罪案件，应当与审判机关、检察机关、执法部门互相配合，互相制约。"监察机关履行监督、调查、处置职责，行使调查权限，行政机关、社会团体和个人无权干涉。同时，监察机关办理职务违法犯罪案件，应当与审判机关、检察机关、执法部门互相配合、互相制约。这是监察权行使的基本行为准则之一，是调整监察委员会与审判机关、检察机关、执法部门关系的基本要求。

1. 监察委员会依法独立行使监察权是前提。监察委员会成立后，法院、检察院、公安机

关、审计机关等国家机关在工作中发现公职人员涉嫌贪污贿赂、失职渎职等职务违法或者职务犯罪的问题线索，应当移送监察机关，由监察机关依法调查处置。被调查人既涉嫌严重职务违法或者职务犯罪，又涉嫌其他违法犯罪的，一般应当由监察机关为主调查，其他机关予以协助。

2. 各机关间的互相配合是指各机关在各司其职的基础上，通力合作、密切配合，依法办理职务违法犯罪案件。监察机关在工作中需要协助的，有关机关和单位应当根据监察机关的要求依法予以协助。在办理职务违法犯罪案件的程序上，对涉嫌职务犯罪的行为，监察委员会享有监督调查处置权限，监察委员会调查终结后移送检察机关依法审查、提起公诉，由法院审判。

3. 各机关间的互相制约是监督原则的体现，也是监督权依法行使的制度保障。对监察机关移送的案件，检察院认为犯罪事实已经查清，证据确实、充分，依法应当追究刑事责任的，应当作出起诉决定。检察院经审查后，认为需要补充核实的，应当退回监察机关补充调查，必要时可以自行补充侦查，检察院对于有《刑事诉讼法》规定的不起诉的情形的，经上一级检察院批准，依法作出不起诉的决定。对于监察委员会所作结论，检察院认为不构成犯罪的可以退回补充调查，也可以作出不起诉的决定。监察机关认为不起诉的决定有错误的，可要求复议。

五、对监察委员会的监督

对监察委员会的监督，主要包括国家权力机关的监督、社会监督和自我监督。

1. 监察委员会应当接受本级人大及其常委会的监督。各级人大常委会听取和审议本级监察机关的专项工作报告，根据需要可以组织执法检查。县级以上各级人大及其常委会举行会议时，人大代表或者常委会组成人员可以依照法定程序就监察工作中的有关问题提出询问或者质询。

2. 监察委员会应当依法公开监察工作信息，接受民主监督、社会监督、舆论监督。

3. 监察委员会通过设立内部专门的监督机构等方式，加强对监察人员执行职务和遵守法律情况的监督，建设忠诚、干净、担当的监察队伍。法律赋予了被调查人及其近亲属向内设监督机构的申诉权，这是对监察委员会进行监督的重要方式。监察机关及其工作人员有违法行为的，被调查人及其近亲属有权向该机关申诉；受理申诉的监察机关应当及时处理。申诉人对处理不服的，可以在法定期限内向上一级监察机关申请复查，上一级监察机关应当在法定期限内处理，情况属实的，及时予以纠正。

我国宪法监督制度在贯彻落实宪法、推进社会主义民主政治建设和法治国家建设方面发挥了重要作用，但有待进一步完善。深化依法治国实践需要继续加强宪法实施和监督，强化全国人大宪法和法律委员会的统一审议功能，切实推进合宪性审查工作。

【经典真题】

各级监察委员会是国家的监察机关，根据《宪法》和《监察法》，下列说法正确的是？(2021年回忆版，单选)[1]

---

〔1〕 B【解析】《监察法》第29条规定："依法应当留置的被调查人如果在逃，监察机关可以决定在本行政区域内通缉，由公安机关发布通缉令，追捕归案。通缉范围超出本行政区域的，应当报请有权决定的上级监察机关决定。"故A项错误。《监察法》第4条第2款规定："监察机关办理职务违法和职务犯罪案件，应当与审判机关、检察机关、执法部门互相配合，互相制约。"故B项正确。《监察法》第43条第1款规定："监察机关采取留置措施，应当由监察机关领导人员集体研究决定。设区的市级以下监察机关采取留置措施，应当报上一级监察机关批准。省级监察机关采取留置措施，应当报国家监察委员会备案。"故C项错误。《监察法》第16条第2款规定："上级监察机关可以办理下一级监察机关管辖范围内的监察事项，必要时也可以办理所辖各级监察机关管辖范围内的监察事项。"故D项错误。

A. 依法应当留置的被调查人员如果在逃需要通缉，由上级监察机关批准决定
B. 监察机关行使监察权，应当与审判机关、检察机关和执法部门互相配合，互相制约
C. 监察机关采取留置措施，应当由监察委员会主任决定
D. 上级监察机关只能办理下一级监察机关管辖范围内的监察事项

第八节　人民法院与人民检察院【考查频率☆】

一、人民法院

（一）人民法院的性质、地位

人民法院是国家的审判机关，即只有人民法院才有审判权。

最高人民法院对全国人民代表大会和全国人民代表大会常务委员会负责，地方各级人民法院对产生它的国家权力机关负责。尽管宪法没有规定人民法院向同级人大及其常委会报告工作，但《人民法院组织法》等其他法律都要求人民法院向产生它的同级人大及其常委会报告工作。

（二）人民法院的组织体系

全国设立最高人民法院、地方各级人民法院和专门人民法院；地方各级人民法院分为高级人民法院、中级人民法院、基层人民法院；专门人民法院包括军事法院和海事法院、知识产权法院以及金融法院等，最高人民法院可以设巡回法庭。

最高人民法院监督地方各级人民法院和专门人民法院的审判工作，上级人民法院监督下级人民法院的审判工作。所以，上下级人民法院之间的关系不是领导关系，而是监督关系。

（三）人民法院的组成、任期与机构设置

1. 组成。

最高人民法院和地方各级人民法院由院长 1 人，副院长、审判委员会委员、庭长、副庭长和审判员若干人组成。

2. 任期。

各级人民法院每届任期与本级人民代表大会每届任期相同，均为 5 年。最高人民法院院长连续任职不得超过 2 届。

3. 机构设置。

各级人民法院一般设有刑事审判庭、民事审判庭、行政审判庭、审判监督庭、立案庭、执行庭（或执行办公室）等审判业务庭。

各级人民法院还设立审判委员会，由院长、副院长和若干资深法官组成，其任务是总结审判经验、讨论重大的或者疑难的案件和其他有关审判工作的问题。

二、人民检察院

（一）人民检察院的性质、地位与任务

1. 性质。

人民检察院是国家的法律监督机关。人民检察院的法律监督主要是对国家机关、国家机关工作人员是否违反刑法实行监督，以及对在刑事诉讼中公安机关、人民法院和监狱等机关的活动是否合法实行监督，并包括对人民法院的民事审判和行政审判活动的事后监督。

2. 地位。

最高人民检察院对全国人民代表大会和全国人民代表大会常务委员会负责，地方各级人民

检察院对产生它的国家权力机关和上级人民检察院负责。所以，在我国，各级人民检察院从属于上级人民检察院，并接受上级人民检察院的领导和最高人民检察院的领导；同时在各级人民检察院与同级人大及其常委会的关系上，各级人民检察院的地位低于同级国家权力机关，各级人民检察院由同级人大产生，对同级人大及其常委会负责并接受它们的监督。虽然宪法没有明确规定人民检察院向同级人大及其常委会报告工作，但《人民检察院组织法》等相关法律均规定人民检察院向产生它的同级人大及其常委会报告工作。

（二）人民检察院的组织体系与职权

1. 组织体系。

我国人民检察院的组织体系由下列检察机关组成：全国设立最高人民检察院、地方各级人民检察院和军事检察院等专门人民检察院。地方各级人民检察院分为省级人民检察院、设区的市级人民检察院、基层人民检察院。省级人民检察院和设区的市级人民检察院可以在辖区内特定区域设立人民检察院，作为派出机构。

最高人民检察院是国家最高检察机关，领导地方各级人民检察院和专门人民检察院的工作，上级人民检察院领导下级人民检察院的工作。所以，上下级人民检察院之间的关系是领导与被领导的关系。这种垂直领导体制主要表现在两方面：

（1）人事任免。

省、自治区、直辖市人民检察院检察长的任免，须报最高人民检察院检察长提请全国人大常委会批准。自治州、设区的市、县、不设区的市、市辖区人民检察院检察长的任免，须报上一级人民检察院检察长提请该级人大常委会批准。

（2）业务领导。

对于下级人民检察院的决定，上级人民检察院有权复核改变；上级人民检察院的决定，下级人民检察院必须执行。下级人民检察院在办理案件中遇到自己不能解决的困难时，上级人民检察院应及时给予支持和指示，必要时可派人协助工作，或是将案件上调由自己办理。

2. 职权。

根据我国《宪法》和《人民检察院组织法》等有关法律的规定，各级人民检察院主要行使下列职权：立案侦查；批准逮捕；提起公诉；侦查监督；审判监督；执行监督（又称“监所监督”）。

（三）人民检察院的组成、任期与机构设置

1. 组成。

各级人民检察院均由检察长 1 人、副检察长和检察员若干人组成。此外，各级人民检察院还设有助理检察员、书记员、执行员、司法警察等。

2. 任期。

各级人民检察院每届任期与本级人民代表大会每届任期相同，均为 5 年。最高人民检察院检察长连续任职不得超过 2 届。

3. 机构设置。

人民检察院根据检察工作需要，设必要的业务机构。为贯彻司法改革要求，合理精简整合人民检察院内设机构，规定检察官员额较少的设区的市级检察院和基层人民检察院，可以设综合业务机构。检察院可以设必要的检察辅助机构和行政管理机构。

人民检察院根据检察工作需要，可以在监狱、看守所等场所设立检察室，行使派出它的人民检察院的部分职权，也可以对上述场所进行巡回检察。这一规定为检察机关完善派驻检察室和巡回检察相结合的监督工作机制提供了法律依据。

各级人民检察院还设立检察委员会，一般由检察长、副检察长以及厅、处、科各部门的负责人组成。检察委员会实行民主集中制，在检察长的主持下，讨论决定重大案件和其他重大问题。

如果检察长在重大问题上不同意多数人的决定，可以报请本级人民代表大会常务委员会决定。

【经典真题】

关于专门人民法院，下列哪一选项是正确的？（2009－1－18）[1]

A. 专门人民法院是设在特定部门或针对特定案件而设立，受理与设立部门相关的专业性案件的法院

B. 军事法院负责审判军事人员犯罪的刑事案件，军事法院的基层法院设在市级

C. 海事法院判决和裁定的上诉案件，由最高法院管辖

D. 铁路运输法院、森林法院只设基层法院

三、人民法院、人民检察院与公安机关的关系

《宪法》第140条规定：“人民法院、人民检察院和公安机关办理刑事案件，应当分工负责，互相配合，互相制约，以保证准确有效地执行法律。”分工负责、互相配合、互相制约是公、检、法三机关在办理刑事案件时所应遵循的基本行为准则，它对调整司法机关之间的基本关系具有宪法指导意义。

---

〔1〕 A【解析】专门人民法院是人民法院组织体系中的一个特殊组成部分，它们是设在特定部门或者针对特定案件而设立，受理与设立部门相关的专业性案件的法院。故A正确。军事法院包括中国人民解放军军事法院（军内的最高级，相当于地方高级人民法院）、大军区及军兵种军事法院（相当于地方中级人民法院）、军级军事法院（相当于地方基层人民法院）三级，军事法院负责审判军事人员犯罪的刑事案件。B错误。依据《全国人民代表大会常务委员会关于在沿海港口城市设立海事法院的决定》第3条之规定，海事法院只设一级，相当于地方中级人民法院。海事法院管辖民事主体之间的第一审海事案件和海商案件。对海事法院的判决和裁定上诉的案件由海事法院所在地的高级人民法院管辖。故C错误。铁路运输法院是设在铁路沿线的专门人民法院，负责审判由铁路公安机关侦破、铁路检察院起诉的发生在铁路沿线的刑事犯罪案件和与铁路运输有关的经济纠纷；它分为两级：一是在铁路管理分局所在地设立铁路运输基层法院，二是在铁路管理局所在地设立铁路运输中级法院。森林法院是审理破坏森林资源、严重责任事故等案件，它分为两级：一是一般设置在某些特定林区的一些林业局（包括木材水运局）所在地的森林基层法院；二是在地区（盟）林业管理局所在地或国有森林集中连片地区设立的森林中级法院。故选项D错误。

第五章　宪法的实施和保障

【重点提示】

《宪法》的修改和监督方式。

【相关法条】

《宪法》第 62、64、67 条。

【知识框架】

- 宪法的实施及其保障
  - 宪法实施概述
    - 宪法实施的概念
    - 宪法实施的主要特点
  - 宪法的修改
    - 宪法修改的方式
    - 宪法修改的程序
  - 宪法的解释
    - 宪法解释的机关
    - 宪法解释的程序
  - 宪法实施的保障
    - 宪法实施保障的体制
    - 宪法实施保障的基本方式
  - 宪法宣誓

第一节　宪法的实施【考查频率☆】

一、宪法实施概念

宪法实施通常包括宪法的遵守、宪法的适用和宪法实施的保障三个方面。

二、宪法实施的特征

《宪法》作为法律的一种，具有与普通法律相同的一些特点，因而宪法的实施与普通法律的实施也存在共同点。同时，《宪法》在国家法律体系中的地位和作用以及《宪法》在内容和规范等方面的特殊性，又决定了宪法的实施具有不同于普通法律实施的具体特点：

1. 宪法实施的广泛性和综合性。
2. 宪法实施的最高性和原则性。
3. 宪法实施的直接性和间接性。

宪法实施的直接性和间接性包括宪法实施方式的直接性和间接性与宪法制裁的直接性和间接性两大方面。就实施方式而言，其他法律的实施都具有直接性。虽然《宪法》在实施过程中也具有直接性，但《宪法》的实施方式的间接性更为突出。这实际上是由《宪法》作为“母法”的特点决定的，也就是说，《宪法》在实施过程中主要是通过具体法律规范来作用于具体的人和事，国家的其他法律和法律性文件是以《宪法》为基础并且不能与《宪法》相抵触的。同时，既然一切机关、组织和公民个人都必须以《宪法》为根本的活动准则，那么一切违反《宪法》的行为，就都必须予以追究。对违宪行为进行追究的方式包括直接制裁和间接制裁两种。

直接制裁是指直接根据《宪法》来追究违宪行为的法律责任，主要适用于国家机关以及国家机关负责人的违宪行为。在我国，直接制裁主要表现为对国家机关违反宪法的法律以及规范性文件、决议、决定和命令等宣布无效，并加以撤销；对违法失职的国家机关负责人根据《宪法》规定予以罢免。

间接制裁则指《宪法》对违宪行为不直接规定制裁措施，而是通过具体法律来追究法律责任。也就是说，它是直接根据具体法律，对违反宪法原则同时又违反具体法律的行为作出的制裁。这类制裁相对于具体法律是直接的，而相对于《宪法》来说则是间接的。

【经典真题】

关于宪法实施，下列哪一选项是不正确的？(2012－1－22)〔1〕

A. 宪法的遵守是宪法实施最基本的形式　　B. 制度保障是宪法实施的主要方式

C. 宪法解释是宪法实施的一种方式　　D. 宪法适用是宪法实施的重要途径

第二节　宪法的制定和修改【考查频率☆☆☆☆】

一、宪法的制定

（一）制宪权与修宪权

1. 与立法权、行政权、司法权相比，制宪权、修宪权属于根源性的国家权力，即能够创造其他具体组织性国家权力的权力。

2. 最早系统地提出制宪权概念并建立理论体系的是法国大革命时期的著名学者西耶斯，他认为只有国民才享有制宪权。

3. 人民作为制宪主体并不意味着人民直接参与制宪的过程。各国通常成立各种形式的制宪机构，如制宪会议、国民会议、立宪会议等。

4. 修宪权是依据制宪权而产生的权力形态。制宪权与修宪权是两种不同性质的权力，修宪权受制宪权约束，不得违背制宪权的基本精神和原则。

（二）制宪的程序

1. 设立制宪机关。

制宪机关通常有宪法起草机关（如我国1954年宪法起草委员会）或者宪法通过机关（如美国的制宪会议、我国的全国人大）等。

2. 提出宪法草案。

3. 通过宪法草案。

4. 公布宪法。

我国1954年宪法是第一届全国人大第一次会议以全国人大公告形式公布，自通过之日起生效。

---

〔1〕 B【解析】宪法实施通常包括宪法的遵守、宪法的适用和宪法实施的保障三个方面。宪法遵守既是宪法实施的基本要求，也是宪法实施的基本的方式。宪法解释是宪法适用的主要途径之一。故A项、C项、D项正确。宪法实施的保障包括政治保障、社会保障和法律保障。法律保障包括制度保障在内，如宪法监督制度、严格的宪法修改程序等，属于宪法实施，但不是宪法实施的主要方式。故B项错误。

二、宪法的修改

（一）修改方式

1. 全面修改

全面修改亦即对《宪法》全文进行修改，以新宪法取代旧宪法。新中国前三部《宪法》的修改都属于全面修改。

2. 部分修改

部分修改亦即对《宪法》原有的部分条款加以改变，或者新增若干条款，而不牵动其他条款和整个《宪法》的修改方式。我国现行《宪法》颁布以来，1988 年、1993 年、1999 年、2004 年和 2018 年对《宪法》的修改即属于部分修改。

（二）宪法修改的程序

从各国宪法规定和宪政实践看，宪法修改程序一般包括提案、审定、起草、议决和公布五个阶段。

1. 提案

提案是修改宪法的开始程序，是指宪法修正案的提出，或者说是提议应该修改宪法。任何国家修改宪法，首先必须经过这一程序，而且必须由有权机关提出。我国《宪法》的修改，由全国人大常委会或者 1/5 以上的全国人大代表提议。

2. 审定

审定是指在宪法修正案提出以后，由法定有权机关，对宪法“应否修改”作原则上审查与决定的程序。这一程序在有些国家并不存在。设立这一程序的目的不在于决定宪法如何修改，而在于决定宪法应否修改。

3. 起草

起草是指在决定宪法应该修改以后，由法定有权机关对决定修改的部分进行具体的草案拟定。设立这一程序的目的不是决定宪法应否修改，而是决定宪法条文应该如何修改。

4. 议决

议决是修改宪法的必经程序。现代世界各国的宪法修正案，通常由国会、议会、人民代表大会等民意机关议决通过，而且必须遵循较为严格的程序。我国宪法修正案的议决由全国人大以全体代表的 2/3 以上的多数通过。

5. 公布

公布是修改宪法的最后程序，也是必经程序。宪法修正案只有公布之后，才有法律效力。一般来说，公布宪法修正案的机关主要有国家元首、议决机关和行政机关等。我国宪法修正案由全国人大主席团公布。

【经典真题】

1. 宪法修改是指有权机关依照一定的程序变更宪法内容的行为。关于宪法的修改，下列选项正确的是？（2016－1－93）〔1〕

A. 凡宪法规范与社会生活发生冲突时，必须进行宪法修改

---

〔1〕 BC【解析】凡宪法规范与社会生活发生冲突时，如通过宪法解释即可解决该冲突的，不需要进行宪法修改。故 A 项错误。《宪法》第 64 条第 1 款规定：“宪法的修改，由全国人民代表大会常务委员会或者五分之一以上的全国人民代表大会代表提议，并由全国人民代表大会以全体代表的三分之二以上的多数通过。”故 B 项正确。在修宪实践中，我国宪法修正案以全国人大会议主席团发布“全国人民代表大会公告”的形式公布施行。故 C 项正确。1988 年《宪法修正案》第 2 条将《宪法》第 10 条第 4 款修改为：“任何组织或者个人不得侵占、买卖或者以其他形式非法转让土地。土地的使用权可以依照法律的规定转让。”因此不是“法律法规”。故 D 项错误。

B. 我国宪法的修改可由五分之一以上的全国人大代表提议

C. 宪法修正案由全国人民代表大会公告公布施行

D. 我国 1988 年《宪法修正案》规定，土地的使用权可依照法律法规的规定转让

2. 关于我国宪法修改，下列哪一选项是正确的？（2014－1－22）〔1〕

A. 我国修宪实践中既有对宪法的部分修改，也有对宪法的全面修改

B. 经十分之一以上的全国人大代表提议，可以启动宪法修改程序

C. 全国人大常委会是法定的修宪主体

D. 宪法修正案是我国宪法规定的宪法修改方式

【习题拓展】

1. 关于宪法制定及修改的表述，不正确的是哪些？〔2〕

A. 最早系统化地提出制宪权理论的是西耶斯，主张国民享有制宪权

B. 制宪权与修宪权是两种相同性质的权力，都属于本源性的国家权力

C. 根据我国宪法规定，宪法的修改以修正案的方式进行

D. 我国现行宪法共经过 5 次部分修改，通过了 52 条宪法修正案

2. 根据《宪法》和相关法律的规定，下列选项正确的是？〔3〕

A. 全国人大各专门委员会成员必须是全国人大代表

B. 宪法修正案以主席令的形式加以公布

C. 中央军事主席对全国人大和全国人大常委会负责并报告工作

D. 全国人大常委会秘书长和委员连选连任，无任期限制

第三节 宪法的解释【考查频率☆】

一、由代议机关解释

这一制度源自英国。英国自从建立议会制度以后，就将议会作为主权机关，因而不允许司法机关推翻议会所制定的法律；同时在英国，宪法和法律没有明显区分，所以宪法和法律的涵义如何，也只能由议会作出解释。我国的宪法解释权由最高权力机关行使，全国人大对宪法的实施有监督的权力，全国人大常委会行使宪法解释权。

---

〔1〕 A【解析】我国 1975 年宪法、1978 年宪法、1982 年宪法都属于全面修改，1988 年、1993 年、1999 年、2004 年分别对 1982 年宪法进行了部分修改，故 A 项正确。《宪法》第 64 条第 1 款规定：“宪法的修改，由全国人民代表大会常务委员会或者五分之一以上的全国人民代表大会代表提议，并由全国人民代表大会以全体代表的三分之二以上的多数通过。”故 B 项错误。

法定修宪机关是全国人大，而非全国人大常委会，故 C 项错误。我国宪法对宪法修改方式并无明确规定，宪法修正案是实践中对 1982 年宪法的修改方式。故 D 项错误。

〔2〕 BC【解析】西耶斯最早系统化提出制宪权理论，主张国民享有制宪权，故 A 项正确。制宪权与修宪权都属于本源性的国家权力，但他们是两种不同性质的权力，故 B 项错误。我国现行宪法的修改是以修正案的方式进行，这是宪法惯例，不是宪法的规定，故 C 项错误。我国现行宪法共经过 5 次修改，通过 52 条修正案，其中 2018 年修正案共 21 条，故 D 项正确。

〔3〕 AD【解析】B 项错误，法律案以主席令的形式加以公布，宪法修正案是以大会主席团的名义公布。C 项错误。中央军委主席对全国人大和全国人大常委会负责，但不报告工作。

二、由司法机关解释

这一制度源自美国。现今世界各国中，采用这一制度的国家很多，加拿大、澳大利亚、日本、菲律宾、印度、巴基斯坦、阿根廷、巴西、智利、墨西哥等国家，都是由司法机关解释宪法。

三、由专门机关解释

这一制度源自奥地利，推行于第一次世界大战以后，也是当代最为流行的制度之一。如奥地利、西班牙、德国、意大利、俄罗斯等国就建立了宪法法院，法国、韩国等建立了宪法委员会。

【经典真题】

宪法解释是保障宪法实施的一种手段和措施。关于宪法解释，下列选项正确的是？（2015－1－94）〔1〕

A. 由司法机关解释宪法的做法源于美国，也以美国为典型代表

B. 德国的宪法解释机关必须结合具体案件对宪法含义进行说明

C. 我国的宪法解释机关对宪法的解释具有最高的、普遍的约束力

D. 我国国务院在制定行政法规时，必然涉及对宪法含义的理解，但无权解释宪法

第四节　宪法监督【考查频率☆】

一、宪法监督的体制

（一）由普通司法机关作为宪法监督机关的体制

这一体制起源于美国。1803 年，美国联邦最高法院在审理“马伯里诉麦迪逊”一案的判决中明确宣布：“违宪的法律不是法律；阐明法律的意义是法院的职权”，从而开创了由联邦最高法院审查国会制定的法律是否符合宪法的先例。从此以后，许多资本主义国家受美国的影响，将这种体制扩展到地方法院，采取由司法机关负责保障宪法实施的方式，通过具体案件的审理以审查确定其所适用的法律是否符合宪法。

（二）由代议机关作为宪法监督机关的体制

这一体制起源于英国。英国长期奉行“议会至上”原则，认为议会是代表人民的民意机关，是主权机关。因此应该由作为立法机关的议会负责保障宪法实施。社会主义国家采取的也大多是由立法机关负责保障宪法实施的体制。我国现行《宪法》规定，全国人大及其常委会负有监督宪法实施的职责。

（三）由专门机关作为宪法监督机关的体制

这一体制起源于 1799 年法国宪法设立的护法元老院。根据规定，护法元老院有权撤销违

---

〔1〕 AD【解析】1803 年美国联邦最高法院首席大法官马歇尔在马伯里诉麦迪逊一案中作出了著名的判决，开创了司法审查制度的先例，故 A 正确。德国联邦宪法法院负责解释宪法（即该国基本法）。根据该国基本法规定，当联邦政府内阁或众议院三分之一议员认为国会制定法可能与基本法有冲突时，可向联邦宪法法院提出审查申请。这种审查与具体案件无关。故 B 项错误。

我国宪法赋予全国人大常委会以解释宪法的权力，并具有普遍约束力，但其并不具有最高约束力。原因在于全国人大有权改变或者撤销全国人大常委会不适当的决定，自然也包括宪法解释的决定，故“最高”之说有误。C 项错误（但官方答案认为其正确）。我国《宪法》第 89 条规定：“国务院行使下列职权：（一）根据宪法和法律，规定行政措施，制定行政法规，发布决定和命令；……”但是国务院无权解释宪法，故 D 正确。

反宪法的法律。从发展趋势来看，由专门机关负责保障宪法实施的体制已日益受到许多国家的重视，并且有可能成为占据主导地位的体制之一。专门机关有的称宪法法院、有的称宪法委员会等，但是负责保障宪法实施的主管机构必须专门设立、并负有专门的职责权限等则是一致的。

二、宪法监督的方式

从世界各国的宪政实践来看，尽管各国宪法实施保障的工作方式、方法互有差异，但其基本方式不外乎以下几种：

（一）事先审查和事后审查

1. 事先审查又称预防性审查。这种方式通常适用于法律、法规和法律性文件的制定过程中。当法律、法规和法律性文件尚未正式颁布实施之前，由有关机关对其是否合宪进行审查。如果在审查过程中发现其违宪，即可立即修改、纠正。

2. 事后审查是指在法律、法规和法律性文件颁布实施以后，由有关机关对其是否合宪所进行的审查。事后审查往往发生于人们对有关法律、法规的合宪性产生怀疑，或者因特定机关、组织、个人提出合宪性审查的请求的情况下。

（二）附带性审查和宪法控诉

1. 附带性审查是指司法机关在审理案件过程中，因提出对所适用的法律、法规和法律性文件是否违宪的问题，而对该法律、法规和法律性文件所进行的合宪性审查。附带性审查往往以争讼事件的存在为前提，所审查的也是与诉讼有关的法律、法规和法律性文件。

2. 宪法控诉则指当公民个人的宪法权利受到侵害后向宪法法院或者其他相关机构提出控诉的制度。一般来说，宪法控诉必须以存在接受宪法控诉的机关和宪法诉讼制度为前提。

三、我国的宪法监督制度

1. 从宪法监督的机关来看，我国属于代议机关作为宪法监督机关的模式。这种模式是由1954年《宪法》确立的。在保留全国人大行使宪法监督职权的基础上，现行《宪法》又授予了全国人大常委会宪法监督的职权，规定了全国人大各专门委员会协助最高国家权力机关做好监督宪法实施的工作，审查各种法律文件的合宪性；同时还强调地方各级人民代表大会及其常委会有保证宪法在本行政区域实施之职责。

2. 从宪法监督的方式来看，我国采取事先审查与事后审查相结合的方式。事先审查主要是指法律文件须经批准后才生效，如自治区的人民代表大会制定的自治条例和单行条例须报全国人大常委会批准后生效，自治州、自治县的自治条例和单行条例报省、自治区、直辖市的人大常委会批准后生效。

事后审查主要包括：全国人大有权改变或者撤销全国人大常委会不适当的决定；全国人大常委会有权撤销国务院制定的同宪法、法律相抵触的行政法规、行政规章、决定和命令，有权撤销省、自治区、直辖市国家权力机关制定的同宪法、法律和行政法规相抵触的地方性法规和决议；地方各级人大有权撤销常委会的不适当决定、撤销本级人民政府不适当的决定和命令，以及地方各级人大常委会有权撤销下一级人大及其常委会的不适当的决议和撤销本级人民政府的不适当的决定和命令。

【经典真题】

《全国人民代表大会常务委员会关于实行宪法宣誓制度的决定》于2016年1月1日起实

施。关于宪法宣誓制度的表述，下列哪些选项是正确的？(2016－1－61)[1]

A. 该制度的建立有助于树立宪法的权威

B. 宣誓场所应当悬挂中华人民共和国国旗或者国徽

C. 宣誓主体限于各级政府、法院和检察院任命的国家工作人员

D. 最高法院副院长、审判委员会委员进行宣誓的仪式由最高法院组织

第五节　宪法宣誓

一、宪法宣誓的概念

宪法宣誓，是指经过合法、正当的选举程序后，当选的国家元首或者其他国家公职人员在就职时，公开宣读誓词、承诺遵守宪法的制度。宪法宣誓制度由来已久，许多国家的宪法中都有规定。2018 年我国宪法修改，将宪法宣誓制度作为第 3 款写入第 27 条："国家工作人员就职时应当依照法律规定公开进行宪法宣誓。"该条规定体现的我国宪法宣誓制度包括：一是宣誓人员为国家工作人员；二是宣誓应当在就职时进行；三是宣誓应当公开进行；四是宣誓的具体制度由法律规定。

2015 年 7 月 1 日第十二届全国人大常委会第十五次会议通过的《全国人民代表大会常务委员会关于实行宪法宣誓制度的决定》对我国宪法宣誓制度的基本内容作了规定，2018 年 2 月 24 日第十二届全国人大常委会第三十三次会议对该决定作了修订。目前，各省、自治区、直辖市人大常委会参照该决定，制定了宣誓的具体组织办法。

二、宪法宣誓的范围

1. 宣誓主体

各级人大及县级以上各级人大常委会选举或者决定任命的国家工作人员，以及各级政府、监察委员会、法院、检察院任命的国家工作人员，在就职时应当公开进行宪法宣誓。

2. 誓词内容

宪法宣誓的誓词内容为："我宣誓：忠于中华人民共和国宪法，维护宪法权威，履行法定职责，忠于祖国、忠于人民，恪尽职守、廉洁奉公，接受人民监督，为建设富强民主文明和谐美丽的社会主义现代化强国努力奋斗！"

3. 组织机构

根据宣誓人员的来源方式，宣誓仪式的组织机构有以下类型：

(1) 全国人大会议主席团。其组织宣誓的人员范围包括：全国人大选举或者决定任命的中华人民共和国主席、副主席，全国人大常委会委员长、副委员长、秘书长、委员，国务院总

---

[1] ABD【解析】《全国人民代表大会常务委员会关于实行宪法宣誓制度的决定》明确指出：宪法是国家的根本法，是治国安邦的总章程，具有最高的法律地位、法律权威、法律效力。国家工作人员必须树立宪法意识，恪守宪法原则，弘扬宪法精神，履行宪法使命。要求进行宪法宣誓是为了彰显宪法权威，激励和教育国家工作人员忠于宪法、遵守宪法、维护宪法，加强宪法实施。故 A 正确。《全国人民代表大会常务委员会关于实行宪法宣誓制度的决定》第 8 条第 2 款明确规定：宣誓场所应当庄重、严肃，悬挂中华人民共和国国旗或者国徽。故 B 正确。《全国人民代表大会常务委员会关于实行宪法宣誓制度的决定》第 3～7 条对宣誓主体进行了详细的规定，不限于各级政府、法院和检察院任命的国家工作人员，也包括权力机关人员。故 C 错误。《全国人民代表大会常务委员会关于实行宪法宣誓制度的决定》第 6 条明确了最高法院副院长、审判委员会委员进行宣誓的仪式由最高法院组织，故 D 正确。

理、副总理、国务委员、各部部长、各委员会主任、中国人民银行行长、审计长、秘书长，中华人民共和国中央军事委员会主席、副主席、委员，国家监察委员会主任，最高人民法院院长，最高人民检察院检察长，以及全国人大专门委员会主任委员、副主任委员、委员等。

（2）全国人大常委会委员长会议。其组织宣誓的人员范围包括两类：一是在全国人大闭会期间，全国人大常委会任命或者决定任命的全国人大专门委员会个别副主任委员、委员，国务院部长、委员会主任、中国人民银行行长、审计长、秘书长，中华人民共和国中央军事委员会副主席、委员；二是全国人大常委会任命的全国人大常委会副秘书长，全国人大常委会工作委员会主任、副主任、委员，全国人大常委会代表资格审查委员会主任委员、副主任委员、委员等。

（3）其他中央国家机关。国家监察委员会、最高人民法院、最高人民检察院、外交部分别组织全国人大常委会任命或者决定任命的下列人员的宪法宣誓：① 国家监察委员会副主任、委员；② 最高人民法院副院长、审判委员会委员、庭长、副庭长、审判员和军事法院院长；③最高人民检察院副检察长、检察委员会委员、检察员和军事检察院检察长；④中华人民共和国驻外全权代表。国务院及其各部门、国家监察委员会、最高人民法院、最高人民检察院任命的国家工作人员，宣誓仪式由任命机关组织。

（4）地方各级人大、县级以上地方各级人大常委会选举或者决定任命的国家工作人员，以及地方各级政府、监察委员会、法院、检察院任命的国家工作人员，按照所在省级人大常委会制定的具体组织办法进行宪法宣誓。

三、宪法宣誓的功能

进行宪法宣誓，有助于弘扬宪法精神，强化公职人员的宪法意识和履职的责任感、使命感，在全社会推动宪法实施。

第一，有利于树立宪法权威，推进全面依法治国。宪法是国家的根本法，具有最高的法律地位、法律权威、法律效力。宪法是社会共同体的基本规则，凝聚着基本共识和价值观，是人民意志的最高体现。宪法宣誓表明宣誓人自觉接受宪法权威、服从人民意志，将宪法作为行为准则。

第二，有利于增强公职人员的宪法观念，激励其忠于和维护宪法。经人民代表大会及其常委会选举或决定任命的国家工作人员，在庄严的就职仪式上向选民或者代表机关宣誓，对国家法律和权力赋予者郑重承诺，能够使国家工作人员明确权力来源于宪法，产生神圣的使命感和强烈的责任感。

第三，有利于提高公民的宪法意识，凝聚社会共识。宪法在人们内心深处是否具有神圣的地位同宪法权威具有密切联系，这种情感是宪法权威的渊源之一。宣誓仪式本身也是对公民的宪法教育，有助于普及宪法知识，使公民对宪法产生认同感、归属感和依赖感，使尊重和维护宪法权威成为公民的心理基础。

第四，有利于在全社会树立宪法信仰，推动宪法实施。人民的内心拥护和真诚信仰是宪法权威的来源。宪法宣誓制度能够使全体人民成为宪法的忠实崇尚者、自觉遵守者、坚定捍卫者，能够增强公职人员的宪法意识，促使他们尊崇宪法、学习宪法、遵守宪法、维护宪法、运用宪法，从而为宪法的全面实施提供有力的文化基础和社会基础。

四、宪法宣誓的程序

宣誓仪式根据情况，可以采取单独宣誓或者集体宣誓的形式。单独宣誓时，宣誓人应当左手抚按《中华人民共和国宪法》，右手举拳，诵读誓词。集体宣誓时，由一人领誓，领誓人左手抚按《中华人民共和国宪法》，右手举拳，领诵誓词；其他宣誓人整齐排列，右手举拳，跟诵誓词。宣誓场所应当庄重、严肃，悬挂中华人民共和国国旗或者国徽。宣誓仪式应当奏唱中华人民共和国国歌。

【经典真题】

宪法作为国家根本法，在国家和社会中发挥重要作用。关于宪法作用和宣誓制度，下列哪个选项是正确的？（2018 年回忆版，单选）〔1〕

A. 宪法为避免法律体系内部冲突，提供了具体机制

B. 宪法宣誓制度有助于宪法作用发挥

C. 宪法能够为司法活动提供明确直接依据

D. 宪法的修改是宪法作用发挥的重要前提

---

〔1〕 B【解析】宪法为避免法律体系内部冲突，并没有明确提供具体机制，故 A 项错误。宪法宣誓有助于彰显宪法权威，激励和教育国家工作人员忠于宪法、遵守宪法、维护宪法，加强宪法实施。故 B 项正确。宪法的规定笼统、抽象，并没有为司法活动提供明确直接依据，故 C 项错误。宪法即使没有修改，也可发挥宪法作用，故 D 项错误。

中国法律史

第一章　先秦时期的法律思想与制度

【知识框架】

先秦时期的法律思想与制度 { 西周时期的法律思想与制度 / 春秋战国时期的法律思想与制度 }

第一节　西周时期的法律思想与制度

【考查频率☆☆☆☆☆】

一、西周以降的法律思想

1. 西周的“以德配天，明德慎罚”的法律思想

（1）内容

①“上天”只把统治人间的“天命”交给那些有“德”者，一旦统治者“失德”，也就会失去上天的庇护，新的有“德”者即可以应运而生，取而代之。

②“德”的三个方面要求：敬天，敬祖，保民。也就是要求统治者恭行天命，尊崇天帝与祖宗的教诲，爱护天下的百姓，做有德有道之君。在这种“以德配天”基本政治观之下，周初统治者具体提出了“明德慎罚”的法律主张。

a. “明德慎罚”的主张要求统治者首先要用“德教”的办法来治理国家，也就是通过道德教化的办法使天下人民臣服，在适用法律、实施刑罚时应该宽缓、谨慎，而不应一味用严刑峻法来迫使臣民服从。

b. “明德慎罚”的具体要求可以归纳为“实施德教，用刑宽缓”。其中“实施德教”是前提，是第一位的。“德教”的具体内容，周初统治者逐渐归纳成内容广博的“礼治”，即要求君臣上下父子兄弟都按既有的“礼”的秩序去生活，从而达到一种和谐安定的境界，使天下长治久安。

（2）影响

①代表西周初期统治者的基本政治观和基本治国方针。

②在这种思想的指导下，形成了西周时期礼刑结合的宏观法制特色，被后世奉为政治制度理想的原则与标本。

③这一思想汉代中期后被儒家发挥成“德主刑辅，礼刑并用”的基本策略，从而为以“礼法结合”为特征的中国传统法制奠定了理论基础。

（3）出礼入刑的礼刑关系

①“出礼入刑”。西周时期“刑”多指刑法和刑罚。“礼”正面积极规范人们的言行，而

“刑”则对一切违背礼的行为进行处罚。二者共同构成西周法律的完整体系。

②“礼不下庶人，刑不上大夫”。“礼不下庶人”强调礼有等级差别，禁止任何越礼的行为；“刑不上大夫”强调贵族官僚在适用刑罚上有特权，而不是不适用刑罚。

二、西周以降的主要法制内容

1. 契约法规

（1）买卖契约

西周的买卖契约称为“质剂”：

①“质”：是买卖奴隶、牛马所使用的较长的契券；

②“剂”：是买卖兵器、珍异之物所使用的较短的契券。

③“质”“剂”由官府制作，并由“质人”专门管理。

（2）借贷契约

西周的借贷契约称为“傅别”。

①“傅”：是把债的标的和双方的权利义务等写在契券上；

②“别”：是在简札中间写字，然后一分为二，双方各执一半，札上的字为半文。

2. 婚姻制度

（1）结婚

①婚姻缔结的三大原则：

a. 一夫一妻制：西周婚姻制度的基本要求，但是并不排除男子纳妾。

b. 同姓不婚：“男女同姓，其生不蕃”；“附远厚别”。

c. 父母之命：违背此原则为“淫奔”，不为宗族和社会承认。

②六礼（婚姻成立的必要条件）：

a. 纳采：男家请媒人向女方提亲；

b. 问名：女方答应议婚后男方请媒人问女子名字、生辰等，并卜于祖庙以定凶吉；

c. 纳吉：卜得吉兆后即与女家定婚；

d. 纳征：男方送聘礼至女家，故又称纳币；

e. 请期：男方携礼至女家商定婚期；

f. 亲迎：婚期之日男方迎娶女子至家。至此婚礼始告完成，婚姻也最终成立。

（2）离婚

①“七出”（“七去”）是指女子若有下列七项情形之一的，丈夫或公婆即可休弃之：

a. 不顺父母：逆德；

b. 无子：不孝；

c. 淫：乱族；

d. 妒去：乱家；

e. 恶疾：不能共祭祖先；

f. 多言：离间亲属；

g. 盗窃：反义。

②“三不去”：

a. 有所娶而无所归，不去；

b. 与更三年丧，不去；

c. 前贫贱后富贵，不去。

3. 继承制度

在宗法制下已经形成了嫡长子继承制。

（1）王位的继承者必须是妻所生长子，无论其贤与否；

（2）如妻无子，则不得不立贵妾之子，不管其年龄如何；

（3）这种继承主要是王、贵族政治身份的继承，土地、财产的继承是其次。

4. 诉讼制度

（1）“狱”与“讼”

①讼：是指民事案件，所谓“听讼”。

②狱：是指刑事案件，所谓“断狱”。

（2）“五听”

①指判案时判断当事人陈述真伪的五种方式，即通过观察当事人的言语表达、面部表情、呼吸、听觉与视觉确定其陈述真假。

②具体内容：

a. 辞听：理屈则言语错乱；

b. 色听：理屈则面红；

c. 气听：理屈则喘息；

d. 耳听：理亏则法官的话听不清；

e. 目听：无理则双目失神。

③说明西周时已注意到司法心理问题并将其运用到审判实践中。

（3）“五过”

①是西周有关法官责任的法律规定。

②具体内容：

a. 惟官，畏权势而枉法；

b. 惟反，报私怨而枉法；

c. 惟内，为亲属裙带而徇私；

d. 惟货，贪赃受贿而枉法；

e. 惟来，受私人请托而枉法。

③凡以此五者出入人罪，皆以其罪罪之。

（4）“三刺”

①西周时凡遇重大疑难案件，应先交群臣讨论，群臣不能决断的，再交官吏们讨论，还不能决断的，交给所有国人商讨决定。

②该制度是“明德慎罚”思想在司法实践中的体现。

【经典真题】

《汉书·陈宠传》就西周礼刑关系描述说：“礼之所去，刑之所取，失礼则入刑，相为表里。”关于西周礼刑的理解，下列哪一选项是正确的？（2017－1－15）[1]

A. 周礼分为五礼，核心在于“亲亲”“尊尊”，规定了政治关系的等级

B. 西周时期五刑，即墨、劓、剕（刖）、宫、大辟，适用于庶民而不适用于贵族

C. “礼”不具备法的性质，缺乏国家强制性，需要“刑”作为补充

---

〔1〕 D【解析】周礼，在具体的礼仪形式上分为五礼，但未规定政治关系的等级。故A项错误。西周时期五刑适用于庶民，也适用于贵族，故B项错误。西周之“礼”具备法的性质，也具有国家强制性。故C项错误。“礼”与“刑”的关系是出礼入刑。故D项正确。

D. 违礼即违法，在维护统治的手段上“礼”“刑”二者缺一不可

【习题拓展】

关于西周法制的表述，下列哪一选项是正确的?[1]

A. 周初统治者为修补神权政治学说的缺陷，提出“德主刑辅，明德慎罚”的政治法律主张

B.《汉书·陈宠传》称西周时期的礼刑关系为“礼之所去，刑之所取，失礼则入刑，相为表里”

C. 西周的借贷契约称为“书约”，法律规定重要的借贷行为都须订立书面契约

D. 西周时期在宗法制度下已形成子女平均继承制

第二节　春秋战国时期的法律思想与制度【考查频率☆☆】

一、铸刑书与铸刑鼎

1. 铸刑书

公元前536年，郑国执政子产将郑国的法律条文铸在金属鼎上，向全社会公布，史称“铸刑书”。这是中国历史上第一次公布成文法的活动。

2. 竹刑

郑国大夫邓析将郑国内外的法律规范，编成刑书，刻在竹简上，称为“竹刑”。邓析的“竹刑”属私人著作。

3. 铸刑鼎

公元前513年，晋国赵鞅把前任执政范宣子所编刑书正式铸于鼎上，公之于众。这是中国历史上第二次公布成文法。

二、《法经》

1.《法经》的制定

战国时魏国李悝在总结春秋以来各国制定成文法经验的基础上制定。

2.《法经》的内容

(1) 法经六篇

①《盗法》和《贼法》是关于惩罚危害国家安全、危害他人及侵犯财产的法律规定；

②《网法》又称“囚法”，是关于囚禁和审判罪犯的法律规定；

③《捕法》是关于追捕盗贼及其他犯罪者的法律规定；

---

[1] B【解析】本题考查西周的法制特点。A项中，为谋求长治久安，周初统治者继承了夏商以来的神权政治学说。同时，为了修补神权政治学说中的缺漏，并确定周王朝新的统治策略，进一步提出了“以德配天，明德慎罚”的政治法律主张。而“德主刑辅”的主张要求到汉朝时才提出，故A项说法错误。B项中，西周时期“刑”多指刑法和刑罚。“礼”正面、积极规范人们的言行，而“刑”则对一切违背礼的行为进行处罚。其关系正如《汉书·陈宠传》所说的“礼之所去，刑之所取，失礼则入刑，相为表里”，两者共同构成西周法律的完整体系。故B项说法正确。C项中，西周的借贷契约叫“傅别”，“傅”，是把债的标的和双方的权利义务等写在契券上；“别”，是在简札中间写字，然后一分为二，双方各执一半，札上的字为半文。故C项说法错误。D项中，西周形成了嫡长子继承制，这种继承主要是王、贵族政治身份的继承，土地、财产的继承是其次。而诸子均分要等到宋代才有，故D项说法错误。本题答案为B。

④《杂法》是关于"盗贼"以外的其他犯罪与刑罚的规定，主要是"六禁"的规定，即淫禁、狡禁、城禁、嬉禁、徒禁、金禁等；

⑤《具法》相当于近代刑法典的总则部分，主要是关于定罪量刑中从重从轻法律原则的规定。

(2)《法经》的历史地位

①《法经》是中国历史上第一部比较系统、比较完整的封建成文法典。它是战国时期政治变革的重要成果，也是战国时期封建立法的典型代表和全面总结；

②它的体例和内容为后世封建成文法典的完善奠定了重要基础。从体例上看，《法经》六篇为秦汉直接继承，成为秦汉律的主要篇目。

三、商鞅变法

1. 目的

运用法律手段建立强大封建政权，把自己的思想主张与秦国富国强兵的要求相结合。

2. 内容

(1) 改法为律，扩充法律内容。

(2) 运用法律手段推行富国强兵的措施。富国强兵是变法的最终目的。

(3) 运用法律手段剥夺旧贵族的特权（废除世卿世禄，按军功授爵；取消分封制，实行郡县制）。

(4) 颁布系列法令。①奖励耕织；②鼓励发展小农经济，扩大户赋的来源，颁布《分户令》；③奖励军功，颁布《军爵律》。

(5) 全面贯彻法家"以法治国"和"明法重刑"的主张：

①以法治国。全体臣民尤其是官吏学法明法，百姓以吏为师。

②轻罪重刑。贯彻重刑原则，加重量刑幅度，对轻罪也施以重刑。

③不赦不宥。强调国家法律的严肃性，反对赦宥，犯有罪者皆应受罚。

④鼓励告奸。鼓励臣民相互告发奸谋。

⑤实行连坐。以十家为什，五家为伍，什伍之内相互有告奸、举盗的责任。军事连坐、家庭连坐。

3. 意义

是一次极为深刻的社会变革，秦国的封建法制迅速发展完善，秦国迅速崛起。

【经典真题】

春秋时期，针对以往传统法律体制的不合理性，出现了诸如晋国赵鞅"铸刑鼎"，郑国执政子产"铸刑书"等变革活动。对此，下列哪一说法是正确的？(2016-1-16)[1]

A. 晋国赵鞅"铸刑鼎"为中国历史上首次公布成文法

B. 奴隶主贵族对公布法律并不反对，认为利于其统治

C. 打破了"刑不可知，则威不可测"的壁垒

D. 孔子作为春秋时期思想家，肯定赵鞅"铸刑鼎"的举措

---

[1] C【解析】公元前513年，晋国赵鞅把前任执政范宣子所编刑书正式铸于鼎上，公之于众，这是中国历史上第二次公布成文法的活动。第一次是郑国子产的铸刑书行为，故A错误。春秋时期成文法的公布，对旧贵族操纵和使用法律的特权是严重的冲击。故B错误。铸刑鼎的背景不在于巩固奴隶主贵族的统治，而是由于随着社会关系的变迁，传统的法律体制越来越暴露出其不合理性。首先，以前那种不公开、不成文的法律体制与新兴地主阶级的利益相冲突。其次，这种法律体制在形式上保守，内容上陈旧，已不能适应社会变革的新形势，无法满足新的社会关系的发展要求。故C正确。孔子主张以礼治国，主张纠正各种违反周礼所规定的等级名分现象，反对铸刑鼎，故D错误。

【习题拓展】

《法经》在中国法律制度史上具有重要的地位。下列有关《法经》的表述哪一项是不准确的?〔1〕

A.《法经》为李悝所制定

B.《盗法》、《贼法》两篇列为《法经》之首，体现了“王者之政莫急于盗贼”的思想

C.《法经》的篇目为秦汉律及以后封建法律所继承并不断发展

D.《法经》系中国历史上第一部成文法典

---

〔1〕 D【解析】《法经》是战国时期魏国魏文侯的丞相李悝在总结春秋以来各国成文法的基础上制定的。《法经》共六篇：盗法、贼法、网法、捕法、杂法、具法。其中，盗法、贼法是关于惩罚危害国家安全、危害他人及侵犯财产的法律规定。李悝认为，“王者之政莫急于盗贼”，所以将此两篇列为法典之首。《法经》六篇被秦汉继承，成为秦汉律的主要篇目，魏晋以后在此基础上进一步发展，最终形成了以《名例》为统率、以各篇为分则的完善的法典体例，故选项A、B、C的说法均正确。《法经》是中国历史上第一部比较系统的成文法典，D选项少了“系统”二字，表述不准确，故错误。

第二章　秦汉至魏晋南北朝时期的法律思想与制度

【知识框架】

秦汉至魏晋南北朝时期的法律思想与制度
- 秦汉时期的法律思想与制度
- 魏晋南北朝时期的法律思想与制度

第一节　秦汉时期的法律思想与制度【考查频率☆☆】

一、秦代的法律

1. 秦代的罪名与刑罚

（1）罪名

①危害皇权罪。谋反，操国事不道，泄露皇帝行踪、住所、言语机密；偶语诗书、以古非今；诽谤、妖言；诅咒、妄言；非所宜言；投书（投寄匿名信）；不行君令等。

②侵犯财产和人身罪。

a. 侵犯财产：“盗”，盗窃在当时被列为重罪，按盗窃数额量刑。

b. 侵犯人身：贼杀、伤人、斗伤、斗杀。

③渎职罪。

a. 官吏失职造成经济损失的犯罪。

b. 军职罪。

c. 有关司法官吏渎职的犯罪：

“见知不举”罪：看见违法犯罪行为而不纠举。

“不直”罪（罪应重而轻判，罪应轻而重判）和“纵囚”罪（应当论罪而故意不论罪）。

“失刑”罪：因过失而量刑不当。

④妨害社会管理秩序罪。

a. 违令卖酒罪。

b. 逃避徭役：“逋事”（已下达征发徭役的命令而逃走不报到）与“乏徭”（到达服徭役的地点又逃走）。

c. 逃避赋税。

⑤破坏婚姻家庭秩序罪。

a. 关于婚姻关系的：包括夫殴妻、夫通奸、妻私逃等。

b. 关于家庭秩序的：包括擅杀子、子不孝、子女控告父母、卑幼殴尊长、乱伦等。

（2）刑罚

①笞刑。

以竹、木板责打犯人背部的轻刑，是秦代经常使用的一种刑罚方法。

②徒刑。

剥夺罪犯人身自由，强制其服劳役的刑罚。在秦代主要包括以下几种：

a. 城旦舂：男犯筑城，女犯舂米，但实际从事的劳役并不限于筑城舂米；

b. 鬼薪、白粲：男犯为祠祀鬼神伐薪，女犯为祠祀择米；

c. 隶臣妾：将罪犯及其家属罚为官奴婢，男为隶臣，女为隶妾，其刑轻于鬼薪、白粲；

d. 司寇：伺察寇盗，其刑轻于隶臣妾；

e. 候：发往边地充当斥候，是秦代徒刑的最轻等级。

③流放刑。

包括迁刑和谪刑，都是将犯人迁往边远地区的刑罚，其中谪刑适用于犯罪的官吏，但两者都比后世的流刑要轻。

④肉刑。

即黥（或墨）、劓、刖（或斩趾）、宫等四种残害肢体的刑罚。

⑤死刑。

a. 弃市，即所谓杀之于市，与众弃之；

b. 戮，即先对犯人使用痛苦难堪的羞辱刑，然后斩杀；

c. 磔，即裂其肢体而杀之；

d. 腰斩；

e. 车裂；

f. 坑，又作坑杀，即活埋；

g. 定杀，即将患疾疫的罪人抛入水中或生埋处死；

h. 枭首，即处死后悬其首级于木上；

i. 族刑，通常称为夷三族或灭三族；

j. 具五刑 ：《汉书·刑法志》载：“当夷三族者，先黥、劓、斩左右趾、笞杀之，枭其首，菹其骨肉于市，其诽谤詈诅者，又先断其舌。”

⑥羞辱刑。

常为徒刑的附加刑，包括：

a. “髡”是指剃光犯人的头发和胡须、鬓毛。

b. “耐”与“完”是一刑二称，指仅剃去胡须和鬓毛，而保留犯人的头发。

c. 死刑中的“戮”刑也含有羞辱之意。

⑦经济刑。

a. “赀”：用经济制裁来惩治官吏的一般失职和普通百姓的一般违法行为的独立刑种，它包括三种：纯属罚金性质的“赀甲”“赀盾”；“赀戍”，即发往边地作戍卒；“赀徭”，即罚服劳役。

b. “赎”：不是独立刑种，而是一种允许已被判刑的犯人用缴纳一定金钱或服一定劳役来赎免刑罚的办法。秦代的赎刑范围非常广泛，从“赎耐”“赎黥”“赎迁”，到“赎宫”“赎死”，均可赎免。

⑧株连刑。

包括族刑和“收”。收，亦称收孥、籍家，就是在对犯人判处某种刑罚时，还同时将其妻子、儿女等家属没收为官奴婢。

2. 秦代的刑罚适用原则

(1) 刑事责任能力的规定

未成年人犯罪不负或减轻刑事责任（以身高判定）。

(2) 区分故意（端）与过失（不端）

故意诬告，反坐；主观上没有故意，按告不审从轻处理。

(3）盗窃按赃值定罪

划分为三等，即一百一十钱、二百二十钱与六百六十钱。

(4）共同犯罪与集团犯罪加重处罚

集团犯罪为五人以上。

(5）累犯加重

本身已犯罪，再犯诬告他人罪，加重处罚。除去耐为隶臣外，还要判处城旦苦役6年。

(6）教唆犯罪加重处罚

教唆未满15岁的人抢劫杀人，虽分赃仅为十文钱，教唆者也要处以碎尸刑。

(7）自首减轻处罚

①凡携带所借公物外逃，主动自首者，不以盗窃论处，而以逃亡论处。

②如隶臣妾在服刑期间逃亡后又自首，只笞五十，补足期限。

③若犯罪后能主动消除犯罪后果，可以减免处罚。

(8）诬告反坐原则

故意捏造事实与罪名诬告他人，实行反坐。

二、汉代的法律

1. 汉代文帝、景帝废肉刑

(1）背景

西汉建立后，重视总结秦亡教训。汉文帝时鉴于当时继续沿用黥、劓、斩左右趾等肉刑，不利于政权的稳固，开始考虑改革肉刑。

(2）导火线

缇萦上书救父。

(3）刑制改革的内容

①文帝：a. 黥刑改为髡钳城旦舂（去发颈部系铁圈服苦役五年）；b. 劓刑改为笞三百；c. 斩左趾改为笞五百；d. 斩右趾改为弃市（死刑）。

②景帝：a. 笞三百改为笞二百；b. 笞五百改为笞三百；c.《箠令》中规定了笞杖尺寸，以竹板制成，削平竹节，以及行刑不得换人等，使得刑制改革向前迈了一大步。

(4）意义

顺应了历史发展，为结束奴隶制肉刑制度，建立封建刑罚制度奠定了重要基础。

2. 汉律的儒家化

(1）上请

①汉高祖时确立，即通过请示皇帝给有罪贵族官僚某些优待。

②东汉时“上请”适用面越来越宽，遂成为官贵的一项普遍特权，从徒刑二年到死刑都可以适用。

(2）恤刑

①年80岁以上的老人，8岁以下的幼童，以及怀孕未产的妇女、老师、侏儒等，在有罪监禁期间，给予不戴刑具的优待。

②老人、幼童及连坐妇女，除犯大逆不道诏书指明追捕的犯罪外，不再拘捕监禁。

(3）亲亲得相首匿

①汉宣帝时期确立，主张亲属间首谋藏匿犯罪可以不负刑事责任。来源于儒家“父为子隐，子为父隐，直在其中”的理论。

②对卑幼亲属首匿尊长亲属的犯罪行为，不追究刑事责任。

③尊长亲属首匿卑幼亲属，罪应处死的，可上请皇帝宽待。

3. 汉代的诉讼制度

（1）《春秋》决狱

①内涵：

a. 法律儒家化在司法领域的反映。其特点是依据《春秋》等儒家经典著作审理案件，而不仅仅依据汉律。

b. 内容：

必须根据案情事实，追究行为人的动机；动机邪恶者即使犯罪未遂也不免刑责；首恶者从重惩治；主观上无恶念者从轻处理。在着重考察动机的同时，还要依据事实，分别首犯、从犯和已遂、未遂。

c. 实行"论心定罪"原则，如犯罪人主观动机符合儒家"忠""孝"精神，即使其行为构成社会危害，也可以减免刑事处罚。相反，犯罪人主观动机严重违背儒家倡导的精神，即使没有造成严重危害后果，也要认定犯罪给予严惩。

②意义：

a. 对传统的司法和审判是一种积极的补充。

b. 在某种程度上为司法擅断提供了依据。

（2）"秋冬行刑"

①根据"天人感应"理论，规定春、夏不得执行死刑。除谋反、大逆等"决不待时"者外，一般死刑犯须在秋天霜降以后、冬至以前执行。

②秋冬行刑制度，对后世有着深远影响，唐律规定"立春后不决死刑"，明清律中的"秋审"制度亦溯源于此。

【经典真题】

秦朝时，李某告发父亲盗采邻居桑叶，地方官员黄某对其父予以赀徭三旬的处罚，并对李某予以奖励。对此，下列说法正确的是？（2021年回忆版，多选）[1]

A. 赀徭是处以罚金和徭役，非独立刑种

B. 李某告发其父属于"告奸"，是受鼓励的行为

C. 如果对盗采桑叶的行为是地方官员黄某失察，则黄某构成"不直"

D. 对盗采桑叶处刑体现法家"明法重刑"思想

【习题拓展】

西汉《盐铁论·刑德》载："春秋之治狱，论心定罪。志善而违于法者免，志恶而合于法者诛"。下列对这句话的理解不正确的是？[2]

A. 反映了汉律的儒家化

B. 将《春秋》作为断案的依据

---

[1] BD【解析】在秦朝，赀是独立刑种，赀徭为罚服劳役，故A项错误。秦汉时期的告奸法主要表现为以连坐法为基础的什伍告奸法、亲属告奸法、官吏告奸法等主要类型，规定当同什伍、亲属、官吏之间有人犯一定的罪行时，其他有连带责任者必须告发，反之则负连带责任，一并处罚。故B项正确。"不直"是故意量刑不当，致使轻罪重判或重罪轻判。因此如果对盗采桑叶的行为是地方官员黄某失察，则黄某并不构成"不直"，故C项错误。本案对盗采桑叶行为的处罚，体现了法家"明法重刑"的思想，故D项正确。

[2] D【解析】"春秋之治狱，论心定罪。志善而违于法者免，志恶而合于法者诛"表现的是《春秋》决狱，是汉律儒家化在司法领域的体现，因此A项正确。在《春秋》决狱制度中，儒家经典《春秋》成为断案的最高依据并实行"论心定罪"，强调考察行为人的主观动机，只要行为人主观上符合《春秋》的"微言大义"，即使其行为违反了汉律仍可以不受追究，因此B项、C项正确。汉代在司法制度上承袭秦代，但法律儒家化是从西汉开始，《春秋》决狱也是西汉开始实施的，因此D项错误。

C. 表明当时断案强调考察行为人的主观动机

D. 表明汉代法律制度对秦代的承袭

第二节　魏晋南北朝时期的法律思想与制度【考查频率☆】

一、魏晋南北朝时期法典的发展变化

1. 魏晋南北朝时期的法典结构与法律形式

（1）法典结构

①《魏律》（魏明帝《曹魏律》）。

a. 编成新律 18 篇，将《法经》中的“具律”改为“刑名”置于律首；

b. 将“八议”制度正式列入法典；

c. 进一步调整法典的结构与内容，使中国封建法典在系统和科学上进了一大步。

②《晋律》（晋武帝《泰始律》）。

a. 精简法律条文，形成 20 篇的格局。

b. 在刑名后增加法例律，丰富了刑法总则的内容。

c. 对刑法分则部分重新编排，向着“刑宽”“禁简”的方向迈了一大步。

d. 律学家张斐、杜预作注，总结了历代刑法理论与刑事立法经验，经晋武帝批准颁行，与《晋律》具有同等法律效力。故《晋律》亦称“张杜律”。

③《北魏律》。

采诸家法典之长，经过综合比较，“取精用宏”，修成《北魏律》20 篇，成为当时著名的法典。

④《北齐律》。

a. 共 12 篇，其将刑名与法例律合为名例律一篇，充实了刑法总则。

b. 精炼了刑法分则，使其成为 11 篇，即禁卫、婚户、擅兴、违制、诈伪、斗讼、贼盗、捕断、毁损、厩牧、杂律。

c. 在中国封建法律史上起着承先启后的作用，对封建后世的立法影响深远。

（2）法律形式

这一时期形成了律、令、科、比、格、式相互为用的立法格局。

a. 科起着补充与变通律、令的作用；

b. 格与令相同，起着补充律的作用，均带有刑事法律的性质，与隋唐时期不同；

c. 比是比附或类推，比照典型判例或相近律文处理法律无明文规定的同类案件；

d. 式是公文程式。

2. 法典内容的发展变化

（1）“八议”入律

①《魏律》以《周礼》“八辟”为依据，正式规定了“八议”制度。“八议”制度是对封建特权人物犯罪实行减免处罚的法律规定。

②包括：议亲（皇帝亲戚）；议故（皇帝故旧）；议贤（有传统德行与影响的人）；议能（有大才能）；议功（有大功勋）；议贵（贵族官僚）；议勤（为朝廷勤劳服务）；议宾（前代皇室宗亲）。

（2）“官当”制度

①它正式出现在《北魏律》与《陈律》中。

②是封建社会允许官吏以官职爵位折抵徒罪的特权制度。

（3）“重罪十条”的产生

①《北齐律》中首次规定“重罪十条”，置于律首，是对危害统治阶级根本利益的十种重罪的总称。

②“重罪十条”分别为：反逆（造反）；大逆（毁坏皇帝宗庙、山陵与宫殿）；叛（叛变）；降（投降）；恶逆（殴打、谋杀尊亲属）；不道（凶残杀人）；不敬（盗用皇室器物及对皇帝不尊重）；孝（不侍奉父母，不按礼制服丧）；不义（杀本府长官与授业老师）；内乱（亲属间的乱伦行为）。

③“其犯此十者，不在八议论赎之限。”

（4）刑罚制度改革

①规定绞、斩等死刑制度。

②规定流刑。北周时规定流刑分五等，每等以500里为基数，以距都城2500里为第一等，至4500里为限，同时还要施加鞭刑。

③规定鞭刑与杖刑。北魏时期开始改革以往的五刑制度，增加鞭刑与杖刑，北齐、北周相继采用。

④废除宫刑制度。北朝与南朝相继宣布废除宫刑，自此结束了使用宫刑的历史。

（5）“准五服以制罪”的确立

①《晋律》与《北齐律》中相继确立“准五服以制罪”的制度。

②服制是中国封建社会以丧服为标志，区分亲属的范围和等级的制度。按服制依亲属远近关系分为五等：斩衰、齐衰、大功、小功、缌麻。服制不但确定继承与赡养等权利义务关系，同时也是亲属相犯时确定刑罚轻重的依据。依五服制罪成为封建法制制度的重要内容，影响广泛，直到明清。

③在刑罚适用上，血缘（服制）近，尊犯卑，处罚轻；卑犯尊，处罚重。血缘（服制）远，反之。

（6）死刑复奏制度

①北魏太武帝时正式确立这一制度。

②是指奏请皇帝批准执行死刑判决的制度，为唐代的死刑三复奏（地方）、五复奏（中央）打下了基础。

③这一制度的建立既加强了皇帝对司法审判的控制，又体现了皇帝对民众的体恤。

三、司法制度

1. 司法机关：从司寇、廷尉到大理寺

①北齐正式设置大理寺，以大理寺卿和少卿为正副长官。

②大理寺的建立增强了中央司法机关的审判职能，也为后世奠定了基础。

③北齐进一步提高尚书台的地位，其中的“三公曹”与“二千石曹”执掌司法审判，同时执掌录囚，为隋唐时期刑部尚书执掌审判复核提供了前提。

2. 御史制度

魏晋以降，为抑制割据势力，御史监督职能有明显加强。晋以御史台主监察，权能极广，受命于皇帝，有权纠举一切不法案件，又设治书侍御史，纠举审判官吏的不法行为。

【经典真题】

关于中国古代刑罚制度的说法，下列哪一选项是错误的？（2010－1－15）[1]

A. “八议”自曹魏《魏律》正式入律，其思想渊源为《周礼·秋官》的“八辟丽邦法”之说

B. “秋冬行刑”自唐代始，其渊源为《礼记·月令》关于秋冬季节“戮有罪，严断刑”之述

C. “大诰”是明初的一种特别刑事法规，其法律形式源自《尚书·大诰》周公对臣民之训诫

D. “明刑弼教”作为明清推行重典治国政策的思想基础，其理论依据源自《尚书·大禹谟》“明于五刑，以弼五教”之语

---

〔1〕 B【解析】“秋冬行刑”制度自汉代始。故B项错误。A项、C项、D项正确。

第三章　隋唐宋元时期的法律思想与制度

【知识框架】

隋唐宋元时期的法律思想与制度
- 隋唐时期的法律思想与制度
- 宋元时期的法律思想与制度

第一节　隋唐时期的法律思想与制度

【考查频率☆☆☆☆☆】

一、唐律与中华法系

1. “唐代的法典”——礼律统一的法典

（1）《武德律》

是唐代首部法典。《武德律》以隋《开皇律》为蓝本，共12篇、500条。

（2）《贞观律》

基本确定了唐律的主要内容和风格，增设加役流，确定了五刑、十恶、八议以及类推原则与制度。

（3）《永徽律疏》（《唐律疏议》）

①高宗永徽二年（公元651年），长孙无忌、李勣等在《贞观律》基础上修订。共计12篇，共30卷，称为《永徽律疏》。至元代后，人们以疏文皆以“议曰”二字始，故又称为《唐律疏议》。

②总结了汉魏晋以来立法和注律的经验，不仅对主要的法律原则和制度作了精确的解释与说明，而且尽可能引用儒家经典作为律文的理论根据。

③《永徽律疏》的完成，标志着中国古代立法达到了最高水平。它全面体现了中国古代法律制度的水平、风格和基本特征，成为中华法系的代表性法典，对后世及周边国家产生了极为深远的影响。

④《永徽律疏》是迄今保存下来的最完整、最早、最具社会影响的古代成文法典。

2. 唐代刑罚制度

（1）十恶

①渊源

a. 源于《北齐律》的“重罪十条”。

b. 隋《开皇律》在“重罪十条”的基础上加以损益，确定了十恶制度。

②内容

大致可以分为两类，一为侵犯皇权与特权的犯罪，二为违反伦理纲常的犯罪。

a. 谋反：谓谋危社稷，指谋害皇帝、危害国家的行为；

b. 谋大逆：指图谋破坏国家宗庙、皇帝陵寝以及宫殿的行为；

c. 谋叛：谓背国从伪，指背叛本朝、投奔敌国的行为；

d. 恶逆：指殴打或谋杀祖父母、父母等尊亲属的行为；

e. 不道：指杀一家非死罪三人及肢解人的行为；

f. 大不敬：指盗窃皇帝祭祀物品或皇帝御用物、伪造或盗窃皇帝印玺、调配御药误违原方、御膳误犯食禁，以及指斥皇帝、无人臣之礼等损害皇帝尊严的行为；

g. 不孝：指控告祖父母、父母，未经祖父母、父母同意私立门户、分异财产，对祖父母、父母供养有缺，为父母尊长服丧不如礼等不孝行为；

h. 不睦：指谋杀或卖五服（缌麻）以内亲属，殴打或控告丈夫、大功以上尊长等行为；

i. 不义：指杀本管上司、授业师及夫丧违礼的行为；

j. 内乱：指奸小功以上亲属等乱伦行为。

③后果

凡犯十恶者，不适用八议等规定，且为常赦所不原，即所谓的“十恶不赦”。

（2）六杀六赃保辜

①六杀

a. “谋杀”：是指预谋杀人；

b. “故杀”：是指事先虽然没有预谋，但是情急杀人时已经有杀人的意念；

c. “斗杀”：指的是在斗殴中过于激愤而失手将人杀死；

d. “误杀”：是指由于种种原因错置了杀人对象；

e. “过失杀”：指“耳目所不及，思虑所不至”，即出于过失杀人；

f. “戏杀”：指的是“以力共戏”而导致杀人。

②六赃

a. “受财枉法”：指官吏收受财物导致枉法裁判；

b. “受财不枉法”：指官吏收受财物，但未枉法裁判；

c. “受所监临”：指官吏利用职权非法收受所辖范围内百姓或下属的财物；

d. “强盗”：指以暴力获取公私财物；

e. “窃盗”：指以隐蔽的手段将公私财物据为已有；

f. “坐赃”：指官吏或常人非因职权之便非法收受财物。

③保辜

a. 指对伤人罪的后果不是立即显露的，规定加害方在一定期限内对被害方伤情变化负责的一项特别制度。

b. 在限定的时间内受伤者死去，伤人者承担杀人的刑责；限外死去或者限内以他故死亡者，伤人者只承担伤人的刑事责任。

（3）五刑

唐律承用隋《开皇律》中所确立的五刑即笞、杖、徒、流、死五种刑罚，作为基本的法定刑，其规格与《开皇律》稍有不同：

①笞刑：由 10 到 50，每等加 10；

②杖刑：由 60 到 100，每等加 10；

③徒刑：由 1 年到 3 年，每等加半年；

④流刑：由 2000 里到 3000 里，每等加 500，另外有加役流；

⑤死刑：分绞、斩二等。

（4）刑罚原则

①区分公、私罪的原则

a. 公罪是指“缘公事致罪而无私曲者”，即在执行公务中，由于公务上的关系造成某些失误或差错，而不是为了追求私利而犯罪。

b. 私罪包括两种："不缘公事私自犯者"，即所犯之罪与公事无关，如盗窃、强奸等。"虽缘公事，意涉阿曲"的犯罪，即利用职权，徇私枉法，如受人嘱托，枉法裁判等，虽因公事，也以私罪论处。

c. 公罪从轻，私罪从重。

②自首原则

a. 严格区分自首与自新的界限。犯罪未被举发而能到官府交待罪行的，叫作自首。但犯罪被揭发或被官府查知逃亡后再投案者，称作自新。对自新采取减轻处罚的原则。

b. 规定谋反等重罪或造成严重危害后果无法挽回的犯罪不适用自首。

c. 规定自首可以免罪，但赃物必须按法律如数偿还。

d. 自首不彻底的叫"自首不实"，对犯罪情节交代不彻底的叫"自首不尽"。对于不实不尽者，只处罚其不实不尽的那部分行为，如实交代的部分不再处罚。

e. 轻罪已发，能首重罪，免其重罪；审问他罪而能自首其余罪的，免其余罪。

③类推原则

减轻处罚举重明轻，加重处罚举轻明重。

④化外人原则

a. 同国籍外国侨民在中国犯罪的，由唐王朝按其所属本国法律处理，实行属人主义原则。

b. 不同国籍侨民在中国犯罪者，按唐律处罚，实行属地主义原则。

3. 唐律的特点与中华法系

（1）唐律的特点

a. 礼法合一；b. 科条简要与宽简适中；c. 立法技术完善。

（2）唐律的地位

唐律是中国传统法典的楷模与中华法系形成的标志。唐律是我国封建法典的楷模，在中国法制史上具有继往开来、承前启后的重要地位。唐朝承袭秦汉立法的成果，吸收汉晋律学的成就，使唐律表现出高度的成熟性。唐律因具有封建法典的典型性，故对宋元明清产生了深刻的影响。

（3）唐律的域外影响

朝鲜的《高丽律》、日本文武天皇制定的《大宝律令》、越南李太尊《刑书》皆模仿唐律而成。

【经典真题】

唐朝时，刘氏娶妻夏氏，因夏氏父亲年老失明无人照顾，夏氏请求归家侍父养老，刘氏同意。针对此问题，下列哪一项说法是正确的？（2021 年回忆版，单选）[1]

A. 官府可据此强制婚姻关系解除　　B. 夏氏可依据义绝解除婚姻

C. 双方可通过和离解除婚姻　　D. 刘氏可通过七出休妻

---

[1] C【解析】《唐律·户婚》中规定强制离婚的条件是：夫妻凡发现有"义绝"和"违律结婚"者，必须强制离婚。"义绝"包括夫对妻族、妻对夫族的殴杀罪、奸杀罪和谋害罪。经官府判断，认为一方犯了义绝，法律即强制离婚，并处罚不肯离异者。对于"违律为婚而妄冒已成者"，也强制离婚。题目中的情形不属于可以强制离婚的条件，故 A 项错误。依据上述解释，夏氏不可以依据义绝解除婚姻，故 B 项错误。"和离"即协议离婚，指男女双方自愿离异，本案中双方可通过和离解除婚姻，故 C 项正确。婚姻关系中的"七出"是古代男性休妻的理由，主要指的是：不顺父母、无子、淫、妒、有恶疾、多言、窃盗。本案中夏氏不属于这七种情形，因此刘氏不可以通过七出休妻，故 D 项错误。

【习题拓展】

唐律被认为是中国传统法典的楷模与中华法系形成的标志，从原因来看，下列说法错误的是？〔1〕

A. 唐律承袭秦汉立法成果，吸收汉晋律学成就

B. 唐律对元明清立法产生深刻影响

C. 唐律对朝鲜、日本、越南等国立法产生了重大影响

D. 唐律确立了明刑弼教的立法思想

第二节　宋元时期的法律思想与制度【考查频率☆☆】

一、宋代的法律思想与制度

1.《宋刑统》与编敕

（1）《宋刑统》

①背景

宋太祖年间制定，是历史上第一部刊印颁行的法典，全称《宋建隆重详定刑统》。

②渊源

a.《刑统》的编纂体例可以追溯至唐宣宗时颁布的《大中刑律统类》。北宋初一度沿用《大周刑统》，便是《刑统》体例在五代时发展的结果。

b.《刑统》在编纂上，以传统的刑律为主，同时将有关敕令格式和朝廷禁令、州县常科等条文编附于后，使其成为一部具有统括性和综合性的法典。

③特点

《宋刑统》和《唐律疏议》相比有这样一些特点：

a. 两者的篇目、内容大体相同。

b.《宋刑统》在12篇的502条中又分为213门，将性质相同或相近的律条及有关的敕、令、格、式、起请等条文作为一门。

c.《宋刑统》收录了五代时通行的部分敕、令、格、式，形成一种律令合编的法典结构。

d.《宋刑统》删去《唐律疏议》每篇前的历史渊源部分，因避讳对个别字也有改动，如将“大不敬”的“敬”字改为“恭”等。

（2）编敕

①敕的含义

a. 敕的本意是尊长对卑幼的一种训诫，南北朝以后成为皇帝诏令的一种。

b. 宋代的敕是指皇帝对特定的人或事所作的命令。主要是关于犯罪与刑罚方面的规定。

c. 敕的效力往往高于律，成为断案的依据。

d. 依宋代成法，皇帝的这种临时命令须经过中书省“制论”和门下省“封驳”，才被赋予通行全国的“敕”的法律效力。

---

〔1〕 D【解析】唐律之所以被称为中国传统法典的楷模与中华法系形成的标志，是因为其在中国法制史上具有继往开来、承前启后的重要地位。唐朝承袭秦汉立法成果，吸收汉晋律学成就，使唐律表现出高度的成熟性，对宋元明清产生了深刻影响。唐律超越国界，对亚洲诸国产生了重大影响，在世界法制史上也占有重要地位。因此A项、B项、C项正确。明刑弼教的立法思想在明代被确立，因此D项错误。

e. 编敕，是将一个个单行的敕令整理成册，上升为一般法律形式的一种立法过程。神宗时设有专门的编敕机构“编敕所”。

②律与敕的关系

a. 仁宗前基本是“敕律并行”，编敕一般依律的体例分类，但独立于《宋刑统》之外。

b. 神宗朝敕地位提高，“凡律所不载者，一断于敕”，敕已到足以破律、代律的地步。

2. 宋代刑罚的变化

（1）折杖法

建隆四年（公元963年）颁行“折杖法”，改变五代以来刑罚严苛的弊端，规定：除死刑外，其他笞、杖、徒、流四刑均折换成臀杖和脊杖。但对反逆、强盗等重罪不予适用。

（2）配役

①配役刑渊源于隋唐的流配刑。推行折杖法之后，原有的流刑实际上便称为配役。为补死刑和折杖后的诸刑刑差太大，有轻重失平之弊，朝廷遂增加配役刑的种类和一些附加刑。

②配役刑在两宋多为刺配，刺是刺字，即古代黥刑的复活；配指流刑的配役。刺配源于后晋天福年间的刺面之法，太祖时偶尔用之，仁宗后成为常制。刺配对后世刑罚制度影响极坏，是刑罚制度上的一种倒退。

（3）凌迟

①作为死刑的一种，凌迟始于五代时的西辽。是一种碎而割之，使被刑者极端痛苦，慢慢致人死亡的一种酷刑。

②仁宗时使用凌迟刑，神宗熙宁以后成为常刑。

③至南宋，在《庆元条法事类》中，正式作为法定死刑的一种。

④《大清现行刑律》废除。

3. 宋代契约与婚姻继承法规

（1）契约

①债的发生

《宋刑统》与《庆元条法事类》在买卖之债的发生的法律规定上，强调双方的“合意”性，维护家长的支配权。

②买卖契约

a. 绝卖，为一般买卖。

b. 活卖，为附条件的买卖，当所附条件完成，买卖才算最终成立。

c. 赊卖，是采取类似商业信用或预付方式，而后收取出卖物的价金。

这些交易都须订立书面契约，取得官府承认，才能视为合法有效。

③租赁契约

a. 对房宅的租赁：“租”“赁”或“借”。

b. 对人畜车马的租赁：“庸”“雇”。

④租佃契约

a. 地主与佃农签订租佃土地契约中，必须明定纳租与纳税的条款，或按收成比例收租（分成租），或实行定额租。

b. 地主同时要向国家缴纳田赋。

c. 若佃农过期不交地租，地主可向官府投诉，由官府代为索取。

⑤典卖契约

典卖又称“活卖”，即通过让渡物的使用权收取部分利益而保留回赎权的一种交易方式。

⑥借贷契约

a. “借”指使用借贷，把不付息的使用借贷称为负债。

b. “贷”指消费借贷，把付息的消费借贷称为出举。

（2）婚姻

①结婚

婚姻缔结的限制因素：a. 婚龄：男年十五、女年十三以上；b. 血缘：禁止五服以内亲属结婚，但对姑舅两姨兄弟姐妹结婚并不禁止；c. 州县官员：州县官人在任之日，不得共部下百姓交婚。如定婚在前任官居后，及三辅内官门阀相当情愿者，并不在禁限。

②离婚

仍然实行唐“七出”与“三不去”，但有少许变通。例如《宋刑统》规定：夫外出三年不归，六年不通问，准妻改嫁或离婚；但是“妻擅走者徒三年，因而改嫁者流三千里，妾各减一等”。

③继承

a. 宋代除沿袭以往的兄弟均分制外，允许在室女享受部分财产继承权，同时承认遗腹子与亲生子享有同样的继承权。

b. 绝户财产继承办法。

绝户指家无男子承继。绝户立继承人有两种方式：凡“夫亡而妻在”，立继从妻，称“立继”；凡“夫妻俱亡”，立继从其尊长亲属，称为“命继”。

c. 继子与绝户之女均享有继承权，但只有在室女（未嫁女）的，在室女享有 3/4 财产继承权，继子享有 1/4 财产继承权。只有出嫁女（已婚女）的，出嫁女享有 1/3 财产继承权，继子享有 1/3，另外 1/3 收为官府所有。

二、元代的法制

1. 四等人

依据不同民族将民众的社会地位划分为四等：蒙古人社会政治地位最优越；色目人（西夏、回回）次之；汉人再次之；南人（原南宋统治的民众）最低。

2. 蒙汉异法

元代法律规定宗室及蒙古人的案件，由中央大宗正府专门负责。汉人、南人诉案归刑部，且审判机关的正职由蒙古人担任。同罪异罚。

3. 烧埋银制度

不法致人死亡的，行凶者在接受刑罚之外，还须赔给死者家属一定数额的丧葬费。也就是说，杀人者在负刑事责任之外，还须负民事赔偿责任。

【经典真题】

关于宋代的法律制度，下列说法错误的是？（2018 年回忆版，单选）〔1〕

A. 《宋刑统》是中国历史上第一部刊印颁行的法典，全称为《宋建隆重详定刑统》

B. 张三借李四纹银十两，约定三个月后归还十两五钱，此种借贷宋朝称为“出举”

C. 南宋宋慈所著之《洗冤集录》是中国也是世界历史上第一部系统的法医学著作

D. 宋朝法律承认绝户之在室女与继子的继承权，具体比例为在室女继承三分之一，继子继承三分之一，另三分之一收为官有

〔1〕 D【解析】宋代绝户遗产继承原则：继子与绝户之女均享有继承权，只有在室女的，在室女继承 3/4，继子继承 1/4。只有出嫁女的，出嫁女继承 1/3，继子继承 1/3，另外 1/3 收为官府所有。故 D 项错误，A 项、B 项、C 项正确。

第四章　明清时期的法律思想与制度

【知识框架】

明清时期的法律思想与制度{明至清中期时期的法律思想与制度；清末的法律思想与制度}

第一节　明至清中期时期的法律思想与制度

【考查频率☆☆】

一、明代的法典

1.《大明律》

《大明律》是明太祖朱元璋在建国初年开始编修，共计7篇30卷460条。它一改传统刑律体例，更为名例、吏、户、礼、兵、刑、工七篇格局。

2.《明大诰》

（1）背景

朱元璋在修订《大明律》的同时，为防止“法外遗奸”，又在洪武十八年（公元1385年）至洪武二十年（公元1387年）间，手订四编《大诰》，共236条，作为特别刑事法规，具有与《大明律》相同的法律效力。《明大诰》集中体现了朱元璋“重典治世”的思想。

（2）特征

①《大诰》对于律中原有的罪名，一般都加重处罚。

②《大诰》的另一特点是滥用法外之刑，四编《大诰》中开列的刑罚如族诛、枭首、断手、斩趾等，都是汉律以来久不载于法令的酷刑。

③“重典治吏”是《大诰》的又一特点，其中大多数条文专为惩治贪官污吏而定，以此强化统治效能。

④《大诰》也是中国法制史上空前普及的法规，每户人家必须有一本《大诰》，科举考试中也列入《大诰》的内容。

⑤明太祖死后，《大诰》被束之高阁，不具法律效力。

3.《大明会典》

（1）明英宗时开始编修，但未及颁行。武宗、世宗、神宗三朝重加校刊增补。

（2）基本仿照《唐六典》以六部官制为纲，分述各行政机关职掌和事例。在每一官职之下，先载律令，次载事例。

（3）就其内容、性质与作用来看，仍属行政法典，起着调整国家行政法律关系的作用。

二、立法思想与刑罚原则

1. 明刑弼教的立法思想

（1）宋代以前

“明刑弼教”一词，最早见于《尚书·大禹谟》：“明于五刑，以弼五教”之语。宋以前论及“明刑弼教”多将其附于“德主刑辅”之后，其着眼点是“大德小刑”和“先教后刑”。德主刑辅本意是注重道德教化限制严苛，往往同轻刑主张相联系。

（2）宋代以后

朱熹提高了礼刑关系中刑的地位，认为礼法二者对治国同等重要。刑与德的关系不再是“德主刑辅”中的“从属”“主次”关系，德对刑不再有制约作用，而只是刑罚的目的，刑罚也不必拘泥于“先教后刑”，而可以“先刑后教”行事。

（3）明代

中国封建法制指导原则沿着德主刑辅—礼法结合—明刑弼教的发展轨道，进入了一个新的阶段。而经朱熹阐发，朱元璋身体力行的“明刑弼教”思想，则完全是借“弼教”之口实，为推行重典治国政策提供思想理论依据。

2. 刑罚原则

（1）实行刑罚从重从新原则。与汉唐以来强调从轻原则相反。

（2）“重其所重，轻其所轻”的原则。

①对于贼盗及有关钱粮等事，明律较唐律处刑为重。且不分情节，一律处以重刑，扩大株连范围。

②对于“典礼及风俗教化”等一般性犯罪，明律处罚轻于唐律。

三、罪名与刑罚

1. 奸党罪与充军刑

（1）“奸党罪”，用以惩办官吏结党危害皇权统治的犯罪。无确定内容，实际是为皇帝任意杀戮功臣宿将提供合法依据。

（2）在流刑外增加充军刑，即强迫犯人到边远地区服苦役，远至4000里，近至1000里，并有本人终身充军与子孙永远充军的区分。

2. 故杀与谋杀

（1）故杀

①故杀的渊源已久，北魏时已经出现了故杀。

②按《唐律疏议》规定，故杀是“非因斗争，无事而杀”，即双方并非因为斗殴，一方突然起意杀人。

③明清都继承了唐律对故杀的这一定义，并对之进行更进一步的阐释，区分了故杀与谋杀。

（2）谋杀

①战国至秦汉时期已经出现了谋杀这一法律概念。

②西晋时的张斐对谋杀作了较为确定的解释，但对谋杀的解释仍是不完整与不准确的。

③《唐律疏议》将谋杀首先定义为二人以上的共同犯罪，但也承认一人可构成谋杀。明律承袭了这一观念。

④清代将有无事先预谋作为区分谋杀和故杀的根本标准，即谋杀是有预谋的故意杀人，而故杀是没有预谋、突然起意的故意杀人。

四、明清时期的司法制度

1. 司法机关

（1）明代的司法机关

①中央司法机关

明清时期，中央司法机构为刑部、大理寺、都察院。

a. 明代刑部增设十三清吏司，分掌各省刑民案件，加强对地方司法控制；

b. 明代大理寺掌复核驳正，三改不当者，奏诸皇帝裁决；

c. 明代都察院掌纠察，主要是纠察百司，司法活动仅限于会审及审理官吏犯罪案件，并无监督法律执行的原则。设有十三道监察御史。

②地方司法机关

分为省、府（直隶州）、县三级。

a. 沿宋制，省设提刑按察司，有权判处徒刑及以下案件，徒刑以上案件须报送中央刑部批准执行。

b. 府、县两级仍是知府、知州、知县实行行政司法合一体制，掌管狱讼事务。明代越诉受重惩。

c. 明朝还在各州县及乡设立“申明亭”，张贴榜文，申明教化，由民间德高望重的耆老受理当地民间纠纷。

（2）清代的司法机关

①中央司法机关

a. 清代刑部是清朝的主审机关，下设十七清吏司分掌京师和各省审判事务。

b. 主要负责：审理中央百官犯罪；审核地方上报的重案（死刑应交大理寺复核）；审理发生在京师的笞杖刑以上案件；处理地方上诉案及秋审事宜；主持司法行政与律例修订事宜。

②地方司法机关

地方司法分州县、府、省按察司、总督（及巡抚）四级。

a. 州或县为第一审级，有权决定笞杖刑，徒以上案件上报。

b. 府为第二审级，负责复审州县上报的刑事案件，提出拟罪意见，上报省按察司。

c. 省按察司为第三审级，负责复审各地方上报之徒刑以上案件，并审理军流、死刑案的人犯，对于“审供无异”者，上报督抚，如发现有疑漏，则可驳回重审，或改发本省其他州县、府更审。

d. 总督（或巡抚）为第四审级，有权批复徒刑案件，复核军流案件，如无异议，定案并谘报刑部。对死刑案件则须复审，并上报中央。

（3）司法管辖制度

①在交叉案件的管辖上，继承了唐律“以轻就重，以少就多，以后就先”的原则，同时实行被告原则。

②实行军民分诉分辖制，凡军官、军人有犯，“与民不相干者”，一律“从本管军职衙门自行追问”。“在外军民词讼”有涉“叛逆机密重事”者，可允许“镇守总兵参将守备等官受理。”若军案与民相干者，由管军衙门与当地官府，“一体约问”。

（4）廷杖与厂卫

①廷杖即由皇帝下令，司礼监监刑，锦衣卫施刑，在朝堂之上杖责大臣的制度。

②“厂”是直属皇帝的特务机关。“卫”是指皇帝亲军十二卫中的“锦衣卫”，下设镇抚司，由皇帝任命亲信“提督”厂卫，多由宦官充当。

2. 诉讼制度

（1）明代会审制度

①九卿会审（“圆审”）。是由六部尚书及通政使司的通政使、都察院左都御使、大理寺卿九人会审皇帝交付的案件或已判决但囚犯仍翻供不服之案。

②朝审。三法司会同公侯、伯爵，在吏部尚书（或户部尚书）主持下会审重案囚犯，从

此形成制度。清代秋审、朝审皆渊源于此。

③大审。司礼监（宦官二十四衙之首）一员在堂居中而坐，尚书各官列居左右，会同三法司在大理寺共审囚徒，每五年一次。

（2）清代会审制度

①秋审：最重要的死刑复审制度，对象为全国上报的斩、绞监候案件。每年秋八月由九卿、詹事、科道以及军机大臣、内阁大学士等重要官员会同审理。

②朝审：对刑部判决的重案及京师附近绞、斩监候案件进行的复审，其审判组织、方式与秋审大体相同，每年霜降后十日举行。经过秋审和朝审后，案件分四种情况：情实，即罪情属实，罪名恰当，则奏请执行；缓决，案情属实、危害不大，减为流放或充军，或再押监候；可矜，免于死刑，减为徒、流刑；留养承嗣，即案情属实、罪名恰当，但有亲老丁单情形，合乎留养条件者按留养奏请皇帝裁决。

③热审：对发生在京师的笞杖刑案件进行重审的制度。

【经典真题】

明朝初期总结历朝经验教训，进行了大规模的法制建设。关于明朝初期的立法思想，下列说法正确的是？（2021 年回忆版，单选）〔1〕

A. 终明一朝均采用“刑乱国用重典”的立法原则

B. 提出“情势世轻世重”，明确依社会情势，按乱世和平世采取或严或宽的刑事政策

C. 提出“明刑弼教”，与“德主刑辅”并无不同，都强调重刑，为重典治世提供了依据

D. 强调立法注重“简”、“朴”，即法律条文既要求高度概括，又要通俗易懂

【习题拓展】

关于中国古代诉讼、审判制度的说法，下列哪些选项是正确的?〔2〕

A. 西周时期“听讼”为审理民事案件，“断狱”为审理刑事案件

B. 唐代县以下乡官、里正对犯罪案件具有纠举责任，对轻微犯罪与民事案件具有调解处理的权力

C. 明代的大审是一种会审制度，每三年举行一次

D. 清末改大理寺为大理院，为全国最高审判机关

〔1〕 A【解析】明代统治者是在天下大乱，群雄纷争中夺取天下，所以认为身处乱世，强调治乱世用重典。意在刑罚制度不完善的情况下，国家可以加重刑罚处罚和对犯罪的打击力度以维护社会稳定。终明一朝均采用此立法原则，故 A 项正确。“情势世轻世重”是西周的立法原则。《尚书·吕刑》指出：“刑罚世轻世重，惟齐非齐，有伦有要。”意思是刑罚要根据当时社会情况确定轻重严宽。故 B 项错误。汉代主张“德主刑辅”，先德后刑，而明代强调“明刑弼教”，先刑后德，故 C 项错误。唐朝在前代律典的基础上，再次实行精简、宽平的原则，定律为 12 篇，502 条，从而改变了秦汉以来律令繁杂的局面，体现了“科条简要、宽简适中”。唐律概念明确，用语比较确切，逻辑严谨，通俗易懂，立法水平堪称楷模。因此强调立法注重“简”、“朴”是唐代的立法思想，故 D 项错误。

〔2〕 ABD【解析】西周时期民事案件称为“讼”，而刑事案件称为“狱”，因此“听讼”为审理民事案件，“断狱”为审理刑事案件。所以，A 项正确。唐代地方司法机关由行政长官兼理，但是县以下乡官、里正对犯罪案件具有纠举责任，对轻微犯罪与民事案件具有调解处理的权力，结果须报上级。所以，B 项正确。明代的会审制度包括九卿会审、朝审和大审。大审始于宪宗成化十七年，司礼监会同三法司在大理寺共审囚徒，每五年举行一次。所以，不是三年而是五年，故 C 项错误。清末改制，改刑部为法部，是司法行政机关，改大理寺为大理院，是全国最高审判机关。所以，D 项正确。

第二节　清末的法律思想与制度【考查频率☆☆☆】

一、清末的预备立宪

1. 清末变法修律的主要特点

（1）在立法指导思想上，始终贯穿着“仿效外国资本主义法律形式，固守中国法制传统”的方针。

（2）在内容上，表现出皇权专制主义传统与西方资本主义法学最新成果的混合。

①奉行君主专制体制及传统伦理纲常“不可率行改变”，在新修订的法律中继续保持肯定和维护专制统治的传统。

②标榜“吸引世界大同各国之良规、兼采近世最新之学说”，大量引用西方法律理论、原则、制度和法律术语，使得保守的传统法律内容与先进的近现代法律形式同时显现在这些新的法律法规之中。

（3）在法典编纂形式上，改变了传统的“诸法合体”形式，明确了实体法之间、实体法与程序法之间的差别。

（4）它是统治者为维护其摇摇欲坠的反动统治，在保持皇权专制政体的前提下进行的，因而既不能反映人民群众的要求和愿望，也没有真正的民主形式。

二、清末变法修律的主要影响

1. 标志着延续几千年的中华法系开始解体。中国传统法制开始转变成形式和内容上都有显著特点的半殖民地半封建法制。

2. 为中国法律的近代化奠定了初步基础。为其后民国政府法律制度的形成与发展提供了条件。

3. 在一定程度上引进和传播了西方近现代的法律学说和法律制度，是中国历史上第一次全面系统地向国内介绍和传播西方法律学说和资本主义法律制度，使得近现代法律知识在中国得到一定程度的普及，促进了部分中国人的法治观念的形成。

4. 清末变法修律在客观上有助于推动中国资本主义经济的发展和教育制度的近代化。

三、清末的预备立宪活动

1.《钦定宪法大纲》

（1）性质

清廷宪政编查馆编订，于 1908 年 8 月颁布，为中国近代史上第一个宪法性文件。

（2）内容

共 23 条，分正文“君上大权”和附录“臣民权利义务”两部分。第一部分规定了君主在立法、行政、司法、统军等各方面的绝对权力，维护皇帝尊严，保障皇权，限制议会权力等。第二部分规定了臣民的诸项义务，并加以种种限制。

（3）特点

皇帝专权，人民无权。

（4）实质

给封建君主专制制度披上“宪法”的外衣，以法律的形式确认君主的绝对权力。

2.《十九信条》

（1）性质

称《宪法重大信条十九条》，是清政府于辛亥革命武昌起义爆发后抛出的又一个宪法性文件。

（2）背景

1911 年清王朝迫于武昌革命风暴，匆匆命令资政院迅速起草宪法，企图度过危机，资政院仅用 3 天时间即拟定公布。

（3）内容

形式上被迫缩小了皇帝的权力，相对扩大了议会和总理的权力，但仍强调皇权至上，且对人民权利只字未提。

3. 谘议局与资政院

（1）谘议局

①定义：清末“预备立宪”时期清政府设立的地方咨询机关。

②实质：各省督抚严格控制下的附属机构。

③权限：以“指陈通省利病、筹计地方治安”为宗旨。权限包括讨论本省兴革事宜、决算预算、选举资政院议员、申复资政院或本省督抚的咨询等。

（2）资政院

①定义：清末“预备立宪”时期清政府设立的中央咨询机构。

②性质：是承旨办事的御用机构，与近现代社会的国家议会有根本性的不同。

③内容：可以“议决”国家年度预决算、税法与公债，以及其余奉“特旨”交议事项等。但一切决议须报请皇帝定夺，皇帝还有权谕令资政院停会或解散及指定钦选议员。

四、清末主要修律内容

1.《大清现行刑律》（1910 年）

（1）地位：是清政府在《大清律例》的基础上稍加修改，作为《大清新刑律》完成前的一部过渡性法典。

（2）内容变化

①改律名为“刑律”；

②取消了六律总目，将法典各条按性质分隶 30 门；

③对纯属民事性质的条款不再科刑；

④废除了一些残酷的刑罚手段，如凌迟；

⑤增加了一些新罪名，如妨害国交罪等。

2.《大清新刑律》（1911 年）

（1）地位

①中国历史上第一部近代意义上的专门刑法典，但仍保持着旧律维护专制制度和封建伦理的传统。

②引发了礼教派的攻击和争议，但并未真正施行。

（2）变化

①抛弃了旧律诸法合体的编纂形式，以罪名和刑罚等专属刑法范畴的条文作为法典的唯一内容，在体例上抛弃了旧律的结构形式，将法典分为总则和分则，后附《暂行章程》5 条；

②确立了新刑罚制度，规定刑罚分主刑、从刑；

③采用了一些近代西方资产阶级的刑法原则和刑法制度，如罪刑法定原则和缓刑制度等。

3.《大清商律草案》

时间	起草机构	法律名称	备注
1904	商部	《钦定大清商律》	第一部商律，颁行
1908	修订法律馆	《大清商律草案》	未正式颁行
1911	农工商部	《改订大清商律草案》	未正式颁行

4.《大清民律草案》

（1）主持者：沈家本、伍廷芳、俞廉三。

（2）结构：总则、债、物权、亲属、继承五编。

①总则、债、物权三编由日本法学家松冈义正等仿照德国、日本民法典的体例和内容草拟而成，吸收了大量的西方资产阶级民法理论、制度和原则；②亲属、继承两编由修订法律馆会同保守的礼学馆起草，其制度、风格带有浓厚的封建色彩，保留了许多封建法的精神。

（3）基本思路：没有超出“中学为体、西学为用”的思想格局。

（4）《大清民律草案》并未正式颁布和实施。

5. 诉讼法律与法院编制法

（1）《大清刑事诉讼律草案》六编与《大清民事诉讼律草案》四编。这是沈家本等人在《大清刑事民事诉讼法》遭否决后起草的两部诉讼法草案，于 1910 年年底完成，且均系仿德国诉讼法而成，后未及颁行。

（2）《大理院编制法》。清廷为配合官制改革于 1906 年制定的关于大理院和京师审判组织的单行法规。

（3）《各级审判厅试办章程》。清廷 1907 年颁行的关于审级、管辖、审判制度等诉讼体制和规则的一部过渡性法典。

（4）《法院编制法》。1910 年清廷仿效日本制定的关于法院组织的法规，共 16 章，并吸收了公开审判等一系列新的司法原则，但并未真正实施。

五、清末司法体制的变化

1. 司法机关与审级变化

（1）清末司法机关的变化

①改刑部为法部，掌管全国司法行政事务；②改大理寺为大理院，为全国最高审判机关；③实行审检合署。

（2）实行四级三审制，制定了刑事案件公诉制，证据、保释制度，审判制度实行公开、回避等制度。

（3）初步规定了法官及检察官考试任用制度，改良监狱及狱政管理制度。

2. 领事裁判权

（1）外国在华领事裁判权即“治外法权”，是指凡在中国享有领事裁判权的国家，其在中国的侨民不受中国法律管辖，只由该国的领事或设在中国的司法机构依其本国法律裁判。

（2）确立时间：《中英五口通商章程及税则》（1844 年）、《虎门条约》以及其他条约的扩充。

（3）具体内容：

①中国人与享有领事裁判权国家的侨民间的诉讼：依被告原则。

②享有领事裁判权国家的侨民之间的诉讼：由所属国审理。

③同国家的侨民之间的诉讼：适用被告主义原则。

④享有领事裁判权国家的侨民与非享有领事裁判权国家的侨民之间的争讼：前者是被告则适用于被告主义原则；后者是被告则由中国法院管辖。

（4）审理机构：

①一审由在华领事法院或法庭审理。

②二审上诉案件由各国建立的上诉法院审理。

③终审案件由本国最高审判机关受理。

（5）后果：破坏了中国的司法主权。

3. 观审制度

即外国人是原告的案件，其所属国领事官员也有权前往观审，如认为审判、判决有不妥之处，可以提出新证据等。这种制度是原有领事裁判权的扩充。

4. 会审公廨

（1）1864年清廷与英、美、法三国驻上海领事协议在租界内设立的特殊审判机关。

（2）按照1868年《上海洋泾浜设官会审章程》的规定，会审公廨名义上是中国官府派驻租借地的基层法庭，但凡涉及外国人案件，必须有领事官员参加会审；凡中国人与外国人诉讼案，由本国领事裁判或陪审，甚至租界内纯属中国人之间的诉讼也由外国领事审判并操纵判决。

（3）是外国在华领事裁判权的扩充和延伸。

【经典真题】

中国法制近代化经历了曲折的渐进过程，贯穿着西方法律精神与中国法律传统的交汇与碰撞。关于中国法制近代化在修律中的特点，下列哪一选项是不正确的？（2010－1－14）〔1〕

A. 1910年《大清民律草案》完成后，修律大臣俞廉三上陈“奏进民律前三编草案折”，认为民律修订仍然没有超出“中学为体、西学为用”的思想格局

B. 1911年《大清新刑律》作为中国第一部近代意义的专门刑法典，在吸纳近代资产阶级罪刑法定等原则的同时，仍然保留了部分不兴科刑的民事条款

C. 1910年颁行的《法院编制法》规定，国家司法审判实行四级三审制

D. 1947年颁行的《中华民国宪法》，所列各项民主自由权利比以往任何宪法性文件都充分

【习题拓展】

中国清末修订法律馆于1911年8月完成《大清民律草案》。下列有关该草案的表述哪一项是错误的？〔2〕

A. 《大清民律草案》的结构顺序是：总则、债、物权、亲属、继承

B. 日本法学家参与了《大清民律草案》的起草工作

C. 《大清民律草案》的基本思路体现了“中学为体、西学为用”的精神

D. 《大清民律草案》经正式公布，但未及实施，清王朝即告崩溃

---

〔1〕 B【解析】1911年《大清新刑律》抛弃了旧律诸法合体的编纂形式，以罪名和刑罚等专属刑法范畴的条文作为法典的唯一内容。故B项错误。A项、C项、D项正确。

〔2〕 D【解析】《大清民律草案》共分总则、债权、物权、亲属、继承五篇。前三篇，由松冈义正等人仿照德、日民法典的体例和内容草拟而成，吸收了大量的西方资产阶级民法的理论、制度和原则。而后两篇则由修订法律馆会同保守的礼学馆起草，其制度、风格带有浓厚的封建色彩，保留了许多封建法律的精神。根据修订法律大臣俞廉三“奏进民律前三篇草案折”的观点，修订民律草案的基本思路是“中学为体、西学为用”，故选项A、B、C的说法正确。在《大清民律草案》完成后仅两个多月，辛亥革命武昌起义爆发，清王朝的统治随即崩溃，该部民律草案并没有正式颁布与施行，还停留在草案阶段，故选项D错误。

第五章　中华民国时期的法律思想与制度

【知识框架】

中华民国时期的法律思想与制度
- 民国初期的法律思想
- 南京临时政府的法律制度
- 北京政府的法律制度
- 南京国民政府的法律制度

第一节　民国初期的法律思想【考查频率☆☆☆☆☆】

一、孙中山

1. 三民主义

三民主义是民族主义、民权主义与民生主义的简称，即资产阶级革命派的政治纲领，也是孙中山政治法律思想的核心内容。三民主义伴随革命的进程，历经旧三民主义与新三民主义两个阶段逐渐完善充实，成为孙中山政治法律主张的理论基础与指导思想。

旧三民主义的民族主义，其主要内容为“驱除鞑虏，恢复中华”，即推翻满族统治的清王朝，光复汉族的国家。孙中山认为，只有推翻清王朝的封建专制统治，才能挽救中华民族的危亡，随着革命的发展，孙中山逐渐认识到要反对封建主义，就必须反对帝国主义。1924 年中国国民党第一次全国代表大会召开，孙中山在大会宣言中对于三民主义中的民族主义进行了进一步的阐释，明确宣布民族主义有两方面的含义：一是中国民族自求解放，二是中国境内各民族一律平等，实现了由旧民族主义向新民族主义的转化，弥补了过去没有明确提出反对帝国主义的重大缺陷和大汉族主义的局限。

2. 五权宪法

“五权”是指立法权、行政权、司法权、考试权、监察权。

二、章太炎

1. 他认为国民才是国家的主人。
2. 他反对代议政治。
3. 他认为法律应当保护下层民众的利益。
4. 他强调法治，反对人治。

三、宋教仁

1. 他主张建立民主的立宪政体。
2. 他认为在共和立宪国家，法律上的国家主权属于国民全体，但真正能够发出意思或指示的，则为事实上的政党。
3. 他主张建立责任内阁制。

4. 他将地方行政主体划分为地方自治行政主体与地方官治行政主体，试图在中央集权制与地方分权制之间寻求折中与平衡。

【经典真题】

武昌起义爆发后，清王朝于1911年11月3日公布了《宪法重大信条十九条》。关于该宪法性文件，下列哪一说法是错误的？（2014－1－19）[1]

A. 缩小了皇帝的权力　　B. 扩大了人民的权利

C. 扩大了议会的权力　　D. 扩大了总理的权力

第二节　南京临时政府的法律制度【考查频率☆☆☆】

一、《修正中华民国临时政府组织大纲》

1. 产生的背景与经过

武昌起义后，各省纷纷宣布脱离清廷独立，承继清末变法以来地方自治政治理论的余绪，先后组成各省军政府，省自为政。从1911年11月15日至12月3日，各省都督府代表联合会（简称各省代表会），先后在上海、汉口等地举行会议。同年12月2日，在汉口各省代表会上，推选江苏代表雷奋（立宪派人）、马君武（同盟会员）、湖北代表王正廷（同盟会员）3人为起草员，拟定《临时政府组织大纲（草案）》。3日各省代表会议通过《临时政府组织大纲》，共4章21条，并于即日宣布。此后又作3次修改。南京临时政府成立后，于1912年1月2日在南京公布《修正中华民国临时政府组织大纲》，成为中华民国第一部全国性的临时宪法性文件。

2. 主要内容

《修正中华民国临时政府组织大纲》共4章21条。第1章包括“临时大总统、副总统”，规定了中华民国临时大总统、副总统的产生及其权限。第2章包括“参议院”，规定了参议院的组成、议员的产生以及参议院的职权。第3章包括“行政各部”，规定了临时大总统下设行政各部、部长的任免及其权限。第4章包括“附则”，规定《临时政府组织大纲》的施行期限至中华民国宪法成立之日止。

3. 特点

（1）受美国宪法影响，基本上采用总统制共和政体。

（2）中央国家机关权力分配实行资产阶级三权分立原则。

（3）采取一院制的议会政治体制，参议院是国家立法机关。

《修正中华民国临时政府组织大纲》实际上还只是一个“国家之构成法”，即政府组织法，但在当时却起着临时宪法的作用。它使以孙中山为首的中华民国第一届政府得以依法成立，树立起法治的良好开端。以此为法律基础，在南京举行的各省代表会于1911年12月29日选举孙中山为中华民国南京临时政府第一任临时大总统。1912年元旦，中华民国南京临时政府宣告成立。

---

[1] B【解析】《十九信条》全称《宪法重大信条十九条》，是清政府于辛亥革命武昌起义爆发后抛出的又一个宪法性文件，其在形式上被迫缩小了皇帝的权力，相对扩大了议会和总理的权力，但仍强调皇权至上，且对人民权利只字未提，更暴露其虚伪性。因此，也未能挽回清王朝的败局。B项错误。

二、《中华民国临时约法》

1. 主要内容

1912 年 3 月 11 日公布，是中国历史上第一部资产阶级共和国性质的宪法文件。它以孙中山的民权主义学说为指导思想，确定了资产阶级民主共和国的国家制度，肯定了资产阶级民主共和国的政治体制和组织原则，体现了资产阶级宪法中一般民主自由原则，确认了保护私有财产原则。

2. 特点：(1) 以责任内阁制取代总统制，以限制袁世凯的权力；(2) 扩大参议院的权力以抗衡袁世凯；(3) 规定特别修改程序以制约袁世凯。

三、其他法令

1. 保障人权废除帝制社会等级特权；2. 革除传统社会陋习；3. 整顿吏治任人唯贤。

四、司法制度

1. 建立新型司法机关；2. 改革审判制度；3. 采用律师制度。

【习题拓展】

近代以来中国颁布了多部宪法和宪法性文件，关于它们的性质地位，下列说法错误的是?〔1〕

A. 《十九信条》是中国近代第一个宪法性文件

B. 《中华民国临时约法》是中国唯一一部资产阶级民主共和国性质的宪法性文件

C. 《天坛宪草》是北洋政府时期第一部宪法草案

D. 《贿选宪法》是中国近代第一部正式颁行的宪法

第三节　北京政府的法律制度【考查频率☆☆】

一、立法概况

1. 制宪活动

(1) "天坛宪草"的制定

为限制袁世凯的权力，国会中的部分议员拟定宪法草案，1913 年 10 月 31 日，国会"宪法起草委员会"三读通过《中华民国宪法草案》。1914 年 1 月 10 日，袁世凯下令解散国会，"天坛宪草"未及公布便胎死腹中。

(2)《中华民国约法》(袁记约法)

袁世凯解散国会后，成立"约法会议"作为立法机关，修改《临时约法》，1914 年 5 月 1 日公布《中华民国临时约法》，即"袁记约法"。

(3)《中华民国宪法》(贿选宪法)

---

〔1〕 A【解析】《钦定宪法大纲》是中国近代第一个宪法性文件，《十九信条》是清政府最后一部宪法性文件，因此 A 项错误。1912 年实施的《中华民国临时约法》是中国唯一一部资产阶级民主共和国性质的宪法性文件，《中华民国临时约法》之后，没有出现过同类宪法文件，因此 B 项正确。北洋政府时期开始于 1913 年 10 月 6 日袁世凯当选中华民国首任正式大总统后，《天坛宪草》完成于 1913 年，故为北洋政府时期第一部宪法草案，因此 C 项正确。北洋政府于 1923 年公布的《中华民国宪法》(曹锟的《贿选宪法》) 是中国近代第一部正式颁行的宪法，因此 D 项正确。

1923 年 10 月 10 日曹锟颁布。是中国近代正式公布的第一部“宪法”。其特点：①企图用漂亮的辞藻和虚伪的民主形式掩盖军阀专制的本质；②对“国权”和“地方制度”作了专门规定。

2. 其他立法活动

（1）行政立法。

（2）刑事立法。

（3）民、商事立法。

（4）诉讼法与法院组织法。

二、立法的特点

1. 沿用前清旧律的刑法原则。

2. 严刑镇压内乱。

3. 维护地主、买办利益。

三、司法制度

1. 司法机关体系

（1）普通法院系统：大理院、高等审判厅、地方审判厅、初等审判厅。

（2）兼理司法法院。

（3）特别法院。

（4）平政院。

2. 诉讼审判的主要特点

（1）运用判例和解释例。

（2）四级三审制。

（3）军事审判取代普通审判。

（4）县知事兼理司法。

（5）在华领事裁判权的沿用。

【经典真题】

清末和民国时期的旧中国曾经进行频繁的立宪活动，下列关于该时期宪法文件，说法错误的是？（2019 年回忆版，单选）〔1〕

A.《钦定宪法大纲》为中国近代史上第一个宪法性文件，是由宪政编查馆编订，于 1908 年公布的

B. 1912 年《临时约法》是由孙中山主导创制的中国第一部资产阶级共和国性质的宪法文件

C. 北洋政府时期的第一部宪法草案为“天坛宪草”，采用资产阶级三权分立的宪法原则，确认民主共和制度

D.《中华民国宪法》（1947 年）是中国近代史上首部正式颁行的宪法

---

〔1〕 D【解析】中国近代史上首部正式颁行的宪法是 1923 年的《中华民国宪法》（“贿选宪法”）。故 D 项错误。A 项、B 项、C 项正确。

第四节 南京国民政府的法律制度【考查频率☆☆☆☆】

一、立法概况

1. 指导思想

以党治国。

2. 立法机构

立法院。

3. 法律体系

制定法、判例、解释例和党规党法、蒋氏手谕等。

4. 立法特点

（1）从法律内容上看法律制度是继受法与固有法的混合；

（2）从立法权限上看受制于国民党中央；

（3）从法律文本层次上看特别法效力高于普通法；

（4）从立法文本与司法实践层面看两者脱节严重。

二、六法全书的主要内容

1. 约法和宪法

（1）《训政纲领》和《训政时期约法》。1928 年，南京国民政府以“北伐”成功，据孙中山所设计的《建国大纲》，宣布“军政时期”结束，“训政时期”开始，实行“约法之治”。1928 年 10 月 3 日国民党中常会召开 172 次会议，制定并通过《训政纲领》六条，作为“训政时期”政纲，基本内容是：确立国民党为最高“训政”者；国民党全国代表大会代行国民大会职权，为最高国家权力机关；国民党中央执行委员会（其核心是政治会议）是国家最高权力机关的常设机关。蒋介石以党总裁身份直接控制政治会议，集党、政、军权于一身。《训政纲领》还规定了“政权”和“治权”的划分。

1930 年决定召开国民会议，制定《训政时期约法》。1931 年 3 月 2 日，国民党中常会通过“制定训政约法案”，推定吴敬恒、王宠惠、于右任等组成约法起草委员会，以《训政纲领》为基础，据国民党中央常委会决定的约法原则，拟定“训政约法草案”。经国民党中央常委会和中央执行委员会分别审议通过后，提交于 1931 年 5 月 5 日召开的、由国民党指派的所谓“国民会议”讨论。5 月 12 日“国民会议”讨论并通过《中华民国训政时期约法》，6 月 1 日由国民政府正式公布。

该法共 8 章 89 条，主要内容规定：中华民国“主权属于国民全体”，国体“永为统一共和国”；采取五院制的政权组织形式，“国民政府设行政院、立法院、司法院、考试院、监察院及各部会”；规定了一系列公民的民主自由权利，国民“在法律上一律平等”。但人民的政权，即选举、罢免、创制、复决四种权利的行使，由国民党政府训导之。该法的核心精神，是以根本法形式确认训政时期国民党为最高“训政”者，代行国民大会的统治权。约法的解释权属国民党中央执行委员会。

（2）《中华民国宪法草案》（“五五宪草”）。《训政时期约法》公布不久，发生“九·一八”事变。1932 年 12 月国民党召开四届三中全会，决定采纳孙科等 29 人提出的“集中民族力量挽救民族危亡案”，宣布 1935 年 3 月召开国民大会议决宪法，责成立法院从速起草宪法草案。经3年又4个月草拟、修订的《中华民国宪法草案》于1936年5月5日由政府公布。因其公布日期，又称“五五宪草”。

该草案共8章148条，结构与《训政时期约法》基本相同。只是将原约法中“训政纲领”（第3章）改为“国民大会”；第6章“中央与地方之权限”分为“中央政府”“地方制度”两章，第8章“附则”易名“宪法的施行及修正”。政府宣称该草案遵奉孙中山遗教制定，标榜要结束“训政”，实行“宪政”，以体现三民主义、五权宪法精神。

2. 民法及其相关法

（1）《中华民国民法》（本部分以下简称《民法》）的制定及其结构

1928年南京民国政府开始起草民法典。在继承清末、北京政府民律草案的立法精神，抄袭资本主义国家，特别是德、日等国民事立法原则和法律条文基础上，本着民商合一原则，结合传统习惯，分期编订而成。分别于1929年5月23日公布民法第1编“总则”，11月22日公布第2编“债”，1930年11月30日公布第3编“物权”，12月26日公布第4编“亲属”，第5编“继承”；共1225条，从1929年10月10日起陆续施行。

此外，南京国民政府还颁布了《著作权法》《建筑法》《房屋租赁条例》等单行民事法规。民法典颁布改变了我国没有单独民法典、民事法律规范依附于刑法典的历史，使得排除运用刑事处罚，单独适用民事处罚调整公民之间的人身与财产关系成为可能。

（2）民法的特点

①承认习惯和法理可作为判案依据。《民法》“总则”编第1条规定：“民事法律未规定者，依习惯，无习惯者，依法理。”肯定习惯及法理可作为审判民事案件的依据。但民事习惯之适用，以不违背公共秩序或善良风俗者为限。

②维护土地权益。《民法》第837条“租金减免请求之限制”规定：“地上权人纵因不可抗力，妨害其田地之使用，不得请求免除或减少租金。”还设定永佃权，以使佃农勤于耕作，改良土壤，增加收入，但同时在第846条又规定：“永佃权人拖欠地租达二年之总额者，除如有习惯外，土地所有人得撤佃。”

③保护债权人利益。《民法》第203、205条规定：法定利率为5.5%，而约定利率则高达20%。第231、233条规定：债务人迟延给付时，债权人得请求赔偿因迟延而产生的损害，对因不可抗力产生之损害，也应负责，迟延债务，以支付金钱为标的者，债权人得请求依法定利率计算因迟延而应交付之利息。如约定利率较高者，仍从约定利率。第227条还规定，债务人不为给付或不为定金之给付者，债权人得申请法院强制执行，并得请求损害赔偿。

④承认所有权法律关系。《民法》第765条规定：“所有人于法令限制之范围内，得自由使用、收益，处分其所有物，并排除他人之干涉。”该法第767条规定：“所有人对于无权占有或侵夺其所有物者，得请求返还之，对于妨害其所有权者，得请求除去之。有妨害其所有权之虞者，得请求防止之。”仿瑞典民法认定留置权有物权效力。

⑤保护传统婚姻家庭关系。《民法》“亲属”编规定：婚约应由男女当事人自行订定；但未成年人订立婚约应得法定代理人（未成年人之父母）之同意。如解除和违反婚姻，必须负赔偿之责。政府的解释例对童养媳的婚约性质有条件地加以确认。政府的解释例和判例还确认聘财是定婚形式要件，聘财须依礼纳送，入赘亦得有聘财。解释例确认：“习惯上买卖婚姻如经双方合意，虽出银实具有财礼之性质者，其婚姻应认为有效。”法典规定一夫一妻制，在结婚的法律效力上采用仪式制，不采用登记制。司法院解释例对“重婚罪”的解释规定，“重婚罪之成立，必以举行相当婚娶礼式为要件”；判例也规定，“重婚罪系以正式婚姻之成立为前提”。这些规定导致实际上的纳妾合法化。

⑥确认父家长权。《民法》“亲属”编第6章“家”规定：家置家长。家长由亲属团体中

推室之。无推室时，从家中之最尊者为之。尊集团者以年长者为之。家长管理家务。第 2 章“婚姻”规定：妻姓冠以夫姓。子女从夫姓。妻以夫之住所为住所。夫妻联合财产由夫管理。子女之特有财产由父管理。父母对子女行使亲权的意见不一致时，由父行使之。

⑦确认继承制度。《民法》第 5 编“继承”及其有关判例、解释例规定：直系血亲卑亲属为第一顺序继承人，以亲等近者为先。废止旧法中的宗祧继承制度，明定配偶之间有相互继承遗产的权利。继承权受侵犯，继承人或法定代理人可以请求法院恢复原状。

⑧确认外国人在华权益。《民法》赋予外国法人与中国法人同样的权利能力。《民法总则施行法》第 12 条规定：给认许之外国法人，于法令限制内与同种类之中同法人有同一之权利能力。司法院 1936 年 4 月 20 日解释：外侨在中国组织团体，如经当地党部许可，则关于设立程序监督办法，应与国内人民团体一律待遇。《民法》允许外国货币在中国境内可直接充当债务关系支付手段。《土地法》还允许外国资本在中国购买土地。1946 年 4 月 29 日修正公布的《土地法》规定：外国人为住所、商店及工厂、教堂、医院、外侨子弟学校、使领馆、公益团体之会所和工场之用途，有权租赁或购买土地。

3. 刑法及其相关法

政府成立之初，援用北京政府《暂行新刑律》，同时，即着手修订刑法典和各项单行刑事法规。先后颁布的刑法典有两部，即 1928 年《刑法》和 1935 年新《刑法》。1927 年 4 月，司法部长王宠惠主持修订刑法，主要以北京政府《暂行新刑律》及《第二次刑法修正案》为蓝本，在吸收日、德等国家刑法原则基础上，改订而成。经国民党第二届中央执行委员会会议议决，国民党中常会通过，于 1928 年 3 月 10 日由国民政府公布，原定同年 7 月 1 日施行，后延期至 9 月 1 日施行。《中华民国刑法》分两编，共 48 章 387 条，是我国历史上首部以“刑法”相称的刑法典。

随着社会发展变化，于 1931 年 12 月成立刑法起草委员会重新修订刑法典，1934 年完成，1935 年 1 月 1 日由国民政府公布，同年 7 月 1 日施行，仍名为《中华民国刑法》，通称“新刑法”。该法分两编，共 47 章 357 条。南京国民政府称该法以三民主义为立法宗旨，立法原则采罪刑法定主义、主观人格主义、社会防卫主义，并注重传统伦理观念等。其实，该法典除将一部分特别法内容分别纳入有关条文外，受德、意等国刑法内容影响，特别增加了《保安处分》专章。此外，新刑法将刑事责任年龄提高为 18 岁，对于普通犯罪采从轻处罪原则，而对触犯“内乱罪”“外患罪”“杀人罪”“强盗罪”“渎职罪”等“危险极大者”，从严、从重惩处。

此外，在不同时期还颁布大量单行刑事法规，主要有《暂行反革命治罪法》《惩治盗匪暂行条例》《惩治盗匪暂行办法》《危害民国紧急治罪法》《惩治汉奸条例》《妨害国家总动员惩罚暂行条例》《戡战时期危害国家紧急治罪条例》《惩治叛乱条例》《陆海空军刑法》等。刑事特别法可规定普通法不便规定的内容。尤其在“内乱罪”和“外患罪”上，刑事特别法的刑罚多重于刑法典。如“内乱罪”规定的刑期为七年以上有期徒刑，首谋者处无期徒刑；但特别法《戡乱时期危害国家紧急治罪条例》则规定不论是否首谋者，一律处死刑或无期徒刑。触犯刑事特别法，多由军事机关、军法机关或特种刑事法庭审理。在颁行的判例法中关于刑法方面的判例与解释例占有重要地位，仅司法院关于 1928 年《刑法》的解释例就有 340 件。它们共同构成了南京国民政府的刑法体系。

4. 商事单行法规

《公司法》《票据法》《银行法》《海商法》《保险法》。

5. 诉讼法与法院组织法

《民事诉讼法》《县知事审理诉讼暂行章程》《审理无约国人民民刑诉讼须知》《战争罪犯审判办法》《反革命案件陪审暂行法》《陆海空军审判法》《民事调解法》《法院组织法》《最高法院组织法》。

三、司法制度

1. 司法机关体系

（1）司法院。

（2）普通法院。

（3）特别法院。

（4）其他特殊审判机关。

2. 审判制度

（1）一告九不理。

（2）自由心证。

（3）不干涉主义。

3. 律师与公证制度

（1）《律师法》律师资格的取得分为两种：一是经律师考试及格者，二是经检核及格者。

（2）《公证法》公证处的公证事项，分公证法律行为和公证私权事实。

【习题拓展】

关于《中华民国民法》的内容和特点的表述，正确的有？[1]

A.《中华民国民法》采取德国民法编制体例结构，共5编

B.《中华民国民法》采用“国家本位”立法原则，强调个人利益不违背国家利益时，始予保护

C.《中华民国民法》重在维护私有财产权及地主土地经营权，尤以物权编规定最详

D.《中华民国民法》肯定包办买卖婚姻，婚姻家庭制度体现出该法的浓厚封建色彩

第五节　中国共产党民主政权宪法性文件

一、《中华苏维埃共和国宪法大纲》

1. 1931年11月7日第一次全国工农兵代表大会在江西瑞金召开，通过了该宪法大纲。1934年1月的中国工农兵代表大会第二次会议对《中华苏维埃共和国宪法大纲》作了某些修改，最主要的是在第一条内增加了“同中农巩固的联合”条文。

2. 主要内容

（1）规定了苏维埃国家性质“是工人和农民的民主专政国家”。

（2）规定了苏维埃国家政治制度是工农兵代表大会。它保证工农大众参加国家管理，便于工人阶级及其政党的领导，实行民主集中制和议行合一原则。

（3）规定了苏维埃国家公民的权利和义务。包括政治、经济、文化等各方面。工农兵及

---

〔1〕 ABCD【解析】《中华民国民法》采德国民法编制体例结构。法典由5编29章1225条组成，是中国历史上第一部正式颁行的民法典。该法典主要内容和特点有四个方面：（1）采用“国家本位”的立法原则。强调个人利益不违背国家利益时，始予保护。（2）以旧民律草案为基础作了大量修正。参照苏联、德国、日本、瑞士等国民法，表现出新的历史条件下继受法与固有法结合的特点。（3）重在维护私有财产所有权及地主土地经营权，尤以物权编规定最详。对所有权的取得、保护，土地所有权及经营权均详细规定。主旨在保护地主官僚买办资产阶级的权益。（4）婚姻家庭制度体现出该法的浓厚封建色彩。肯定包办买卖婚姻；维护夫妻间不平等；维护封建家长制。因此，A项、B项、C项、D项均正确。

一切劳苦民众享有广泛的民主权利。各级政府采取切实有效的措施，提供力所能及的物质保障条件。

（4）规定了苏维埃国家的外交政策。宣布中华民族完全自由独立，不承认帝国主义在中国的特权及不平等条约。对受迫害的世界革命者给予保护。对居住在苏区从事劳动的外国人给予法定的政治权利。

3. 意义

（1）它是第一部由劳动人民制定、确保人民民主制度的根本大法，是共产党领导人民反帝反封建的工农民主专政的纲领。

（2）它同民国政府制定的“约法”“宪法”有本质的区别。

（3）它肯定了革命胜利成果，提出了斗争的方向。尽管受到“左”的影响，仍是划时代的宪法性文件。

（4）它的颁行调动了苏区人民的积极性，为以后制定民主宪法提供了宝贵经验。

二、《陕甘宁边区施政纲领》

1.《陕甘宁边区施政纲领》制定于1941年。其增加了“三三制”政权组织形式和保障人权等崭新内容。

2. 主要内容

（1）保障抗战的规定。团结边区内各阶级、党派，发动一切人力、物力、财力抗战。严厉镇压汉奸及反共分子。

（2）加强团结的规定。坚持抗日民族统一战线方针，团结边区内各抗日阶级、工人、农民、地主、资本家。主要措施是：调节各阶级的关系，地主减租息，农民交租息；改善工农生活，资本家有利可图；一致对外，共同抗日。

（3）健全民主制度的规定。**规定根据地政权的人员构成实行“三三制”原则**，即共产党员占1/3，非党左派进步人士占1/3，中间派占1/3。实行普遍、直接、平等、无记名投票的选举制度，保障一切抗日人民的选举权、被选举权及其他人权、财权及各项自由。人民享有用任何方式控告任何公务人员非法行为的权利。男女平等，提高妇女地位，保护其特殊利益。反对民族歧视，实行民族平等、自治，尊重宗教信仰、风俗习惯。

（4）发展经济的规定。从“发展经济，保障供给”的总方针出发，发展农、林、牧、手工和工业，奖励扶助私人企业，保障经营自由。实施外贸统治。贯彻统筹统支的财政制度。征收统一累进税，巩固边币，维护法币。

（5）普及文化教育的规定。举办各类学校，普及免费义务教育。尊重知识分子，提高边区人民的政治文化水平。

3. 意义

《陕甘宁边区施政纲领》以反对日本帝国主义，保护抗日人民，调节各抗日阶级利益，改善工农生活，镇压汉奸反动派为基本出发点，全面、系统地反映了抗日民族统一战线的要求和抗战时期的宪政主张，是实践经验的科学概况与总结。

三、《陕甘宁边区宪法原则》

1. 该《原则》于1946年4月边区第三届参议会通过。

2. 其主要内容包括：

（1）**采取人民代表会议制的政权组织形式，**以保证人民管理政权机关。规定边区、县、乡人民代表会议为人民管理政权机关，各级政权形式上开始由参议会过渡为人民代表会议制度，为新中国的基本政治制度奠定了基础。

（2）保障人民享有广泛的民主权利。边区人民不分民族一律平等，少数民族聚居区享有民族区域自治的权利。

（3）确立边区的人民司法原则。各级司法机关独立行使职权，不受任何干涉。除司法机关、公安机关依法执行职务外，任何机关、团体不得有逮捕审讯行为。人民有权以任何方式控告失职的公务员。

（4）确立边区的经济文化政策。经济上采取公营、合作、私营三种方式，组织一切人力、财力促进经济繁荣，为消灭贫穷而斗争。保障耕者有其田，劳动者有职业，企业者有发展机会。普及提高人民的文化水平。

【习题拓展】

关于《中华民国民法》的内容和特点的表述，正确的有？〔1〕

A.《中华民国民法》采取德国民法编制体例结构，共5编

B.《中华民国民法》采用“国家本位”立法原则，强调个人利益不违背国家利益时，始予保护

C.《中华民国民法》重在维护私有财产权及地主土地经营权，尤以物权编规定最详

D.《中华民国民法》肯定包办买卖婚姻，婚姻家庭制度体现出该法的浓厚封建色彩

---

〔1〕 ABCD【解析】《中华民国民法》采德国民法编制体例结构。法典由5编29章1225条组成，是中国历史上第一部正式颁行的民法典。该法典主要内容和特点有四个方面：（1）采用“国家本位”的立法原则。强调个人利益不违背国家利益时，始予保护。（2）以旧民律草案为基础作了大量修正。参照苏联、德国、日本、瑞士等国民法，表现出新的历史条件下继受法与固有法结合的特点。（3）重在维护私有财产所有权及地主土地经营权，尤以物权编规定最详。对所有权的取得、保护，土地所有权及经营权均详细规定。主旨在保护地主官僚买办资产阶级的权益。（4）婚姻家庭制度体现出该法的浓厚封建色彩。肯定包办买卖婚姻；维护夫妻间不平等；维护封建家长制。

司法制度与法律职业道德

第一章 中国特色社会主义司法制度

【重点提示】

1. 审判制度
2. 律师制度

【知识框架】

中国特色社会主义司法制度：
- 中国特色社会主义司法制度概述
- 审判制度
- 检察制度
- 律师制度
- 公证制度

第一节 中国特色社会主义司法制度概述【考查频率☆☆】

一、概念

司法通常是指国家司法机关根据法定职权和法定程序，具体应用法律处理案件的专门活动。

二、特征

1. 独立性

司法机关只服从法律，不受上级机关、行政机关的干涉。

2. 被动性

法律适用活动的惯常机制是“不告不理”，司法程序的启动离不开权利人或特定机构的提请或诉求，但司法者从来都不能主动发动一个诉讼。

3. 交涉性

司法者所做的裁判，必须是在受判决直接影响的有关各方参与下，通过提出证据并进行理性说服和辩论，以此为基础促进裁判的制作。

4. 程序性

司法机关处理案件必须依据相应的程序法规定。

5. 普遍性

（1）形式意义上，司法是法律与社会生活的纽带和中介环节。司法的过程是运用法律解决个案纠纷，将法律适用于个案的过程。案件的司法解决意味着个别性事件获得普遍性。

（2）实质意义上，司法可以解决其他机关所不能解决的一切纠纷，司法管辖是管辖范围最广泛的审判机关，在现代社会构成社会纠纷解决体系中最具普适性的方式。

6. 终极性

法律适用是解决纠纷、处理冲突的最后环节，法律适用结果是最终性的决定。

三、司法的功能

1. 直接功能

（1）解决纠纷是司法的直接功能，也是其主要功能。

（2）与此相联系，司法还有惩罚功能。

2. 间接功能

（1）人权保障

①司法既具有维护和支持其他公权力依法行使、发展人权的作用，又具有防范和制裁其他公权力恣意行使、侵犯人权的作用。

②维护司法过程中人权的举措：

a. 强化诉讼过程中当事人和其他诉讼参与人的知情权、陈述权、辩护辩论权、申请权、申诉权的制度保障；

b. 健全落实罪刑法定、疑罪从无、非法证据排除等法律原则的法律制度；

c. 完善对限制人身自由司法措施和侦查手段的司法监督，加强对刑讯逼供和非法取证的源头预防，健全冤假错案有效防范、及时纠正机制。

（2）调整社会关系

①法院通过审理民事、商事、海事、海商案件，解决纠纷，以调整人身关系、财产关系等社会关系，维护社会秩序。

②在法治社会里，公民的权利只要受到侵犯，就应允许其通过司法途径寻求救济，这是司法最终解决原则的基本要求。

（3）解释、补充法律

①法律相对于它所调整的社会关系具有滞后性，法官在司法过程中应根据社会生活的变化，对法律进行正确完整的阐释。

②法官自由裁量应力求达到合法与合理高度统一，尽可能地减少法律适用过程中的不确定性，防止司法擅断与专横。

（4）形成公共政策

①我国人民法院公共政策形成的司法功能，主要表现在司法对法律与政策没有规范的问题的妥善处理，符合法律与政策精神，符合社会公众的一般愿望，促进裁判结果发动相关法律、政策的逐步形成。

②这表明现代司法的作用已经不是仅仅局限于就具体纷争事件进行个别解决，而是超越于该具体个别事件，对于一般社会主体的利害取向或价值观念，造成事实上的波及和影响。

四、司法制度

1. 司法制度的范围

（1）在大多数西方国家，司法制度仅指审判制度；

（2）我国一般认为司法制度是指审判制度和检察制度。

2. 中国特色司法制度的构成

（1）司法规范体系。包括建构中国特色社会主义司法制度、司法组织以及规范司法活动的各种法律规范。

（2）司法组织体系。主要指审判组织体系和检察组织体系。

3. 司法制度体系

主要包括六大制度，即侦查制度、检察制度、审判制度、监狱制度、律师制度和公证制度。还有人民调解制度、人民陪审制度、死刑复核制度、审判监督制度、司法解释制度以及案例指导制度等。

4. 司法人员管理体系

我国的司法人员是指有侦查、检察、审判、监管职责的工作人员及辅助人员。

五、司法公正

1. 司法活动的合法性

司法机关审理案件要严格按照法律的规定办事。不仅要按实体法办事，而且要按程序法办事。

2. 司法人员的中立性

（1）在诉讼程序结构中，法官与双方当事人保持同等的司法距离，对案件保持超然和客观的态度。

（2）法官同争议的事实和利益没有关联性，法官不得对任何一方当事人存有歧视或偏爱。

3. 司法活动的公开性

（1）诉讼程序的每一阶段和步骤都应当以当事人和社会公众看得见的方式进行。

（2）法院应当努力实现立案公开、庭审公开、审判结果公开、裁判文书公开和执行过程公开，检察院应当实行检务公开。

4. 当事人地位的平等性

（1）当事人享有平等的诉讼权利；

（2）法院平等地保护当事人诉讼权利的行使。

5. 司法程序的参与性

（1）又称为“获得法庭审判机会”，指那些利益或权利可能会受到民事裁判或诉讼结局直接影响的人应当有充分的机会富有意义地参与诉讼的过程，并对裁判结果的形成发挥其有效的影响和作用。

（2）作为争议主体的当事人能够有充分的机会参与诉讼程序，提出自己的主张和有利于自己的证据，并反驳对方的证据、进行交叉询问和辩论，以此来促使法院尽可能作出有利于自身的裁判。

6. 司法结果的正确性

（1）适用法律时，事实要调查清楚，证据要确凿可靠，经得起历史的检验。

（2）对案件的定性要准确，即要在调查案件事实的基础上，依据国家法律的规定，准确地区分是与非、合法与违法、罪与非罪、重罪与轻罪、此罪与彼罪之间的界限，明确权益归属。

7. 司法人员的廉洁性

（1）依法规范司法人员与当事人、律师、特殊关系人、中介组织的接触、交往行为。严禁司法人员私下接触当事人及律师、泄露或者为其打探案情、接受吃请或者收受其财物、为律师介绍代理和辩护业务等违法违纪行为，坚决惩治司法掮客行为，防止利益输送。

（2）对因违法违纪被开除公职的司法人员、吊销执业证书的律师和公证员，终身禁止从事法律职业，构成犯罪的要依法追究刑事责任。

六、司法效率

1. 含义

（1）司法机关在司法活动中，在正确、合法的前提下，要提高办案效率，不拖延积压案件，及时审理和结案，合理利用和节约司法资源。

（2）包括司法的时间效率、司法的资源利用效率和司法活动的成本效率三个方面。

2. 举措

（1）司法公正与司法效率的关系：坚持“公正优先，兼顾效率”的原则。

（2）建立公正、高效的审判工作机制：①实行立审分离，繁简分流，改进简易程序；②强化合议庭和独任审判员的作用，完善独立审判制度，提高审判的质量和效率；③强化审限意识，严格禁止超审限审理案件；④加强对诉讼调解工作的指导，提高诉讼调解水平；⑤加强审判管理，提高司法效率；⑥努力加强法官队伍职业化建设，不断提高法官素质。

七、审判独立与检察独立

1. 含义

（1）审判独立与检察独立的核心是司法机关与国家立法机关、行政机关的分立。

（2）审判独立不仅仅包括法官的个体独立，即法官的身份独立和实质独立，它还应包括司法机关整体上的独立。

（3）审判独立与检察独立还包含着相对于舆论、民意的独立性。

2. 内容

（1）国家的审判权和检察权只能分别由人民法院和人民检察院依法统一行使，其他机关、团体或个人无权行使这项权力。司法权归属于且仅归属于司法机关，司法权不得分割行使，排除其他机关行使具有司法性质的权力，也不允许在司法机关之外另设特别法庭。

（2）司法机关依照法律独立行使职权，不受行政机关、社会团体和个人的干涉。行政机关等不得使用任何权力干涉司法程序。

（3）司法机关在司法活动中必须依照法律规定，正确地适用法律。

3. 改革措施

（1）建立各级党政机关和领导干部支持法院、检察院依法独立公正行使职权的制度机制。

①建立领导干部干预司法活动、插手具体案件处理的记录、通报和责任追究制度。

②司法机关领导干部和上级司法机关工作人员因履行领导、监督职责，需要对正在办理的案件提出指导性意见的，应当依照程序以书面形式提出，口头提出的，由办案人员记录在案。

③其他司法机关的工作人员因履行法定职责需要，向办案人员了解正在办理的案件有关情况的，应当依照法律程序或者工作程序进行。

（2）健全维护司法权威的法律制度。

①健全行政机关依法出庭应诉、支持法院受理行政案件、尊重并执行法院生效裁判的制度。

②完善惩戒妨碍司法机关依法行使职权、拒不执行生效裁判和决定、藐视法庭权威等违法犯罪行为的法律规定。

（3）健全司法人员履行法定职责保护机制。

非因法定事由，非经法定程序，不得将法官、检察官调离、辞退或者作出免职、降级等处分。

八、司法改革

1. 意义

（1）实现国家治理体系和治理能力现代化，很重要的一个方面就是要有健全的司法制度、科学的司法权力配置、规范的司法权力运行机制。

（2）深化司法体制改革，完善和发展中国特色社会主义司法制度，关系到依法治国基本方略的全面正确实施，关系到党和国家长治久安。

（3）不断改革和完善中国特色社会主义司法制度，是建设公正高效权威的社会主义司法制度的基本途径。

2. 目标和任务

（1）司法改革要立足于社会主义初级阶段的基本国情。

（2）司法改革要以满足人民的司法需求为根本出发点。

（3）深化司法体制改革，加快建设公正高效权威的社会主义司法制度，维护人民权益，让人民群众在每一个司法案件中都感受到公平正义。

九、法律职业道德的概念和特征

1. 概念

（1）法律职业道德，是指法官、检察官、律师、公证员等法律职业人员在进行法律职业活动过程中，所应遵循的符合法律职业要求的心理意识、行为准则和行为规范的总和。

（2）法律职业道德既是法律职业从业人员在职业活动中的行为规范，又是行业对社会所负的道德责任和义务。

2. 基本原则

（1）忠于党、忠于国家、忠于人民、忠于法律。

（2）以事实为根据，以法律为准绳。

（3）严明纪律，保守秘密。

（4）互相尊重，相互配合。

（5）恪尽职守，勤勉尽责。

（6）清正廉洁，遵守法纪。

3. 特征

（1）职业性。法律职业道德规范法律职业从业人员的职业行为，在特定的职业范围内发挥作用。

（2）实践性。法律职业道德的作用是调整法律职业关系，对从业人员的法律职业活动中的具体行为进行规范。

（3）正式性。法律职业道德的表现形式较为正式，除了一般职业道德的规章制度、工作守则、服务公约、劳动规程、行为须知等表现形式以外，还通过法律、法规、规范性文件等形式表现出来。

（4）更高性。法律的功能要求法律职业人员具有更高的法律职业道德水准，要求较为明确，法律职业道德的约束力和强制力也更为明显。

【经典真题】

1. 中国特色社会主义司法制度是一个科学系统，既包括体制机制运行体系，也包括理念

文化等丰富内容。关于我国司法制度的理解，下列哪一选项是正确的？(2017－1－46)〔1〕

A. 我国司法制度主要由四个方面的体系构成：司法规范体系、司法组织体系、司法制度体系、司法文化体系

B. 司法组织体系主要包括审判组织体系、律师组织体系、公证组织体系

C. 人民调解制度和死刑复核制度是独具中国特色的司法制度，司法解释制度和案例指导制度是中外通行的司法制度

D. 各项司法制度既是司法机关职责分工、履行职能的依据和标准，也是监督和规范司法行为的基本规则

2. 随着法院案件受理制度改革的落实，当事人诉权得到进一步保障。关于行政诉讼立案登记制的理解和执行，下列哪一选项是正确的？(2017－1－47)〔2〕

A. 立案登记制有助于实现司法效率，更有助于强化司法的应然功能

B. 对当事人提交的起诉状存在的欠缺和错误，法院应主动给予指导和释明，并一次性告知需要补正的内容

C. 如不能当场判定起诉是否符合规定，法院应接收起诉状，并口头告知当事人注意接听电话通知

D. 对法院既不立案也不做出不予立案裁定的，当事人可以向上一级法院投诉，但不可向上一级法院起诉

---

〔1〕 D【解析】我国司法制度主要由四个方面的体系构成：司法规范体系、司法组织体系、司法制度体系、司法人员管理体系，A 项错误。司法组织体系主要指审判组织体系和检察组织体系，而律师和公证员都属于法律服务人员，B 项错误。审判监督制度、人民陪审员制度、人民调解制度、死刑复核制度、司法解释制度和案例指导制度都是独具中国特色的司法制度。中外通行的司法制度包括侦查制度、检察制度、审判制度、监狱制度、律师制度和公证制度，C 项错误。各项司法制度既是司法机关职责分工、履行职能的依据和标准，也是监督和规范司法行为的基本规则，D 项正确。

〔2〕 B【解析】立案登记制是指法院对当事人的起诉不进行实质审查，仅仅对形式要件进行核对。立案登记制只是进入诉讼的第一步，与诉讼之后的司法效率无关。司法的应然功能是通过诉讼定分止争，带来公平正义等。立案登记制作为进入诉讼的第一步，只是为解决纠纷提供了司法途径，至于后续的审判结果，依然未知。因此，立案登记制与司法的应然功能无关。因此，A 项错误。据《最高人民法院关于人民法院登记立案若干问题的规定》第 7 条："当事人提交的诉状和材料不符合要求的，人民法院应当一次性书面告知在指定期限内补正。"《关于人民法院推行立案登记制改革的意见》规定："实行一次性全面告知和补正。起诉、自诉和申请材料不符合形式要件的，应当及时释明，以书面形式一次性全面告知应当补正的材料和期限。在指定期限内经补正符合法律规定条件的，人民法院应当登记立案。"B 项正确。如不能当场判定起诉是否符合规定，法院应接收起诉状，但不能以口头告知。据《最高人民法院关于人民法院登记立案若干问题的规定》第 2 条："对起诉、自诉，人民法院应当一律接收诉状，出具书面凭证并注明收到日期。对符合法律规定的起诉、自诉，人民法院应当当场予以登记立案。对不符合法律规定的起诉、自诉，人民法院应当予以释明。"C 项错误。对法院既不立案也不作出不予立案裁定的，当事人可以向上一级法院投诉，也可向上一级法院起诉。据《关于人民法院推行立案登记制改革的意见》："不符合法律规定的起诉、自诉和申请的处理。对不符合法律规定的起诉、自诉和申请，应当依法裁决不予受理或者不予立案，并载明理由。当事人不服的，可以提起上诉或者申请复议。禁止不收材料、不予答复、不出具法律文书。"据《最高人民法院关于人民法院登记立案若干问题的规定》第 13 条第 1 款："对立案工作中存在的不接收诉状、接收诉状后不出具书面凭证，不一次性告知当事人补正诉状内容，以及有案不立、拖延立案、干扰立案、既不立案又不作出裁定或者决定等违法违纪情形，当事人可以向受诉人民法院或者上级人民法院投诉。"D 项错误。

第二节 审判制度【考查频率☆☆☆☆☆】

一、审判制度概述

1. 概念

审判制度是指国家审判机关运用法律，处理诉讼案件和非诉事件的制度，包括审判机关的性质、任务、职权、组织体系、活动原则和工作制度，审判组织、审判制度、审判方式等方面的法律规范。

2. 我国审判制度的特征

（1）我国是工人阶级领导的、以工农联盟为基础的人民民主专政的社会主义国家，根本政治制度为人民代表大会制度。《宪法》第3条第3款明确规定："国家行政机关、监察机关、审判机关、检察机关都由人民代表大会产生，对它负责，受它监督。"因此，人民法院由国家权力机关产生并受其监督。这体现了我国审判制度的政治性、人民性特征。

（2）我国是全国各族人民共同缔造的统一的多民族国家；中央和地方的国家机构职权的划分，遵循在中央的统一领导下，充分发挥地方的主动性、积极性的原则。为此《宪法》《人民法院组织法》，以及《刑事诉讼法》《民事诉讼法》《行政诉讼法》等均规定，人民法院依照法律规定独立行使审判权，不受行政机关、社会团体和个人的干涉；最高人民法院监督地方各级人民法院和专门人民法院的审判工作，上级人民法院监督下级人民法院的审判工作。人民法院统一设立并独立行使审判权体现了我国审判制度的统一性、单一性特征。

（3）我国《人民法院组织法》《刑事诉讼法》《民事诉讼法》等法律确立了以事实为根据、以法律为准绳的审判原则、专门机关与群众路线相结合的审判原则以及人民陪审员制度、法院调解制度、死刑复核制度和审判监督制度等具有中国特色的审判原则和制度。这体现了我国审判制度的民族性、特殊性特征。

（4）人民法院实行司法公开，法律另有规定的除外。

（5）人民法院实行司法责任制，建立健全权责统一的司法权力运行机制。

二、审判制度的基本原则

1. 审判独立原则

我国法律规定人民法院依照规定独立行使审判权，不受行政机关、社会团体和个人干涉。

2. 不告不理原则

为尊重当事人诉权和体现法院的中立性，我国法律规定：未经控诉一方提起控诉，法院不得自行主动对案件进行裁判；法院审理案件的范围由当事人确定，法院无权变更、撤销当事人的诉讼请求。

3. 直接言词原则

在我国诉讼制度中，审理形式一般采取直接言词原则，直接言词原则可以分为直接原则和言词原则，均以发现真实为主要目的。

4. 及时审判原则

及时审判原则具有保障人权、促进诉讼进行、提高诉讼效率的重要价值。我国法律要求人民法院及时审理案件，提高办案效率。

5. 其他原则

人民法院依法独立行使审判权、审判案件在适用法律上一律平等、坚持司法公正、实行司法公开、实行司法责任制、自觉接受人大及其常委会和人民群众的监督等。

三、法院的设置

1. 人民法院分为：（1）最高人民法院；（2）地方各级人民法院；（3）专门人民法院。

2. 地方各级人民法院分为高级人民法院、中级人民法院和基层人民法院。

3. 专门人民法院包括军事法院、海事法院、知识产权法院、金融法院等。专门人民法院的设置、组织、职权和法官任免，由全国人民代表大会常务委员会规定。

四、审判组织

1. 合议庭和法官独任

（1）人民法院审理案件，由合议庭或者法官一人独任审理，合议庭和法官独任审理的案件范围由法律规定。

（2）合议庭由法官组成，或者由法官和人民陪审员组成，成员为3人以上单数；合议庭由1名法官担任审判长；院长或者庭长参加审理案件时，由自己担任审判长；审判长主持庭审、组织评议案件，评议案件时与合议庭其他成员权利平等。

（3）合议庭评议案件应当按照多数人的意见作出决定，少数人的意见应当记入笔录。评议案件笔录由合议庭全体组成人员签名。

（4）合议庭或者法官独任审理案件形成的裁判文书，经合议庭组成人员或者独任法官签署，由人民法院发布。

（5）合议庭审理案件，法官对案件的事实认定和法律适用负责；法官独任审理案件，独任法官对案件的事实认定和法律适用负责。

人民法院应当加强内部监督，审判活动有违法情形的，应当及时调查核实，并根据违法情形依法处理。

（6）人民陪审员依照法律规定参加合议庭审理案件。

2. 赔偿委员会

（1）中级以上人民法院设赔偿委员会，依法审理国家赔偿案件。

（2）赔偿委员会由3名以上法官组成，成员应当为单数，按照多数人的意见作出决定。

3. 审判委员会

审判委员会会议分为全体会议和专业委员会会议，专业委员会只属于审委会的会议形式之一，而不是审委会新的组织机构。审委会只讨论决定重大、疑难、复杂案件的法律适用，而不是案件事实认定。指导性案例，由审委会专业委员会会议讨论通过。审委会讨论案件，由合议庭对其汇报的事实负责。

五、法官

1. 任职条件

（1）担任法官的条件

法官任职的学历条件：具备普通高等学校法学类本科学历并获得学士及以上学位；或者普通高等学校非法学类本科及以上学历并获得法律硕士、法学硕士及以上学位；或者普通高等学校非法学类本科及以上学历，获得其他相应学位，并具有法律专业知识。

法官任职的法律工作年限条件：从事法律工作满5年。其中获得法律硕士、法学硕士学位，或者获得法学博士学位的，从事法律工作的年限可以分别放宽至4年、3年。同时明确：

“初任法官应当通过国家统一法律职业资格考试取得法律职业资格。”

此外，可以根据审判工作需要，从律师或者法学教学、研究人员等从事法律职业的人员中公开选拔法官。

（2）限制

下列人员不得担任法官：①因犯罪受过刑事处罚的；②被开除公职的；③被吊销律师、公证员执业证书或者被仲裁委员会除名的；④有法律规定的其他情形的。

（3）院长等的任职条件

人民法院的院长应当具有法学专业知识和法律职业经历。副院长、审判委员会委员应当从法官、检察官或者其他具备法官条件的人员中产生。

（4）法官的遴选

省、自治区、直辖市设立法官遴选委员会，负责初任法官人选专业能力的审核。

初任法官一般到基层人民法院任职。上级人民法院法官一般逐级遴选；最高人民法院和高级人民法院法官可以从下两级法院遴选。参加上级法院遴选的法官应当在下级法院担任法官一定年限，并具有遴选职位相关工作经历。

2. 任职回避

（1）亲属回避（法官之间有夫妻关系、直系血亲关系、三代以内旁系血亲以及近姻亲关系的，不得同时担任下列职务）

①同一人民法院的院长、副院长、审判委员会委员、庭长、副庭长；②同一人民法院的院长、副院长和审判员；③同一审判庭的庭长、副庭长、审判员；④上下相邻两级人民法院的院长、副院长。

（2）辩护与代理回避

①法官从人民法院离任后2年内，不得以律师身份担任诉讼代理人或者辩护人；②法官从人民法院离任后，不得担任原任职法院办理案件的诉讼代理人或者辩护人，但是作为当事人的监护人或者近亲属代理诉讼或者进行辩护的除外；③法官的配偶、父母、子女不得担任该法官任职法院辖区内律师事务所的合伙人或者设立人；不得在该法官所任职人民法院辖区内以律师身份担任诉讼代理人、辩护人，或者为诉讼案件当事人提供其他有偿法律服务。

（3）禁止兼职：法官不得兼任人民代表大会常务委员会的组成人员，不得兼任行政机关、检察机关以及企业、事业单位和其他营利性组织的职务，不得兼任律师、仲裁员和公证员。

3. 职务免除

（1）丧失中华人民共和国国籍的；（2）调出本法院的；（3）职务变动不需要保留原职务的；（4）办案质量效率连续2年不达标，无法胜任法官职务的；（5）因健康原因长期不能履行职务的；（6）退休的；（7）辞职或者被辞退的；（8）因违纪、违法犯罪不能继续任职的；（9）经考核不能胜任法官职务的。

4. 管理

（1）人民法院的法官、审判辅助人员和司法行政人员实行分类管理。

（2）法官实行员额制。法官员额根据案件数量、经济社会发展情况、人口数量和人民法院审级等因素确定。最高人民法院法官员额由最高人民法院同有关部门确定。地方各级人民法院法官员额，在省、自治区、直辖市内实行总量控制、动态管理。

（3）法官的职责。法官依法参加合议庭审判或者独任审判刑事、民事、行政诉讼以及国家赔偿等案件；依法办理引渡、司法协助等案件；法律规定的其他职责。法官在职权范围内对所办理的案件负责。法官通过依法办理案件以案释法，增强全民法治观念，推进法治社会建设。

（4）法官离任后的职业限制。法官被开除后，不得担任诉讼代理人或者辩护人，但是作为当事人的监护人或者近亲属代理诉讼或者进行辩护的除外。

（5）法官可到高校开展教研工作。法官因工作需要，经单位选派或者批准，可以在高等学校、科研院所协助开展实践性教学、研究工作，并遵守国家有关规定。

（6）设立考评委员会。人民法院设立法官考评委员会，负责对本院法官的考核工作，考核内容包括：审判工作实绩、职业道德、专业水平、工作能力、审判作风。法官考评委员会的组成人员为5至9人。考评委员会主任由本院院长担任。

（7）设立惩戒委员会。最高人民法院和省、自治区、直辖市设立法官惩戒委员会。法官惩戒委员会负责从专业角度提出审查认定法官是否存在违反审判职责行为，提出审查意见后，人民法院依照有关规定作出是否予以惩戒的决定，并给予相应处理。法官惩戒委员会由法官代表、其他从事法律职业的人员和有关方面代表组成，其中法官代表不少于半数。

（8）加强法官助理队伍建设。人民法院的法官助理在法官指导下负责审查案件材料、草拟法律文书等审判辅助事务。

六、审判保障

1. 任何单位或者个人不得要求法官从事超出法定职责范围的事务。

2. 对于领导干部等干预司法活动、插手具体案件处理，或者人民法院内部人员过问案件情况的，办案人员应当全面如实记录并报告；有违法违纪情形的，由有关机关根据情节轻重追究行为人的责任。

3. 人民法院作出的判决、裁定等生效法律文书，义务人应当依法履行；拒不履行的，依法追究法律责任。

4. 人民法院实行培训制度，法官、审判辅助人员和司法行政人员应当接受理论和业务培训。

5. 人民法院人员编制实行专项管理。

6. 人民法院应当加强信息化建设，运用现代信息技术，促进司法公开，提高工作效率。

7. 人民法院设立法官权益保障委员会，维护法官合法权益，保障法官依法履行职责。

8. 法官的职业尊严和人身安全受法律保护，任何单位和个人不得对法官及其近亲属打击报复。对法官及其近亲属实施报复陷害、侮辱诽谤、暴力侵害、威胁恐吓、滋事骚扰等违法犯罪行为的，应当依法从严惩治。因依法履行职责，本人及其近亲属人身安全面临危险的，人民法院、公安机关应当采取人身保护、禁止特定人员接触等必要保护措施。

【经典真题】

最高法院设立巡回法庭有利于方便当事人诉讼、保证案件审理更加公平公正。关于巡回法庭的性质及职权，下列说法正确的是？（2017－1－99）[1]

A. 巡回法庭是最高法院的派出机构、常设审判机构

B. 巡回法庭作出的一审判决当事人不服的，可向最高法院申请复议一次

C. 巡回法庭受理本巡回区内不服高级法院一审民事、行政裁决提起的上诉

D. 巡回区内应由最高法院受理的死刑复核、国家赔偿等案件仍由最高法院本部审理或者办理

---

[1] ACD

第三节　检察制度【考查频率☆☆☆】

一、概念

检察是一种由特定机关代表国家向法院提起诉讼及维护法律实施的司法职能。检察制度是司法制度的重要组成部分，是宪法和法律关于检察机关的性质、任务、职权、组织机构设置与活动原则、检察权行使的程序和方式等规范的总称。

二、特征

1. 检察机关是人民代表大会制度下与行政机关、监察机关、审判机关平行的国家机关，具有独立的宪法地位。

2. 检察机关是国家的法律监督机关，通过履行批捕起诉、诉讼监督等职能，维护国家法制统一。

3. 检察机关实行检察一体化原则。

4. 人民检察院行使检察权在适用法律上一律平等，不允许任何组织和个人有超越法律的特权，禁止任何形式的歧视。

5. 人民检察院实行司法公开，法律另有规定的除外。

6. 人民检察院实行司法责任制，建立健全权责统一的司法权力运行机制。

三、基本原则

1. 检察权统一行使原则。

2. 检察权独立行使原则。

3. 对诉讼活动实行法律监督原则。

4. 其他原则：检察院设置法定原则、司法公正原则、司法公开原则、司法责任制原则、接受人民群众监督原则等基本原则。

四、主要检察制度

检务公开制度；人民监督员制度；立案监督制度；侦查监督制度；刑事审判监督制度；刑罚执行监督制度；民事检察制度；行政检察制度。

五、检察机关

1. 性质

人民检察院是国家的法律监督机关。人民检察院通过行使检察权，追诉犯罪，维护国家安全和社会秩序，维护个人和组织的合法权益，维护国家利益、社会公共利益，保障法律正确实施，维护社会公平正义，维护国家法制统一、尊严、权威，保障中国特色社会主义建设的顺利进行。

2. 设置

我国设立最高人民检察院、地方各级人民检察院和军事检察院等专门人民检察院。

3. 领导体制

最高人民检察院是最高检察机关。最高人民检察院领导地方各级人民检察院的工作。上级人民检察院领导下级人民检察院的工作。最高人民检察院对全国人民代表大会及其常务委员会负责并报告工作。地方各级人民检察院对本级人民代表大会及其常务委员会负责并报告工作。各级人民代表大会及其常务委员会对本级人民检察院的工作实施监督。

检察长或者检察长委托的副检察长可以列席同级人民法院审判委员会会议。

人民检察院办理案件，根据案件情况可以由一名检察官独任办理，也可以由两名以上检察官组成办案组办理。由检察官办案组办理的，检察长应当指定一名检察官为主办检察官，组织、指挥办案组办理案件。

4. 职权

（1）人民检察院行使的职权包括八项：一是依照法律规定对有关刑事案件行使侦查权，包括司法工作人员利用职权实施的非法拘禁、刑讯逼供、非法搜查等侵犯公民权利、损害司法公正的犯罪，国家机关工作人员利用职权实施的重大犯罪案件；二是对刑事案件进行审查，批准或者决定是否逮捕犯罪嫌疑人；三是对刑事案件进行审查，决定是否提起公诉，对决定提起公诉的案件支持公诉；四是依照法律规定提起公益诉讼；五是对诉讼活动实行法律监督；六是对判决、裁定等生效法律文书的执行工作实行法律监督；七是对监狱、看守所的执法活动实行法律监督，包括对监狱、看守所对生效法律文书的执行活动，即刑罚执行活动进行监督以及对监狱、看守所的其他执法活动进行监督；八是法律规定的其他职权。

（2）最高人民检察院行使的职权：对最高法死刑复核活动实行监督；对报请核准追诉的案件进行审查、决定是否追诉；对属于检察工作中具体应用法律的问题进行解释；发布指导性案例。

（3）人民检察院行使职权的措施和方式：人民检察院行使法律监督职权，可以进行调查核实，并依法提出抗诉、纠正意见、检察建议。有关单位应当予以配合，并及时将采纳纠正意见、检察建议的情况书面回复人民检察院。检察机关调查核实的方式主要包括调阅、借阅案卷材料和其他文件资料，查询、调取、复制相关证据资料，向有关单位及其工作人员了解情况，向当事人或者案外人询问取证等。

5. 上级人民检察院对下级人民检察院行使下列职权

（1）认为下级人民检察院的决定错误的，指令下级人民检察院纠正，或者依法撤销、变更；

（2）可以对下级人民检察院管辖的案件指定管辖；

（3）可以办理下级人民检察院管辖的案件；

（4）可以统一调用辖区的检察人员办理案件。

6. 检察委员会

（1）总结检察工作经验；

（2）讨论决定重大、疑难、复杂案件；

（3）讨论决定其他有关检察工作的重大问题；

（4）最高人民检察院对属于检察工作中具体应用法律的问题进行解释、发布指导性案例，应当由检察委员会讨论通过。

六、检察官（参照本章第二节“法官”的规定）

【经典真题】

建立领导干部、司法机关内部人员过问案件记录和责任追究制度，规范司法人员与当事人、律师、特殊关系人、中介组织接触交往行为，有利于保障审判独立和检察独立。据此，下

列做法正确的是：（2017－1－98）[1]

A. 某案承办检察官告知其同事可按规定为案件当事人转递涉案材料

B. 某法官在参加法官会议时，提醒承办法官充分考虑某案被告家庭现状

C. 某检察院副检察长依职权对其他检察官的在办案件提出书面指导性意见

D. 某法官在参加研讨会中偶遇在办案件当事人的律师，拒绝其研讨案件的要求并向法院纪检部门报告

第四节　律师制度【考查频率☆☆☆☆☆】

一、律师执业

1. 申请律师执业的条件

（1）拥护中华人民共和国宪法；（2）通过国家统一法律职业资格考试取得法律职业资格；（3）在律师事务所实习满1年；（4）品行良好。实行国家统一法律职业资格考试前取得的国家统一司法考试合格证书、律师资格凭证，与国家统一法律职业资格证书具有同等效力。

2. 申请律师执业提交的材料

申请律师执业，应当向设区的市级或者直辖市的区（县）司法行政机关提交下列材料：（1）国家统一法律职业资格证书；（2）律师协会出具的申请人实习考核合格的材料；（3）申请人的身份证明；（4）律师事务所出具的同意接收申请人的证明。申请兼职律师执业的，还应当提交所在单位同意申请人兼职从事律师职业的证明。

3. 不予颁发律师执业证书的情形

（1）无民事行为能力或者限制民事行为能力的；（2）受过刑事处罚的，但过失犯罪的除外；（3）被开除公职或者被吊销律师、公证员执业证书的。

4. 特许律师

具有高等院校本科以上学历，在法律服务人员紧缺领域从事专业工作满15年，具有高级职称或者同等专业水平并具有相应的专业法律知识的人员，申请专职律师执业的，经国务院司法行政部门考核合格，准予执业。

5. 执业资格的撤销

（1）申请人以欺诈、贿赂等不正当手段取得律师执业证书的；（2）对不符合本法规定条件的申请人准予执业的。

6. 执业纪律与限制

（1）律师只能在一个律师事务所执业。律师变更执业机构的，应当申请换发律师执业证书；（2）公务员不得兼任执业律师；（3）律师担任各级人民代表大会常务委员会组成人员的，任职期间不得从事诉讼代理或者辩护业务；（4）没有取得律师执业证书的人员，不得以律师名义从事法律服务业务。

二、律师事务所

1. 设立

（1）有自己的名称、住所和章程；（2）有符合《律师法》和本办法规定的律师；（3）设立人应当是具有一定的执业经历，且三年内未受过停止执业处罚的律师；（4）有符合国务院

[1] ACD

司法行政部门规定数额的资产。

2. 分所的设立

（1）条件：成立3年以上并具有20名以上执业律师的合伙律师事务所。

（2）程序：须经拟设立分所所在地的省、自治区、直辖市人民政府司法行政部门审核。

（3）责任：合伙律师事务所对其设立的分所的债务承担责任。

3. 分类

（1）合伙律师事务所

①有3名以上合伙人，设立人应当是具有3年以上执业经历的律师；②按照合伙形式对该律师事务所的债务依法承担责任。

（2）个人律师事务所

①设立人应当是具有5年以上执业经历的律师；②设立人对律师事务所的债务承担无限责任。

（3）国资所

国家出资设立的律师事务所。

4. 收费

（1）禁止刑事诉讼案件、行政诉讼案件、国家赔偿案件以及群体性诉讼案件实行风险代理收费。

（2）涉及财产关系的民事案件，可以实行风险代理收费，但下列情形除外：①婚姻、继承案件；②请求给予社会保险待遇或者最低生活保障待遇的；③请求给付赡养费、抚养费、扶养费、抚恤金、救济金、工伤赔偿的；④请求支付劳动报酬的等。

三、律师宣誓制度

1. 宣誓对象：首次取得或者重新申请取得律师执业证书的执业律师应当进行律师宣誓。

2. 誓词：我宣誓——我是中华人民共和国律师，忠于宪法，忠于祖国，忠于人民，维护当事人合法权益，维护法律正确实施，维护社会公平正义，恪尽职责，勤勉敬业，为建设社会主义法治国家努力奋斗！

3. 宣誓仪式要求：

（1）宣誓场所应当庄重、严肃，悬挂中华人民共和国国旗；

（2）宣誓仪式由律师协会负责人或受邀的司法行政机关负责人主持，领誓人由律师协会会长或者副会长担任；

（3）宣誓仪式设监誓人，由司法行政机关和律师协会各派一名相关负责人担任；

（4）宣誓人宣誓时，应呈立正姿势，面向国旗。

4. 宣誓仪式按下列程序进行：

（1）领誓人、宣誓人面向国旗列队站立，宣誓人在领誓人身后整齐站立，监誓人在宣誓人侧前方面向宣誓人站立；

（2）主持人宣布宣誓仪式开始；

（3）奏唱国歌；

（4）宣诵誓词；

（5）监誓人确认宣誓效力；

（6）宣誓人在誓词上签署姓名、宣誓日期。

5. 后果

(1) 监誓人对符合《律师宣誓规则》要求的宣誓，宣布确认有效。

(2) 监誓人发现宣誓活动中存在不符合本规则的情形的，应当宣布宣誓无效，要求重新宣誓。

(3) 宣誓人拒不宣誓或者重新宣誓仍不符合要求的，由律师协会在律师执业年度考核时审查确定其不称职的考核等次，或者责成所属律师事务所重新进行考核确定其不称职的考核等次。

(4) 经确认有效并由宣誓人签署姓名的誓词存入该宣誓人的执业档案。

【经典真题】

1. 加强人权司法保障是司法机关的重要职责，也是保证公正司法的必然要求。下列哪一做法符合上述要求？(2017－1－45)[1]

A. 某公安机关第一次讯问犯罪嫌疑人时告知其有权委托辩护人，但未同时告知其如有经济困难可申请法律援助

B. 某省法院修订进入法庭的安检流程，明确“禁止对律师进行歧视性安检”

C. 某法官在一伤害案判决书中，对被告人及律师“构成正当防卫”的证据和意见不采信而未做回应和说明

D. 某法庭对辩护律师在辩论阶段即将结束时提出的“被告人庭前供述系非法取得”的意见及线索，未予调查

2. 律师在推进全面依法治国进程中具有重要作用，律师应依法执业、诚信执业、规范执业。根据《律师执业管理办法》，下列哪些做法是正确的？(2017－1－85)[2]

A. 甲律师依法向被害人收集被告人不在聚众斗殴现场的证据，提交检察院要求其及时进行审查

B. 乙律师对当事人及家属准备到法院门口静坐、举牌、声援的做法，予以及时有效的劝阻

C. 丙律师在向一方当事人提供法律咨询中致电对方当事人，告知对方诉讼请求缺乏法律和事实依据

D. 丁律师在社区普法宣传中，告知群众诉讼是解决继承问题的唯一途径，并称其可提供最专业的诉讼代理服务

第五节　公证制度【考查频率☆☆☆】

一、公证机关

1. 性质

公证机构是依法设立，不以营利为目的，依法独立行使公证职能、承担民事责任的证明机构。

2. 设立条件

(1) 有自己的名称；(2) 有固定的场所；(3) 有 2 名以上公证员；(4) 有开展公证业务所必需的资金。

---

[1] B

[2] AB

公证机构的负责人应当在有3年以上执业经历的公证员中推选产生，由所在地的司法行政部门核准，报省、自治区、直辖市人民政府司法行政部门备案。

3. 业务范围

（1）公证范围：

①证明民事法律行为；②证明有法律意义的事实；③证明有法律意义的文书；④保全证据；⑤其他业务。

（2）禁止范围：

①无民事行为能力人或者限制民事行为能力人没有监护人代理申请办理公证的；②当事人与申请公证的事项没有利害关系的；③申请公证的事项属专业技术鉴定、评估事项的；④当事人之间对申请公证的事项有争议的；⑤当事人虚构、隐瞒事实，或者提供虚假证明材料的；⑥当事人提供的证明材料不充分或者拒绝补充证明材料的；⑦申请公证的事项不真实、不合法的；⑧申请公证的事项违背社会公德的；⑨当事人拒绝按照规定支付公证费的。

4. 管辖

（1）一般地域管辖：向住所地、经常居住地、行为地或者事实发生地的公证机构提出。

（2）不动产的公证：申请办理涉及不动产的公证，应当向不动产所在地的公证机构提出；申请办理涉及不动产的委托、声明、赠与、遗嘱的公证，可以适用一般地域管辖。

（3）委托办理与例外：自然人、法人或者其他组织可以委托他人办理公证，但遗嘱、生存、收养关系等应当由本人办理公证的除外。

5. 救济

（1）公证书的复查：当事人、公证事项的利害关系人认为公证书有错误的，可以向出具该公证书的公证机构提出复查。公证书的内容违法或者与事实不符的，公证机构应当撤销该公证书并予以公告，该公证书自始无效；公证书有其他错误的，公证机构应当予以更正。

（2）公证书内容争议的诉讼：当事人、公证事项的利害关系人对公证书的内容有争议的，可以就该争议向人民法院提起民事诉讼。

二、公证员

1. 任职条件

（1）积极条件

①具有中华人民共和国国籍；②年龄25周岁以上65周岁以下；③公道正派，遵纪守法，品行良好；④通过国家统一法律职业资格考试取得法律职业资格；⑤在公证机构实习2年以上或者具有3年以上其他法律职业经历并在公证机构实习1年以上，经考核合格；⑥从事法学教学、研究工作，具有高级职称的人员，或者具有本科以上学历，从事审判、检察、法制工作、法律服务满10年的公务员、律师，已经离开原工作岗位，经考核合格的，可以担任公证员。

（2）消极条件

①无民事行为能力或者限制民事行为能力的；②因故意犯罪或者职务过失犯罪受过刑事处罚的；③被开除公职的；④被吊销公证员、律师执业证书的。

2. 权利和义务

（1）权利

公证员依法执业，受法律保护，任何单位和个人不得非法干预。

（2）义务

公证员应当遵纪守法，恪守职业道德，依法履行公证职责，保守执业秘密。同时，公证员应当加入地方和全国的公证协会。

【经典真题】

公证制度是司法制度重要组成部分，设立公证机构、担任公证员具有严格的条件及程序。关于公证机构和公证员，下列哪一选项是正确的？（2017－1－50）[1]

A. 公证机构可接受易某申请为其保管遗嘱及遗产并出具相应公证书

B. 设立公证机构应由省级司法行政机关报司法部依规批准后，颁发公证机构执业证书

C. 贾教授在高校讲授法学11年，离职并经考核合格，可以担任公证员

D. 甄某交通肇事受过刑事处罚，因此不具备申请担任公证员的条件

[1] C

第二章　法律职业道德

【重点提示】

1. 法官职业道德
2. 律师职业道德
3. 其他法律职业人员职业道德

【知识框架】

法律职业道德
- 法官职业道德
- 检察官职业道德
- 律师职业道德
- 公证员职业道德
- 其他法律职业人员职业道德

第一节　法官职业道德【考查频率☆☆☆☆☆】

一、忠诚司法事业

1. 牢固树立社会主义法治理念，忠于党、忠于国家、忠于人民、忠于法律，做中国特色社会主义事业建设者和捍卫者。

2. 坚持和维护中国特色社会主义司法制度，认真贯彻落实依法治国基本方略，尊崇和信仰法律，模范遵守法律，严格执行法律，自觉维护法律的权威和尊严。

3. 热爱司法事业，珍惜法官荣誉，坚持职业操守，恪守法官良知，牢固树立司法核心价值观，以维护社会公平正义为己任，认真履行法官职责。

4. 维护国家利益，遵守政治纪律，保守国家秘密和审判工作秘密，不从事或参与有损国家利益和司法权威的活动，不发表有损国家利益和司法权威的言论。

二、保证司法公正

1. 维护司法独立

（1）外部独立。法官在行使审判权时与司法体系外的其他国家权力、其他影响相独立。

（2）内部独立。法官应当尊重其他法官对审判职权的独立行使，排除法院系统内部对法官独立审判的干涉和影响。

（3）法官内心独立。法官不论在何种情况下，都应当有独立意识，自觉地对案件作出判断，排除各种不当影响，并有勇气坚持自己认为正确的观点。

2. 确保案件裁判结果公平公正

3. 坚持实体公正与程序公正并重

4. 提高司法效率

（1）严格遵守审限。

（2）法官的职权活动应当充分考虑效率因素。

（3）监督当事人及时完成诉讼活动。

5. 公开审判

6. 遵守回避规定，保持中立地位

法官应当自觉遵守司法回避制度，审理案件保持中立公正的立场，平等对待当事人和其他诉讼参与人，不偏袒或歧视任何一方当事人，不私自单独会见当事人及其代理人、辩护人。

7. 不办关系案、人情案、金钱案

（1）法院领导干部和上级法院工作人员“非因履行职责，不得向审判组织和审判人员过问正在办理的案件，不得向审判组织和审判人员批转涉案材料”。

（2）如相关人员因履行职责需要对正在办理的案件提出指导性意见时，必须以书面形式提出或由案件承办人记录在案，同时案件承办人将相关文字资料存入案件副卷备查。

（3）法院工作人员及退休人员不得违反规定打听正在办理的案件和以任何理由为当事人说情打招呼。

三、确保司法廉洁

1. 自重、自省，坚守廉洁底线。

2. 不得接受诉讼当事人的钱物和其他利益。

（1）法官应当严格遵守廉洁司法规定，不接受案件当事人及相关人员的请客送礼，不利用职务便利或者法官身份谋取不正当利益，不违反规定与当事人或者其他诉讼参与人进行不正当交往，不在执法办案中徇私舞弊。

（2）法院工作人员不得接受可能影响公正执行公务的礼金、礼品、宴请以及旅游、健身、娱乐等活动安排。

3. 不得从事或者参与营利性的经营活动。

（1）法官不在企业及其他营利性组织中兼任法律顾问等职务。

（2）法院工作人员不得从事下列营利性活动：

①本人独资或者与他人合资、合股经办商业或者其他企业；

②以他人名义入股经办企业；

③以承包、租赁、受聘等方式从事经营活动；

④违反规定拥有非上市公司（企业）的股份或者证券；

⑤本人或者与他人合伙在国（境）外注册公司或者投资入股；

⑥以本人或者他人名义从事以营利为目的的民间借贷活动；

⑦以本人或者他人名义从事可能与公共利益发生冲突的其他营利性活动。

（3）法院工作人员不得为他人的经济活动提供担保。

（4）法院工作人员不得利用职权和职务上的影响，买卖股票或者认股权证；不得利用在办案工作中获取的内幕信息，直接或者间接买卖股票和证券投资基金，或者向他人提出买卖股票和证券投资基金的建议。

（5）法官不得提供法律服务。

①法官不得就未决案件或者再审案件给当事人及其他诉讼参与人提供咨询意见。

②法院工作人员不得违反规定在律师事务所、中介机构及其他经济实体、社会团体中兼职，不得违反规定从事为案件当事人或者其他市场主体提供信息、介绍业务、开展咨询等有偿中介活动。

③法院工作人员不得违反规定干预和插手市场经济活动，从中收受财物或者为本人的配偶、子女及其配偶以及其他特定关系人谋取利益。

④法院工作人员不得违反规定干扰妨碍有关机关对建设工程招投标、经营性土地使用权出让、房地产开发与经营等市场经济活动进行正常监管和案件查处。

4. 不得以其身份谋取特殊利益。

①法官要按规定如实报告个人有关事项，教育督促家庭成员不利用法官的职权、地位谋取不正当利益。

②法院工作人员不得利用职权和职务上的影响，指使他人提拔本人的配偶、子女及其配偶以及其他特定关系人。

③法院工作人员不得利用职权和职务上的影响，为本人的配偶、子女及其配偶以及其他特定关系人支付、报销学习、培训、旅游等费用。

④法院工作人员不得利用职权和职务上的影响，为本人的配偶、子女及其配偶以及其他特定关系人出国（境）定居、留学、探亲等向他人索取资助，或者让他人支付、报销上述费用。

⑤法院工作人员不得利用职权和职务上的影响妨碍有关机关对涉及本人的配偶、子女及其配偶以及其他特定关系人案件的调查处理。

⑥法院工作人员不得利用职权和职务上的影响进行下列活动：a. 放任本人的配偶、子女及其配偶以及其他特定关系人收受案件当事人及其亲属、代理人、辩护人、执行中介机构人员以及其他关系人的财物；b. 为本人的配偶、子女及其配偶以及其他特定关系人经商、办企业提供便利条件；c. 放任本人的配偶、子女及其配偶以及其他特定关系人以本人名义谋取私利；d. 法院领导干部和审判执行岗位法官不得违反规定放任配偶、子女在其任职辖区内开办律师事务所、为案件当事人提供诉讼代理或者其他有偿法律服务；e. 法院领导干部和综合行政岗位人员不得放任配偶、子女在其职权和业务范围内从事可能与公共利益发生冲突的经商、办企业、有偿中介服务等活动。

四、坚持司法为民

1. 以人为本。

2. 发挥司法的能动作用。

积极寻求有利于案结事了的纠纷解决办法，努力实现法律效果与社会效果的统一。

3. 司法便民。

①努力为当事人和其他诉讼参与人提供必要的诉讼便利，尽可能降低其诉讼成本。

②应当树立服务意识，做好诉讼指导、风险提示、法律释明等便民服务，避免“冷硬横推”等不良作风。

4. 尊重当事人和其他诉讼参与人。

（1）尊重当事人和其他诉讼参与人的人格尊严。

（2）尊重律师，依法保障律师参与诉讼活动的权利。

（3）认真、耐心地听取当事人和其他诉讼参与人发表意见；除非因维护法庭秩序和庭审的需要，开庭时不得随意打断或者制止当事人和其他诉讼参与人的发言。

五、维护司法形象

1. 坚持学习，精研业务。

2. 坚持文明司法，遵守司法礼仪。

（1）在履行职责过程中行为规范、着装得体、语言文明、态度平和，保持良好的职业修养和司法作风。

（2）开庭时应当遵守法庭规则，并监督法庭内所有人员遵守法庭规则，保持法庭的庄严。

3. 加强自身修养，约束业外活动。

（1）从事业外活动时，应当避免使公众对法官的公正司法和清正廉洁产生合理怀疑，避免影响法官职责的正常履行，避免对人民法院的公信力产生不良影响。

（2）杜绝与公共利益、公共秩序、社会公德和良好习惯相违背的、可能影响法官公正履行职责和法官形象的不良嗜好和行为：

①应当谨慎出入社交场合，谨慎交友，慎重对待与当事人、律师以及可能影响法官形象的人员的接触和交往，特别是严禁乘警车、穿制服出入营业性娱乐场所；

②不得参加营利性社团组织或者可能借法官影响力营利的社团组织，更不得参加带有邪教性质的组织；

③可以参加有助于法制建设和司法改革的学术研究和其他社会活动，但这些活动应当以符合法律规定、不妨碍公正司法和维护司法权威、不影响审判工作为前提；

④在职务外活动中，不得披露或者使用非公开的审判信息和在审判过程中获得的商业秘密、个人隐私以及其他非公开的信息；

⑤发表文章或者接受媒体采访时，应当保持谨慎的态度，不得针对具体案件和当事人进行不适当的评论，避免因言语不当使民众对司法公正产生合理的怀疑。

4. 退休法官谨慎行为。

（1）法官退休后应当遵守国家相关规定，不利用自己的原有身份和便利条件过问、干预执法办案，避免因个人不当言行对法官职业形象造成不良影响。

（2）法院工作人员在离职或者退休后的规定年限内，不得具有下列行为：

①接受与本人原所办案件和其他业务相关的企业、律师事务所、中介机构的聘任；

②担任原任职法院所办案件的诉讼代理人或者辩护人；

③以律师身份担任诉讼代理人、辩护人。

【经典真题】

张法官与所承办案件当事人的代理律师系某业务培训班同学，偶有来往，为此张法官向院长申请回避，经综合考虑院长未予批准。张法官办案中与该律师依法沟通，该回避事项虽被对方代理人质疑，但审判过程和结果受到一致肯定。对照《法官职业道德基本准则》，张法官的行为直接体现了下列哪一选项是正确的？（2017－1－48）[1]

A. 严格遵守审限　　　　B. 约束业外活动

C. 坚持司法便民　　　　D. 保持中立地位

第二节　检察官职业道德【考查频率☆☆☆】

1. 概念

检察官职业道德，是指检察官在履行检察职能的活动中，应当遵守的行为准则和规范。

2. 特征

检察职业道德既调整检察机关内部关系，加强检察机关内部人员的凝聚力，培养检察官的共同体意识；也用来调整检察机关及检察官与其服务对象即与民众之间的关系，塑造检察机关

[1] D

和检察官的形象。

3. 主要内容

（1）忠诚

忠于党、忠于国家、忠于人民，忠于事实和法律，忠于人民检察事业，恪尽职守，乐于奉献。

（2）为民

（3）担当

严格执法，文明办案，刚正不阿，敢于监督，勇于纠错，捍卫宪法和法律尊严。

（4）公正

崇尚法治，客观求实，依法独立行使检察权，坚持法律面前人人平等，自觉维护程序公正和实体公正。

（5）廉洁

模范遵守法纪，保持清正廉洁，淡泊名利，不徇私情，自尊自重，接受监督。

①清正廉洁。

a. 不应利用职务便利或者检察官的身份、声誉及影响，为自己、家人或者他人谋取不正当利益；不从事、参与经商办企业、违法违规营利活动，以及其他可能有损检察官廉洁形象的商业、经营活动；不参加营利性或者可能借检察官影响力营利的社团组织。

b. 应当不收受案件当事人及其亲友、案件利害关系人或者单位及其所委托的人以任何名义馈赠的礼品礼金、有价证券、购物凭证以及干股等；不参加其安排的宴请、娱乐休闲、旅游度假等可能影响公正办案的活动；不接受其提供的各种费用报销、出借的钱款、交通通讯工具、贵重物品及其他利益。

②避免不当影响。

a. 不得兼任人民代表大会常务委员会的组成人员，不得兼任行政机关、审判机关以及企业、事业单位的职务，不得兼任律师。

b. 应当在职务外活动中，不披露或者使用未公开的检察工作信息，以及在履职过程中获得的商业秘密、个人隐私等非公开的信息。

c. 退休检察官应当继续保持良好操守，不再延用原检察官身份、职务，不利用原地位、身份形成的影响和便利条件，过问、干预执法办案活动，为承揽律师业务或者其他请托事宜打招呼、行便利，避免因不当言行给检察机关带来不良影响。

③妥善处理个人事务。

a. 按照有关规定报告个人有关事项，如实申报收入；

b. 保持与合法收入、财产相当的生活水平和健康的生活情趣。

第三节　律师职业道德【考查频率☆☆☆☆☆】

一、基本行为规范

1. 律师不得在同一案件中为双方当事人担任代理人，或者代理与本人及其近亲属有利益冲突的法律事务。律师接受犯罪嫌疑人、被告人委托后，不得接受同一案件或者未同案处理但与实施的犯罪存在关联的其他犯罪嫌疑人、被告人的委托担任辩护人。

2. 曾经担任法官、检察官的律师从人民法院、人民检察院离任后，2 年内不得以律师身份担任诉讼代理人或者辩护人；不得担任原任职人民法院、人民检察院办理案件的诉讼代理人或者辩护人，但法律另有规定的除外。

3. 律师不得担任所在律师事务所其他律师担任仲裁员的案件的代理人。曾经或者仍在担任仲裁员的律师，不得承办与本人担任仲裁员办理过的案件有利益冲突的法律事务。

4. 律师应当保守在执业活动中知悉的国家秘密、商业秘密，不得泄露当事人和其他人的个人隐私。律师对在执业活动中知悉的委托人和其他人不愿泄露的有关情况和信息，应当予以保密。但是，委托人或者其他人准备或者正在实施危害国家安全、公共安全以及严重危害他人人身安全的犯罪事实和信息除外。

二、律师和律师事务所执业中违法犯罪行为的法律责任

1. 律师和律师事务所执业中违法行为的行政法律责任

（1）律师执业中违法行为的行政法律责任。

（2）律师事务所执业中违法行为的行政法律责任。

2. 律师和律师事务所执业中的民事法律责任

（1）合伙律师事务所的合伙人按照合伙形式对该律师事务所的债务依法承担责任。

（2）个人律师事务所的设立人对律师事务所的债务承担无限责任。

（3）国资律师事务所以该律师事务所的全部资产对其债务承担责任。

3. 律师和律师事务所执业中犯罪行为的刑事法律责任

律师和律师事务所在执业活动中构成犯罪的，根据我国刑法规定，依法追究其刑事责任。

第四节　公证员职业道德【考查频率☆☆☆】

一、公证员职业道德

忠于法律、尽职履责、爱岗敬业、规范服务，加强修养、提高素质，廉洁自律、尊重同行。

二、公证职业责任

1. 民事法律责任

（1）赔偿：公证机构及其公证员因过错给当事人、公证事项的利害关系人造成损失的，由公证机构承担相应的赔偿责任；公证机构赔偿后，可以向有故意或重大过失的公证员追偿。

（2）救济：当事人、公证事项的利害关系人与公证机构因赔偿发生争议的，可以向人民法院提起民事诉讼。

2. 行政责任

（1）公证机构：警告、罚款、没收违法所得、停业整顿。

（2）公证员：警告、罚款、停止执业、没收违法所得、吊销执业证书。

第五节 其他法律职业人员职业道德

【考查频率☆☆☆☆☆】

一、法律顾问职业道德

1. 法律顾问职业道德的概念

法律顾问是指依法接受公民、法人或者其他组织的聘请，运用法律专业知识和法律专业技能为聘请方提供全方位法律服务的专业人员。狭义上的法律顾问仅指律师；广义上的法律顾问则不限于律师，还包括其他具有法律专业知识、技能，能够提供法律服务的专业人员。从聘请单位的角度看，目前我国的法律顾问主要包括党政机关法律顾问、人民团体法律顾问以及国有企事业单位法律顾问，其中党政机关法律顾问也称为“政府法律顾问”。政府法律顾问制度在我国已经实践多年，政府法律顾问的实践最早可以追溯到20世纪80年代末。1988年9月，深圳市正式成立政府法律顾问室，堪称是我国政府法律顾问制度的开端。2014年10月，党的十八届四中全会通过的《中共中央关于全面推进依法治国若干重大问题的决定》明确提出：“积极推行政府法律顾问制度，建立政府法制机构人员为主体、吸收专家和律师参加的法律顾问队伍，保证法律顾问在制定重大行政决策、推进依法行政中发挥积极作用。”2016年6月，中共中央办公厅、国务院办公厅印发的《关于推行法律顾问制度和公职律师公司律师制度的意见》明确提出：“2017年底前，中央和国家机关各部委，县级以上地方各级党政机关普遍设立法律顾问、公职律师，乡镇党委和政府根据需要设立法律顾问、公职律师，国有企业深入推进法律顾问、公司律师制度，事业单位探索建立法律顾问制度，到2020年全面形成与经济社会发展和法律服务需求相适应的中国特色法律顾问、公职律师、公司律师制度体系。”由此可见，我国法律顾问制度已经实现了从无到有、从虚到实、从不完善到逐步完善，这一局部的、地方性制度实践已经上升为普遍性制度安排。

从目前各级党政机关、国有企业制定的法律顾问工作办法的内容来看，法律顾问的重要工作职责包括以下内容：

（1）党政机关法律顾问的主要工作职责

党政机关法律顾问履行下列职责：①为重大决策、重大行政行为提供法律意见；②参与法律法规规章草案、党内法规草案和规范性文件送审稿的起草、论证；③参与合作项目的洽谈，协助起草、修改重要的法律文书或者以党政机关为一方当事人的重大合同；④为处置涉法涉诉案件、信访案件和重大突发事件等提供法律服务；⑤参与处理行政复议、诉讼、仲裁等法律事务；⑥所在党政机关规定的其他职责。

（2）人民团体法律顾问的主要工作职责

人民团体法律顾问履行下列职责：①参与人民团体重大决策的法律论证，提供法律服务；②为人民团体参与研究制定法律法规草案等提供法律咨询意见；③对人民团体重要规范性文件的制定提供法律服务；④就人民团体工作中所涉及的重大法律问题提供法律服务；⑤参与人民团体组织的理论学习中有关法律知识的授课；⑥办理人民团体交办的其他法律事务。

（3）国有企业法律顾问的主要工作职责

国有企业法律顾问履行下列职责：①参与企业章程、董事会运行规则的制定；②对企业重要经营决策、规章制度、合同进行法律审核；③为企业改制重组、并购上市、产权转让、破产重整、和解及清算等重大事项提出法律意见；④组织开展合规管理、风险管理、知识产权管理、外聘律师管理、法治宣传教育培训、法律咨询；⑤组织处理诉讼、仲裁案件；⑥所在企业规定的其他职责。

“徒法不足以自行”，一项制度的有效运转与践行该项制度的人密切相关。职业道德是与人们的职业活动紧密联系的、具有自身职业特征的道德活动现象、道德意识现象和道德规范现象，它是社会道德在职业生活中的具体化。加强法律顾问职业道德建设，是建设高素质法律顾问队伍的重要措施，是进一步完善我国法律顾问制度建设的重要环节。所谓的法律顾问职业道德是指法律顾问在履行职务活动中所应遵循的行为规范和准则，是社会道德对法律顾问这一职业群体提出的特殊要求。

2017 年 10 月，党的十九大报告提出“坚持全面依法治国，坚持依法治国、依法执政、依法行政共同推进，坚持法治国家、法治政府、法治社会一体建设”。随着依法治国、建设社会主义法治政府方略的深入贯彻实施，法律顾问等法律职业人员所扮演的角色越来越重要。法律顾问能否改变以往“事前顾而不问，事后集中灭火”，成为党政机关、人民团体、国有企事业单位的“活字典”，从“法律咨询者”变为“法治守护者”，在很大程度上与法律顾问的整体素质密切相关。而这种素质除了法律知识、理论以及实务经验技巧等业务素质外，还有更为重要的方面就是职业道德素质。

法律顾问职业道德属于法律职业道德的范畴，是职业道德的一种，它在法律顾问的职业活动中扮演着十分重要的角色。法律顾问职业道德主要调整对象是法律顾问，不仅包括党政机关、人民团体、国有企事业单位的专职法律顾问，也包括兼职法律顾问。法律顾问必须树立高尚的职业道德，带头遵守公民基本道德规范，这是法律顾问履行顾问职责的必然要求。

2. 法律顾问职业道德的主要内容

法律是以公正为最终的、永恒的价值追求，因而法律职业也始终以追求公平、正义这一最高道德价值为目的，凡以法律为职业的人莫不以追求法的公平价值实现为己任，这是法律职业与其他职业相区别的重要标志。法律顾问属于法律职业范围的组成部分，也需要受过专业法律教育、具有专门法律知识和理论与实践经验、具备职业道德修养。因此，法律顾问职业道德既包括法律职业道德的普遍性要求，也包括法律顾问这一职业群体自身的特殊要求。

我国关于法律顾问的职业道德规范主要体现在以下几个规范中：一是全国人大常委会制定的《律师法》；二是中共中央办公厅、国务院办公厅印发的《关于推行法律顾问制度和公职律师公司律师制度的意见》；三是司法部印发的《关于律师担任政府法律顾问的若干规定》；四是国务院国有资产监督管理委员会印发的《国有企业法律顾问管理办法》；五是中华全国律师协会制定的《律师法律顾问工作规则》。

根据上述法律法规规范性文件，法律顾问职业道德大致包括以下几方面内容：

（1）忠诚法律

法律顾问应当忠于宪法和法律，以事实为依据，以法律为准绳。凡是党政机关、国有企业的合法权益，法律顾问应尽心尽责地提供法律服务，对于涉嫌违法的行为，法律顾问必须及时提出法律意见，不能不顾原则地为之服务。《律师法律顾问工作规则》第 8 条规定：“律师事务所及其指派的顾问律师，有权拒绝聘方要求为其违法行为及违背事实、违背律师职业道德等的事项提供服务，有权拒绝任何单位、个人的非法干预。”

法律顾问在履行职责时，必须严格依法办事，不能为了维护党政机关、人民团体、国有企事业单位的利益而采取非法手段损害国家、集体或他人的利益。严格依法办事与维护党政机关、人民团体、国有企事业单位的利益并不是互相冲突的，维护合法利益是目的，依法办事则是手段。只有严格依法履行职责，才能真正促进和推动党政机关、人民团体、国有企事业单位合法决策、依法行事。《律师法》规定“律师应当维护当事人合法权益，维护法律正确实施，维护社会公平和正义”“律师执业必须遵守宪法和法律，恪守律师职业道德和执业纪律”“律师执业必须以事实为根据，以法律为准绳”。

法律顾问在履行工作职责的过程中，不能做出任何有损党政机关、人民团体、国有企事业单位合法权益的行为。不得利用在工作期间获得的非公开信息或者便利条件，为本人及所在单位或者他人牟取利益。不得以法律顾问的身份从事商业活动以及与法律顾问职责无关的活动。由此给党政机关、人民团体、国有企事业单位造成损失的，法律顾问应承担行政责任、民事责任甚至刑事责任。《律师法》第 54 条规定：“律师违法执业或者因过错给当事人造成损失的，由其所在的律师事务所承担赔偿责任。律师事务所赔偿后，可以向有故意或者重大过失行为的律师追偿。”

（2）保持独立

事实上，法律顾问是作为一种相对独立的力量介入到党政机关、国有企事业单位的活动中，其根本价值在于推动党政机关、人民团体、国有企事业单位依法行事。因此，这客观上要求法律顾问在提供法律服务过程中不受他人意志的干扰，仅仅依照法律的规定或依照法律的精神对事实作出合乎价值的判断。《律师法》第 3 条第 4 款规定：“律师依法执业受法律保护，任何组织和个人不得侵害律师的合法权益。”《国有企业法律顾问管理办法》第 36 条规定：“国有资产监督管理机构的工作人员违法干预企业法律顾问工作，侵犯所出资企业和企业法律顾问合法权益的，对直接负责的主管人员和其他直接责任人员依法给予行政处分；有犯罪嫌疑的，依法移送司法机关处理。”与此同时，法律顾问不得接受其他当事人委托，办理与聘任单位有利益冲突的法律事务，法律顾问与所承办的业务有利害关系、可能影响公正履行职责的，应当回避。《律师法》第 39 条规定：“律师不得在同一案件中为双方当事人担任代理人，不得代理与本人或者其近亲属有利益冲突的法律事务。”

（3）保守秘密

法律顾问应遵守保密原则，不得泄露党和国家的秘密、工作秘密、商业秘密以及其他不应公开的信息，不得擅自对外透露所承担的工作内容。法律顾问在职业活动中有权获得与履行职责相关的信息、文件等资料。因此，法律顾问会了解到很多秘密或隐私信息等。法律顾问对这些信息的使用仅限于职责所需，除此之外必须严格保密，不得利用这些信息从事商业或其他活动。《律师法》第 38 条第 1 款规定：“律师应当保守在执业活动中知悉的国家秘密、商业秘密，不得泄露当事人的隐私。”《律师法律顾问工作规则》第 19 条规定：“律师事务所及其所指派的顾问律师应对其提供法律服务过程中接触、了解到的国家秘密、商业秘密、不宜公开的情况及个人隐私负有保密的义务。”根据《国有企业法律顾问管理办法》第 12 条规定，企业法律顾问应当履行的义务中即包括“保守国家秘密和企业商业秘密”。

3. 法律顾问职业责任

法律顾问的职业责任是指由于法律顾问违反法律和违反职业道德规范所导致的，由法律顾问所承担的责任，包括惩戒处分、行政法律责任、民事法律责任和刑事法律责任。党政机关法律顾问玩忽职守、徇私舞弊的，依法依纪处理；属于外聘法律顾问的，予以解聘，并记入法律顾问工作档案和个人诚信档案，通报律师协会或者所在单位，依法追究责任。例如，《国有企业法律顾问管理办法》第 33 条规定：“企业法律顾问和总法律顾问玩忽职守、滥用职权、谋取私利，给企业造成较大损失的，应当依法追究其法律责任，并可同时依照有关规定，由其所在企业报请管理机关暂停执业或者吊销其企业法律顾问执业资格证书；有犯罪嫌疑的，依法移送司法机关处理。”

根据有关规范，外聘法律顾问的解聘事由主要包括以下情形：（1）泄露所知悉的国家秘密、商业秘密、个人隐私和不应公开的信息的；（2）利用工作便利，为本人或者他人谋取不正当利益的；（3）以党政机关、国有企业法律顾问的名义招揽或者办理与法律顾问职责无关的业务的；（4）同时接受他人委托，办理与党政机关、国有企业有利害关系的法律事务的；（5）从事有损党政机关、国有企业利益或形象的其他活动的；（6）因身体原因无法胜任法律顾问工作的；（7）无正当理由，多次不参加法律顾问工作会议或者不按时提供法律意见的；（8）受所在单位处分、司法行政部门行政处罚或律师协会行业处分的；（9）依法被追究刑事责任的；（10）党政机关、国有企业认为的其他情形。

二、仲裁员职业道德

1. 仲裁员职业道德的概念

仲裁，又称公断。一般认为，仲裁是指当事人双方在争议发生前或争议发生后达成协议，自愿将争议交给第三者作出裁决，由其依据法律或公平原则作出对争议各方均有拘束力的裁决的一种解决纠纷的制度或方式。它具有以下特点：（1）纠纷当事人自愿协商通过仲裁方式解决争议；（2）解决争议的第三人是当事人选择的；（3）非司法机构的第三人解决争议作出的裁决对双方当事人具有拘束力。

仲裁员是指有权接受当事人的选定或者仲裁机构的指定，具体审理、裁决案件的人员。从仲裁员的定义中可以看出，仲裁员的选定方式有两种，一是由当事人选定，二是由仲裁机构指定。在众多的纠纷解决方式中，仲裁之所以备受青睐，不仅是因为其程序快捷、灵活，而且是基于仲裁员具有较高的素质及职业道德，能够公正地审理案件。

仲裁员包括法律类仲裁员与劳动争议仲裁员、农村土地承包仲裁员等。仲裁员职业道德是在仲裁职业活动中产生和形成的。仲裁员的信誉是仲裁的生命力，是使仲裁得以生存、发展的必要条件。仲裁制度的优势能否得到充分发挥，在很大程度上将取决于仲裁员的能力与素质。一个合格的、符合仲裁制度与当事人合理预期的仲裁员应当具备两个基本条件：一是拥有处理案件所需的学识和能力，二是具有较高的道德水准与职业操守。二者相比，后者往往更为重要。

加强仲裁员职业道德建设具有非常重要的意义。首先，有利于提高人们对仲裁员的信任度。仲裁员能否达到社会与公众期许的较高的道德水准，在于仲裁员能否自觉地遵守职业行为规则。仲裁员只有严守职业行为规则，才能在处理案件的过程中获得社会的公信与尊重。其次，有利于提高案件的质量。仲裁员恪守职业行为规范，坚持公正办案，使案件得到正确的处理，也提高了案件的质量。最后，有利于提高仲裁员的素质，保证仲裁员队伍的纯洁性。规定仲裁员行为规范，告诉仲裁员应当做什么，不应当做什么，有利于仲裁员自我教育、自我约束，从而提高仲裁员的素质。

2. 仲裁员职业道德的主要内容

我国的《仲裁法》对仲裁员职业道德进行了原则性的规定。《仲裁法》第 13 条第 1 款规定："仲裁委员会应当从公道正派的人员中聘任仲裁员。"我国有关仲裁员职业道德的规范主要由《中国国际经济贸易仲裁委员会、中国海事仲裁员委员会仲裁员守则》《北京市仲裁委员会仲裁员守则》等规范性文件予以规定。

（1）独立公正

根据《仲裁法》的规定，仲裁应该根据事实、法律规定，公平合理地解决纠纷；仲裁依法独立进行，不受行政机关、社会团体和个人的干涉。独立公正是仲裁的灵魂和生命。为了保证独立公正地审理案件，仲裁员要做到以下几点：

①保持廉洁

廉洁是公正的保证。例如，《北京市仲裁委员会仲裁员守则》规定，仲裁员不得以任何直接或间接方式接受当事人或其他代理人的请客、馈赠或提供的其他利益，亦不得代人向仲裁员实施请客送礼或提供其他好处和利益。

②保持独立

独立与廉洁一样都是公正的保障。例如，《北京市仲裁委员会仲裁员守则》规定，仲裁员应当独立地审理案件，不因任何私利、外界压力而影响裁决的公正性。没有独立的仲裁，就不是真正的仲裁。仲裁员在法律和仲裁规则的范围内，依其特有的专业知识、经验依法独立地审理案件，一方面不受仲裁委员会的干预；另一方面不受行政机关、社会团体和个人的干涉，尤其行政机关不得对案件的审理与裁决施加消极的影响。

③主动披露

仲裁员披露是一项被普遍接受的保证仲裁权主体公正性的原则。它是指仲裁员主动披露其与当事人或代理人之间的某种关系，以便于当事人和仲裁机构考虑此种关系是否影响该仲裁员的独立性和公正性。仲裁员披露不仅被规定在仲裁员行为规范中，在仲裁法及仲裁规则中也有明确规定。

（2）诚实信用

仲裁员作为纠纷的裁决者，判定当事人之间的权利与义务关系，应当秉承善意、恪守诚信。如果仲裁员缺乏诚信，那么快捷、公正、保密的仲裁程序根本就无从谈起。在国内外仲裁员守则中都对仲裁员的“诚实信用”作出了规定。例如，《北京市仲裁委员会仲裁员守则》规定了“诚实信用”的道德义务，让仲裁员从诚信的高度来约束自己的行为，即仲裁员一旦接受选定或指定，就应付出相应的时间、精力，尽职尽责、毫不延迟地审结案件。《北京市仲裁委员会仲裁员守则》规定，仲裁员只有确信自己具备下列条件，方可接受当事人的选定或北京市仲裁委员会主任的指定：①能够毫不偏袒地履行职责；②具有解决案件所需的知识、经验和能力；③能够付出相应的时间、精力，并按照有关法律法规要求的期限审理案件；④参与审理且尚未审结的案件以不满 10 件为宜。

（3）勤勉高效

仲裁员要有高度的责任感，应把当事人的授权，视作病人将治病的权利交给医生。认认真真地对待每一起案件，一丝不苟，认真核实证据，查明事实，正确适用法律，公平、公正地解决争议，才能不辜负当事人的信任与期望。仲裁员不仅应勤勉，还要守时。仲裁的一大优势就是简便与快捷，当事人对仲裁最大的要求，就是公正、及时地解决争议。如果仲裁员不严格遵守时间，不积极地推进仲裁，尽快结案，就会加重当事人在时间、精力、财力上的负担和损失，甚至会使仲裁失去意义。“迟来的正义非正义”。仲裁员通常都有自己的职业和事务，往往工作繁忙，这是实际情况，但是当事人选择了仲裁，有偿请求仲裁员尽快解决他们之间的纠纷，仲裁员接受指定后若不积极作为，实际上便造成了当事人利益的损害。

（4）保守秘密

仲裁员忠实地履行保密义务。保密义务包括两个方面：一是仲裁员不得向当事人或外界透露本人的看法和合议庭合议的情况，对涉及仲裁程序、仲裁裁决的事项应保守秘密。二是仲裁员还要为当事人保密，尤其是要保护当事人的商业秘密不泄露。这是由仲裁程序的不公开审理原则决定的，因此，仲裁员应有保密意识。仲裁员如果泄露仲裁秘密，不论有意还是无意，都是违反仲裁员职业道德的行为，不仅不利于裁决的作出，而且会给当事人造成重大损失，影响其商业前景。

（5）尊重同行

相互尊重主要是指仲裁员之间的相互配合与支持。仲裁员应该尊重其他仲裁员对案件发表意见的权利，以宽容的态度理解和接受分歧，在互敬的基础上，自由地探讨，真诚地交流。但这不是说违背公正原则的妥协与迁就，而是指仲裁庭成员在时间安排上的体谅与配合。在审理和制作裁决过程中仲裁庭成员应共同努力、共尽义务，不仅要提出问题，更要提出解决问题的方案和办法。

3. 仲裁员职业责任

仲裁员是仲裁案件的裁决者，尽管各国对仲裁员资格的规定不尽相同，但对仲裁员的根本要求都是一样的，那就是仲裁员必须公道正派，在审理案件过程中要保持公正与独立。为了保证仲裁员在审理案件过程中的公正与独立，各国仲裁法除规定一定的预防性措施，如规定仲裁员的资格条件、回避制度等外，还要规定相应的惩罚性措施，即一旦仲裁员在仲裁过程中出现了违纪行为、违法行为，就必须承担一定的责任。

根据我国《仲裁法》的规定，仲裁员具有下列情形时，应当依法承担法律责任，仲裁委员会应当将其除名：①仲裁员私自会见当事人、代理人或者接受当事人、代理人的请客送礼，情节严重的；②仲裁员在仲裁案件时有索贿受贿、徇私舞弊、枉法裁决行为的。从上述规定可以看出，根据《仲裁法》中仲裁员要承担法律责任的两种情形的性质来看，仲裁员要承担的职业责任主要是违纪责任、刑事责任。

关于仲裁员是否应当承担民事责任，理论界尚存分歧，各国立法规定也各不相同，如奥地利和荷兰规定在特定条件下，仲裁员可能因其行为不当而对当事人遭受的损失承担责任。但在另外一些国家，尤其是在英美等国家，则认为应当免除仲裁员的民事责任。目前我国尚未在仲裁立法中规定仲裁员的民事责任。

三、行政机关中从事行政处罚决定法制审核、行政复议、行政裁决的公务员的职业道德

1. 行政机关中从事行政处罚决定法制审核、行政复议、行政裁决的公务员职业道德的概念

（1）行政机关中从事行政处罚决定法制审核、行政复议、行政裁决的公务员资格认定制度

一般认为，行政执法，是指在实现国家公共行政管理职能过程中，法定的国家行政机关和法律、法规授权的组织依照法定程序实施行政法律规范，以达到维护公共利益和服务社会的目的。行政执法人员是指在行政行为的实施过程中代表行政主体参与相关问题的调查、审核或作出决定的人员，是行政执法职能的具体执行和实施者。我国为行政执法主体设定了“两重主体资格”制度，即执法单位资格制度和执法人员资格制度。换言之，不是所有行政机关的工作人员都是行政执法人员，只有在依法管理社会公共事务并具有行政执法权的部门工作的人员才是行政执法人员。具体而言，行政执法人员主要包括以下几类：一是在行政机关中工作，具有行政编制的公务员或者事业编制的公务员；二是在法律、法规授权事业单位工作，具有事业编制的管理人员或者专业技术人员；三是在法律、法规授权的企业组织中的正式管理人员；四是在受委托执法单位中工作，在编的公务员、事业人员或者专业技术人员。除了上述四种人员，行政执法机关中借调人员、实习人员、临时聘用人员，超编人员等，都不是行政执法人员。

行政执法人员实行持证上岗、亮证执法。从《行政处罚法》颁布实施之后，行政执法人员的资格制度就成了法定制度。2004 年 3 月，国务院发布《全面推进依法行政实施纲要》明确提出：“实行行政执法人员资格制度，没有取得执法资格的不得从事行政执法工作。”2005 年 7 月，国务院办公厅发布《关于推行行政执法责任制的若干意见》又指出：“对各行政执法部门的执法人员，要结合其任职岗位的具体职权进行上岗培训；经考试考核合格具备行政执法人员资格的，方可按照有关规定发放行政执法证件。”2015 年，中共中央办公厅、国务院办公厅印发《关于完善国家统一法律职业资格制度的意见》明确提出：“担任法官、检察官、律师、公证员、法律顾问、仲裁员（法律类）及政府部门中从事行政处罚决定法制审核、行政

复议、行政裁决的人员，应当取得国家统一法律职业资格。”由此可见，行政执法人员资格是从事行政执法活动应当具备的条件，而获得法律职业资格则是从事行政处罚决定法制审核、行政复议、行政裁决的必备条件。

（2）行政机关中从事行政处罚决定法制审核、行政复议、行政裁决的公务员素质要求

行政机关中从事行政处罚决定法制审核、行政复议、行政裁决的公务员职业道德是依法行使公权力的特别人员应当有的特殊素质要求，概括起来包括三个方面：一是具备相应的法律素养。要具有依法行政的意识和能力，要熟练地掌握与行政执法相关的法律知识，包括宪法、法律、法规、规章及其他规范性文件的规定，要有尊法学法守法用法的意识和能力，自觉形成依法办事的理念。二是拥有专业知识素养。行政执法涉及不同的行政管理领域，需要大量的专业领域的法律知识和专业性知识。三是具有较高的职业道德素养。行政机关中从事行政处罚决定法制审核、行政复议、行政裁决的公务员职业道德的品行对社会有表率作用，“民以吏为师”，执法者品行不正、行为不端，会给行政相对人做出坏的榜样。

（3）行政机关中从事行政处罚决定法制审核、行政复议、行政裁决的公务员职业道德

行政机关中从事行政处罚决定法制审核、行政复议、行政裁决的公务员职业道德是行政机关中从事行政处罚决定法制审核、行政复议、行政裁决的公务员在履行职责的过程中形成并且应当遵守的道德原则和道德规范，以及在其特定职业实践中形成和表现出来的道德传统、道德心理意识、道德品质等，为在行政执法实践活动中形成的特定职业责任的价值表达。行政机关中从事行政处罚决定法制审核、行政复议、行政裁决的公务员职业道德既属于公务员职业道德范畴，也是法律职业人员职业道德的组成部分。加强行政机关中从事行政处罚决定法制审核、行政复议、行政裁决的公务员职业道德建设是依法行政的必然要求，在一个法治社会里，为了更好地依法行使职权、履行职责，提高行政效率和质量，行政主体的行为就必须规范化。作为行政实施主体的行政机关中从事行政处罚决定法制审核、行政复议、行政裁决的公务员就需要他们确立职业道德，以确保其忠实地执行法律、依法行政。一般来说，行政机关中从事行政处罚决定法制审核、行政复议、行政裁决的公务员的职业道德规范较一般的社会规范内涵更加具体和丰富，包括政治思想、工作作风、办事原则和行政纪律等。

行政机关中从事行政处罚决定法制审核、行政复议、行政裁决的公务员职业道德的确立具有深厚的理论基础。首先，行政执法过程中广泛存在的自由裁量权要求必须规定行政机关中从事行政处罚决定法制审核、行政复议、行政裁决的公务员的伦理道德责任。从道德哲学的角度来看，主体道德责任的承担以主体的行为选择自由为前提。行政机关中从事行政处罚决定法制审核、行政复议、行政裁决的公务员在行政执法活动中必须依法行政，但这并不意味着行政机构和行政机关中从事行政处罚决定法制审核、行政复议、行政裁决的公务员是没有灵魂、没有任何意志自由的政治工具，相反，行政机关中从事行政处罚决定法制审核、行政复议、行政裁决的公务员是有一定意志自由并需要运用价值理性进行独立价值判断和价值决策的行为主体，因而也意味着相应的道德责任。其次，行政机关中从事行政处罚决定法制审核、行政复议、行政裁决的公务员职业道德的确立，还意味着它作为内部控制机制被证明是必要的和不可或缺的。对于行政腐败的防治和行政责任的实现，西方政治学家和行政学家一度只关注制度的约束或外部控制，忽视道德伦理约束或内部控制。越来越多的经验事实证明这是一种理论上的偏失和误区。由于行政机关中从事行政处罚决定法制审核、行政复议、行政裁决的公务员职业道德约束的对象是掌握着公共权力的行政机关中从事行政处罚决定法制审核、行政复议、行政裁决的公务员，而仅仅依靠行政机关中从事行政处罚决定法制审核、行政复议、行政裁决的公务员的德行又很难确保他们正确行使公共权力，加之公共权力的滥用会对行政相对人的权益乃至全体公民的利益构成严重的损害。因此，有必要使最起码、最基本的行政机关中从事行政处罚决

定法制审核、行政复议、行政裁决的公务员职业道德规范化，确立具有一定强制性的行政机关中从事行政处罚决定法制审核、行政复议、行政裁决的公务员职业道德规范。

2. 行政机关中从事行政处罚决定法制审核、行政复议、行政裁决的公务员职业道德的主要内容

从国内外的制度实践来看，行政机关中从事行政处罚决定法制审核、行政复议、行政裁决的公务员职业道德部分要求以“法律法规”的形式被确定下来并产生强制性作用，部分要求则以“职业纪律”形式存在并产生约束作用。我国行政机关中从事行政处罚决定法制审核、行政复议、行政裁决的公务员职业道德规范主要体现在下列规范中：一是全国人大常委会制定的《公务员法》；二是全国人大常委会制定的《行政处罚法》《行政复议法》《治安管理处罚法》等单行法律；三是国务院制定的《行政机关公务员处分条例》以及中共中央办公厅、国务院办公厅印发的《行政执法类公务员管理规定（试行）》；四是其他有关部门制定的有关行政机关中从事行政处罚决定法制审核、行政复议、行政裁决的公务员职业道德的规范，如中共中央组织部、人力资源社会保障部、国家公务员局发布的《关于推进公务员职业道德建设工程的意见》以及国家公务员局印发的《公务员职业道德培训大纲》。

按照前述有关规定，行政机关中从事行政处罚决定法制审核、行政复议、行政裁决的公务员职业道德的主要内容包括以下两个方面。

（1）公务员职业道德的基本要求

①坚定信念

《公务员法》第4条规定：“公务员制度坚持中国共产党领导，坚持以马克思列宁主义、毛泽东思想、邓小平理论和‘三个代表’重要思想、科学发展观、习近平新时代中国特色社会主义思想为指导，贯彻社会主义初级阶段的基本路线，贯彻新时代中国共产党的组织路线，坚持党管干部原则。”坚定信念要求加强道路自信、理论自信、制度自信；坚持中国共产党的领导，坚持党的基本理论、基本路线、基本纲领、基本经验、基本要求不动摇；把牢政治方向，坚定政治立场，严守政治纪律和政治规矩，增强党性修养，做到对党和人民绝对忠诚。

②忠于国家

《公务员法》第14条规定：“公务员应当履行下列义务：……（二）忠于国家，维护国家的安全、荣誉和利益；……（五）保守国家秘密和工作秘密……”忠于国家要求行政机关中从事行政处罚决定审核、行政复议、行政裁决的公务员弘扬爱国主义精神，坚决维护国家安全、荣誉和利益，维护党和政府形象、权威，维护国家统一和民族团结；保守国家秘密和工作秘密，同一切危害国家利益的言行作斗争。

③服务人民

《公务员法》第14条规定：“公务员应当履行下列义务：……（三）忠于人民，全心全意为人民服务，接受人民监督……”服务人民要求行政机关中从事行政处罚决定审核、行政复议、行政裁决的公务员坚持以人为本、执政为民，全心全意为人民服务，永做人民公仆；坚持党的群众路线，密切联系群众，以人民忧乐为忧乐，以人民甘苦为甘苦；坚持人民利益至上，把实现好、维护好、发展好最广大人民根本利益作为工作的出发点和落脚点，切实维护群众切身利益。

④恪尽职守

《公务员法》第14条规定：“公务员应当履行下列义务：……（四）忠于职守，勤勉尽责，服从和执行上级依法作出的决定和命令，按照规定的权限和程序履行职责，努力提高工作质量和效率……”恪尽职守要求行政机关中从事行政处罚决定审核、行政复议、行政裁决的公务员服务大局、奋发有为、甘于奉献，为党和人民的事业不懈奋斗；坚持原则、敢于担当、认

真负责，面对矛盾敢于迎难而上，面对危机敢于挺身而出，面对失误敢于承担责任，面对歪风邪气敢于坚决斗争；精通业务知识，勤勉敬业、求真务实，兢兢业业做好本职工作。

⑤依法办事

按照规定的权限和程序认真履行职责，努力提高工作效率。依法办事要求行政机关中从事行政处罚决定审核、行政复议、行政裁决的公务员牢固树立社会主义法治理念，努力提高法治素养，模范遵守宪法和法律；严格依法履职，做到权由法定、权依法使，法定职责必须为、法无授权不可为；坚持依法决策，严格按照法定的权限、程序和方式执行公务。

⑥公正廉洁

《公务员法》第14条规定："公务员应当履行下列义务：……（六）带头践行社会主义核心价值观，坚守法治遵守纪律，恪守职业道德，模范遵守社会公德、家庭美德；（七）清正廉洁，公道正派……"公正廉洁要求行政机关中从事行政处罚决定审核、行政复议、行政裁决的公务员坚持秉公用权、公私分明，办事出于公心，努力维护和促进社会公平正义；严于律己、廉洁从政，坚守道德法纪防线；为人正派、诚实守信，尚俭戒奢、勤俭节约。

（2）行政机关中从事行政处罚决定审核、行政复议、行政裁决的公务员职业道德的特定要求

①坚持合法性，兼顾合理性

合法执法是指行政执法机关及其执法人员的执法活动必须有法律的依据，符合法律的规定，不得与法律相抵触。就行政机关中从事行政处罚决定审核、行政复议、行政裁决的公务员而言，合法性包括以下几层意思：a. 行政机关中从事行政处罚决定审核、行政复议、行政裁决的公务员必须取得相应的法律资格；b. 行政执法权限范围要合法；c. 行政执法的内容要合法；d. 行政执法的程序要合法。

行政机关中从事行政处罚决定审核、行政复议、行政裁决的公务员在行政执法过程中拥有一定的自由裁量权，"自由裁量"并不是"无拘无束"，其必须符合合理性的要求：a. 执法行为的动因应符合行政的基本目的。b. 执法行为应基于正当的考虑。c. 执法行为的内容要客观、适度、符合理性。如《治安管理处罚法》第5条第1款规定："治安管理处罚必须以事实为依据，与违反治安管理行为的性质、情节以及社会危害程度相当。"d. 执法行为可能对行政相对人的权益造成不利影响的，除法律规定的特别情形外，应该给予陈述、申辩的机会。再如《行政复议法》第4条规定："行政复议机关履行行政复议职责，应当遵循合法、公正、公开、及时、便民的原则，坚持有错必纠，保障法律、法规的正确实施。"

②秉公执法，兼顾效率

"秉公执法"是指行政机关中从事行政处罚决定审核、行政复议、行政裁决的公务员坚持国家利益和人民利益至上，在执法过程中追求公平和正义，维护法律尊严。要做到秉公执法，就必须保证：a. 行政执行程序公开公正；b. 执法行为公开公平；c. 思想观念公正。

行政机关中从事行政处罚决定审核、行政复议、行政裁决的公务员在坚持秉公执法的同时，还要兼顾效率，需要做到以下几点：a. 坚持依法独立行使行政执法权；b. 执法意图符合民意；c. 克服行政执法畏难心理；d. 坚持行政时效原则和行政执法及时性原则。如《治安管理处罚法》第77条规定："公安机关对报案、控告、举报或者违反治安管理行为人主动投案，以及其他行政主管部门、司法机关移送的违反治安管理案件，应当及时受理，并进行登记。"

③文明执法，以礼待人

"文明执法，以礼待人"是指行政机关中从事行政处罚决定审核、行政复议、行政裁决的公务员在行政执法活动中应以大公无私的胸怀对待职权，文明办案。如《治安管理处罚法》第112条规定："公安机关及其人民警察应当依法、公正、严格、高效办理治安案件，文明执

法，不得徇私舞弊。”又如《行政执法类公务员管理规定（试行）》第4条规定：“行政执法类公务员应当模范遵守宪法和法律，按照规定的权限和程序认真履行职责，坚持依法行政，做到严格规范公正文明执法。”

具体而言，“文明执法，以礼待人”主要包括以下几点：a. 行政机关中从事行政处罚决定法制审核、行政复议、行政裁决的公务员在执行公务时要着装整齐，佩戴标志，出示证件。例如，《行政处罚法》第52条第1款规定：“执法人员当场作出行政处罚决定的，应当向当事人出示执法证件，填写预定格式、编有号码的行政处罚决定书，并当场交付当事人。”b. 重视证据采集，杜绝粗暴执法。如《治安管理处罚法》第79条规定：“公安机关及其人民警察对治安案件的调查，应当依法进行。严禁刑讯逼供或者采用威胁、引诱、欺骗等非法手段收集证据。以非法手段收集的证据不得作为处罚的根据。”c. 依法、规范、合理使用执法工具。如《治安管理处罚法》第113条规定：“公安机关及其人民警察办理治安案件，禁止对违反治安管理行为人打骂、虐待或者侮辱。”

④公开透明，权责一致

“公开透明”是指行政机关中从事行政处罚决定审核、行政复议、行政裁决的公务员在进行执法活动过程中，除涉及国家机密、职业秘密或者个人隐私外，执法内容应当一律向行政相对人和社会公开。具体而言，包括以下四个方面：a. 执法依据公开；b. 执法信息公开；c. 执法过程公开；d. 执法决定公开。《行政处罚法》第44条规定：“行政机关在作出行政处罚决定之前，应当告知当事人拟作出的行政处罚内容及事实、理由、依据，并告知当事人依法享有的陈述、申辩、要求听证等权利。”又如《治安管理处罚法》第101条第1款规定：“当场作出治安管理处罚决定的，人民警察应当向违反治安管理行为人出示工作证件，并填写处罚决定书。处罚决定书应当当场交付被处罚人；有被侵害人的，并将决定书副本抄送被侵害人。”“权责一致”是指行政机关中从事行政处罚决定审核、行政复议、行政裁决的公务员的职权和职责要相统一。强调权责一致主要包括三个方面的内容：一是职权的行使与责任的承担要一体化；二是职权与职责要成比例性；三是职权与职责要有互见性。

3. 行政机关中从事行政处罚决定审核、行政复议、行政裁决的公务员职业责任

行政机关中从事行政处罚决定法制审核、行政复议、行政裁决的公务员的职业责任是指行政机关中从事行政处罚决定法制审核、行政复议、行政裁决的公务员违法和违反职业道德规范后应该承担的责任，主要包括行政责任与刑事责任。

（1）行政责任

行政机关中从事行政处罚决定法制审核、行政复议、行政裁决的公务员违反其行政法上所应负的义务时，就产生行政责任。行政机关中从事行政处罚决定法制审核、行政复议、行政裁决的公务员行政责任的产生多因其违反行政法上的义务。无论是否在执行职务时，只要违反纪律，就可以给予行政制裁。按照《公务员法》及《行政机关公务员处分条例》的规定，行政机关中从事行政处罚决定法制审核、行政复议、行政裁决的公务员的行政责任首先表现为纪律责任。此外，根据《国家赔偿法》的规定，行政机关中从事行政处罚决定法制审核、行政复议、行政裁决的公务员还可能承担追偿责任。根据其他单行法律、法规的规定，行政机关中从事行政处罚决定法制审核、行政复议、行政裁决的公务员还可能承担通报批评等人身责任。

①通报批评等人身责任

在行政机关中从事行政处罚决定法制审核、行政复议、行政裁决的公务员的人身责任中，通报批评、警告、公开道歉是最常见的责任承担方式。通报批评一般是违反了相关的规章制度、纪律等但是又没有严重到违法的程度，对行政机关中从事行政处罚决定法制审核、行政复议、行政裁决的公务员作出的责任追究。赔礼道歉在行政机关中从事行政处罚决定法制审核、

行政复议、行政裁决的公务员的行政责任中也很常见。如《治安管理处罚法》第117条规定："公安机关及其人民警察违法行使职权，侵犯公民、法人和其他组织合法权益的，应当赔礼道歉；造成损害的，应当依法承担赔偿责任。"

②行政处分等纪律责任

《公务员法》（2018修订）第59条："公务员应当遵纪守法，不得有下列行为：（一）散布有损宪法权威、中国共产党和国家声誉的言论，组织或者参加旨在反对宪法、中国共产党领导和国家的集会、游行、示威等活动；（二）组织或者参加非法组织，组织或者参加罢工；（三）挑拨、破坏民族关系，参加民族分裂活动或者组织、利用宗教活动破坏民族团结和社会稳定；（四）不担当，不作为，玩忽职守，贻误工作；（五）拒绝执行上级依法作出的决定和命令；（六）对批评、申诉、控告、检举进行压制或者打击报复；（七）弄虚作假，误导、欺骗领导和公众；（八）贪污贿赂，利用职务之便为自己或者他人谋取私利；（九）违反财经纪律，浪费国家资财；（十）滥用职权，侵害公民、法人或者其他组织的合法权益；（十一）泄露国家秘密或者工作秘密；（十二）在对外交往中损害国家荣誉和利益；（十三）参与或者支持色情、吸毒、赌博、迷信等活动；（十四）违反职业道德、社会公德和家庭美德；（十五）违反有关规定参与禁止的网络传播行为或者网络活动；（十六）违反有关规定从事或者参与营利性活动，在企业或者其他营利性组织中兼任职务；（十七）旷工或者因公外出、请假期满无正当理由逾期不归；（十八）违纪违法的其他行为。"根据《公务员法》的规定，行政机关中从事行政处罚决定审核、行政复议、行政裁决的公务员因违法违纪应当承担纪律责任的，依法主要承担警告、记过、记大过、降级、撤职、开除等行政处分。其中，受处分的期间为：警告，6个月；记过，12个月；记大过，18个月；降级、撤职，24个月。处分期限最长不得超过48个月。

③追偿等财产责任

《国家赔偿法》第16条第1款规定："赔偿义务机关赔偿损失后，应当责令有故意或者重大过失的工作人员或者受委托的组织或者个人承担部分或者全部赔偿费用。"此即行政机关中从事行政处罚决定审核、行政复议、行政裁决的公务员的追偿责任。如以殴打、虐待等行为或者唆使、放纵他人殴打、虐待等行为造成公民身体伤害或者死亡的；违法使用武器、警械造成公民身体伤害或死亡的，等等。

（2）刑事责任

行政机关中从事行政处罚决定法制审核、行政复议、行政裁决的公务员的刑事责任是指行政机关中从事行政处罚决定法制审核、行政复议、行政裁决的公务员因有与其职务相关的犯罪行为给予的制裁。行政机关中从事行政处罚决定法制审核、行政复议、行政裁决的公务员职务犯罪是指行政机关中从事行政处罚决定法制审核、行政复议、行政裁决的公务员在职务活动中违反刑事法律构成犯罪的行为应负的刑事责任。这部分法律责任是指与行政机关中从事行政处罚决定法制审核、行政复议、行政裁决的公务员职务活动有关的法律责任，如利用职权为他人谋取不正当利益而收受贿赂的行为；徇私舞弊、滥用职权的行为等。

在我国现行刑法典中，公务员行使职权可能涉及的犯罪大约有54个罪名。根据公务员行使职权犯罪的客观行为的表现方式不同，公务员行使职权可能涉及的犯罪可以分为贪污贿赂型犯罪、渎职型犯罪、侵权型犯罪，上述这些犯罪类型对于行政机关中从事行政处罚决定法制审核、行政复议、行政裁决的公务员同样适用。

此外，在很多与行政机关中从事行政处罚决定法制审核、行政复议、行政裁决的公务员职业道德相关的法律法规中也对行政机关中从事行政处罚决定法制审核、行政复议、行政裁决的公务员的刑事责任作出了规定。如《行政复议法》第35条规定："行政复议机关工作人员在行政复议活动中，徇私舞弊或者有其他渎职、失职行为的，依法给予警告、记过、记大过的行政处分；情节严重的，依法给予降级、撤职、开除的行政处分；构成犯罪的，依法追究刑事责任。”又如《行政处罚法》第83条规定：“行政机关对应当予以制止和处罚的违法行为不予制止、处罚，致使公民、法人或者其他组织的合法权益、公共利益和社会秩序遭受损害的，对直接负责的主管人员和其他直接责任人员依法给予处分；情节严重构成犯罪的，依法追究刑事责任。”

【经典真题】

小张为某仲裁委员会的仲裁员，根据《仲裁法》的规定，其行为所可能承担的责任，以下说法正确的是哪一项或几项？（2018年回忆版，不定项）[1]

A. 在调解过程中，受仲裁庭安排单独会见一方当事人，不属于违纪行为

B. 接受当事人的请客送礼，情节严重，被仲裁委员会除名

C. 保守仲裁秘密，不向外界透露任何与案件有关的实体与程序问题

D. 在仲裁案件时向当事人索取贿赂，枉法裁决，被人民检察院提起公诉

[1] ABCD【解析】按照《仲裁法》第34条的规定，仲裁员不得私自会见当事人，因仲裁庭安排而会见，不属于禁止范围，故A项正确。按照《仲裁法》第38条的规定，仲裁员接受当事人的请客送礼，情节严重，应当除名，故B项正确。仲裁员要公正仲裁，遵守职业道德，保守仲裁秘密，不向外界透露任何与案件有关的实体与程序问题，故C项正确。根据《刑法》第399条和《刑法修正案（六）》第20条的规定，犯枉法仲裁罪的，可以处3年以下有期徒刑或者拘役；情节特别严重的，处3年以上7年以下有期徒刑。故D项正确。

>>> 2023年法大法考课程体系 — 网络班型 <<<

班型		上课时间	配套教材	标准学费（元）
主客一体网络班	网络协议班	3月中旬-10月中旬	通用教材8本+金题8本+客观必考点 各科主观一本通	42800
	网络高端班	3月中旬-10月中旬	通用教材8本+金题8本+客观必考点 各科主观一本通	32800
	网络全程班	3月中旬-10月中旬	通用教材8本+金题8本+客观必考点 主观一本通对应阶段的讲义	11800
	网络VIP班	3月中旬-10月中旬	通用教材8本+金题8本+客观必考点 主观一本通对应阶段的讲义	19800
	网络预热班	3月中旬-10月中旬	通用教材8本+金题8本+客观必考点 主观一本通对应阶段的讲义	12800
	网络精品班	3月中旬-10月中旬	通用教材8本+客观必考点 主观一本通对应阶段的讲义	9800
	22网络精品回放	随到随学	22年通用教材8本+22客观必考点 22主观一本通	6980
客观网络班	客观网络基础班	3月中旬-9月初	通用教材8本+金题8本+客观必考点	8980
	客观网络强化班	4月下旬-9月初	金题8本+客观必考点	7980
	客观网络提高班	5月中旬-9月初	客观必考点	5980
	客观网络冲刺班	8月底-9月初	客观必考点	4980
主观网络班	主观网络特训班	9月中旬-10月中旬 录播课程随到随学	各科主观题一本通	14800
	主观网络全程班	9月中旬-10月中旬 录播课程随到随学	各科主观题一本通	11800
	主观网络冲刺班	10月上旬-中旬	各科主观题一本通	5580

温馨提示：1、缴纳学费后，因个人原因不能坚持学习的，视为自动退学，学费不予退还。 2、课程有效期内，不限次回放

投诉及建议电话：吴老师17718315650

—— 优质服务 全程陪伴 ——

★历年真题 ★在线模考题库 ★打卡学习 ★错题本 ★课件下载 ★思维导图 ★1V1在线答疑随时咨询

★有效期内不限次数回放 ★上课考试通知 ★报考指导 ★成绩查询 ★认定指导 ★就业服务

★配备专属教辅 ★客观/主观不过退费协议（部分班型） ★免费延期或重修1次（部分班型）

★专属自习室（部分班型） ★小组辅导 ★个人定制化学习通关和职业发展规划 ★颁发法大法考结业证

★共享法大法考校友圈 ★加入法律职业资格考试学院校友群 ★特殊服务 随时跟读